ABAILARD & HÉLOÏSE

PARIS.—IMPRIMÉ CHEZ BONAVENTURE ET DUCESSOIS,
quai des Grands-Augustins, 55.

ABAILARD
ET
HÉLOÏSE

ESSAI HISTORIQUE

PAR

M. ET Mme GUIZOT

SUIVI DES

LETTRES D'ABAILARD ET D'HÉLOÏSE

Traduites

SUR LES MANUSCRITS DE LA BIBLIOTHÈQUE ROYALE

PAR M. ODDOUL

Nouvelle édition entièrement refondue

PARIS
DIDIER, LIBRAIRE-ÉDITEUR
35, QUAI DES AUGUSTINS.

1853

AVERTISSEMENT DE L'ÉDITEUR

« Après six cent soixante-quinze ans, disait M. Guizot en 1838, Héloïse et Abailard reposent encore ensemble dans le même tombeau; et tous les jours, de fraîches couronnes, déposées par des mains inconnues, attestent, pour les deux morts, la sympathie sans cesse renaissante des générations qui se succèdent. L'esprit et la science d'Abailard auraient fait vivre son nom dans les livres ; l'amour d'Héloïse a valu, a son amant comme à elle, l'immortalité dans les cœurs. »

Nous avons réuni dans ce volume tous les documents qui retracent la vie et les sentiments de ces deux personnages, les premiers dans l'histoire de leur temps et dans les romans de tous les temps. La simple énumération des pièces contenues dans ce recueil suffira pour faire pressentir tout l'intérêt d'instruction et de curiosité affectueuse qu'il doit inspirer.

1º L'*Essai historique sur la vie et les écrits d'Abailard et d'Héloïse jusqu'au concile de Sens*, par Mme *Guizot, continué jusqu'à la mort d'Abailard et d'Héloïse*, par M. *Guizot*. Tableau aussi attachant que vrai de la destinée des deux illustres amants, et appréciation aussi juste qu'ingénieuse de leur caractère, de leur esprit, de leurs ouvrages et de leur influence sur leurs contemporains.

2º La *Préface* de M. Oddoul, qui a refait la traduction des *Lettres* d'Abailard et d'Héloïse ; préface écrite avec une verve qui prouve qu'il a vivement compris et senti les idées et les émotions qu'il s'est appliqué à reproduire.

3º Toutes les *Lettres* mêmes d'Abailard et d'Héloïse, au nombre de douze, savoir, huit lettres d'Abailard et quatre d'Héloïse. Nous n'hésitons pas à dire que la traduction en est à la fois plus exacte et plus vivante que celles qui l'ont précédée.

AVERTISSEMENT.

4° L'*Apologétique de l'écolâtre Bérenger contre saint Bernard*, et la *Lettre de Bérenger, évêque de Poitiers, à l'évêque de Mende*, pour défendre Abailard, leur maître et leur ami, contre les accusations dont il était l'objet.

5° Les *Lettres de Pierre-le-Vénérable, abbé de Cluny, au pape Innocent II et à Héloïse*, et la *Lettre d'Héloïse à Pierre-le-Vénérable*, sur les derniers moments d'Abailard, sa sépulture et la translation de son corps au Paraclet.

6° *Les Principaux témoignages des écrivains anciens concernant Abailard et Héloïse.*

7° Des fragments extraits de M. de Chateaubriand dans le *Génie du Christianisme*, et de M. Cousin dans son *Introduction aux ouvrages inédits d'Abailard*, sur ces deux brillants personnages, leur destinée et leurs écrits.

8° L'*Histoire des translations successives des restes d'Abailard et d'Héloïse* qui, du XII° au XIX° siècle, ont passé du Paraclet dans la chapelle Saint-Léger à Nogent-sur-Seine, de Nogent à l'ancien Musée des monuments français, rue des Petits-Augustins, et du Musée des monuments français au cimetière du Père-Lachaise, où ils reposent aujourd'hui, sous l'élégante chapelle sépulcrale que M. Alex. Lenoir leur fit construire, en 1800, avec des débris du cloître du Paraclet et de l'abbaye de Saint-Denis.

9° Enfin les *Complaintes d'Abailard*, petites pièces de poésie lyrique, écrites en latin par *Abailard*, sur des sujets empruntés à l'histoire sainte, découvertes à Rome en 1838, dans un manuscrit du XIII° siècle, et traduites ici, pour la première fois, par le traducteur des *Lettres*.

Ainsi, il ne manque à ce recueil aucun des documents originaux et importants dont la lecture fait revivre sous nos yeux cette grande aventure philosophique et romanesque de ces deux grandes âmes du XII° siècle.

Didier.

TABLE DES MATIÈRES

                                                            Pages.

AVERTISSEMENT de l'Éditeur.

ESSAI HISTORIQUE sur la vie et les écrits d'Abailard et d'Héloïse, par M. et Mme GUIZOT.   IV

PRÉFACE du Traducteur des Lettres.   1

I.—Lettre d'Abailard à un ami contenant le récit de ses malheurs.   44

II.—Lettre d'Héloïse à Abailard.   103

      A son maître et plutôt à son père; à son époux et plutôt à son frère; sa servante et plutôt sa fille; son épouse et plutôt sa sœur.

III.—Lettre d'Abailard à Héloïse.   115

      A Héloïse, sa bien-aimée sœur en Jésus-Christ, Abailard, son frère dans le même Jésus-Christ.

IV.—Lettre d'Héloïse à Abailard.   125

      A celui qui est tout pour elle par-delà Jésus-Christ, celle qui est toute à lui en Jésus-Christ. A Abailard Héloïse.

V.—Lettre d'Abailard à Héloïse.   139

      A l'épouse du Christ, le serviteur du même Jésus-Christ. A Héloïse Abailard.

VI.—Lettre d'Héloïse à Abailard.   165

      A son maître sa servante.

VII.—Lettre d'Abailard à Héloïse.   194

      Sur l'origine des religieuses.

TABLE DES MATIÈRES.

VIII.—Lettre d'Abailard à Héloïse.................... 247
    Envoi de la règle des religieuses.
IX.—Lettre d'Abailard à Héloïse..................... 254
    Fragments découverts et restitués en 1844 par M. Alex. Lenoble.
X.—Lettre d'Abailard à Héloïse..................... 261
    A ma très-chère sœur Héloïse, respect et amour en Jésus-Christ.
XI.—Lettre d'Abailard à Héloïse.................... 263
Apologétique de l'écolâtre Bérenger contre saint Bernard et les autres prélats qui ont condamné Abailard.......... 267
Lettre de Bérenger, évêque de Poitiers, à l'évêque de Mende. 297
Lettre de Pierre-le-Vénérable au pape Innocent II en faveur de Pierre Abailard............................ 305
XII.—Lettre d'Héloïse à Abailard.................... 309
Lettre de Pierre-le-Vénérable à Héloïse................ 313
    A sa respectable et chère sœur en Jésus-Christ, *Héloïse*, abbesse, son humble frère *Pierre*, abbé de Cluny; le salut que Dieu a promis à ceux qui l'aiment.
Lettre d'Héloïse à Pierre-le-Vénérable................ 325
    A *Pierre*, son très-révérend pasteur et père, vénérable abbé de Cluny, *Héloïse*, humble servante de Dieu et la sienne : l'esprit de la grâce du salut.
Lettre de Pierre-le-Vénérable à Héloïse................ 327
    A notre vénérable et très-chère sœur, servante de Dieu, Héloïse, supérieure et maîtresse des servantes de Dieu, son frère Pierre, humble abbé de Cluny : la plénitude du salut par le Seigneur, et celle de notre amour en J.-C.
Testimonia veterum, ou témoignages des Anciens concernant Héloïse et Abailard............................ 333
Extrait du *Génie du Christianisme*, par M. de Chateaubriand : Héloïse et Abailard, amour passionné................ 367
Extrait des ouvrages inédits d'Abailard, par M. V. Cousin... 373
Translations successives des cendres d'Héloïse et d'Abailard. 379
Complaintes..................................... 385

FIN DE LA TABLE.

ESSAI HISTORIQUE

SUR

LA VIE ET LES ÉCRITS

D'ABAILARD ET D'HÉLOÏSE

JUSQU'AU CONCILE DE SENS,

PAR Mme GUIZOT,

Continué jusqu'à la mort d'Abailard et d'Héloïse,

PAR M. GUIZOT.

ABEILARD ET HÉLOÏSE

ESSAI HISTORIQUE

—◆—

Le christianisme, en plaçant ses doctrines sous la garde d'institutions fortes auxquelles cependant il n'a pas livré le gouvernement du monde, a mis en présence deux puissantes influences, les hommes qui enseignent la doctrine et les esprits qui prétendent à la juger, le clergé et les libres penseurs. Leur rivalité est le grand fait de la civilisation moderne. Les hérésies et les guerres de religion l'ont révélé, en divers temps et sous diverses formes, dans tous les pays de la chrétienté. C'est à la fin du onzième siècle et dans le cours du douzième que cette rivalité a éclaté en France, et que la lutte a pu être soutenue avec quelque égalité.

Après l'invasion des Gaules par les Francs, le clergé romain, dernier débris de l'Empire, avait recueilli tout ce qui restait encore de pouvoir légal dans un pays livré à la conquête. Seul dépositaire des lumières et des connaissances, seul capable d'opposer aux vainqueurs d'autres arguments que ceux de la force, et d'employer auprès des vaincus d'autres moyens de soumission que la violence, il devint le lien de la nation conquérante avec la nation conquise, et au nom d'une même loi il commanda aux sujets l'obéissance, et modéra quelquefois, chez les maîtres, l'emportement du pouvoir. Mais dans cette participation si active aux affaires du monde, le clergé vit insensiblement s'altérer le caractère qui l'avait distingué d'abord : ce qu'il avait conservé de lumières et de savoir se perdit par degrés dans les ténèbres de l'ignorance universelle ; la religion, imposée plutôt qu'enseignée à un peuple misérable et à des conquérants barbares, fut entre ses mains un moyen de pouvoir encore plus que de civilisation ; des soins temporels absorbèrent l'activité et l'énergie que, dans les premiers siècles du christianisme, l'Église avait employées à faire prévaloir ou à défendre ses dogmes et ses préceptes. En même temps, les richesses s'accumulaient entre les mains du haut clergé, et substituaient des moyens plus matériels à l'autorité spirituelle qui avait été d'abord son unique force. En état désormais de lutter avec les puissances du siècle, il prit leurs mœurs et partagea leur ignorance. Les dignités ecclésiastiques, achetées à prix d'argent, ne furent plus guère qu'un moyen d'impunité pour la licence, et au septième ou huitième siècle, la barbarie avait envahi l'Église presque autant que le monde.

Charlemagne essaya d'y ranimer les dernières étincelles de la civilisation mourante et de rendre au clergé l'influence morale, que personne alors ne croyait pouvoir et n'eût pu en effet placer ailleurs. Il institua des écoles, les remplit d'étudiants auxquels les dignités ecclésiastiques étaient promises pour récompense de leur application et de leurs succès, écarta avec ironie des charges cléricales ceux qui cherchaient à s'y distinguer par des talents mondains, soigna particulièrement l'enseignement du chant d'église, l'ordre et la pompe des cérémonies, s'appliqua enfin, par tous les moyens qu'il put imaginer, à rendre à la religion sa dignité et son empire. Charlemagne mourut, et le fruit de ses travaux s'abîma dans le chaos qui suivit presque immédiatement sa mort. Ses écoles seules subsistèrent et entretinrent quelques foyers d'activité intellectuelle. Du fond de ces asiles, elle se communiqua de proche en proche à mesure que la société commença à respirer, et dans le onzième siècle elle éclata en tous sens.

La féodalité était alors constituée ; une sorte de régularité s'était introduite dans les relations des hommes; les grossières notions d'un ordre pesant, inique, mais enfin de l'ordre tel qu'on pouvait alors le concevoir, commençaient à se produire au milieu du chaos. La destinée des hommes ne paraissait plus entièrement livrée au hasard, la raison reprenait quelque empire, la pensée quelque emploi. Son premier besoin était de faire pénétrer dans l'ordre moral les idées de règle dont le germe se laissait déjà apercevoir dans l'ordre légal, et de rendre les hommes capables d'obéir aux lois qu'ils avaient été obligés de se donner. De tout ce qui périt dans une société brisée par la force, les institutions légales sont ce qui reparaît le plus promptement; le pouvoir reconnaît bientôt qu'elles sont nécessaires à son action; mais comme il conserve, en même temps qu'il les établit, le moyen de les violer, il est rare qu'il respecte son propre ouvrage et qu'il se soumette à la justice, même telle qu'il l'a faite. Après avoir fait quelques pas hors du désordre matériel, c'était au désordre moral que le corps social semblait près de succomber. Les mœurs étaient au-dessous des lois, et la religion en contraste avec les mœurs. La force publique ne suffisait pas à réprimer les excès auxquels avait tâché de pourvoir la législation, et les maximes du christianisme, impuissantes à contenir cette licence sauvage, ne servaient qu'à la présenter sous un aspect plus frappant et plus monstrueux. Le clergé donnait l'exemple du scandale. Les évêchés et autres bénéfices ecclésiastiques, publiquement vendus ou légués par testament, passaient dans les familles, du père au fils, du mari à la femme, et les biens de l'Église servaient de dot aux filles des évêques. L'absolution était tombée à vil prix, et le rachat des plus énormes péchés ne coûtait pas même la fondation d'une église ou d'un monastère ; pour une légère somme d'argent, le coupable était absous et sans remords. Saisis d'effroi au spectacle de cette corruption des seules choses qu'ils connussent alors pour saintes et morales, les hommes ne savaient plus où trouver la règle et la sûreté de la conscience. Leurs premiers efforts pour sortir de cette confusion s'adressèrent là où paraissait être la source du mal, et le mouvement intellectuel du onzième siècle s'annonça par une fermentation de réforme religieuse.

Hildebrand, depuis Grégoire VII, gouvernait déjà la cour de Rome, et sous son influence la sévérité des papes commençait à se prononcer contre les désordres de l'Église, le trafic des bénéfices ecclésiastiques, les scandales de l'épiscopat, l'irrégularité du clergé séculier. En même temps quelques moines austères s'efforçaient de ranimer la ferveur de la vie monastique, rétablissaient dans les cloîtres la rigidité de la règle, et les repeuplaient par leurs prédications et leur exemple.

Des ordres nouveaux et plus rigides s'élevaient en divers lieux : Cîteaux était institué par Robert de Molême ; saint Bruno construisait la Chartreuse ; saint Hugues, saint Gérard et Guillaume, abbés de Cluni, saint Gérard et une foule d'autres, étendaient de tous côtés la réforme ; et tout-à-coup, émus de terreur, des hommes riches et puissants couraient chercher la solitude, se vouaient à la prière et aux macérations dans des couvents fondés par eux ou enrichis de leurs biens ; des familles entières se dispersaient en divers monastères, et toutes les rigueurs de la pénitence suffisaient à peine à calmer des imaginations ébranlées au spectacle des crimes de leur temps.

Cependant la plupart des esprits flottaient encore incertains entre l'agitation religieuse qui commençait à les troubler et les goûts de licence qui continuaient de les entraîner. Pierre-l'Ermite prêcha la première croisade ; tous s'y précipitèrent comme si l'on eût vu s'ouvrir les portes du ciel ; des populations entières, hommes, femmes, enfants mêmes, partirent pour la Terre sainte, tranquillisés et ravis d'avoir enfin découvert un remède à leurs péchés, et de pouvoir employer au salut de leurs âmes cette soif de mouvement qui ne trouvait plus en Europe assez de place ni de liberté, et ces habitudes de rapine et de violence auxquelles il paraissait trop difficile de renoncer.

Ainsi jetée pour un moment hors de sa route régulière, l'espèce humaine n'en était pas moins dans une crise de progrès ; plusieurs voies s'ouvraient à son activité, et elle avançait dans toutes. L'ignorance était décriée et signalée comme la source des maux du siècle ; la fonction d'enseigner était mise au nombre des devoirs de l'état religieux ; chaque monastère nouvellement fondé ou réformé devenait une école dans laquelle des élèves de tout âge et de toute condition étaient gratuitement instruits dans les sciences connues sous le nom d'arts libéraux. La réflexion s'éveillait sur tout ce qui intéresse l'humanité, et l'action suivait la réflexion. C'est à la fin du onzième siècle que les communes ont commencé à réclamer ou plutôt à conquérir ouvertement leurs franchises. A la même époque, des esprits hardis soutinrent les droits de l'intelligence individuelle contre l'empire absolu des doctrines établies. D'autres, sans oser songer à combattre, travaillaient du moins à comprendre, ce qui conduit à discuter. L'argumentation s'établissait au sein des principales écoles; les efforts de la raison pour s'introduire dans l'enseignement de la théologie commençaient à inquiéter les pouvoirs ecclésiastiques. Abailard, un des premiers en France, tenta d'adapter la méthode philosophique à l'exposition des doctrines orthodoxes. Il succomba dans l'entreprise, mais il succomba avec éclat et non pas sans fruit. Son histoire est un des faits importants de l'histoire de la philosophie de son temps.

Pierre Abailard naquit en 1079 au Palais, bourg à quatre lieues de Nantes, de parents nobles, Bérenger et Lucie. Il apporta en naissant les dispositions et la facilité à l'étude, « naturelles, dit-il, à son pays et à sa famille. » Son père, avant d'endosser l'armure de chevalier, avait reçu quelque connaissance des lettres. Le goût lui en était resté; il voulut que pour tous ses fils l'étude précédât les exercices militaires; elle devint la passion d'Abailard, et cette passion, échauffée par de brillants progrès, détermina l'emploi de sa vie. La plupart de ses biographes le représentent comme l'aîné de sa famille, et lui font sacrifier à l'amour des lettres les droits et l'héritage qui lui appartenaient en cette qualité. Mais la phrase des écrits d'Abailard sur laquelle se fonde cette opinion s'interprète plus naturellement en sens contraire, et semble indiquer simplement qu'il laissa à ses frères les honneurs de la chevalerie avec l'héritage et la prééminence à laquelle ils avaient droit comme aînés; pour lui, renonçant, ce sont ses expressions, « à la cour de Mars, pour être nourri dans le sein de Minerve, » il quitta à seize ans son pays natal, et parcourut diverses provinces, cherchant, partout où l'attirait la renommée des écoles, l'occasion d'apprendre et surtout de disputer.

Il arriva enfin à Paris, âgé de vingt ans environ, fort de la confiance de la jeunesse, du sentiment de ses talents, de succès déjà obtenus, avide de réputation, ardent à l'attaque, aguerri à la dispute, ferme et subtil dans l'argumentation, disert, plein de verve et de facilité, rêvant toutes les gloires que pouvait lui offrir la carrière à laquelle il se destinait. Guillaume de Champeaux, le premier et le plus célèbre des dialecticiens du temps, dirigeait alors les études de Paris, en qualité d'archidiacre, quelques-uns disent d'écolâtre ou chef des écoles; il professait lui-même, et enseignait avec un nombreux concours la grammaire ou rhétorique, et, sous le nom de dialectique, tout ce qu'on savait alors de philosophie. Abailard, reçu au nombre de ses disciples, obtint la faveur du maître, flatté de l'honneur qu'un tel écolier devait attirer sur son école. On a même prétendu qu'il avait été fait commensal de la maison de Champeaux; mais le seul passage d'Abailard d'où l'on pourrait inférer cette circonstance ne paraît pas concluant à cet égard. Quoi qu'il en soit, la bonne intelligence ne fut pas entre eux de longue durée. Abailard était d'un esprit ouvert, mais peu docile ; il cherchait dans l'étude non des opinions faites, mais la matière de ses propres opinions ; et le besoin de penser par lui-même, uni à l'ambition du succès, ne lui permettait guère d'écouter tranquillement ce qui lui semblait pouvoir être combattu. La philosophie de Champeaux n'était nullement inattaquable ; Abailard s'éleva plus d'une fois contre les assertions de son maître, et disputa, non en disciple qui cherche à provoquer une plus complète explication, mais en adversaire qui veut vaincre. Sa supériorité ne demeura pas long-temps douteuse ; et l'indignation du professeur contre un si jeune rival fut partagée par ceux des disciples de Champeaux qui jusqu'alors avaient pu prétendre à la prééminence, et qui non-seulement se trouvaient éclipsés, mais craignaient encore de voir enlever à leur maître une réputation dont l'éclat rejaillissait sur eux, et à laquelle ils espéraient peut-être succéder un jour.

Abailard attribuait à ces premiers succès et à l'envie qu'ils excitèrent l'origine de tous ses malheurs ; du moins est-il certain que dès ce moment se formèrent contre lui des inimitiés dont peut-être, loin de chercher à les désarmer, sa fierté se félicita comme d'un triomphe. A vingt-deux ans, et encore sous la discipline de Champeaux, il prétendit à l'honneur d'enseigner lui-même. Paris, où l'archidiacre dirigeait les études, lui était interdit ; il entreprit de lever école à Melun, alors l'une des villes importantes de la France, et où la cour résidait une partie de l'année. Champeaux, averti de son dessein, essaya de le prévenir ou du moins d'obliger Abailard à s'établir plus loin ; mais, aidé de quelques ennemis puissants qu'avait Champeaux dans le pays, et peut-être à la cour, rendu plus intéressant par la jalousie qui s'attachait à le poursuivre, Abailard l'emporta, et, dès les premiers temps, il effaça par sa renommée celle, dit-il, « qu'avaient acquise peu à peu les maîtres de l'art. » Ce témoignage qu'il se rend a été confirmé par les faits; et lorsque Abailard écrivait ces mots, il était assez célèbre et assez malheureux pour avoir le droit de parler ainsi de lui-même. Pressé de rendre son triomphe plus éclatant, il transporta son école à Corbeil, afin de pouvoir de plus près harceler plus souvent de ses arguments l'école de Paris. Cependant, bientôt vaincu par les excès du travail et de la fatigue, il tomba malade, et fut obligé d'aller en Bretagne respirer l'air natal, laissant dans l'affliction tous ceux qu'animait le désir des études philosophiques [1].

Sa santé ne se rétablit qu'au bout de plusieurs années. Quand il revint à Paris, Guillaume de Champeaux avait quitté ses fonctions d'archidiacre pour se faire moine à Saint-Victor. Le cloître offrait également aux uns les austérités de la pénitence, aux autres les espérances de l'ambition. Ce n'était pas le repos qu'on demandait alors à la vie monastique : pénitents ou réformateurs, tous y apportaient d'énergiques besoins d'activité; et, soit qu'ils exerçassent sur les autres ou sur eux-mêmes l'ardeur religieuse qui les y avait conduits, ils étonnaient le monde par l'austérité de leur vie ou les miracles de leur influence. Vénérés des peuples, honorés des princes, chers à la cour de Rome, ils se trouvaient naturellement désignés pour les hautes fonctions ecclésiastiques. La plupart des papes, à cette époque, et un

---

[1] Cæcilius Frey, médecin de la Faculté de Paris, fait du savoir d'Abailard cet éloge aussi grand que laconique :

Hic solus scivit scibile quicquid erat.

grand nombre d'évêques, ont été tirés des monastères; et la science, sans récompense pour les laïques, sans attrait pour le clergé séculier, devenait pour le clergé régulier la route à peu près assurée des honneurs et de la fortune. Champeaux l'éprouva peu de temps après; et les avantages qu'il tira de sa retraite dans le cloître donnent quelque poids aux insinuations de son adversaire sur les motifs d'ambition qui l'y avaient poussé. Du moins est-il sûr qu'il n'y chercha pas le silence et l'oubli. Quoique l'humilité de son nouvel état ne lui eût pas permis de conserver les fonctions de chef des écoles, Champeaux continua à enseigner publiquement; et Abailard nous apprend, sans s'expliquer davantage sur ce fait assez singulier, que, revenu à Paris, il retourna vers son ancien maître, et suivit ses leçons de rhétorique. Nous voyons aussi que dans le même temps il eut une école à Paris; et nous pouvons supposer que pour s'y maintenir il crut nécessaire de se couvrir de la qualité de disciple de Champeaux, qui, bien qu'il n'eût plus d'autorité directe, conservait à Paris une grande influence sur l'enseignement.

Quelles que fussent les causes de ce rapprochement, il ne devait être pour Abailard qu'une tentation de recommencer plus vivement la guerre. La querelle des réalistes et des nominaux régnait depuis plus de vingt-cinq ans dans les écoles : « Des dialecticiens de notre temps, » écrivait, dans les dernières années du siècle qui venait de finir, le célèbre Anselme, abbé du Bec et alors archevêque de Cantorbéry, « que dis-je ? des hérétiques à la dialectique tiennent les substances générales n'être autre chose que de vains mots. » Et cette hérésie, ainsi que l'appelait Anselme, n'avait pas été trouvée indigne des anathèmes de l'Église, attentive à défendre dans la doctrine des substances générales, empruntée à la philosophie d'Aristote, l'argument fondamental de l'école en faveur du dogme de la Trinité, alors le grand objet des controverses ou plutôt des démonstrations théologiques. « De même, disait Anselme, que plusieurs hommes considérés comme espèce ne sont qu'un seul homme, ainsi plusieurs personnes, chacune desquelles est un Dieu parfait, sont un seul Dieu. » Roscelin, chanoine de Compiègne, déclaré contre la doctrine des substances générales, avait osé nier les conséquences qu'on en tirait à l'appui du dogme de la Trinité. Excommunié en 1092 ou 1093 au concile de Soissons, menacé d'être mis en pièces par le peuple, il abjura momentanément ses opinions; mais elles demeurèrent dans l'école; et publiquement professées, sauf peut-être ce qui tenait à la question théologique, devenue trop dangereuse à élever, elles formèrent la secte des *nominaux*, ainsi appelés parce qu'ils n'accordaient aux idées générales d'autre existence, hors de l'entendement, que celle des noms dont on se sert pour les exprimer, tandis que leurs adversaires, les tenant pour des substances réelles, en prirent le nom de *réalistes*.

Champeaux, comme on peut le croire, archidiacre de Paris et aspirant à l'évêché, s'était déclaré pour les réalistes. Abailard avait suivi l'opinion des nominaux. Quelques-uns lui ont donné Roscelin pour maître; d'autres nient ce fait, qui ne paraît ni probable, ni tout-à-fait impossible. Quelques autres lui ont attribué une lettre écrite dans le temps contre ce même Roscelin, et signée de la lettre initiale P. Cette lettre ne peut être d'Abailard. Tout porte à croire qu'il n'eut avec Roscelin aucune relation personnelle, et qu'il reçut ses opinions, non d'un maître particulier, mais de son temps.

Ce fut à son retour de Bretagne que, ranimé par le repos, fortifié par les années, l'étude et la réflexion, il attaqua la philosophie de Champeaux, qu'il força de renoncer à son système des *universaux*, l'un des principes essentiels du parti réaliste. Ce qu'on rapporte des arguments employés de part et d'autre serait aujourd'hui de peu d'intérêt. Abailard, sans rien détailler, nous apprend seulement que son adversaire, contraint de se rendre à l'évidence de ses raisonnements, ne put se relever du coup porté à ses doctrines. Déplacé de ses anciennes bases, Champeaux perdit pied. Un enseignement désormais vague et sans autorité rebuta ceux-là même de ses disciples qui s'étaient montrés les plus ardents à le soutenir, et tous passèrent à l'école du chef nouveau que commençait à reconnaître le mouvement philosophique. Enfin le successeur même de Champeaux, formé par ses leçons, et probablement nommé par ses soins, vint remettre sa chaire à Abailard et se ranger sous sa discipline. Le triomphe était trop complet pour qu'un rival, même vaincu, pût s'y résigner. Champeaux fit destituer, sur des accusations graves, celui de ses disciples dont la faiblesse ou la bonne foi livrait ainsi tous les avantages de la victoire, et l'on nomma à sa place un ennemi d'Abailard que cet échec obligea de transporter de nouveau son école à Melun. On le voit bientôt la rapprocher de Paris, où il n'était pas libre de la faire entrer, et se placer hors des murs, sur la montagne Sainte-Geneviève [1], d'où, comme d'un

---

[1] La montagne Sainte-Geneviève se trouva pendant long-temps hors de l'enceinte de Paris; elle n'y était pas encore comprise lorsque l'abbaye fut fondée ; ce ne fut qu'en 1221 que Philippe-Auguste l'y enferma en agrandissant les murs de Paris dans la partie méridionale. Ce roi, dit Rigord, engagea les propriétaires des vignes et des

camp, dit-il, il tient son ennemi assiégé. Champeaux, qui s'était retiré à la campagne, accourt, reprend les armes ; le combat s'engage de toutes parts ; les rencontres se succèdent et se multiplient.

Au milieu de cette belliqueuse activité, Abailard fut rappelé en Bretagne par sa mère. Son père, Bérenger, venait de se retirer dans un cloître ; Lucie se disposait à en faire autant, et voulait, à ce qu'il semble, avoir son fils pour témoin de ses adieux au monde. Il se rendit aux vœux de cette « mère chérie ; » et pendant qu'il était en Bretagne, Guillaume de Champeaux fut, en 1113, nommé évêque de Châlons. Il paraît qu'alors, voyant devant lui la carrière plus libre et plus facile, Abailard voulut se mettre en état d'y avancer d'une manière plus utile et non moins glorieuse, et d'aspirer à son tour aux dignités ecclésiastiques. Il nous apprend du moins que la promotion de Guillaume le détermina à se rendre à Laon pour y étudier la théologie sous Anselme, écolâtre de cette ville. Cet Anselme, déjà vieux, et qu'il ne faut pas confondre avec l'archevêque de Cantorbéry, enseignait à Laon depuis beaucoup d'années avec une autorité et une réputation qui ne purent en imposer longtemps à Abailard sur un certain talent de parole vide de pensée et soutenu seulement par l'habitude. Inhabile à la lutte, Anselme devenait inutile à Abailard, qui ne parut plus que rarement à ses leçons. La négligence des hommes supérieurs est facilement taxée de mépris ; on a peine à leur pardonner de ne pas payer en reconnaissance l'estime qu'on se sent

---

champs à les louer aux habitants de Paris pour y construire des maisons, afin, ajoute-t-il, que toute la ville fût pleine d'édifices jusqu'aux murs qui l'entouraient.

forcé d'avoir pour eux. Personne, d'ailleurs, n'était moins propre qu'Abailard à rassurer les amours-propres inquiets. Les principaux disciples d'Anselme furent blessés de son peu d'empressement à profiter des leçons de leur maître ; et cherchant, selon toute apparence, à le compromettre par quelque parole imprudente, un d'eux lui demanda un jour ce qu'il pensait de l'enseignement des livres sacrés, lui qui n'avait jamais étudié que les sciences physiques, nom sous lequel, à ce qu'il paraît, on confondait alors toutes les études étrangères à la théologie. Abailard, en reconnaissant l'utilité d'une pareille étude en ce qui touche le salut, s'étonna que des hommes instruits crussent avoir besoin, pour comprendre les écrivains sacrés, d'autre chose que de leurs écrits mêmes, accompagnés de la glose, et il soutint qu'aucun autre enseignement n'était nécessaire. A cette assertion, un rire d'ironie se fait entendre parmi les assistants; on demande à Abailard s'il se croit capable de prouver ce qu'il avance, et s'il osera l'entreprendre : il se déclare prêt à en faire l'épreuve. Alors, d'un ton toujours plus railleur, ses camarades acceptent la proposition, choisissent comme une des plus obscures la prophétie d'Ézéchiel, et Abailard s'engage à en commencer le lendemain l'explication. Quelques-uns lui conseillent de prendre plus de temps pour méditer sur un sujet si nouveau pour lui. Indigné, il répond qu'il a coutume de réussir à force, non pas de temps, mais d'intelligence, et qu'on l'entendra le lendemain.

Peu se rendirent à l'appel ; une telle entreprise leur semblait si ridicule et si téméraire que leur curiosité même était à peine excitée : cependant le succès fut complet. On demanda une seconde, puis une troisième séance, où les éloges de ceux qui avaient assisté à la première attirèrent successivement un grand nombre de nouveaux auditeurs, tous empressés à se procurer des copies de ce qu'ils n'avaient pas entendu.

L'école d'Anselme prit l'alarme; ses deux premiers disciples, Albéric de Reims et Lotulphe de Novarre, excitèrent l'inquiétude ou la jalousie du vieillard; et sous prétexte qu'Abailard, neuf en pareille matière, pourrait tomber dans quelque erreur qui serait alors naturellement attribuée à son maître, il reçut défense de continuer à expliquer les livres saints dans les lieux soumis à la discipline d'Anselme. Cette interdiction, inouïe jusqu'alors, excita une vive rumeur parmi les étudiants. Abailard en était encore à ce point où l'oppression grandit les hommes qu'elle doit finir par étouffer.

Revenu à Paris avec de nouveaux titres, il fut mis enfin en possession de la chaire si longtemps désirée, et revêtu en même temps d'un canonicat, il se vit à la fois sur la route de la fortune et en liberté de poursuivre la gloire. Il continua l'explication d'Ézéchiel avec le même succès, et le témoignage de ses contemporains ne laisse aucun doute sur l'éclat qui vint alors s'attacher à son nom. Foulques, prieur de Deuil, dans une lettre adressée à Abailard lui-même, s'exprime ainsi sur cette époque de sa vie : « Rome t'envoyait ses enfants à instruire; et celle qu'on avait entendue enseigner toutes les sciences montrait, en te passant ses disciples, que ton savoir était encore supérieur au sien. Ni la distance, ni la hauteur des montagnes, ni la profondeur des vallées, ni la difficulté des chemins parsemés de dangers et de brigands, ne pouvaient retenir ceux qui s'empressaient vers toi. La jeunesse anglaise ne se laissait effrayer ni par la mer placée entre elle et toi, ni par la terreur des tempêtes, et à ton nom seul, méprisant les périls, elle se précipitait en foule. La Bretagne reculée t'envoyait ses habitants pour les instruire ; ceux de l'Anjou venaient te soumettre leur férocité adoucie ; le Poitou, la Gascogne, l'Ibérie, la Normandie, la Flandre, les Teutons, les Suédois, ardents à te célébrer, vantaient et proclamaient sans relâche ton génie. Et je ne dis rien des habitants de la ville de Paris et des parties de la France les plus éloignées comme les plus rapprochées, tous avides de recevoir tes leçons, comme si près de toi seul ils eussent pu trouver l'enseignement. » De cette célèbre école sont sortis un pape (Célestin II), dix-neuf cardinaux, plus de cinquante évêques ou archevêques de France, d'Angleterre et d'Allemagne, et un bien plus grand nombre encore de ces hommes auxquels eurent souvent affaire les papes, les évêques et les cardinaux, comme Arnaud de Brescia et beaucoup d'autres. On a fait monter à plus de cinq mille le nombre des disciples qui se réunirent alors autour d'Abailard.

Rien ne nous reste de cet enseignement qui fut pour la nation savante un événement si considérable. Nous ne trouvons, hors des écrits de Foulques et d'Héloïse, que peu de traces de l'événement même. On ne peut douter qu'Abailard n'ait été la plus grande gloire littéraire de son siècle ; mais les gloires littéraires ne retentissaient pas alors avec beaucoup d'éclat ; le monde lettré de cette époque n'a pas de place dans l'histoire ; il en avait peu dans la société : ce qui n'intéressait que les doctes a été peu remarqué de leur siècle. Aussi est-ce hors de son temps et dans ses résultats postérieurs qu'il faut considérer l'importance du mouvement produit ou accéléré par Abailard.

Si l'on veut rechercher la nature et la forme des discussions philosophiques où se précipitait avec tant d'ardeur tout ce que l'Europe contenait d'hommes épris des charmes de la science, ce qu'on découvre se réduit à des combats de mots, d'où le vainqueur remportait pour tout trophée quelque subtile distinction qui devenait l'étendard d'un parti. On voit les plus hautes questions de la destinée humaine changées, pour ainsi dire, en discussions grammaticales, et toute la force de l'argumentation employée à déterminer le sens d'un adjectif ou d'un verbe. Les symboles de foi, adoptés et soutenus par l'Église avec une rigueur jalouse, opposaient de tous côtés à la pensée des bornes insurmontables. Rejeter une expression consacrée eût été un crime ; l'expliquer était délicat et pouvait devenir dangereux ; à moins que, faisant son chemin avec précaution à travers les divers articles de foi, qu'il ne fallait pas risquer de froisser en passant, l'explication ne ramenât justement au point d'où l'on était parti, c'est-à-dire au sens reconnu par l'Église. De là une prodigieuse subtilité d'interprétation pour échapper à l'hérésie, redoutée presque autant comme péché que comme danger, une singulière force d'esprit employée à choisir, étendre, assouplir le sens des expressions obligées, enfin cette tyrannie des mots à laquelle succombent les esprits même qui travaillent le plus énergiquement à s'en délivrer. Les écrits d'Abailard, la base la plus certaine d'après laquelle on puisse se faire une idée de ses discours, ne démentent pas l'opinion probable que, pour s'élever au-dessus de ses contemporains, il dut l'emporter sur eux en subtilité comme en toute autre chose. Aussi faut-il une certaine attention pour démêler toujours dans ses ouvrages la marche propre de son esprit, naturellement ferme, droit, tendant au vrai, mais perpétuellement détourné ou arrêté dans sa route par de minutieuses arguties, auxquelles l'entraînent les habitudes des esprits avec lesquels il a à débattre la vérité. On est émerveillé des arguments auxquels il est obligé de répondre et des objections auxquelles il attache de l'importance. C'est ainsi qu'il avance entre les épines, occupé à déblayer plus qu'à édifier, fort de la pente naturelle qui l'entraîne vers la vérité, et ouvrant la route à tous ceux qui sur ses pas veulent marcher en avant, à ceux même qui voudraient aller plus loin ; car ce qu'Abailard a enseigné de plus nouveau pour son temps, c'est la liberté, le droit de consulter et d'écouter la raison ; et ce droit, il l'a établi par ses exemples encore plus que par ses leçons. Novateur presque involontaire, il a des méthodes plus hardies que ses doctrines et des principes dont la portée dépasse de beaucoup les conséquences où il arrive. Aussi ne faut-il pas chercher son influence dans les vérités qu'il a établies, mais dans l'élan qu'il a imprimé. S'il n'a attaché son nom à aucune de ces idées puissantes qui agissent à travers les siècles, du moins il a mis dans les esprits cette impulsion qui se perpétue de génération en génération. C'était tout ce que demandait, tout ce que pouvait comporter son siècle, époque de mouvement, non de fondation, où semblait régner encore cette activité de l'enfance qui cherche à s'exercer plutôt qu'à s'appliquer. La mission d'Abailard fut d'étendre ce mouvement, d'échauffer, de diriger cette activité.

Au milieu des classes aisées qui abondent toujours dans une grande ville, et se portent avec empressement vers tout ce qui peut intéresser leurs loisirs, Abailard a dû jouir d'une existence très-brillante. Il a dû être connu des princes et de tous ceux qui, placés au-dessus de la foule, remarquent ce qui en sort avec éclat. Son nom a dû être souvent répété parmi les hommes que, dans les diverses contrées de l'Europe, préoccupaient le goût et la recherche du savoir; mais leur voix se perdait au milieu des masses étrangères à leurs idées et indifférentes à leurs travaux. Les principes qu'ils avaient pu accueillir étaient sans application dans une société hors d'état d'en user, et le progrès intellectuel ne parvenait que par de longs détours à se faire place dans les affaires humaines. Il y a pénétré plus ou moins promptement, selon que le terrain s'est trouvé préparé à recevoir des germes ainsi dispersés. Dans le midi, où la civilisation romaine n'avait jamais absolument disparu, où les lumières ne s'étaient pas complétement retirées des peuples, la société répondit plus promptement à l'appel des novateurs, et marcha d'un pas plus égal avec les opinions qui commençaient à se produire. Encore vingt ans, et Arnauld de Brescia devait, au nom de certaines idées religieuses et philosophiques, soulever l'Italie contre la puissance temporelle du clergé, ébranler le trône pontifical, et enfin, maître de Rome, y faire régner dix ans le gouvernement populaire, en dépit des efforts des pontifes et des excès de son propre parti. Bientôt après, l'opinion des Albigeois devait devenir la cause de la population méridionale des Gaules, et la question de la liberté de penser commençait à se débattre entre les armées des princes et la conscience des peuples. Mais au Nord, et particulièrement dans ce qui formait alors proprement la France, où la conquête avait plus rudement imposé son joug, la domination de la race barbare ne permit pas de longtemps que le mouvement intellectuel passât des écoles dans la société. Les tentatives d'affranchissement politique qui, au douzième siècle, ont coïncidé en France avec le mouvement philosophique, bien que nées de la même source, en demeuraient tout-à-fait séparées. Les besoins de la liberté naissaient également dans les diverses carrières de l'activité humaine; partout on commençait à se sentir la force et le désir d'avancer, mais sans se rallier à des principes communs et se porter mutuellement secours. Les mêmes bourgeois qui se formaient en communes pour arracher à leur suzerain ecclésiastique ou laïque la reconnaissance de leurs droits municipaux, auraient lapidé en qualité d'hérétique l'imprudent logicien qui leur aurait parlé de réclamer les droits de la raison contre les autorités théologiques; et parmi les écrivains philosophes qui ont parlé des premières tentatives d'affranchissement municipal, il n'en est presque aucun qui ne se soit prononcé avec indignation contre ces associations exécrables, inouïes, qui se formaient alors sous le nom de communes.

Ainsi, indépendants l'un de l'autre, le mouvement populaire et le mouvement littéraire ont chacun séparément suivi leur cours. L'état des lettres en France a constamment porté et porte encore la trace de cette séparation. Elle a puissamment influé sur les mœurs des classes éclairées, en les accoutumant à un exercice d'esprit et à des jeux d'imagination sans rapport avec les faits extérieurs. Il en est résulté sur plusieurs points une habitude de faux et de factice qui n'a pas borné son influence aux productions littéraires; les affections naturelles ont été détournées de leur véritable voie; on a soumis les sentiments et les relations de la vie à une sorte de règle poétique qui substituait l'élégance à la rectitude, et devenait beaucoup plus favorable à la délicatesse des passions qu'à l'observation des devoirs. L'amour, tel que nous l'avons vu professer dans le dix-huitième siècle, est le produit de cette morale toute littéraire. Il est assez singulier de le rencontrer sous les mêmes traits au commencement du douzième ; la vie d'Abailard nous offre un des exemples les plus remarquables de ce genre d'exaltation romanesque qui a caractérisé nos temps modernes.

Abailard était arrivé, selon quelques-uns, à trente-huit ans, mais plus probablement à trente-quatre ou trente-cinq, sans que les faiblesses de l'amour fussent venues se mêler à la sévérité de ses occupations. L'agitation de sa fortune, et cette avide impatience de renommée que ses premiers succès devaient plutôt exciter que satisfaire, avaient jusqu'alors absorbé l'ardeur de son âge et de son imagination. L'élévation de ses penchants lui inspirait, ainsi qu'il nous l'apprend lui-même, une grande aversion pour les commerces honteux et les plaisirs faciles, en même temps que ses travaux lui interdisaient ceux qu'il aurait fallu poursuivre avec plus de temps et de soin dans « la société des nobles femmes. » Il n'avait donc jamais songé à chercher les succès que lui pouvaient promettre sa figure, les agréments de son esprit, le talent de la poésie qu'il joignait, dit-on, au mérite philosophique, une belle voix pour accompagner ses vers et une grâce infinie à les chanter. L'ame passionnée d'Héloïse se plaisait encore, après de longues douleurs, à retracer le tableau des agréments qui avaient charmé sa jeunesse. D'autres témoignages encore que le sien nous ont appris que les femmes du temps d'Abailard avaient senti l'importance de son mérite et y avaient été sensibles. Lorsque l'éminence de sa situation eut attiré sur lui les regards du public, elles se passionnèrent pour un homme célèbre en qui elles trouvaient un homme aimable. Il se vit, nous dit-il, maître de choisir entre elles sans crainte d'éprouver un refus ; mais il n'en chercha qu'une seule, et pour aimer, il attendait Héloïse.

Héloïse était la nièce d'un chanoine de Paris nommé Fulbert ; quelques-uns disent sa fille naturelle. D'autres la donnent pour fille naturelle d'un prêtre nommé Ycon ; d'autres pour alliée des Montmorency : peu importe. A peine âgée de dix-huit ans, elle possédait, autant qu'on en peut juger par les expressions de son amant, ce qu'il faut d'agrément pour donner de la grâce au mérite d'une femme, et, malgré sa jeunesse, ce mérite était déjà célèbre. Ce que nous connaissons d'Héloïse ne peut laisser d'incertitude sur l'étendue de son esprit, l'élévation de son âme, la force de son caractère, la chaleur de son imagination, son talent d'écrire, son goût pour la science telle qu'on la connaissait alors. Élevée chez les religieuses d'Argenteuil, elle y avait appris les langues savantes, dont la connaissance était alors recommandée aux couvents de filles, comme nécessaire à l'intelligence des prières de l'Église et des livres saints ; les poètes et les philosophes anciens lui étaient aussi familiers. Sa passion pour les lettres avait rendu son cœur sensible à une grande gloire littéraire et préparait d'avance le succès d'Abailard. Animé par l'amour et l'espérance, il voulut plaire enfin et y parvint sans peine. Un commerce de lettres dont la science fut peut-être le prétexte, mais non pas le sujet, permit les aveux que n'aurait osé prononcé la bouche ; et, toujours plus amoureux, Abailard chercha les moyens d'amener les occasions plus fréquentes et les relations plus familières sur lesquelles il fondait l'espoir de son triomphe.

Fulbert, orgueilleux de la supériorité de sa nièce, croyait ne pouvoir faire assez pour donner à ses talents tout le développement dont ils étaient susceptibles; et dans ce respect passionné pour la science qui séduit quelquefois les esprits simples comme paraît l'avoir été celui du chanoine, il poussait sans relâche Héloïse à l'étude et ne négligeait pour elle aucune occasion d'apprendre. Abailard, par l'intermédiaire de quelques amis, fit proposer à Fulbert de le prendre en pension chez lui au prix qu'il voudrait. L'embarras des soins du ménage, incompatible avec les études philosophiques, la trop grande dépense qui en résultait pour lui, la commodité que lui offrait la maison de Fulbert, située près des écoles, tels furent les motifs apparents de la demande d'Abailard. Fulbert en eut deux pour accéder avec empressement à la proposition : l'avantage pécuniaire qu'il comptait trouver dans ses conventions avec ce philosophe riche et insouciant, et surtout la joie inespérée de voir Héloïse approcher de la source de toute science, et l'espérance qu'il en rejaillirait sur elle quelques gouttes. Sans laisser à Abailard le temps de former un désir à cet égard, il le supplia avec ardeur de donner à sa nièce les moments dont il pourrait disposer, soit à son retour des écoles, ou à toute autre heure du jour et même de la nuit, lui remettant sur elle une entière autorité, jusqu'à le prier d'user de contrainte, s'il était nécessaire, et de punir sa négligence ou sa mauvaise volonté. Abailard lui-même s'étonna de l'excès d'aveuglement qui allait ainsi au-delà de ses vœux; mais, trompé par les idées qui le préoccupaient, par la gravité des mœurs d'Abailard, par la distance où le plaçait d'Héloïse la hauteur de sa réputation, Fulbert ne vit en lui qu'un savant docteur, dans sa nièce qu'un enfant, et il ne supposa pas entre eux d'autres relations possibles que celles du maître et de l'écolière. Telles que les concevait Fulbert, elles étaient singulières, car il avait permis à Abailard, pour faire faire à Héloïse sa volonté, les menaces et les coups. Abailard réussit par de plus douces voies, et, en nous instruisant de son bonheur, il a laissé peu de chose à deviner sur le détail de ses plaisirs. Sa passion fut sincère et violente; mais, au moment où écrivait Abailard, elle avait perdu son empire; l'amour n'animait plus pour lui ces tableaux que seul il peut rendre touchants; la crudité est dans ses expressions, autorisées ou nécessitées par l'usage du latin, rendues familières par l'habitude des dissertations théologiques, et naturelles à cette situation d'âme où le remords s'unit aux regrets. Un effet tout contraire résulte des écrits où, après de longues années d'absence, Héloïse se rappelait ces temps de bonheur et d'ivresse; elle exprime beaucoup plus en disant beaucoup moins; elle rappelle, mais ne détaille point; au moment même où Héloïse se livre à la peinture des sentiments les plus vifs, une délicatesse de femme écarte toute image capable de réveiller, dans celui à qui elle s'adresse, l'idée des plaisirs qui ne sont plus, pour porter l'imagination tout entière sur la douleur de leur perte.

Livré à des jouissances si vives et si nouvelles, Abailard oubliait tout le reste; ses vers ne parlaient plus que d'amour, et la douce mélodie de ses chants, gravés dans la mémoire des plus ignorants, portait au loin le nom d'Héloïse, et le faisait retentir dans les maisons et sur les places. Héloïse ne concevait plus d'autre honneur que celui de son choix, et se perdait, pour ainsi dire, dans la gloire de son amant. Le devoir de lui complaire devint pour elle celui devant lequel disparaissaient tous les autres; en vain des scrupules renaissaient quelquefois dans son âme; en vain le retour du dimanche, d'une fête solennelle, alarmait sa dévotion sur des plaisirs défendus; tout cédait à un ascendant auquel elle n'imaginait même plus qu'il lui fût permis de résister.

Plusieurs mois se passèrent sans que rien vînt, je ne dis pas troubler, mais réveiller ces deux âmes engourdies dans une sorte de sommeil magique. Tout amour du travail, toute passion même de la gloire étaient éteints dans le cœur d'Abailard; incapable d'étude, il se rendait avec répugnance aux écoles, et impatient d'en sortir, il y répétait languissamment d'anciennes leçons que son esprit énervé n'avait plus même la force de rajeunir. Ses disciples virent avec consternation la chute de leur maître, et le deuil se répandit dans toute la nation philosophique. Le public ne pouvait être longtemps discret : ce qui faisait l'entretien de tous arriva enfin aux oreilles de Fulbert; sa douleur et son indignation égalèrent la confiance où il avait vécu jusque alors; Abailard sortit de chez lui confus, accablé de remords, déchiré d'une si cruelle séparation, mais indifférent à ses propres maux, pour ne sentir que le malheur d'Héloïse qui, de son côté, ne paraissait souffrir que de l'humiliation et de la rougeur qui couvraient le front de son amant. Tel est le récit que nous fait Abailard, récit touchant et naturel malgré la recherche des formes. Ils se quittèrent plus unis, plus passionnés que jamais, et peu de temps après, Héloïse, s'apercevant qu'elle était grosse, en instruisit Abailard avec transport et orgueil. Choisissant alors une nuit où Fulbert se trouvait absent, il l'enleva déguisée en religieuse, et la conduisit en Bretagne chez sa sœur, connue seulement sous le nom de Denise. Là, elle accoucha d'un fils qui fut nommé Astrolabe ou Astralabe.

Fulbert furieux, prêt à se porter à toute sorte de violences contre l'auteur de son affront, était cependant retenu par sa tendresse pour Héloïse. Il pouvait craindre que, dans le pays d'Abailard, au milieu des siens, elle ne devînt à son tour la victime de leur vengeance. Abailard n'en crut pas moins devoir prendre des précautions contre les efforts que Fulbert aurait pu tenter pour s'emparer de sa personne. Un tel état de choses ne pouvait durer, et pourtant il ne se présentait, pour le faire cesser, qu'un moyen extrême, le mariage, dégradation inouïe pour un clerc, un chanoine, un philosophe, brillant de toutes les gloires théologiques, en route pour arriver aux plus hautes dignités de l'Église. Abailard se détermina cependant à faire cesser les maux qu'il avait causés, à se délivrer lui-même des remords que lui faisait éprouver la trahison dont il s'était rendu coupable, et, s'excusant sur la force de l'amour « et les exemples de tant de grands hommes dont, à partir des premiers jours du monde, les femmes ont causé la ruine, » il alla trouver Fulbert, implora son pardon, et lui proposa ce que celui-ci n'aurait pu se permettre d'espérer, « d'épouser Héloïse, à cette seule condition que, pour sauver d'un tel scandale la réputation d'Abailard, le mariage demeurerait secret[1]. » Fulbert consentit à tout ; Abailard reçut de lui et des siens des assurances de paix et de

---

[1] Gervaise observe qu'en ce temps-là il n'était pas besoin d'autant de cérémonies qu'aujourd'hui pour la validité d'un mariage catholique : le concile de Trente et les ordonnances des princes n'avaient pas encore imposé les lois et les formalités auxquelles on a été, plus tard, obligé de se soumettre.

parfaite réconciliation que confirmèrent des embrassements mutuels.

Abailard se rendit en Bretagne pour en ramener Héloïse, et accomplir sa promesse de l'épouser. Consternée à la nouvelle qu'il lui en apporta, Héloïse s'opposa de toutes ses forces à un pareil sacrifice; sacrifice inutile, disait-elle, car son oncle n'avait point pardonné et ne pardonnerait point. « Quel honneur d'ailleurs pouvait-il lui revenir de ce qui ternirait la gloire d'Abailard? De quel crime n'allait-elle pas se rendre coupable envers le monde entier en lui enlevant une telle lumière? Quelles ne seraient pas les malédictions, les larmes des philosophes? » Passant de là aux embarras du mariage, elle appelait à l'appui de son opinion celle des pères et des philosophes qui tous l'ont déclaré contraire, sinon à la pureté des mœurs, du moins à l'étude de la sagesse et à la vie philosophique.

On pourrait croire à ce langage que, revenue de ses égarements, Héloïse plaçait désormais leur gloire à tous deux dans le renoncement aux plaisirs qui leur avaient été si chers; il n'en était rien; la publicité de leur mariage, les commodités de la cohabitation, c'était là qu'elle voyait l'indécence et le scandale; et plus heureuse, disait-elle, plus honorée du nom de maîtresse d'Abailard que du nom de son épouse, plus charmée et plus fière de devoir sa constance à son amour que de le tenir enchaîné par les liens du mariage, elle le conjurait de ménager leurs plaisirs que des séparations momentanées rendraient d'autant plus doux qu'ils seraient plus rares.

C'est ainsi qu'Abailard nous a transmis les discours par lesquels Héloïse tâchait d'ébranler sa résolution; et, malgré la forme oratoire que leur a donnée son récit,

Héloïse, dans ses lettres, les reconnaît pour siens, le remercie d'avoir daigné se les rappeler, lui reprochant toutefois d'omettre quelques-unes des raisons de son éloignement pour ce mariage, et celles sans doute qu'elle lui permettait le moins d'oublier.

Les poètes comme Héloïse, et le public comme les poètes, ont donné plus d'attention aux motifs personnels d'Héloïse qu'à ceux qu'elle tire de la situation d'Abailard et des idées de son temps ; mais c'est à ceux-ci que s'attache l'importance historique. Plus d'une femme passionnée a pu éprouver ou se croire les sentiments d'Héloïse ; ses arguments n'appartiennent qu'à son siècle.

Abailard, en les rapportant, en reconnaît la solidité, et s'étonne de l'étrange folie qui l'empêcha de s'y rendre. Enfin, ne pouvant rien obtenir, et incapable de soutenir la colère de celui qu'elle aimait, Héloïse céda avec des torrents de larmes ; et, ne voyant plus d'autre bien que de se perdre du moins tous deux ensemble, ils revinrent secrètement à Paris, laissant leur fils chez Denise ; et moins d'une semaine après leur arrivée, ayant passé une partie de la nuit en prières dans une église, ils s'y marièrent de très-grand matin en présence d'un petit nombre d'amis. Puis ils se séparèrent, et ne se virent plus que rarement, avec le plus grand mystère et autant de précautions qu'il leur fut possible.

Cependant Fulbert et ses familiers, regardant cette réparation cachée comme à peu près nulle pour son honneur, commencèrent à divulguer le mariage. Mais Héloïse démentait avec tant de fermeté les bruits qu'ils s'appliquaient à répandre, qu'elle se vit exposée à la colère et aux mauvais traitements de son oncle. Abailard, pour l'y soustraire, la conduisit au couvent des religieuses d'Argenteuil, dont il lui fit prendre l'habit, à l'exception du voile. Fulbert et ses parents, persuadés alors que le projet d'Abailard était d'obliger Héloïse à se faire religieuse et de se délivrer ainsi des liens de son mariage, crurent n'avoir plus rien à ménager. On sait quelle fut leur vengeance.

Instruite du malheur d'Abailard, toute la ville accourut chez lui. L'affliction fut grande dans le clergé, et les femmes, dit Foulques, versèrent d'abondantes larmes sur le sort de celui qu'elles regardaient comme leur chevalier. Excédé, irrité des cris de surprise et de douleur qui retentissaient de tous côtés à ses oreilles, des gémissements de ses élèves, et de la compassion de cette foule de gens qui venaient le plaindre de son ignominie, le malheureux Abailard, comme il nous l'apprend lui-même, ne sentait plus d'autre souffrance que l'insupportable confusion dont il se voyait couvert à l'idée de la honte et du ridicule attachés à cette singulière aventure qui se répandait partout avec un éclat insupportable. Il gémissait de tant de gloire si facilement éteinte ; il se représentait l'affectation de ses envieux à louer l'évidente justice d'une pareille punition, la douleur de ses parents et de ses amis, l'insultante curiosité du public ; il se voyait montré au doigt, poursuivi de tous les regards, déchiré par toutes les bouches. Au sentiment de son honneur perdu se joignait celui de sa fortune arrêtée : les hautes dignités de l'Église lui étaient désormais inaccessibles : il ne se vit plus d'asile que le cloître. La honte, nous dit-il, l'y poussa plus que la dévotion. Arraché tout vivant, pour ainsi dire, aux passions, encore plein de ce monde qu'il allait quitter et qu'il ne sentait plus que par la douleur,

Abailard, loin de songer à se faire un pieux mérite de ses maux, en repoussait avec aversion toutes les amertumes. Incapable de supporter qu'Héloïse demeurât libre quand elle cessait de lui appartenir, il exigea qu'elle prît le voile dans le couvent d'Argenteuil. Héloïse n'hésita point à accomplir le sacrifice qu'on lui imposait, mais elle le sentit : « A ton commandement, dit-elle, je changeai d'âme en même temps que d'habit..... Ce fut ta volonté, non la dévotion, qui m'entraîna, pleine de jeunesse, dans les rigueurs de la vie monastique. » Abailard le comprit, et, moins sûr qu'il n'aurait dû l'être de son amour et de son courage, « se rappelant que la femme de Loth avait tourné ses regards en arrière, » il voulut qu'Héloïse fût, avant lui, consacrée à Dieu sans retour. Héloïse, moins touchée de ce soin jaloux que de l'injure faite à sa tendresse, lui reprochait encore longtemps après un si cruel soupçon : « J'en rougis, » lui dit-elle, « et sentis une violente douleur de te voir en moi si peu de confiance ; au premier ordre, Dieu le sait, je t'aurais précédé ou suivi dans les gouffres brûlants de la terre. Mon âme n'était plus avec moi, mais avec toi. »

Cependant elle obéit, et, inébranlable dès qu'elle s'était soumise, elle accepta la destinée qu'elle n'avait pas choisie avec cette grandeur de caractère qui, dès ce moment, l'a distinguée entre les femmes. Au moment de sa profession, ses amis l'entouraient, plaignant sa jeunesse, la conjurant de ne se point condamner à un intolérable supplice ; mais elle s'échappa du milieu d'eux, monta à l'autel, puis, prenant le voile béni, elle s'en couvrit et prononça les vœux irrévocables.

Les épreuves monastiques étaient alors de peu de durée ; et la résolution des deux époux avait été si prompte que, lorsque Abailard entra à Saint-Denis, ses ressentiments conservaient encore toute la violence du premier moment. Deux de ses assassins, l'un desquels était le domestique qui l'avait livré, pris en s'enfuyant, avaient été condamnés à la peine du talion, et, de plus, à perdre les yeux. Fulbert, traduit devant la cour ecclésiastique, composée de l'évêque et des chanoines, avait nié toute participation au crime. Cependant une sentence très-sévère, à ce qu'il paraît, avait été d'abord portée contre lui ; mais ensuite, sollicitée, selon toute apparence, par les amis de Fulbert, et prenant en considération sa qualité de clerc, la cour était revenue sur ce premier jugement, et s'était bornée à dépouiller le coupable de ses biens. Cet adoucissement du premier arrêt avait profondément irrité Abailard. Il menaçait de porter plainte à Rome, et de poursuivre, par tous les moyens, l'évêque et les chanoines qu'il accusait de s'être ainsi rendus les complices de ses assassins. Le couvent même, autant qu'on en peut juger, prenait en main sa cause, et devait fournir aux frais du voyage et de la poursuite. Il est à présumer que, souvent en lutte avec l'archevêque et les chanoines de la cathédrale, l'abbé avait choisi cette occasion de leur nuire. Les amis de la paix cherchèrent à étouffer ces semences de discorde ; ce fut alors que Foulques, prieur de Deuil, écrivit à Abailard la lettre déjà citée, où il se sert, pour calmer son ressentiment, de tous les motifs de consolation ou de patience que lui peuvent offrir la raison et la religion, employant alternativement la louange et la sévérité. Passant au reproche, il félicite Abailard de l'événement qui, à la fois, a mis un terme à ses erreurs et humilié sa fierté, en lui laissant pour consolation l'intérêt universel qu'a inspiré son malheur. Tirant de là des motifs pour l'engager à se contenter de la justice qui lui a déjà été rendue, il le détourne vivement de l'idée d'aller à Rome : son devoir est, dit-il, de faire le bien de son couvent au lieu de lui être à charge : « Et ne t'a-t-on pas dit, s'écrie-t-il, quelle est l'avarice et la corruption des Romains? Quelles richesses ont jamais pu les rassasier?... Tous ceux qui, de notre temps, se sont adressés à cette cour, sans pouvoir payer, sont revenus leur cause perdue, repoussés et couverts de confusion. » Foulques représente de plus à Abailard qu'en suivant ce malheureux conseil il va élever entre la cathédrale et son monastère une haine irréconciliable, et finit par lui déclarer que, s'il ne pardonne pas, en vain aura-t-il revêtu l'habit de pénitence.

Cette lettre, entre plusieurs particularités relatives à l'histoire d'Abailard, en contient une qui pourrait demander quelque explication. Foulques a entendu dire qu'au moment de son malheur Abailard se trouvait dans une si profonde pauvreté qu'il ne possédait rien que ses vêtements. Une telle détresse, après les gains qu'a procurés à Abailard « ce commerce de science qu'il faisait par le moyen de la parole, » provient, selon ce qu'a raconté Foulques, de la rapacité des femmes auxquelles Abailard prodiguait tout ce qu'il parvenait à gagner. Cette assertion, inconciliable avec le récit d'Abailard, et avec ce que des lettres postérieures nous assurent de sa passion pour Héloïse, devenue sa femme, paraît d'ailleurs à peu près détruite par le silence d'Héloïse qui, dans les moments mêmes où la douleur l'entraîne au reproche, ne laisse pas échapper un mot qui puisse faire soupçonner Abailard d'un genre de tort que du moins elle eût cru ne pouvoir pardonner sans

quelque mérite. Mais Foulques n'écrivait que sur des
ouï-dire, exagérés encore sans doute par une pieuse
indignation. Quant à la pauvreté d'Abailard, il est facile
de concevoir que, peu habile à se conduire, assez vain
pour être magnifique, riche de la conscience de sa
force, en droit de compter sur l'avenir, et absorbé dans
les soins de son amour, il n'eût pas encore songé à se
ménager des ressources dont il ne prévoyait pas le
besoin.

La lettre de Foulques produisit sans doute son effet ;
du moins on ne voit pas qu'Abailard ait tenté de réaliser ses projets de vengeance. Peut-être aussi comprit-il bientôt qu'il devait peu compter sur l'appui de son
monastère. L'abbaye de Saint-Denis était une de celles
où n'avait pas pénétré la réforme ; ses richesses, le
voisinage de Paris et de la cour, y entretenaient les
relâchements de la vie mondaine ; et, si l'on en croit
Abailard, l'abbé, comme premier en dignité, surpassait
encore en honteux désordres tout le reste de sa communauté.

Le nouveau religieux n'avait pas contracté, avec le
devoir de la soumission, la patiente humilité de la charité. Le malheur donnait peut-être plus d'âpreté à sa
raison, et il n'avait pas accoutumé sa supériorité à se
contraindre. Abailard ne dissimula pas son indignation
des scandales qui frappaient journellement ses regards ;
il s'en expliqua tant en public qu'en particulier, et, de
son aveu, il se rendit insupportable à ses confrères.
Un prétexte honorable se présenta pour l'éloigner,
et ils saisirent l'occasion de se délivrer d'un censeur
si incommode. A peine avait-il été guéri, que ses
disciples étaient accourus autour de lui, le suppliant de
recommencer à les instruire. Ce qu'il avait donné,

disaient-ils, à l'amour de la gloire ou du gain, il le devait maintenant à l'amour du Seigneur, qui ne manquerait pas de lui demander compte avec usure du *talent* remis à sa disposition. Dieu évidemment avait voulu que, libre des attraits de la volupté, loin des tumultueux embarras du siècle, il pût vaquer à l'étude, et substituer au philosophe mondain le philosophe religieux. Ils renouvelaient sans relâche leurs sollicitations, tant auprès de lui qu'auprès de son abbé, et celui-ci, ainsi que les moines, d'autant plus disposés à les accueillir que la présence d'Abailard leur devenait plus à charge, le déterminèrent à se rendre aux vœux qu'on lui exprimait. Il se retira à la campagne, dans une maison dépendante du monastère, et là il se remit à enseigner, non-seulement la théologie, ainsi que l'exigeaient les convenances de son état actuel, mais aussi les lettres profanes « dont, à la manière d'Origène, dit-il, ce premier des philosophes chrétiens, il se faisait un appât pour attirer les esprits, par une odeur philosophique, au goût de la véritable philosophie. »

Les amis de la science accoururent comme de coutume à ses leçons : « les logements, dit-il, ne suffisaient pas pour les contenir, le pays pour les nourrir. » Les autres écoles devenaient désertes, et la haine ranimée trouva, dans les nouvelles obligations auxquelles Abailard s'était soumis, de nouveaux moyens d'attaque. On lui reprocha en même temps, comme moine, l'enseignement profane, et l'enseignement théologique comme s'y étant immiscé de lui-même, sans l'attache ou l'autorisation d'un docteur en théologie, formalité, à ce qu'il paraît, nécessaire alors.

Guillaume de Champeaux et Anselme, l'écolâtre de Laon, étaient morts ; mais Albéric et Lotulphe, disciples de l'écolâtre et anciens rivaux d'Abailard, prétendaient dominer les écoles comme l'avaient fait ces deux maîtres. Le temps ne leur était plus favorable; ils s'adressèrent au clergé et tâchèrent d'éveiller sa sollicitude sur des méthodes et des doctrines dont le public commençait à se faire juge, indépendamment des autorités officiellement chargées de diriger ses opinions. Ce petit public dont s'entourait Abailard n'était pas plus que lui disposé au scepticisme; pleins de foi, au contraire, dans la religion et dans la raison, le maître et les disciples croyaient fermement pouvoir arriver, par la force de l'intelligence, à la démonstration de vérités qu'ils n'imaginaient pas qu'on pût révoquer en doute. Animés de cette double confiance, les élèves d'Abailard avaient désiré, nous dit-il, « des arguments philosophiques et propres à satisfaire la raison, le suppliant de les instruire, non à répéter ce qu'il leur apprenait, mais à le comprendre; car, ajoutaient-ils, nul ne saurait croire sans avoir compris, et il est ridicule d'aller prêcher aux autres des choses que ne peuvent entendre, ni celui qui professe, ni ceux qu'il enseigne. » Soit qu'il vînt du maître ou des disciples, ce langage était sincère : « Quel pouvait être le but de l'étude de la philosophie, sinon de conduire à l'étude de Dieu, auquel tout se doit rapporter? Dans quelles vues permettait-on aux fidèles la lecture des écrits traitant des choses du siècle et celle des livres des Gentils, sinon pour les former à l'intelligence des vérités de la sainte Écriture, et à l'habileté nécessaire pour les défendre? » Comment enfin la dialectique, le plus haut exercice des facultés humaines, n'eût-elle pas conduit naturellement à l'étude de la théologie, regardée comme leur plus haut emploi? Ainsi qu'il le dit lui-même, Abailard, dialecticien dès le berceau, pouvait difficilement concevoir une science qui n'eût pour base celle dont il avait fait l'étude de sa vie. Très-disposé à se rendre aux vœux de ses disciples, il composa alors, pour leur usage et comme sujet de ses leçons, son *Introduction à la théologie*, où il se propose, dit-il, de défendre la Trinité et l'unité de Dieu contre les arguments philosophiques. » C'est dans ce but surtout qu'il lui paraît nécessaire de « s'aider de toutes les forces de la raison, afin d'empêcher que, sur des questions aussi difficiles et aussi compliquées que celles qui font l'objet de la foi chrétienne, les subtilités de ceux de ses ennemis qui font profession de philosophie ne parviennent trop aisément à altérer la simplicité de notre foi. » Ainsi, renonçant dans cet ouvrage à la voie de l'autorité, il se réduit aux simples secours du raisonnement, tire ses arguments et ses citations des poëtes et des philosophes aussi bien que des Pères ou des livres saints, et emploie alternativement la force et la subtilité de son esprit à surmonter la plus haute difficulté peut-être que se puisse imposer un esprit ami de la vérité, celle de prouver par le raisonnement ce qu'il croit en vertu d'une autorité autre que celle de la raison.

Le succès de l'*Introduction à la théologie* détermina l'orage qui grondait autour d'Abailard. Albéric et Lotulphe triomphèrent d'avoir enfin, contre l'ancien objet de leur haine, quelque chose de plus positif que des discours imparfaitement recueillis et transmis de bouche. Ils ne savaient pas bien encore quel motif d'accusation leur fournirait l'écrit d'Abailard; mais ils étaient sûrs d'en trouver un. L'infaillible instinct de la médiocrité jalouse leur faisait reconnaître, dans la supériorité seule, une sorte de crime contre lequel il n'est pas difficile d'animer la foule, parce qu'elle croit y voir un danger. A quoi bon, disait-on, écrire de nouveau sur ce qui a déjà été suffisamment expliqué ou ne saurait l'être, et par quelle inconvenance s'aider, dans un sujet sacré, des arguments ou de l'autorité des écrivains païens? Une partie du second livre de l'*Introduction à la théologie* est destinée à repousser ces attaques. Abailard traite ailleurs avec un grand mépris les hommes qui anathématisent sa dialectique comme un art sophistique et trompeur, et il les compare au renard de la fable qui essaie de grimper à un cerisier pour en manger les cerises, et qui, retombé sans les pouvoir atteindre, dit en colère : « Je ne me soucie pas de cerises, cela est détestable. »

Des arguments et des moqueries ne suffisaient pas pour déconcerter les ennemis auxquels Abailard avait affaire. Puissants à Rheims, où ils dirigeaient les écoles, ils attirèrent dans leur parti l'archevêque Raoul dit *le Vert*, et en obtinrent la convocation d'un concile provincial à Soissons, pour juger les doctrines d'Abailard sur la Trinité. Ce concile se tint en 1121, en présence de Conon, évêque de Preneste, et alors légat du pape en France. Abailard fut invité à y apporter son livre ; et la veille de son arrivée, le peuple, à qui l'on avait persuadé qu'il enseignait trois dieux, poursuivit à coups de pierres deux de ses disciples. Il n'en vint pas moins rempli de confiance. Abailard avait souffert de la violence, mais il ne connaissait pas encore l'injustice légale et n'était pas arrivé à douter de la puissance de la vérité. Il ouvrit en arrivant un cours public, où chaque jour, avant la séance du concile, il exposait au public ses opinions sur les mystères de la foi. L'occasion sans doute échauffait son éloquence. On l'admirait ; le peuple et le clergé revenaient des préventions qu'on leur avait inspirées contre lui, et se disaient : « Le voilà qui parle en public, et personne ne lui répond ; ce concile, assemblé, assurait-on, principalement contre lui, avance sans que l'on ait encore prononcé son nom ; aurait-on découvert que c'est lui qui a raison, et non pas ceux qui l'accusent ? »

En effet, le concile tirait à sa fin, et personne n'avait osé porter les premiers coups à ce redoutable adversaire. Abailard, en reconnaissant aux trois personnes divines une seule et même essence, les avait distinguées par certains attributs plus particulièrement propres à chacune : au Père la puissance, au Fils la sapience, au Saint-Esprit l'amour. C'était sur cette distinction que l'on avait voulu d'abord fonder l'accusation de trithéisme. Il paraît qu'on l'avait abandonnée, et ses ennemis, peu subtils sans doute, s'épuisaient en vain à en trouver d'autres. L'embarras croissait chaque jour ; il fallait en venir enfin au fait, et tous les jours avec plus de défaveur. Albéric se rendit chez Abailard, accompagné de quelques-uns de ses disciples, et après quelques discours de politesse, il lui dit qu'il s'étonnait de cette proposition contenue dans son livre : « Lorsqu'on dit que Dieu a engendré Dieu, n'était que Dieu est un, je nierais que Dieu ait pu s'engendrer lui-même. » Abailard offrit de lui donner les raisons de son opinion. « En de telles matières, répondit Albéric, nous ne faisons aucun cas de la raison humaine et de notre propre sens ; nous ne nous attachons qu'aux paroles des autorités.—Ouvrez donc le livre, dit Abailard, et vous trouverez mes autorités. » En effet, prenant son ouvrage des mains d'Albéric qui l'avait apporté, et l'ouvrant par hasard à l'endroit qu'il cherchait, il lui montra, citées

à l'appui de son opinion, ces paroles de saint Augustin :
« Quiconque tient que Dieu par sa puissance ait pu s'engendrer lui-même tombe dans une telle erreur, que non-seulement ce n'est plus Dieu qu'il conçoit; ce n'est pas même une créature soit spirituelle ou corporelle, car il n'existe rien qui s'engendre soi-même. » Albéric, empressé et ravi de trouver un mauvais sens, n'avait pas remarqué la citation. Ses disciples rougirent; quant à lui, il prétendit que le passage demandait explication. Abailard fit observer que cette opinion n'était pas nouvelle; qu'au reste cela importait peu, puisque Albéric tenait non au sens, mais aux paroles; ajoutant cependant que pour peu qu'il prît quelque plaisir à entendre des raisons, il était prêt à lui démontrer que, d'après ses propres paroles, c'était lui qui était tombé dans l'hérésie de ceux qui prétendent que le Père est à lui-même son propre fils. A ces paroles, Albéric furieux lui dit que ni ses raisons ni ses autorités ne lui serviraient de rien dans cette affaire, et sortit en proférant de violentes menaces.

Le dernier jour du concile était arrivé. Avant l'ouverture de la séance, le légat, l'archevêque de Rheims, l'évêque de Chartres, Albéric, Lotulphe et quelques autres se réunirent en particulier pour délibérer enfin sur ce qu'il y avait à faire d'Abailard et de son livre. L'impossibilité de trouver la matière d'une accusation avait adouci les préventions des uns, forcé la haine des autres à quelques ménagements, et parmi les hommes considérables du concile, Abailard avait aussi quelques amis. Au nombre de ceux-là était Geoffroi, évêque de Chartres, prélat éclairé et respectable. Profitant de ce moment d'hésitation, il représenta à ses collègues le danger d'agir violemment contre un homme tel que

Abailard, la multitude de ses partisans qui ne manqueraient pas, si on le jugeait sans l'entendre, comme quelques-uns paraissaient le conseiller, d'attribuer cette conduite à l'envie, ce qui pourrait mettre bientôt le public de son côté : « Si vous voulez, dit-il, procéder canoniquement contre lui, que sa doctrine soit exposée en plein concile; qu'interrogé, il ait la liberté de répondre, et qu'ainsi, lorsque vous l'aurez convaincu et forcé d'avouer son erreur, il se trouve réduit au silence. »

A cette proposition, les ennemis d'Abailard ne purent dissimuler leur effroi. « Belle idée, s'écrièrent-ils, d'aller nous mettre en butte à la loquacité de cet homme et combattre avec lui d'arguments, quand nous savons que personne ne peut tenir contre ses sophismes! » L'évêque vit à quel point cette crainte agissait sur les assistants, et désespérant de la vaincre, il chercha une autre voie de salut : « Le concile était, dit-il, trop peu nombreux pour juger une semblable cause; son avis était que l'abbé de Saint-Denis, qui avait amené Abailard, le reconduisît à son abbaye, et que là il fût convoqué une assemblée des hommes les plus doctes, chargés de statuer, après un mûr examen, sur ce qu'il pourrait y avoir à faire.» Ce conseil plut à la plupart de ceux qui étaient présents, et le légat, se levant pour aller dire la messe avant d'entrer en séance, fit avertir Abailard de se tenir prêt à partir.

Albéric et Lotulphe comprirent qu'il ne leur restait plus d'espérance si l'affaire était portée hors du diocèse de Rheims. Ils représentèrent à l'archevêque combien il lui était injurieux que cette cause sortît ainsi de ses mains, et lui firent craindre qu'Abailard ne parvînt de cette manière à leur échapper entièrement.

Tous trois se rendirent aussitôt auprès du légat pour l'engager à en finir sur-le-champ, et, sans autre forme de procès, à faire brûler le livre en condamnant Abailard à la réclusion perpétuelle dans un monastère. « Il suffisait, disaient-ils, pour mériter ce traitement, qu'Abailard se fût permis de faire des lectures publiques de son livre et d'en laisser prendre des copies sans l'autorisation du pape ou de l'Église. » Cette raison, la plus propre de toutes à faire effet sur le légat, n'empêchait cependant pas qu'il ne répugnât à la mesure qui lui était demandée.

Rome, occupée de ses démêlés avec les empereurs, mettait peu d'intérêt à ces subtilités théologiques encore sans influence sur les affaires de ce monde. Le légat en son particulier ne s'était jamais fatigué d'études, et son bon sens italien s'étonnait de tant de passion apportée en de si futiles discussions. Mais entre puissants les intérêts du faible sont rarement une cause de discorde, et lorsqu'il ne s'agissait que de prononcer sur le sort d'un homme, sans aucun préjudice pour les prérogatives de la cour de Rome, un légat n'avait rien à refuser à un archevêque de Rheims. Celui d'Abailard fut bientôt décidé au gré de ses persécuteurs. L'évêque de Chartres, qui en fut averti, l'alla prévenir, l'engageant à se soumettre avec d'autant plus de douceur que la conduite envers lui devait paraître plus violente. Des marques de haine si odieuses et si manifestes devaient nécessairement lui tourner bientôt à profit ; et quant à la réclusion, l'évêque l'assura qu'il ne devait s'en inquiéter en aucune manière, certain que le légat, qui avait agi malgré lui, comptait l'en délivrer dans très-peu de jours.

C'étaient là les conseils que devait donner un évêque, et Abailard n'avait ni hors de lui, ni probablement en lui-même assez d'appui pour y résister. Abattu et consterné, il se laissa conduire devant le concile. Là, sans aucune espèce de discussion, on lui ordonna de brûler son livre de sa propre main[1]. Cependant pour qu'il ne fût pas dit qu'on avait prononcé sans aucun motif de condamnation, un des accusateurs murmura timidement qu'on avait découvert dans le livre cette proposition que Dieu le Père est le seul tout-puissant. Le légat, l'ayant entendu, s'écria : « Cela n'est pas possible ; un enfant ne tomberait pas en pareille erreur ; tout le monde sait et professe qu'il y a trois tout-puissants. » A quoi se prenant à rire, un docteur nommé Terrières répondit par ces paroles de saint Athanase : « Et pourtant il n'y a pas trois tout-puissants, mais un seul tout-puissant. » Son évêque, aussi indigné qu'effrayé, voulut réprimer tant d'audace ; mais Terrières, se levant, s'écria dans le langage de Daniel : « Je vous le déclare, enfants d'Israël ; sans juger et sans connaître la vérité, vous avez condamné un fils d'Israël : retournez pour le juger de nouveau, et jugez le juge qui, institué pour redresser les erreurs, vient de se condamner de sa propre bouche. » L'archevêque, se levant à son tour pour réparer la bévue du légat : « Certes, messire, reprit-il, le Père est tout-puissant, le fils tout-puissant, le Saint-Esprit tout-puissant. » Il demanda ensuite qu'Abailard fît sa profession de foi ; mais, comme celui-ci se levait pour s'expliquer, ses accusateurs, redoutant les premières paroles qui allaient sortir de sa bouche, se hâtèrent de

---

[1] Abailard fut condamné sans être entendu, tant on craignait les effets puissants de sa logique. On peut lire dans Gervaise le détail des intrigues qui eurent lieu dans ce concile, et qui ne font pas grand honneurs aux prélats du xiie siècle.

dire qu'il suffisait de lui faire réciter le symbole de saint Athanase; et, comme s'il eût été incapable de le dire de mémoire, ils le lui présentèrent par écrit. A ce dernier affront, Abailard perdit ce qu'il lui restait de force; ses larmes, ses sanglots éclatèrent et accompagnèrent la lecture du symbole, qui termina cette séance d'humiliation. Il fut ensuite conduit prisonnier à l'abbaye de Saint-Médard de Soissons.

Il y arriva dans un état de désespoir difficile à exprimer, facile à comprendre. L'abbé et les moines de Saint-Médard, fiers de posséder un tel homme et espérant le garder parmi eux, le reçurent avec honneur et n'oublièrent rien pour le consoler. Mais la prédiction de l'évêque de Chartres ne tarda pas à s'accomplir; le cri public s'éleva avec une telle force contre les auteurs d'un pareil scandale que tous, cherchant à s'en excuser, commencèrent à se rejeter la faute les uns sur les autres, et, peu de jours après, le légat, détestant publiquement l'animosité qu'avait montrée en cette occasion le clergé français, relâcha Abailard de sa prison de Saint-Médard et le fit reconduire à Saint-Denis.

Il n'y devait pas trouver un long repos, et peut-être le repos lui était-il difficile. Le couvent tenait à grand honneur d'avoir eu, disait-on, pour fondateur, Denis l'aréopagite, converti par saint Paul, et nommé par lui premier évêque d'Athènes. Selon Bède cependant, Denis l'aréopagite avait été évêque, non d'Athènes, mais de Corinthe, et autre par conséquent que le fondateur de Saint-Denis. Abailard découvrit un jour cette contradiction entre le fait affirmé par Bède et la prétention des moines de Saint-Denis. Il ne manqua pas de faire part en riant de cette découverte à ses confrères. Sérieusement offensés, ils opposèrent avec colère à l'autorité de

Bède celle d'Hilduin, comme infiniment préférable. Un érudit ne pouvait adhérer sur ce point. La dispute s'échauffa; on courut avertir l'abbé d'un crime qui tendait à déshonorer le couvent, à ternir même la gloire de la France, qui a reconnu saint Denis pour son patron. En vain Abailard fit observer qu'il lui paraissait assez indifférent que le saint Denis fondateur du monastère eût été l'aréopagite ou un autre, puisque Dieu leur avait également accordé à tous deux la couronne du martyre; en vain même écrivit-il à l'abbé une lettre qui a été recueillie dans ses œuvres, et où il tâche de concilier les opinions en admettant deux saints Denis évêques de Corinthe, l'un desquels aurait été d'abord évêque d'Athènes, puis de Corinthe, puis enfin martyrisé en France. La blessure était trop profonde; trop d'anciennes haines se joignaient à ce nouvel affront. Le chapitre assemblé, il fut décidé qu'on irait immédiatement dénoncer au roi le moine séditieux qui osait attenter à l'honneur de la couronne. Abailard, remis en attendant sous bonne garde, était dégoûté de se fier à la justice des hommes. Aidé de quelques moines touchés de son sort, et par les secours de plusieurs de ses disciples, il parvint à s'échapper durant la nuit et se réfugia à Provins, sur les terres de Thibaut, comte de Champagne, dans le monastère de Saint-Ayoul, dont le prieur était de ses amis. Il y vivait tranquille sous la protection du comte, qui avait pris intérêt à ses malheurs, lorsque l'abbé de Saint-Denis vint visiter celui-ci pour quelque affaire; Abailard pria Thibaut d'obtenir pour lui la permission de demeurer à Saint-Ayoul. L'abbé refusa d'y consentir. Abailard persécuté ne cessait pas d'appartenir à Saint-Denis; laissé libre, il allait transporter à une autre abbaye l'honneur de cette préférence dont on s'était si hautement glorifié. Heureusement l'abbé mourut sur ces entrefaites. Suger, qui lui succéda, rejeta d'abord également la demande d'Abailard; mais l'affaire, portée au conseil du roi et traitée à la cour, y rencontra moins de difficultés. La maxime du conseil était de favoriser le relâchement parmi les moines de Saint-Denis, qu'une vie plus régulière eût rendus plus indépendants. Les amis d'Abailard firent valoir son incommode sévérité, et Étienne de Garlande, à qui Suger s'était adressé de son côté, lui représenta que c'était, chez lui et les moines, une étrange fantaisie que de s'obstiner à retenir malgré lui un homme qui les gênait et ne leur était bon à rien. Suger entendit raison; la permission de quitter Saint-Denis fut accordée. Seulement, pour sauver l'honneur de l'abbaye, on stipula qu'Abailard n'entrerait dans aucune autre et se choisirait une solitude où il pût faire son séjour. Alors, du consentement de l'évêque de Troyes, il s'établit dans son diocèse, où on lui avait donné quelque peu de terre sur les bords de l'Ardisson, et, seul avec un clerc, il s'y construisit de ses mains un oratoire qu'il dédia à la sainte Trinité.

A peine ses disciples eurent-ils appris le lieu de sa retraite, qu'ils accoururent de tous côtés, et, le long de la rivière, se bâtirent autour de lui de petites cabanes. Là, couchés sur la paille, vivant de pain grossier et d'herbes sauvages, mais heureux de retrouver leur maître, avides de l'entendre, ils se nourrissaient de sa parole, cultivaient ses champs et pourvoyaient à ses besoins. Des prêtres se mêlaient parmi eux aux laïques; « et ceux, dit Héloïse, qui vivaient des bénéfices ecclésiastiques et qui, accoutumés à recevoir, non à faire des offrandes, avaient des mains pour prendre, non pour donner, ceux-là même se montraient prodigues et presque importuns dans les dons qu'ils apportaient. » Il fallut bientôt agrandir l'oratoire devenu trop petit pour le nombre de ceux qui s'y réunissaient. Aux cabanes de roseaux succédèrent des bâtiments de pierre et de bois, tous construits par le travail ou aux frais de la colonie philosophique ; et Abailard, au milieu de cette affectueuse et studieuse jeunesse, sans autre soin que celui de l'instruire et de lui dispenser le savoir et la doctrine, vit s'élever l'édifice religieux qu'en mémoire des consolations qu'il y avait trouvées dans son infortune il dédia au Paraclet ou consolateur.

A quelques lieues de là, s'était élevée, moins de dix ans auparavant, l'abbaye de Clairvaux, centre d'un autre mouvement bien plus puissant alors et bien plus étendu que celui dont Abailard s'était fait le chef. En 1115, saint Bernard, déjà moine de Cîteaux, était descendu, par l'ordre de son abbé et à la tête de quelques religieux, dans le sauvage vallon de Clairvaux, pour y fonder un nouveau monastère. Les travaux et les souffrances des premiers cénobites avaient fécondé le sol et tracé le plan de l'entreprise. Le vallon s'était peuplé d'habitants, le monastère de pénitents qu'amenaient de toutes parts la réputation et l'influence du jeune abbé. Déjà, avant de quitter Cîteaux, Bernard, par la puissance de sa parole, l'autorité de son exemple ou l'ascendant de sa volonté, y avait réuni autour de lui ses cinq frères, son oncle, les compagnons de sa jeunesse. A peine à Clairvaux, il y attira son père, et dix ans plus tard, sa sœur, la dernière de sa famille qui résistât encore, arrachée à son mari après de longs efforts, s'alla renfermer dans le monastère de Suilly, institué par Bernard pour servir d'asile aux femmes qu'il séparait de leurs maris et de leurs enfants. Partout son zèle inflexible, son infatigable persévérance allaient chercher des prosélytes ; partout ses prédications portaient l'effroi dans les consciences, « le trouble dans les familles ; les femmes, dit-on, cachaient leurs maris, les mères leurs fils. » Mais rien n'échappait à saint Bernard de ce qu'il avait résolu d'atteindre ; et des colonies de reclus sortaient de Clairvaux, comme Clairvaux était sorti de Cîteaux, pour aller élever de tous côtés de nouvelles retraites, fondées de même dans l'humilité, pour arriver bientôt à la puissance. Il semblait qu'une nouvelle ère religieuse se préparât pour le monde. L'ébranlement donné par Grégoire VII, du haut de la chaire pontificale, pénétrait partout dans la société, et s'y manifestait avec un redoublement d'énergie, sous la main d'un dominateur aussi puissant et plus sûr peut-être de son pouvoir, car ce pouvoir résidait en lui seul.

Grégoire VII avait voulu être à la fois le réformateur et le maître de la chrétienté : réformer et maîtriser étaient également le but de saint Bernard, et, en suivant cette double tendance, saint Bernard, de même que Grégoire, obéissait aux nécessités de son temps autant qu'à celles de son caractère. Il est pour les dominations une époque de jeunesse où le ciel leur sourit, où les hommes leur applaudissent, empressés à se ranger sous un joug tutélaire, ardents à proclamer les droits d'un pouvoir appelé par les besoins de la société. Tout paraît alors permis à la puissance, car tout ce qu'elle entreprend semblait depuis longtemps nécessaire. Presque tous ses actes se parent aux yeux des peuples d'une sorte de légitimité ; et la pensée usurpatrice qui préside au bien même opéré par un pouvoir sans contrôle ne se révèle que lorsque, devenu incapable de faire le bien, le pouvoir se croit encore le droit de régner. La force de Grégoire VII avait résidé dans l'harmonie de sa volonté avec le vœu et l'esprit de son temps. Lassés de servir de jouet à tous les genres de licence, insultés dans leurs droits par la capricieuse tyrannie des hommes puissants et dans leur foi par les désordres des hommes d'église, les peuples réclamaient à grands cris une justice contre les insolences du pouvoir et l'impunité du scandale. Au nom de la seule justice qui puisse peser sur tous, Grégoire imposa ses lois à ceux qui ne reconnaissaient pas de règles, contraignit le clergé à la réforme, les souverains à l'obéissance, et la société connut avec joie que ses oppresseurs avaient un maître. Elle n'en demandait pas alors davantage. Nul ne rechercha la source d'un pouvoir dont l'emploi était consacré par l'assentiment universel, et la plupart s'inclinèrent avec un respect religieux devant des violences révérées comme les foudres du ciel, parce qu'elles tombaient à la fois sur les vices et sur les puissants de la terre.

Mais Rome avait trop entrepris pour être en état de tout poursuivre. Jetée bientôt dans les voies, les chances et les intérêts de la politique purement humaine, elle laissa languir l'œuvre de régénération qui avait honoré son despotisme, et ne retint guère, des travaux de Grégoire VII, que ses essais d'envahissement. Cependant la réforme restait à accomplir. Commencée et réclamée, elle avançait, mais lentement, faute d'un guide. Saint Bernard naquit pour prendre ce grand rôle. Il continua l'entreprise de Grégoire VII, dans le même esprit, quoique avec une importante différence dans les moyens, résultat de la différence des situations. Dépourvu de puissance temporelle, saint Bernard exerça un pouvoir moral plus pur et plus actif, mais dirigé vers le même but. Recruter partout des soldats à l'Église, multiplier les foyers de dévotion, sanctifier, instruire, agrandir le clergé, mettre entre ses mains le dépôt de la doctrine, exciter sa vigilance à le maintenir intact, placer les mœurs civiles sous la surveillance de la censure ecclésiastique, établir enfin en ce monde le règne du Seigneur sur le pouvoir de ses prêtres, telle fut la constante pensée de saint Bernard ; et son temps vit comme lui, dans le pouvoir théocratique qu'il s'efforçait de fonder, le légitime gouvernement de Dieu, le seul auquel le genre humain se soumît par son choix et pour son propre avantage. Ainsi le sentiment des droits de l'homme devenait l'une des bases du pouvoir absolu de l'Église.

On ne saurait donc douter que les premiers fauteurs et partisans de la réforme ne fussent du nombre de ces esprits hardis et impatients de perfectionnement, plus importunés des vieux abus qu'effrayés de semer de nouvelles chances dans l'avenir. Ils avaient à combattre tout ce qui trouve son profit ou son repos dans le sommeil de la société, les esprits grossiers qui ne savent rien concevoir au-delà de ce qu'ils voient, les esprits indolents qui se refusent à la peine de prévoir et de juger, l'inertie des habitudes, l'ancienne possession du pouvoir. On s'indigna plus d'une fois de voir troubler de paisibles simoniaques et inquiéter des marchés qui faisaient la sûreté des fortunes particulières ; on allégua les droits des familles depuis longtemps en jouissance du bien des pauvres ; on demanda pourquoi tant de nouveautés et ce qui reviendrait au monde de ces études, de ces austérités imposées aux moines, au lieu d'une vie commode et joyeuse. Il fallut appeler toute l'activité de l'intelligence à l'aide du progrès commencé ; et toute la raison, toutes les lumières du temps travaillèrent dans le sens du parti théocratique.

Cependant le principe d'opposition qui avait présidé à sa naissance devait bientôt se manifester dans son sein, et révéler ce qu'il y avait de contradictoire entre les moyens des réformateurs et leur projets, entre leur situation et les principes qu'ils y voulaient appliquer. Dans la disposition des esprits, tant de ceux qu'il fallait conduire que de ceux qui avaient droit à gouverner, l'idée d'une théocratie semblait naturelle, grande, applicable. Mais la seule base qu'on pût alors lui donner, le christianisme, répugne par sa nature au gouvernement théocratique, et devait bientôt le troubler par son action. La théocratie est un moyen de civilisation qui convient aux temps de barbarie, à ces époques de profonde ignorance où les idées du petit nombre s'imposent sans résistance et sans modification à des populations avides de croire et incapables de juger. Ni l'ignorance ni la crédulité ne manquaient aux populations du douzième siècle ; mais le christianisme n'avait pas été fait pour elles. Né au sein d'une civilisation déjà avancée, issu d'un grand développement de sentiments et d'idées, il avait eu pour premier objet de briser chez les Juifs le joug théocratique, de détruire le règne des Pharisiens, de soustraire les esprits à la tyrannie des formes, pour les rendre à l'empire de la vérité suprême, sentie et acceptée par la conscience individuelle. Répandu ensuite au dehors de la Judée, chez les peuples les plus éclairés de la terre, élaboré pendant onze siècles par de puissants et subtils esprits, expliqué, étendu en tous sens autant que le pouvait permettre la foi, le christianisme offrait, dans les seuls écrits avoués et révérés de l'Église, une multitude d'autorités et d'arguments, armes de discussion plutôt qu'instruments de pouvoir, et il ne pouvait devenir l'objet d'une attention sérieuse et d'une étude réfléchie sans laisser bientôt éclater les germes d'activité et de liberté renfermés dans son sein. Pendant quelque temps, cette étude, cette attention ne devaient être, comme on l'a dit, le partage que d'un petit nombre d'hommes qui en recevaient un développement précoce, sans rapport avec l'état de la société. Cependant, comme leur influence, active quoique peu étendue, s'exerçait dans une sphère assez élevée, et produisait déjà quelques dissentiments parmi les hommes chargés de l'enseignement des doctrines, la guerre avait promptement éclaté entre les premiers et les seconds novateurs ; et au temps d'Abailard et de saint Bernard, le parti réformateur s'était divisé en deux factions bien distinctes, dont l'une voulait retenir entre ses mains le mouvement progressif imprimé au monde, tandis que l'autre cherchait à l'accélérer en appelant au concours toutes les forces de l'intelligence. La première, procédant de l'extérieur à l'intérieur, prescrivait une règle à chaque action, une direction à chaque pensée, plaçait la vertu de l'homme sous la garde des autorités préposées à sa conduite, et le faisait marcher à la perfection chargé des liens de l'obéissance. L'autre, fondant les devoirs de l'homme sur sa liberté, ne lui donnait pour maître que sa conscience, et pour règle que sa conviction. C'est ainsi qu'Abailard veut faire de la raison la base de la foi, et place dans l'intention seule le mérite ou le démérite de l'action. Tel est le principe fondamental du traité de morale connu sous le nom d'*Ethica*, ou *Scito te ipsum*, qu'il composa, selon toute apparence, pour l'usage de son école du Paraclet. Cet ouvrage est le plus remarquable de ceux qui nous restent de lui. Plus à l'aise apparemment que dans les discussions théologiques, Abailard y a poussé beaucoup plus loin les conséquences de ses principes, qu'on retrouve d'ailleurs fortement empreintes dans toute sa philosophie et dans les opinions qu'Héloïse avait sans doute reçues de lui. Cependant ces conséquences étaient telles qu'elles touchaient de toutes parts aux doctrines théologiques. Ainsi Abailard, non plus que quelques pères de l'Église, ne met point en doute le salut des vertueux païens. Il établit qu'on ne peut imputer à crime l'erreur adoptée de bonne foi, bien que, pour se mettre d'accord avec quelques passages des apôtres, il suppose que Dieu les châtie de peines temporaires. Enfin, et surtout, il s'élève contre cette rigueur ascétique qui place le péché dans le plaisir même que nous procurent les objets de nos sens, indépendamment de l'usage qu'on en fait. Il tient l'usage des biens et des facultés que Dieu nous a donnés pour légitime lorsqu'on en use suivant ses intentions. Cette opinion, soutenue avec une assez grande liberté par un homme sincèrement soumis aux devoirs et même à l'esprit de son état, constitue la différence profonde qui séparait Abailard des théologiens de son temps. Entre eux et lui se débattaient la cause de la liberté et celle de la règle. L'union de ces deux puissances n'appartient qu'à ces temps éclairés qui sont comme l'âge viril des nations. Il est, pour les peuples comme pour les individus, un état d'enfance où la raison des hommes, loin d'être en état de les conduire, peut à peine suffire à les soumettre. La liberté ne se produit alors que par des désordres qui contribuent, sans doute, aux progrès du développement social, mais que peuvent à bon droit redouter les générations aux dépens de qui se fait le travail dont elles ne sont pas destinées à recueillir les fruits. Les chefs ecclésiastiques, seul pouvoir moral que reconnût, au XIIe siècle, la société, durent voir avec effroi des doctrines d'indépendance ébranler les seules autorités auxquelles eux-mêmes reconnussent la force comme le droit de maintenir la morale sociale, et même par l'injustice et la persécution, ils défendirent de bonne foi leur temps d'un danger peut-être réel, et la vérité d'un triomphe prématuré.

Il est assez probable que le voisinage de Clairvaux ajouta quelque chose à l'espèce d'insulte que ces pieux personnages voyaient nécessairement dans la singulière fondation du Paraclet. C'est à cette époque, nous apprend Abailard, que commencèrent à se déclarer contre lui « certains nouveaux apôtres en grand crédit par le monde, et dont l'un se vantait d'avoir ressuscité l'ordre des chanoines, l'autre celui des moines, saint Norbert, fondateur de Prémontré et réformateur des chanoines, et saint Bernard, alors âgé de trente-trois ou trente-quatre ans, et déjà en possession de cette puissance qu'il exerça plus de trente ans sur l'Église et la chrétienté. » Héloïse, plus aigrie ou moins réservée qu'Abailard, qualifie encore plus durement ceux dont il avait à se plaindre. L'un et l'autre écrivaient avant le concile de Sens, et étaient loin de prévoir les coups sous lesquels devait enfin succomber le chef du parti philosophique.

On avait attaqué comme inutile et presque comme hérétique la dédicace au Paraclet ; il ne paraît pas cependant que cette chicane ait eu des suites sérieuses. On ignore à quelles inculpations plus graves eurent alors recours les hommes que blessaient le nouvel établissement et l'éclat dont brillait le nom de son fondateur : Abailard nous dit seulement que des discours calomnieux attaquèrent sa conduite ainsi que sa doctrine, et que soutenus de l'autorité de ses deux redoutables adversaires, répandus par eux dans le monde, « ils finirent par lui aliéner les puissances non-seulement ecclésiastiques, mais séculières, lui enlevèrent ses principaux amis, et contraignirent ceux qui lui conservaient de l'attachement à le dissimuler par crainte. » On ne connaît pas davantage le genre des persécutions auxquelles Abailard fut en butte; mais elles désolaient sa vie et avaient frappé son imagination à tel point « qu'il n'entendait pas parler d'une convocation ecclésiastique, de quelque sorte que ce fût, qu'elle ne lui parût avoir pour objet sa condamnation, et qu'il ne s'attendît à tout moment à être traîné devant les conciles comme hérétique ou sacrilége. » Dans cet état d'angoisse, le désespoir s'empara de lui, et plus d'une fois, songeant à fuir la domination des chrétiens, il forma le projet d'aller « au pays des infidèles chercher le repos, et, pour un tribut tel qu'on voudrait l'exiger, vivre chrétiennement au milieu des ennemis du Christ. « J'espérais, » ajoute-t-il, « les trouver d'autant plus favorables, que, d'après le crime qui m'était imputé, ils pourraient me soupçonner de n'être pas chrétien, et me croire ainsi plus disposé à embrasser leur foi. » Espoir singulier, et dont, il faut le croire, Abailard ne s'est amusé que comme d'une combinaison d'esprit.

Au milieu de ces agitations, il crut entrevoir un port de salut. Les moines de Saint-Gildas de Ruys[1],

---

[1] Cette abbaye était située sur le bord de la mer, au bourg de Ruys, diocèse de Vannes, dans la Basse-Bretagne. Elle fut fondée, au VIe siècle, sous Chilpéric, fils de Mérovée, par saint Gildas, dit le Sage,

dans le diocèse de Vannes, venaient de le choisir pour leur abbé. Il obtint sans peine de l'abbé et des moines de Saint-Denis la permission d'accepter, et les terreurs qui le poursuivaient en France l'emportèrent sur l'effroi de ce qui l'attendait en Bretagne : « des moines déréglés et indomptables, un pays barbare, dit-il, situé à l'extrémité des terres, sur le bord des ondes de l'Océan, et habité par des peuples féroces et turbulents dont la langue lui était inconnue. » Cependant rien ne l'arrêta : il rompit son école, et partit pour Ruys. Il y trouva ce qu'il aurait dû prévoir, des difficultés au-dessus de son énergie, des peines trop fortes pour son courage, le désordre au dedans et au dehors, les terres de l'abbaye envahies par un puissant voisin, auquel des moines sans règle, et par conséquent sans autorité, n'avaient aucun moyen d'imposer ; des embarras d'administration que les moines, irrités des tentatives de réforme de leur nouvel abbé, s'appliquèrent bientôt à lui rendre insurmontables ; point de secours dans une population semblable aux gens contre lesquels il aurait eu à se défendre, et, au milieu de ces sauvages, l'éloquence, l'esprit, la science, la renommée complétement inutiles. Dans sa détresse, le désolé Abailard tournait des regards de repentir vers le Paraclet, que, sans absolue nécessité, il avait laissé désert, négligé, trop pauvre pour fournir à l'entretien d'un desservant. Il apprit que les religieuses d'Argenteuil, parmi lesquelles Héloïse occupait alors la guité de prieure,

---

abbé d'un monastère d'Angleterre. Les religieux étaient de l'ordre de saint Benoît ; ceux de la congrégation de Saint-Maur y furent introduits en 1649. Cette abbaye ne doit pas être confondue avec celle de Saint-Gildas-des-Bois, qui est dans le diocèse de Nantes.

venaient d'être chassées de leur couvent par les moines de Saint-Denis, qui, à raison ou sous prétexte d'anciens droits, s'étaient emparés de leurs biens comme de leur maison, et les avaient obligées de se disperser en différentes communautés[1]. Il offrit à Héloïse le Paraclet pour asile. Elle s'y rendit avec plusieurs religieuses qui s'étaient attachées à son sort. Deux d'entre elles étaient, dit-on, nièces d'Abailard. Il alla les y recevoir, et une donation en forme, approuvée de l'évêque et du pape, les mit en possession de l'oratoire, qui fut érigé en abbaye sous le nom de monastère de la Sainte-Trinité. C'est ainsi du moins que le désigne la bulle d'institution donnée en 1131 par Innocent II. Cependant le nom de Paraclet est demeuré le seul en usage; Abailard l'emploie constamment, même dans ses lettres à saint Bernard. Héloïse fut nommée abbesse de la nouvelle communauté.

Il fallut pourvoir à sa subsistance. Le genre d'établissement auquel avait été consacré d'abord le Paraclet n'était pas de ceux qui attiraient alors la libéralité des peuples. Le Paraclet ne possédait rien ou à peu près. Mais bientôt la dévotion publique, animée par les prédications d'Abailard, s'empressa de venir au secours du saint monastère, « dont les propriétés s'accrurent en un an, dit-il, plus, je crois, que je n'eusse pu pour mon compte les augmenter en cent années; » ce qu'il attribue à l'intérêt qu'inspiraient les souffrances et les vertus des femmes, et aussi à la considération que s'attirait Héloïse, par son incomparable et douce patience, sa vie

---

[1] Héloïse, alors âgée de vingt-huit ans, venait d'obtenir par ses qualités nombreuses la dignité de prieure de la communauté d'Argenteuil.

retirée, et le mérite de sa conversation d'autant plus recherchée qu'on en jouissait plus rarement. « Les évêques, dit-il, la chérissaient comme leur fille, les abbés comme une sœur, les laïques comme leur mère. » Abailard voyait avec joie la prospérité croissante du Paraclet. Le soin d'instruire, de diriger des consciences soumises, le reposait des amers travaux de son gouvernement de Saint-Gildas. Il retrouvait, dans la société d'esprits capables de l'entendre, un aliment à l'activité du sien. Cependant une attention jalouse ne pouvait manquer de s'attacher à un établissement formé sous sa conduite. Ce fut probablement dans l'un des intervalles de l'un de ses fréquents voyages au monastère qu'Héloïse reçut la visite de saint Bernard. Celui-ci, assistant à leurs offices, s'aperçut que, dans ce passage de l'oraison dominicale, *panem nostrum quotidianum da nobis hodie*, les religieuses substituaient au mot *quotidianum*, donné par la version de saint Luc et reçu par l'Église, le mot *supersubstantialem*, donné par la version de saint Matthieu. Il censura vivement cette nouveauté, et Abailard ne l'ignora pas longtemps. Il supportait peu les critiques, et peut-être celles de saint Bernard le trouvaient-elles déjà disposé à l'aigreur. La lettre qu'il lui écrivit à ce sujet dut la rendre réciproque, et compte probablement au nombre des incidents qui ont envenimé leurs querelles.

D'autres censures plus fâcheuses pour Abailard vinrent bientôt troubler son repos et les consolations qu'il commençait à goûter. On calomnia ses relations avec Héloïse; ni son âge ni son malheur ne le garantirent du soupçon, ou du moins des propos. Effrayé de la moindre attaque, sensible à la moindre blessure, Abailard, comme à l'ordinaire, céda sans résistance et sans résignation, et s'en retourna avec un redoublement de chagrin défendre sa vie contre les embûches et les violences de ses moines, déterminés à se défaire de lui à quelque prix que ce fût. En vain s'arma-t-il de l'excommunication ; en vain l'autorité du pape vint-elle à son secours pour expulser du couvent de Saint-Gildas de Ruys les moines les plus rebelles et ceux qu'il croyait avoir le plus à craindre. Obligé de s'éloigner lui-même quelque temps pour échapper aux plus grands dangers, il les retrouva à son retour. On avait tenté de l'empoisonner dans le vin de l'autel ; il avait vu périr un jeune moine pour avoir mangé des aliments qui lui étaient destinés. Au dedans, au dehors du couvent, des assassins menaçaient sa vie. Un accident le mit en péril, il tomba de cheval, se blessa à la nuque du cou, et l'affaiblissement de la maladie vint s'ajouter à toutes les autres causes d'abattement et d'anxiété.

C'est dans cette disposition d'esprit qu'Abailard a écrit l'*Historia calamitatum suarum*, adressée, dit-il, à un ami qui se plaignait de ses malheurs, pour le consoler par le récit de malheurs plus grands encore. Rien n'indique en faveur de quel ami Abailard s'est ainsi occupé de ses propres peines ; rien n'autorise même à affirmer que cette forme de lettre à un ami ne soit pas simplement le cadre dans lequel il aura jugé à propos de placer cette histoire déplorable. Ce qu'il y a de certain, c'est que, promptement répandue, elle parvint bientôt à Héloïse et devint l'occasion de ces lettres fameuses qui ont porté jusqu'à nous la réputation poétique des deux amants. Il serait assez difficile de se bien expliquer quelles causes avaient tenu si longtemps Héloïse dans le silence, et quelles causes l'engagèrent alors à le rompre. Autant qu'on en peut juger par une lettre postérieure d'Abailard, la violence de la douleur d'Héloïse avait, dans les premiers moments, importuné un homme en qui les passions éteintes ne laissaient plus que le besoin du repos; et, toujours dévouée, Héloïse s'était probablement interdit des relations dont elle ne pouvait plus lui adoucir l'amertume. Mais le temps, en calmant les agitations de son âme, avait fait sentir à Héloïse quels liens doux et chers pouvaient lui rester encore; elle les avait regrettés, et elle saisit avec ardeur l'occasion de les renouer. Inquiète des périls que court Abailard au milieu des sauvages moines de Saint-Gildas, elle lui écrit pour le conjurer de la rassurer, ainsi que la communauté dont il est le père. Mais une autre pensée la préoccupe : femme d'Abailard, victime de son amour et de son malheur, mise par lui à la tête d'une communauté qu'il a paru prendre sous sa direction, elle a droit à des consolations, à des instructions qu'il n'a pas songé à lui donner. C'est en ce sens seulement qu'on peut entendre le reproche qu'elle lui adresse, à deux reprises différentes, de l'avoir tellement négligée, soit dans les premiers moments de son entrée en religion, « lorsque agitée, flottante, elle avait besoin d'appui, soit lorsque son âme est enfin demeurée brisée sous une longue tristesse, que jamais il n'a essayé de la consoler, absent par ses lettres, présent par ses discours. » Comme il est certain qu'Abailard a plusieurs fois visité Héloïse au Paraclet, et que, d'après ce qu'il lui dit ensuite des anciennes et continuelles plaintes qu'elle formait contre la Providence, on ne peut douter qu'il n'eût, quelque temps au moins, conservé ses relations avec elle, il est clair qu'elle ne peut se plaindre que de n'avoir pas reçu de lui les consolations spirituelles dont elle avait besoin. Elle lui rappelle tous les traités adressés par des saints à de pieuses femmes dans l'intention de les instruire, de les consoler ou de les encourager à la vertu. Cependant nulle n'avait autant de droit qu'elle, nulle n'a jamais eu à réclamer le prix d'un plus grand sacrifice. De qui l'attendra-t-elle si ce n'est de celui à qui elle s'est consacrée ? « Dieu, » dit-elle, « ne me doit point de récompense ; je n'ai rien fait pour lui.... Seul au monde, tu peux m'affliger, seul tu peux me donner de la joie ou de la consolation.... Si mon âme n'est pas avec toi, elle n'est nulle part, car elle ne peut exister sans toi. » Que n'avait-elle pas cru devoir se promettre de lui, pour tant de dévouement, pour tant de constance, et combien peu elle lui demande en retour ! Mais un soupçon s'est élevé dans son âme : il ne l'a point aimée; le seul attrait des plaisirs l'attirait vers elle ; en perdant les plaisirs de l'amour, il a perdu tout ce qu'il lui témoignait d'affection. Voilà ce que tout le monde pense aussi bien qu'elle, et plût à Dieu qu'Abailard lui donnât les moyens de l'en excuser ou de le cacher ! Plût à Dieu qu'il fût moins sûr de l'affection qu'elle lui porte ! il s'appliquerait encore à l'obtenir. Que du moins il songe à ce qu'elle a fait pour lui, à ce qu'il lui doit ; qu'il lui rende, autant qu'il le pourra, par ses lettres, la douceur de sa présence. Ranimée, elle vaquera avec plus de ferveur au service divin. Lorsque près d'elle il cherchait les plaisirs, ses lettres ne cessaient de la visiter, ses vers mettaient dans toutes les bouches le nom d'Héloïse : n'est-ce pas un soin plus légitime de la porter vers Dieu que de l'exciter aux voluptés ?

Telle est à peu près la marche des sentiments dans cette première lettre, mélange remarquable de tendresse et d'amertume, de passion et d'arrangement littéraire. Malgré la vivacité du sentiment qui la domine, Héloïse n'oublie point de résumer la lettre d'Abailard, de rappeler ce qu'il n'a pu insérer lui-même dans son histoire, d'ajouter ce qui manque à plusieurs détails, avec l'exactitude d'un personnage dramatique, obligé de rendre compte au public de l'état des faits. Livrée tout à la fois à l'abandon de son amour et aux soins de sa composition, elle est en même temps conduite par ses sentiments et occupée de l'effet qu'ils doivent produire ; elle fait, des sincères mouvements de son cœur, le sujet d'un ouvrage d'art. Écrire une lettre était alors une chose qui n'appartenait qu'aux savants. On trouve à cette époque très-peu de lettres qui ne portent le caractère d'un morceau de littérature destiné à un public assez étendu pour que ceux qui le liront aient besoin d'être mis au courant. Il faut songer d'ailleurs qu'Héloïse a écrit, non pas dans le désordre d'un premier moment de malheur, mais sous l'impression d'une douleur profondément sentie, longuement méditée, qui se connaît et se rend compte d'elle-même avec plus de vérité que de simplicité. Si l'on s'étonne ensuite que, malgré la publicité de leur histoire, Héloïse ait pu destiner à d'autres yeux qu'à ceux d'Abailard les confidences contenues dans cette lettre, et surtout dans la suivante, il suffira de lire, dans l'*Historia calamitatum*, les détails qu'Héloïse a pu voir rappeler sans s'en offenser, pour concevoir un état de mœurs où des sentiments élevés et même délicats pouvaient, dans une femme distinguée et naturellement honnête, s'allier à la plus étrange forme de langage. La réponse d'Abailard ne se fit point attendre ; elle était pieuse et amicale, telle qu'Héloïse l'avait demandée, non pas telle peut-être qu'elle l'avait espérée. Ses sentiments lui avaient fait illusion, et les sentiments d'Abailard ne lui révélaient plus ceux d'Héloïse ; ils avaient cessé de se comprendre.

L'irritation douloureuse d'une attente trompée se peint dans la réplique d'Héloïse, d'autant plus vive qu'elle cherche à la contraindre. Tout la blesse dans la lettre d'Abailard, jusqu'à la formule de salut où il a mis le nom d'Héloïse avant le sien : sorte de politesse qui lui paraît contraire à l'ordre naturel, et aussi sans doute aux habitudes de l'intimité. Mais ce qui excite surtout son indignation, c'est la prière que lui adresse Abailard, dans le cas où la mort l'atteindrait, soit par les coups de ses ennemis ou autrement, de faire porter son corps au Paraclet, afin que sans cesse averties par la présence de son tombeau, elle et ses sœurs s'appliquent plus assidûment à prier Dieu pour le salut de son âme. Peut-il leur présenter une pareille image? Suppose-t-il qu'elles puissent supporter un pareil malheur? Ne devait-il pas leur épargner cette mort anticipée? Et quel temps pour la prière que celui « où le désordre se serait emparé de tous les sens, où l'usage de la raison serait ravi à l'intelligence, à la langue celui de la parole ; où l'âme égarée s'approcherait de Dieu, non dans la paix, mais dans la colère, pour l'irriter par ses plaintes, non pour l'appaiser par ses prières? » Puis cédant de plus en plus à la violence de ses mouvements, c'est vers Dieu que se dirige en effet sa colère qu'elle n'oserait plus faire tomber sur Abailard. Tantôt elle accuse sa cruauté, tantôt l'injustice qui les a punis lorsqu'ils avaient cessé d'être coupables. Tournant ensuite sa douleur contre elle-même, elle voit, dans son union avec Abailard, le piége où il a succombé ; dans la faiblesse qui l'a livrée à son amour, le péché dont le châtiment est retombé sur lui : « Que du moins son angoisse si longue satisfasse, sinon à Dieu, du moins à Abailard! » Mais tout aussitôt saisie du sentiment de sa propre souffrance, elle ne voit plus d'autres peines, et ne supporte pas qu'Abailard ignore à quel point elle est malheureuse. Elle veut qu'il la plaigne, elle s'indigne qu'il la console. On la croit chaste, dit-elle, parce que ses mœurs le sont ; mais la chasteté véritable est celle de l'âme ; on la croit pieuse dans ces temps d'hypocrisie où l'extérieur suffit ; mais que méritera-t-elle de Dieu si, révoltée contre le châtiment, elle s'irrite de souffrir, se consume de regrets, et, incapable de haïr un temps qui lui fut si doux, ne peut même le bannir de sa mémoire? Sans cesse présents à son imagination, ses souvenirs chéris la poursuivent au pied des autels, agitent son sommeil, et, durant le jour, des mouvements involontaires, des mots qui lui échappent trahissent sans cesse le secret de ses pensées. Qu'Abailard se garde donc bien de la croire forte, car il pourrait négliger de la secourir ; qu'il cesse de lui donner des louanges d'autant plus dangereuses qu'elles lui seraient plus douces, et qu'il ne prétende pas la consoler par l'espoir des couronnes promises aux combats de la vertu ; le plus sûr est de n'avoir point à combattre ; elle ne demande ni victoires ni couronnes, mais simplement à être sauvée du péril ; et en quelque coin du ciel que Dieu la veuille loger, ce sera assez pour elle.

Cette lettre, moins arrangée que l'autre, est cependant plus déclamatoire et plus mêlée de citations. On dirait que, livrée au désordre de son âme, Héloïse n'a pas été plus maîtresse de sa rhétorique que de sa passion.

La réponse d'Abailard est noble et touchante. On voit que, relevé de son malheur par la nécessité de soutenir Héloïse, il a rappelé à la fois ses forces et son affection. Son ton un peu plus sévère est cependant plus tendre.

Il conseille, il blâme, il prescrit; il est encore le mari d'Héloïse. Si elle veut lui plaire, elle vaincra ces amertumes de cœur, dangereuses pour elle, fâcheuses pour lui; elle craindra de ne pas parvenir avec lui à la céleste béatitude. Elle qui l'eût suivi dans les gouffres de la terre, voudra-t-elle le laisser aller seul vers Dieu, à qui leur union sera alors d'autant plus agréable qu'elle sera plus heureuse? De quoi se plaint-elle? n'a-t-elle pas mérité par assez de fautes le châtiment qui est tombé sur eux? Lui surtout, coupable d'une si honteuse perfidie envers l'homme qui l'avait reçu dans sa maison, lui dont les emportements ont si souvent forcé la résistance que lui opposait la retenue d'une faible femme, plus forte que lui à se vaincre elle-même, n'est-il pas juste qu'il soit le plus puni? et quelle douce miséricorde dans cette punition qui a purifié son âme comme son corps! De quel abîme la bonté de Dieu les a retirés tous deux, et quel soin n'a pas pris sa clémence de les sauver ensemble, en les unissant peu de temps auparavant des liens indissolubles du mariage! « Et tandis que je pensais t'assurer à moi pour toujours, toi que j'aimais avec excès, Dieu songeait à tout préparer pour qu'un même événement nous attirât cette fois vers lui.... Unis-toi donc avec moi, toi encore mon inséparable compagne, toi qui partageas et ma faute et les biens que j'ai reçus, unis-toi avec moi dans une même action de grâces. » Il lui rappelle l'époux divin dont elle est devenue l'heureuse épouse, lui peint avec chaleur son amour, ses souffrances, les droits qu'il a sur elle : « Que pour lui donc, et non pour moi, je t'en conjure, soient tout ton dévouement, toute ta piété, toutes tes douleurs. Pleure une si cruelle iniquité commise sur une si haute innocence, et non pas la juste vengeance exercée sur moi, que dis-je ? le bienfait suprême qui nous a sauvés tous deux. »

Héloïse ne résista pas plus qu'à l'ordinaire. « Tu n'auras pas lieu, dit-elle, de m'accuser de désobéissance en quoi que ce soit ; ton ordre mettra un frein à l'expression de ma douleur..... Il me serait difficile ou plutôt impossible d'être toujours maîtresse de mes paroles, mais je puis du moins en écrivant retenir ma main. Plût à Dieu que mon âme affligée pût être aussi prompte à t'obéir ! » De ce moment cessent toutes plaintes, tous souvenirs. Héloïse, revenue, au moins dans ses lettres, aux pensées les plus propres à la calmer, « comme les plus honnêtes, dit-elle, et les plus utiles, » ne s'occupe plus qu'à consulter Abailard sur les devoirs de son état, sur la règle à observer, sur des questions religieuses à résoudre. Abailard répond à tout avec intérêt et exactitude ; et cette correspondance intime doit être regardée comme un des témoignages les plus éclatants de la supériorité de jugement qui distinguait ce couple extraordinaire. Abailard est entré plus avant qu'Héloïse dans l'ordre d'idées qui appartient à son nouvel état. Plus moine qu'elle n'est religieuse, son mérite est d'avoir conservé, dans son changement de position, la même liberté d'esprit, et, pénétré des sentiments d'une dévotion fervente, de la diriger selon sa raison. La raison d'Héloïse est moins convaincue que celle d'Abailard ; on entrevoit que la règle monastique répugne à ses idées comme à ses penchants. Elle serait tentée de croire que les premiers législateurs de l'Église n'y ont pas assujetti les femmes ; du moins pense-t-elle que sa rigueur leur doit être adoucie. Sévère sur la clôture, sur la séparation du commerce du monde et surtout des hommes, sur l'assiduité à l'étude, à la méditation, à la prière,

Héloïse repousse les austérités extérieures, demande s'il ne suffit pas que l'abstinence d'une religieuse égale celle qui est ordonnée au clergé séculier, et elle s'écrie : « Plût à Dieu que notre dévotion pût s'élever à accomplir l'Évangile sans prétendre à le dépasser et sans chercher à être plus que chrétiennes ! » Abailard, d'accord avec elle sur ce point, dans la règle qu'il donne aux religieuses du Paraclet, ne leur prescrit guère d'autres lois d'abstinence que celles qu'imposent la pauvreté, dont il leur fait un devoir si absolu qu'il veut qu'elles refusent ou rendent tout ce qui leur serait donné par delà l'absolu nécessaire. Tous deux s'élèvent avec force contre les austérités dont on surcharge de leur temps la vie monastique et la foule de ceux qui s'y précipitent avec une imprévoyance qui se tourne bientôt en dégoût et en relâchement. « Non seulement ceux, dit Abailard, qui se soumettent à de semblables lois, mais ceux qui les imposent, doivent prendre garde que la multiplicité des préceptes n'engendre la multiplicité des transgressions. » Abailard, dans cette lettre, ou plutôt dans ce traité, condamne sévèrement aussi l'imprudente fondation de tant de monastères, le ridicule orgueil que met chaque supérieur à grossir sa congrégation avant d'avoir pourvu aux besoins de ceux qu'on rassemble de cette manière; en sorte que la nécessité d'y subvenir engage la plupart des abbés à des soins et à des procédés mondains entièrement contraires aux devoirs de leur état. La peinture vive et répétée qu'il fait des dérèglements et de l'ignorance des moines de son temps prouve, ce qui n'est pas difficile à croire, qu'un mouvement aussi étendu, aussi passionné que celui qui éclatait alors, ne pouvait se soutenir partout également, et qu'au sein même des rigueurs nouvelles la faiblesse humaine ne tardait pas à reparaître ; mais ce morceau est curieux en ce qu'il montre Abailard en complète opposition avec l'impulsion dominante, et la jugeant dans le même esprit qui a, de son temps et plus tard, dicté toutes les satires contre le clergé et les moines, et enfin amené le plus grand événement religieux qui ait éclaté en Europe depuis la prédication du christianisme.

Ces relations épistolaires d'Abailard avec Héloïse remplissent l'intervalle qui s'est écoulé jusqu'au concile de Sens. On n'a sur les événements de la vie d'Abailard, durant cette période, d'autre indication qu'un passage de Jean de Salisbury qui nous apprend que, venu en France l'année qui suivit la mort du roi d'Angleterre Henri Ier, c'est-à-dire en 1136[1], il y étudia sous Abailard « docteur illustre, admirable et le premier de tous, qui enseignait alors à la montagne Sainte-Geneviève........ »

(Ici s'arrête le manuscrit de cet ouvrage, qui n'a pas été terminé. M. Guizot n'a pas voulu qu'il parût, ainsi incomplet, en tête de notre édition, et il y a ajouté, comme conclusion, les pages qui suivent.)

Mais en vain Abailard essayait de revenir à l'enseignement, son plus grand talent et sa première gloire ; il n'y trouvait point de repos. Esprit libre et superbe,

---

[1] Les auteurs de l'Histoire littéraire de la France, t. xi, p. 66, contestent cette date de l'arrivée de Jean de Salisbury à Paris, sur cet unique fondement que ce fut avant son malheur qu'Abailard enseigna à la montagne Sainte-Geneviève. Mais il avait cessé d'y enseigner avant la nomination de Guillaume de Champeaux à l'évêché de Châlons en 1113. Cela placerait l'époque de l'arrivée de Jean de Salisbury pour étudier la philosophie en 1112 au plus tard. On le fait naître en 1110 au plus tôt : l'assertion des Bénédictins est donc au moins irréfléchie. Aussi l'abandonnent-ils dans la vie d'Abailard, et admettent-ils, t. xii, p. 96, qu'il revint en 1136 enseigner sur la montagne Sainte-Geneviève ; mais ils ajoutent sans aucune autorité qu'il cessa son enseignement l'année suivante.

il avait engagé, contre la puissance investie du gouvernement des esprits, cette lutte redoutable qui a rempli sept siècles, et dont le dernier combat, chez nous du moins, s'est livré de nos jours et sous nos yeux. Il y rentrait sans cesse, par une leçon, par une conversation, aussi bien que par un livre. Il en était venu à ce point où aucune idée, aucune parole n'est plus indifférente, où tout est observé, saisi, commenté, et rallume soudain la guerre. Un nouvel écrit, sa *Théologie chrétienne*, reproduisit les opinions qu'il avait déjà exprimées dans les précédents, entre autres dans son *Introduction à la théologie*. Guillaume de Saint-Thierry, moine dans l'abbaye de Signy, tira de ces deux ouvrages les propositions qui lui parurent hétérodoxes, et les dénonça aux principaux chefs de l'Église, surtout à saint Bernard.

Deux récits nous restent des incidents qu'amena cette dénonciation, et du caractère qu'y déployèrent les deux rivaux : l'un est de Geoffroi, moine de Clairvaux, secrétaire et biographe de saint Bernard; l'autre de Bérenger de Poitiers, disciple et apologiste d'Abailard. Je les citerai textuellement l'un et l'autre. Ils sont pleins l'un et l'autre d'exagération et peut-être de mensonge; et pourtant la vérité perce, à travers le langage passionné des contemporains, plus claire et plus vive que ne la montreraient les plus ingénieuses réflexions d'une critique savante.

Dès que saint Bernard fut averti « des nouveautés profanes que renfermaient, tant dans leurs expressions que dans leur sens, les écrits de Pierre Abailard, l'homme de Dieu, dit Geoffroi, son biographe, qui, avec sa bonté et sa bénignité ordinaires, désirait redresser l'erreur d'Abailard, mais non le couvrir de confusion, lui adressa en secret de sages avertissements, et agit envers lui avec tant de raison et de modestie que celui-ci, touché de componction, promit de s'en remettre sur tous les points à son jugement et de se corriger. Mais ce même Pierre n'eut pas plus tôt quitté l'homme de Dieu, que, stimulé par de mauvais conseils, vain des forces de son esprit et se fiant malheureusement en sa grande expérience dans l'art de disputer, il rétracta l'engagement plus sage qu'il avait pris. Suppliant en outre l'évêque de Sens, métropolitain de la province, de réunir dans son église un nombreux concile, il accuse l'abbé de Clairvaux d'attaquer ses livres en secret, ajoute qu'il est prêt à les défendre à la face de tout le monde, et prie que, si ce susdit abbé a quelque chose contre lui, il soit appelé à ce concile. Il est fait ainsi que Pierre le demande. Mais notre abbé refuse d'abord nettement de se rendre à l'invitation qu'on lui adresse de venir à ce concile, disant que cette affaire n'est pas sienne. Cependant ensuite, cédant aux conseils d'hommes importants, et craignant que par l'effet de son absence le scandale ne s'augmente parmi le peuple et que les forces ne croissent à son adversaire, il consent enfin à se mettre en route. Mais ce n'est pas sans tristesse et sans larmes qu'il fait cet effort sur lui-même, ainsi qu'il le dit dans une lettre au pape Innocent, où il détaille pleinement et clairement toute cette affaire.

« Le jour arrive enfin où, devant une nombreuse assemblée du clergé[1], le serviteur de Dieu présente les écrits de Pierre Abailard, et en désigne les passages erronés. En définitive, on donne à celui-ci le choix, ou de nier que les ouvrages soient de lui, ou de reconnaître

---

[1] Concile de Sens, en 1140.

humblement et de rectifier ses erreurs, ou de répondre, s'il le peut, aux raisons et aux preuves tirées des saints Pères qu'on lui opposera. Mais lui qui ne voulait pas se repentir, et se sentait pourtant hors d'état de résister à l'esprit de sagesse qui parlait contre lui, en appelle, pour gagner du temps, au siége apostolique. Bernard, cet admirable défenseur de la foi catholique, lui dit alors qu'il doit être bien certain qu'on ne se portera à aucune rigueur contre sa personne, le conjure de répondre librement et en toute sécurité, lui demande seulement d'entendre et de supporter avec patience tout ce qu'on aura à lui objecter, et lui répète qu'il ne sera frappé d'aucune sentence. Mais cela même, Abailard le refuse complétement. Aussi avoua-t-il dans la suite aux siens, comme eux-mêmes le disent, qu'à cette heure il sentit sa mémoire se troubler presque entièrement, sa raison s'obscurcir et son sens intérieur s'évanouir. Malgré cette obstination, le conseil renvoya cet homme libre, mais sévit contre son abominable erreur, et s'abstint de toucher à sa personne, mais condamna ses dogmes pervers. »

L'apologiste d'Abailard ne présente pas le concile de Sens sous des couleurs si graves et si douces. « Après le repas, dit Bérenger de Poitiers, on apporta le livre de Pierre, et l'on ordonna à l'un des assistants de le lire à haute voix. Celui-ci, plein de haine pour Pierre, et tout inondé du suc de la vigne, non pas du suc de celui qui dit : « C'est moi qui suis le vrai cep, » mais du suc de cette vigne qui étendit le patriarche nu dans son aire, se prit à lire plus bruyamment qu'on ne le lui avait demandé. Voilà que bientôt les pontifes sautent, frappent du pied, rient, plaisantent; en sorte qu'il était aisé de voir qu'ils rendaient hommage, non pas à Christ, mais à Bacchus. Et puis, ils se saluent le verre en main, vantent leurs rasades, célèbrent les vins, s'en arrosent le gosier.... Et lorsque quelque passage subtil, divin et inaccoutumé pour eux résonnait à leurs oreilles pontificales, aussitôt ils frémissaient dans leur cœur, ils grinçaient des dents contre Pierre, et portant sur le philosophe leurs yeux de taupes : « Nous laisserions vivre « ce monstre-là ! » disaient-ils ; et secouant la tête comme des Juifs : « Voilà celui qui détruit le temple de Dieu. » Ainsi des aveugles jugent des paroles de lumière... des ivrognes condamnent un homme sobre... des chiens déchirent un saint... des pourceaux rongent des perles... La chaleur du vin monta si bien au cerveau des prélats que la léthargie du sommeil se répandit sur leurs yeux. Pendant que le lecteur crie, l'auditeur ronfle. L'un s'appuie sur le coude pour fermer les yeux en liberté ; l'autre s'étend mollement sur un coussin pour reposer ses paupières appesanties. Et lorsque le lecteur rencontrait dans les œuvres de Pierre quelque chose d'épineux, il criait aux sourdes oreilles des pontifes : « *Damnatis?* « (condamnez-vous ?) » Et quelques-uns, s'éveillant à peine à la dernière syllabe, répondaient la tête branlante et d'une voix endormie : « *Damnamus* (nous con« damnons) ; » et d'autres, éveillés en sursaut au bruit de ceux qui condamnaient ainsi, balbutiaient à leur tour en retranchant la première syllabe : « *Namus* (nous « nageons). » Oui vraiment, vous nagez ; mais nager, pour vous, c'est exciter une tempête, c'est vous noyer. »

Étrange tableau ! étrange contradiction des deux tableaux ! Évidemment l'un et l'autre narrateur s'est livré à sa passion et à son patron avec un emportement et un aveuglement qui étonnent notre temps, temps d'impartialité indifférente ou hypocrite, qui ne sait plus guère admirer ni s'indigner, et veut surtout couvrir d'un air de sagesse indépendante son mensonge ou son apathie. Les délibérations du concile de Sens ne furent probablement ni bien dignes, ni bien équitables. La plupart des prélats du douzième siècle étaient fort peu réglés dans leurs mœurs et fort peu versés dans la science. Le nom d'Abailard ne leur imposait pas beaucoup de gravité, et son renom d'habileté dans la discussion leur inspirait une grande envie de l'abréger. Saint Bernard lui-même l'avait redoutée : au premier bruit de cette affaire, il s'était montré réservé et presque timide, comme se souciant peu de se commettre contre un si rude champion. Mais dès qu'il eut senti la nécessité de la lutte, il l'aborda avec la plus habile fermeté, non point en entrant dans la lice d'égal à égal et pour opposer argument à argument, mais en Père de l'Église, dépositaire de la doctrine sacrée, et qui somme le théologien prévenu d'erreur ou de désavouer, ou de justifier ses écrits, ou de se soumettre. C'est un grand spectacle que cette attitude simple, pratique, décidée, que prend dès le début cet homme qui avait d'abord éludé le combat; spectacle d'autant plus beau que ce n'est point au nom du pouvoir de fait, et en vertu de la force dont il dispose, que saint Bernard traite Abailard de la sorte; sans doute il sait qu'au besoin la force ne lui manquerait pas, que les grands de la terre, le roi Louis-le-Jeune, le comte de Champagne, le comte de Nevers sont là, présents au concile, alliés dociles de l'Église et prêts à la soutenir contre ses ennemis : mais il ne s'en prévaut point; nulle allusion, nulle insinuation n'indique seulement qu'il y pense; la lutte est purement intellectuelle; Bernard n'est, comme Abailard, qu'un moine qui parle au nom de la vérité. Il prend même soin de rassurer son adversaire contre toute crainte que la force temporelle n'intervienne ; bien loin de lui faire entrevoir la persécution, la prison, il lui déclare formellement que rien de pareil ne le menace ; il ne veut que le triomphe de la saine doctrine, la soumission de l'esprit à l'esprit ; mais c'est la soumission qu'il réclame, non la dispute qu'il accepte ; et il réclame la soumission avec l'autorité d'un apôtre, laissant à Abailard la prétention de prouver son dire avec la subtilité d'un théologien.

Cette autorité eut son plein effet sur Abailard lui-même. Au milieu de ce concile si peu imposant, lui qui en avait si fièrement demandé la convocation, il ne sut que chanceler, hésiter et en appeler à un autre pouvoir, à la cour de Rome. Si un savant débat se fût engagé, il eût retrouvé sans doute cette fécondité, cet éclat, cette souplesse d'argumentation qui avaient fait sa renommée. Le philosophe était profond, le dialecticien éminent, l'orateur éloquent ; mais l'homme était faible, incertain dans sa volonté, plus arrogant qu'assuré dans sa science, au moins aussi vaniteux que convaincu, et son beau génie se troublait devant le sens droit et le caractère haut de son rival.

Du reste, la modération de saint Bernard n'était point mensongère. Aucune violence ne fut exercée contre Abailard, aucune atteinte portée à sa liberté. Après avoir été condamné par le concile, il quitta Sens, et se mit en route pour aller soutenir à Rome l'appel qu'il y avait porté.

Le temps n'était pas encore venu où l'Église crut devoir déclarer à la liberté d'esprit une guerre vraiment à mort, et détruire l'homme pour se défendre de la pensée. Le génie et la science, nouveaux à cette époque, étaient encore honorés et respectés, quelque suspect qu'en parût l'emploi. Saint Bernard surtout, qui, dans sa visite au Paraclet, avait été naguère si frappé de la supériorité d'Héloïse, portait à Abailard, même en le condamnant, une admiration mêlée d'intérêt. Abailard fit bientôt, de cette noble disposition de ses plus illustres adversaires, une éclatante épreuve. A peine arrivé à Lyon, il apprit que le pape avait non-seulement confirmé le jugement du concile de Sens, mais condamné ses écrits au feu, excommunié l'auteur, et prescrit qu'il passât le reste de ses jours enfermé dans un monastère. Abattu autant qu'agité, ne sachant que résoudre, Abailard cherchait un conseil et un refuge. L'abbaye de Cluni était voisine. L'abbé Pierre-le-Vénérable, l'un des hommes les plus respectés du siècle, le recueillit, le rassura, le soutint, et se chargea de le réconcilier avec saint Bernard et avec le pape. Abailard accepta tout; il succombait. Longtemps l'ardeur de son esprit lui avait tenu lieu de force d'âme, et les joies de l'orgueil l'avaient ranimé au sein des revers; il ne sentait plus ni joie ni ardeur. Résigné, ou plutôt épuisé, il cessa toute résistance, toute lutte, et ne parut plus songer qu'à remplir dans les murs de l'abbaye ses devoirs de moine soumis. Pierre-le-Vénérable intervint partout en sa faveur. Il fit agir auprès de saint Bernard un de ses plus affidés disciples, Rainard, abbé de Cîteaux. Il écrivit lui-même au pape, en l'informant du désir que témoignait Abailard de rester à Cluni :

« Nous avons trouvé le dessein bien convenable à son âge, à sa faiblesse, à sa piété; et pensant que sa science, qui ne vous est point inconnue, serait utile à nos frères en si grand nombre, nous y avons consenti..... Je vous demande donc, moi tel quel, mais tout à vous, et il vous le demande lui-même, par lui-même, par nous, par cette lettre qu'il nous a supplié de vous écrire, par les porteurs qui vous la remettront, de permettre qu'il passe dans votre maison de Cluni le reste des jours, peu nombreux peut-être, de sa vie et de sa vieillesse ; en sorte que personne ne le puisse expulser de cette demeure, qu'il se réjouit, comme un passereau, d'avoir trouvée, de ce nid où il est heureux, comme un tourtereau, de s'être abrité. »

Le succès couronna partout ces charitables efforts. Saint Bernard fit la paix de bonne grâce ; le pape leva l'excommunication. L'autorité du pieux abbé de Cluni dissipa au dehors les restes de l'orage qui avait accablé le philosophe, tandis qu'au dedans sa bonté s'appliquait à le relever de son abattement. Mais la bonté des hommes arrive presque toujours trop tard. Abailard était brisé de corps et d'âme. Au milieu des austérités qu'il s'infligeait, il fut atteint d'une maladie douloureuse. En proie à une fièvre constante, il dépérissait à vue d'œil. L'abbé de Cluni s'inquiéta, et l'envoya au prieuré de Saint-Marcel, à Châlons-sur-Saône, dans l'espoir que le déplacement, un air nouveau, lui seraient salutaires. Les premiers moments parurent favorables ; mais au bout de quelques jours le mal empira rapidement, et le brillant professeur, le théologien téméraire qui avait fait tant de bruit dans le monde, mourut en humble moine, au fond d'une abbaye obscure, le 21 avril 1142, âgé de soixante-trois ans.

Dès qu'il en fut informé, Pierre-le-Vénérable envoya au Paraclet un exprès chargé d'annoncer à Héloïse l'amère nouvelle : « A des yeux clairvoyants, lui écrivait-il, saint Germain n'a pas été plus humble, saint Martin plus pauvre. Son âme ne méditait, sa langue ne proférait, sa conduite ne manifestait que des choses toujours divines, toujours philosophiques, toujours savantes. »

C'est un beau droit de la sainteté de se montrer pleine d'une tendre compassion pour les douleurs des âmes tendres, même quand elles ne sont pas saintes. Héloïse répondit dignement au digne abbé de Cluni. Elle lui redemanda le corps d'Abailard, pour qu'il fût déposé dans une chapelle du Paraclet, selon son propre désir, lui recommanda leur fils Astralabe, qui avait si grand besoin d'un protecteur, et le conjura de lui envoyer, écrite et scellée de sa main, pour qu'elle fût suspendue au tombeau d'Abailard, l'absolution qu'il avait promis de lui donner.

Pierre se prêta à tous les désirs d'Héloïse : « Dès que j'en trouverai le moyen, lui écrivit-il, je m'efforcerai de procurer dans quelque noble église une prébende à votre Astralabe, que j'appelle aussi nôtre à cause de vous. » Les restes d'Abailard, malgré la résistance des religieux de Saint-Marcel, furent enlevés de leur abbaye et transférés au Paraclet. Et on déposa sur son tombeau l'absolution de Pierre-le-Vénérable, conçue en ces termes :

« Moi Pierre, abbé de Cluni, qui ai admis Pierre Abailard comme moine à Cluni, et ai concédé son corps, transporté furtivement, à Héloïse, abbesse, et aux religieuses du Paraclet, par l'autorité de Dieu tout-puissant et de tous les saints, je l'absous d'office de tous ses péchés. »

Vingt et un ans après, le 17 mai 1163, âgée aussi de soixante-trois ans, Héloïse descendit dans le même tombeau. Ils y reposent encore l'un et l'autre, après six cent soixante-quinze ans; et tous les jours de fraîches couronnes, déposées par des mains inconnues, attestent pour les deux morts la sympathie sans cesse renaissante des générations qui se succèdent. L'esprit et la science d'Abailard auraient fait vivre son nom dans les livres; l'amour d'Héloïse a valu à son amant, comme à elle, l'immortalité dans les cœurs.

PRÉFACE DU TRADUCTEUR

PRÉFACE DU TRADUCTEUR

———o◇o———

> O anime affannate
> Venite a noi parlar.
>
> DANTE.

« Une fois, ès temps desià loingtains, vesquirent deux
« personnaiges moult enamourés l'ung de l'aultre : onc-
« ques ne feurent plus vrays amants, ne plus beaulx,
« ne plus cogneus par male et doulente advanture,
« dont eurent leurs cueurs finallement enfiellés, tout
« au rebours des joyeulx desduicts ès quels cuydoient
« et esperoient pouvoir vivre et deurer toute leur vie.
« Ores, voyci.... etc... »

En commençant son fabliau, le vieux chroniqueur
semble entrer à pleines voiles dans notre sujet, car il
résume en quelques mots la vie entière d'Héloïse et
d'Abailard. Ses personnages sont oubliés, mais tout le
monde connaît les nôtres. L'histoire de leurs malheurs
a traversé les siècles; toutes les générations ont salué
dans leurs noms réunis le glorieux symbole de l'amour.
A la vue de ces nobles victimes, les poëtes se sont

inspirés, les cœurs se sont émus; et, dans leur marche à la fois triomphale et mélancolique, les deux amants ont recueilli tous les hommages, ici une fleur, ici une larme.

La renommée qu'ils ont acquise n'est point usurpée. Comment, en effet, se défendre d'un vif sentiment d'admiration en présence de cet amour hautain qui ne laisse de prise ni au temps ni à la fortune; de cette ardeur de passion qui ne s'éteint ni dans le sang ni dans les larmes, qui survit à l'espérance, et qui, dans un dernier témoignage, brise les portes même du tombeau; passion si éclatante et surhumaine, que la tradition n'a pu l'exprimer qu'avec le secours du merveilleux [1] ?

Héloïse nous apparaît dès l'abord avec ce caractère de grandeur qui ne la quittera point. C'est une entrée en scène vraiment héroïque. A peine a-t-elle eu le temps d'agir ou de parler, et déjà vous reconnaissez qu'un invincible sentiment va dominer toute sa vie, que ce sentiment est sa vie elle-même. Abailard ne la prend pas : elle ne croit pas se donner; on dirait qu'elle l'attend et qu'elle lui appartient de toute éternité, qu'elle n'est venue au monde que pour accomplir cette mission de l'aimer au-delà de toute vraisemblance. La fatalité antique, si terrible et si majestueuse, se retrouve ici, ramenée aux touchantes proportions de l'amour. Héloïse s'y abandonne de toute son âme; et cette impatience qui pousse en avant les prédestinés, et qui nous effraye chez tous ceux qui doivent arriver au crime,

---

[1] Héloïse fut déposée dans le même tombeau qu'Abailard, et la légende raconte que l'époux, se soulevant de sa couche mortuaire, ouvrit les bras pour recevoir l'épouse vingt ans attendue.

nous offre dans sa personne un ravissant spectacle.

Sitôt que l'étoile d'Abailard a brillé dans le ciel vide de sa jeunesse, pareille aux rois mages qui allaient visiter le Christ, elle rassemble ses plus riches présents, et vient répandre à ses pieds sa beauté, son amour, sa réputation,—l'or, l'encens et la myrrhe. Encore elle se trouve trop pauvre ! De retour, elle n'en demande point. Si elle obtient un regard, une douce parole, ce sera toujours pour elle une *faveur*, une *grâce*. Elle ne calcule point la durée de cet échange inégal : la pensée de se garantir contre un injurieux abandon est loin de son esprit. Pour douaire, elle choisit glorieusement la honte, et rejette avec des larmes sincères le nom d'épouse. Empressée à tous les renoncements, elle craint seulement de rester au-dessous de cette tâche de tendresse qu'elle croira ne pouvoir jamais remplir avec tous les dévouements de son cœur. Noble maîtresse, mieux parée de son déshonneur volontaire que d'un bandeau impérial ! Sainte, sublime et naïve nature, qui touche le ciel sans effort en voulant rester terre-à-terre, et qui grandit de toute l'humiliation qu'elle voudrait s'imposer !

Plus tard encore, après son mariage, elle repousse les félicitations qui lui sont adressées. Elle se refuse, par un magnanime mensonge, à l'honneur du rang qui lui appartient et dont toutes les femmes sont jalouses. Elle se ferme obstinément l'entrée du monde, et consent à souffrir près de son oncle toutes les colères et les vengeances de son orgueil blessé. Mais, loin des vallées ténébreuses où rampe l'égoïsme, où ne germent que des fruits de cendre, son pied, dont les anges adorent la trace, foule des cîmes baignées de clartés, et qui se parent de fleurs éternelles ; une bénédiction céleste est répandue sur tous ses sacrifices, et les félicités divines s'élèvent pour elle de toutes les douleurs que le monde lui envoie. Que lui importe à présent le murmure des hommes? Un regard de l'amour a déployé sur sa tête un firmament dont l'inaltérable azur ne saurait être obscurci par la fumée de leurs mépris.

Cet oubli complet d'elle-même, cette généreuse abdication de sa personnalité qui place de suite Héloïse au rang des âmes supérieures, est aussi un indice précieux pour nous faire connaître Abailard. Quel homme ne devait pas être celui qui d'un mot fixa irrévocablement la destinée de la première femme de son siècle? Il se montre, il l'appelle : Me voici, répond Héloïse ; et de sa sphère virginale elle descend vers lui, comme sur un plan incliné. Si quelque chose peut nous donner une juste idée de son mérite, c'est assurément l'amour violent et durable qu'il a inspiré à Héloïse. Elle n'aurait point fait son dieu d'un homme ordinaire. De son côté, Abailard se montre digne d'elle. Les termes dont il se sert pour peindre sa passion prouvent combien ce noble amour avait jeté dans son cœur de profondes racines. Il semble qu'on entend trembler encore sa voix de toutes les émotions qu'il avait jadis ressenties.

On sait à peu près dans quelle mesure ils ont aimé : il faudrait maintenant rendre compte de cet amour, assigner à chacun sa part dans la mise commune, et dessiner nettement la position qu'ils ont gardée vis-à-vis l'un de l'autre. Cette question a toujours provoqué une singulière diversité de jugements. Les Lettres des deux époux, renseignement complet et seul nécessaire, n'ont point rallié toutes les opinions, ni fixé toutes les incertitudes à cet égard.

Cette dissidence des esprits, quelquefois les plus éminents, sur un point qu'ils ont envisagé avec impartialité, s'explique néanmoins d'une manière naturelle ; il s'agit ici du sentiment, c'est-à-dire de la chose qui échappe à toutes les règles et à toutes les méthodes.

En effet, si les événements, qui emportent avec eux leur rigoureuse signification, sont diversement jugés ; s'ils sont exposés à la controverse, et dans les causes qui les ont produits, et dans les conséquences qu'ils entraînent ;—que sera-ce des pensées, nullement traduites par des actes, à peine formulées en paroles, et qui ne peuvent ainsi fournir qu'une donnée incertaine, et une base flottante à nos décisions ? Privées de l'inflexibilité du fait accompli, elles ne nous arrivent que sous un mode relatif ; au lieu de dominer notre appréciation par la puissance qui leur est propre, elles se trouvent subordonnées à notre faculté de sentir. C'est alors que les avis risquent d'être différents. Notre critérium n'est plus dans la nature même de la chose qui nous est soumise, il est en nous. La seule voie qui nous reste ouverte est celle de l'interprétation, et combien n'a-t-elle pas d'issues ?

Une latitude complète est donc réservée à l'opinion personnelle de quiconque voudra s'occuper d'une question semblable à celle-ci. Quelle que soit l'autorité de ceux qui l'ont précédemment résolue, leur affirmation ne peut avoir que la force d'une conjecture.

J'avais besoin de jeter cette pensée en avant, afin d'en réclamer pour moi le bénéfice, et de mettre de suite ma circonspection à l'abri de tout reproche, s'il m'arrive de m'écarter de quelque idée reçue en amour par Bayle ou l'Encyclopédie. De tous les schismes, celui-là est, à coup sûr, le moins audacieux.

L'Essai historique placé au commencement de cet ouvrage donne le récit exact des événements. Ce texte a été développé d'une manière éloquente, nous y renvoyons nos lecteurs. Nous n'en conserverons que ce qui est indispensable pour servir de lien naturel à nos idées, et pour établir leur ordre de succession.

Nous voulons faire connaître la pensée intime des amants, telle qu'elle nous a été révélée par l'examen attentif de leurs lettres. Cette étude, nous l'espérons, ne sera pas sans intérêt pour le lecteur.

L'histoire de leur bonheur est courte. Deux années à peine s'étaient écoulées, quand la mémorable vengeance de Fulbert vint leur ouvrir une carrière à la fois si triste et si glorieuse.

Sur l'ordre d'Abailard, Héloïse, comme on sait, entra au couvent.

Cette circonstance a donné lieu à de grands éloges pour Héloïse, à une grave accusation contre Abailard. On a reproché à celui-ci d'avoir été *incapable de supporter qu'Héloïse demeurât libre, quand elle cessait de lui appartenir.* Examinons sa conduite.

Après l'accident dont il était victime, que fallait-il faire ?

Le désespoir conseillait un double meurtre : Héloïse aurait consenti sans doute à mourir avec lui ; mais il était chrétien, et ne voulait pas combattre le malheur par le crime. La séparation devenue nécessaire, le couvent était un asile sûr et sacré, où chacun d'eux emporterait une pensée à laquelle ne s'associerait jamais d'autre image que celle de Dieu. En prononçant les mêmes vœux religieux, ils renouaient, par le ciel, leur chaîne conjugale qui semblait rompue sur la terre. C'était encore pour Abailard une sorte de joie.

Abailard une fois au couvent, était-il convenable qu'Héloïse restât dans le monde ? N'était-ce pas évidemment reculer devant le vœu de chasteté ? N'était-ce pas avilir la première époque de leurs amours, et montrer ainsi qu'elle avait suivi l'instinct du plaisir et non l'impulsion de son cœur ? Le monde pardonne les fautes d'une grande passion, mais il flétrit avec raison les désordres vulgaires. Ne serait-il pas en droit de revenir sur son indulgence, et, de la part d'Héloïse, le refus d'embrasser la vie religieuse ne pouvait-il pas sembler une invitation tacite aux convoitises d'un nouvel amant ?

Abailard n'admettait point la possibilité d'une chute ; mais enfin cette possibilité existait, et quand cette idée seule contenait pour lui tous les tourments de l'enfer, fallait-il, sur de vains scrupules de délicatesse, risquer le triste repos qui pouvait encore lui rester ?

Il connaissait aussi l'avertissement de l'Écriture : *Celui qui ne fuit pas le danger y succombera.* Aurait-il rempli tout son devoir envers Héloïse, s'il ne l'avait prémunie contre les tentations ? Abandonnée aux piéges du monde, ou bien elle devait succomber, et alors il fallait rendre une faiblesse impossible : ou bien elle devait en sortir pure, et alors il n'y avait encore rien de mieux à faire que de lui rendre plus facile par la solitude du cloître et ses macérations, une victoire que le monde lui disputerait si vivement et lui rendrait sans doute plus pénible ? L'honneur et l'intérêt d'Héloïse, l'amour et la conscience d'Abailard, tout dictait le parti qu'il a pris, tout justifie l'usage qu'il a fait de son autorité. Tout ce qu'on peut y voir, c'est une sage et noble prévoyance. Il y a loin de ce sentiment à une défiance également offensante pour tous deux.

Un passage d'une lettre d'Héloïse a servi de texte au grief articulé contre Abailard. Dans un autre endroit,

Héloïse se plaint aussi de n'avoir jamais été aimée d'Abailard. Ne nous méprenons pas sur quelques paroles trop vives et qui échappent à l'emportement de la passion. Les lettres des amoureux ont toujours été pleines de ces injustices révoltantes et de ces reproches sanglants qu'il faut bien se garder de prendre au sérieux. Cette rancune de mots, ce style amer et implacable, se rencontrent souvent chez des personnes qui s'accordent le mieux du monde. A nos yeux les paroles d'Héloïse ne prouvent donc point qu'Abailard ait été jaloux dans le sens outrageant du mot, ni même qu'Héloïse ait eu véritablement cette pensée. Entre elle et lui, sa plainte n'avait d'autre valeur qu'une assurance de dévouement, que la protestation d'un amour alerte à s'effrayer, et qui s'irrite de l'apparence même d'un doute et d'un soupçon.

Revenons à Héloïse au moment où elle prend le voile à Argenteuil. Personne moins que nous, assurément, n'est disposé à lui ravir un éloge. Mais il y a tant de choses à louer dans cette femme, qu'il ne faut pas s'arrêter à des circonstances secondaires comme celle-ci. Je ne sais pas trop ce que l'on entend par la *liberté* d'Héloïse, ni si les conséquences de cette liberté sont bien d'accord avec l'amour qu'elle avait pour Abailard et la noblesse de sentiments dont elle a donné tant de preuves. Elle ne pouvait pas, du vivant d'Abailard, se marier une seconde fois. Alors, par quels accommodements aurait-elle concilié les secrets avantages de cette liberté avec l'observation de la foi jurée, avec le respect qu'elle portait à un si haut degré pour son mari ? Non, non, Héloïse ne veut pas de cette liberté. Le monde devait être pour elle un véritable couvent; elle est déjà morte au monde. Si elle fait un *sacrifice*, et elle le dit elle-même, il faut entendre par là sa résignation aux austérités corporelles de la profession religieuse, choses dont l'utilité lui est fort peu démontrée, même après dix ans d'exercice. N'oublions pas non plus, quoiqu'elle n'en dise rien, que le couvent arrachait son enfant de ses bras, et qu'elle immolait ainsi les douceurs du sentiment maternel. La répugnance naturelle qu'elle éprouvait pour le couvent cédait sans doute encore à cette autre privation. Son sacrifice était donc grand et réel ; mais la haute opinion que nous avons d'Héloïse nous force de croire qu'il ne consistait pas du tout dans l'espèce de suicide dont on lui prête gratuitement l'idée.

Ce que nous louons d'abord, c'est son obéissance pour son mari, cette confiance respectueuse et absolue du Centenier, qui ne demande pas compte, et à laquelle un mot suffit : Fais ceci, lui dit Abailard, et elle le fait.

Autrefois, pour se soustraire au mariage, elle pouvait bien lui opposer ses raisonnements, ses prières et ses larmes : la résistance alors était une aussi grande preuve d'amour que la soumission elle-même : aujourd'hui la moindre hésitation serait une révolte et un crime, car elle porterait un coup mortel à Abailard. Il a dit : Viens, et elle va. Les gouffres enflammés de la terre seraient ouverts sous ses pieds, elle irait toujours.

Oublions ce qui fut tout-à-fait du domaine ordinaire dans la conversion d'Héloïse. D'autres femmes auparavant, d'autres femmes depuis, ont accepté ou subi les mêmes conditions de vie, dont les privations n'auraient point été remarquées sans la célébrité des plaisirs dont elles étaient la suite. L'élément de notre admiration n'est donc pas dans un fait dont il faut rapporter l'accomplissement à la nécessité; nous le trouvons plus haut, dans les pensées dont Héloïse l'accompagnait. Plus Abailard peut s'alarmer à cause de son malheur, plus elle veut le rassurer par des preuves irréfragables. Plus l'horizon présente aux yeux d'Abailard des teintes assombries, plus elle veut l'enrichir de lueurs idéales, plus elle veut y déployer des magnificences inespérées. Derrière la plainte de Cornélie, nous apparaît le solennel engagement qu'elle prenait dans son cœur ; et nous voyons qu'elle l'a déjà rempli depuis dix années avec une religieuse fidélité, quand elle l'exprime dans sa seconde lettre par ces paroles que ceux qui les auront lues n'oublieront jamais :

« Plaise au Ciel que je fasse de ce crime une digne pénitence, et que la longueur de mes expiations puisse balancer en quelque sorte les douleurs de votre supplice ! Ce que vous avez souffert un moment dans votre chair, je veux le souffrir toute ma vie dans la contrition de mon âme : du moins, après cette juste satisfaction, si quelqu'un peut encore se plaindre, ce sera Dieu, non pas vous. »

A la vue d'un pareil sentiment, ne semble-t-il pas que l'Amour lui-même a passé devant nous, et que ces paroles sont une vertu sortie des bords divins de sa robe ? C'est ici qu'il faut s'écrier avec le poëte :

> O glorious trial of exceeding love,
> Illustrious evidence, example high !

La magnanimité, dans sa radieuse couronne, n'a pas un diamant d'une plus belle eau.

Au reste, les témoignages de cette nature ne sont pas rares dans l'amour extraordinaire d'Héloïse et d'Abailard.

L'opinion unanime des contemporains en avait si bien établi la gloire, qu'elle s'est maintenue traditionnellement dans tout son éclat pendant près de cinq cents ans. Le monument qui pouvait seul la consolider et la rendre impérissable ne commença à s'élever qu'en 1616, sous les mains de d'Amboise. Il recueillit les lettres des deux amants, perdues jusque là dans quelques rares manuscrits du treizième siècle, et nous rendit ainsi le testament de leur amour et de leur génie.

Malheureusement nous avons ici une lacune à constater. Une partie de leur correspondance nous manque. Ces lettres écrites *al tempo dei dubbiosi desiri*, au temps où chaque parole est un hymne ; où le cœur est si léger dans notre poitrine, qu'il semble porté par la main d'un ange ; où l'oreille s'emplit de doux murmures et le cœur de ravissements inconnus ; où les yeux, si loin qu'ils puissent plonger, ne rencontrent partout que riantes perspectives ; où l'essaim virginal des espérances peut mirer sa beauté dans un limpide souvenir ; où le souvenir lui-même est une espérance ; où, dans la coupe de l'infini, nos lèvres enivrées boivent une boisson de flamme qui jamais ne désaltère ; où la pensée, toujours la même, dont notre âme se nourrit, nous semble un culte rendu à Dieu, et chaque haleine de notre poitrine une vapeur d'encens qui monte jusqu'à lui ; ces lettres, semblables à un écho charmant où bruissent à la fois toutes les voix du bonheur, et celle du passé qui est la plus rêveuse, et celle du présent la mieux aimée et la plus tendre, et celle de l'avenir qui répète les deux autres ; ces lettres-là, nous ne les avons pas.

Deux années, urnes aux blancs cailloux, ont disparu comme un monde englouti, comme une Atlantide qui a sombré au milieu des flots, avec ses villas embaumées, ses asiles verts consacrés à Palès, ses couronnes de fleurs effeuillées sur la table des festins. Qui nous rendra leurs jours illuminés d'un regard, leurs nuits aux ceintures dénouées? Qui nous rendra les richesses de ces deux vaisseaux qui voguaient, la voile enflée de doux soupirs, tout chargés de ravissants messages, et qui n'ont pu aborder au rivage de la postérité? Absence irréparable ! Ces deux années n'ont point laissé de traces : sœurs gracieuses, qui avaient pris pour elles toutes les joies nuptiales, qui se sont endormies dans le tombeau en ramenant comme Polyxène les plis de leur robe autour de leur beauté divine, et que leurs sœurs ont éternellement pleurées !

A une époque toute échauffée des feux divins de l'enthousiasme, quelles immortelles couleurs l'amour n'a-t-il pas revêtues sous la main d'Héloïse et d'Abailard? Le bonheur est le véritable domaine de l'amour. Pour qu'il monte sur son char, et qu'il réjouisse les cieux de sa présence, il lui faut sa couronne de rayons lumineux, et son orient semé de roses, et le fluide d'or du zénith, et le manteau de pourpre de l'occident.—Nous avons le dieu sans ses attributs. Son autel est attristé par l'azur des bandelettes consacrées aux mânes et par les sombres rameaux du cyprès.

Pourtant, si de ces deux correspondances, nées dans des temps si divers, et sous des impressions si différentes, l'une devait nous échapper, nous pensons que la plus précieuse nous est restée. La première aurait charmé nos yeux par de suaves tableaux, elle nous aurait délicieusement raconté

> Quanti dolci pensier, quanto disio
> Menò costoro al doloroso passo ;

et sans doute, au lieu d'entrer brusquement dans cette vie aride et brûlée de souffrances, il nous eût été doux de traverser les frais ombrages de leurs courtes félicités. Mais celle que nous donnons ici paraîtra plus importante aux yeux de bien du monde. Le secret des cœurs y est peut-être mieux déposé.

N'est-il pas vrai aussi qu'une prospérité continue ne peut guère nous intéresser ni nous émouvoir ? La souffrance nous attire davantage, elle semble plus voisine de notre nature, et l'humanité se retrouve mieux dans des vicissitudes douloureuses. Toujours favorisé par les événements, l'amour d'Héloïse aurait occupé sa vie entière ; elle serait restée enveloppée dans les joies mystérieuses de l'état conjugal et dans les douceurs tranquilles de la maternité. Comme tant d'autres femmes, elle aurait emporté dans la tombe le secret de cette force divine qui leur est donnée, et de cet admirable sentiment *qui croit tout, qui espère tout, qui endure tout, qui suffit à tout.* Un malheur nous a livré ce secret, et ce malheur nous a fait admirer tous les trésors cachés dans son âme. Elle est devenue reine par une couronne d'épines.

Triste et amère royauté ! admiration trop chèrement achetée ! C'est sous le cilice de la religieuse que nous entrevoyons la femme ardente et passionnée : c'est par ses larmes seulement que nous pouvons juger des grâces de son sourire.—Le vase a dû être brisé pour qu'il nous fût permis d'en respirer le céleste parfum.

Héloïse ne va point chercher de consolation dans la vie monastique. Nul dictame salutaire ne croîtra pour elle dans la terre inféconde du cloître ni dans le vase des pieuses mortifications. Pour elle il n'y a que deux événements dans sa vie, le jour où elle sut qu'elle était aimée d'Abailard, celui où elle le perdit. Tout le reste s'efface à ses yeux dans une nuit profonde. Ses larmes au moment de prononcer les vœux religieux ne sont point données à la crainte, mais au regret. La moitié de son âme est partie, et l'avenir n'a plus pour elle ni vagues terreurs ni vagues promesses. Ses jours passés sont maudits, ses jours à naître sont maudits ; une douleur uniforme les couve également sous ses ailes noires. Qu'elle entre donc maintenant avec indifférence dans ces tristes limbes qui n'entendent de la terre que ses sanglots, du ciel que ses menaces ; dans cette mort qui se souvient de la vie.

Héloïse n'est pas stoïcienne ; tant s'en faut. Le mysticisme des espérances n'est pas non plus un oreiller suffisant pour endormir ses chagrins : il n'y a plus de repos pour elle. Qu'importe qu'il ait fui dans la retraite, si le daim blessé traîne avec lui le trait fatal ? Aux saintes paroles de la liturgie, sa bouche, malgré elle, mêlera des mots profanes. Toutes les illusions viendront voltiger devant ses yeux et la toucher de leurs ailes de flamme. Le jour, pendant la solennité des sacrifices, fascinée par une contemplation intérieure, son âme ira s'égarer dans le monde des doux vertiges : cœurs qui tressaillent, regards qui ne peuvent se détacher, paroles à moitié achevées et dont le sens est au ciel, lèvres qui se cherchent, soupirs qui se confondent, éternité flottante entre deux instants, délices inquiètes au fond desquelles halète et se lamente un désir infini, tous les songes sortis de la porte d'ivoire viendront l'entourer de leur cercle magique, et reconstruire à ses yeux l'édifice palpitant de ses joies évanouies. La nuit continuant son rêve, et ressuscitant les heures trop vite emportées, enverra leurs légers fantômes pour prendre son âme et la bercer dans leurs bras de velours, pour répéter doucement à son oreille les acclamations de la foule, et les triomphes populaires de son amant, et aussi le bruit de ses pas quand il montait l'escalier tortueux de sa maison au bord de la Seine, et les accents désirés de sa voix ;—puis elle sentira comme deux lèvres qui se pencheront sur elle, et qui lui donneront le baiser qu'elle attendait sur son front, muette et toute tremblante à force de bonheur, et sous lequel il lui semblait qu'elle allait mourir.

Mais, au matin, le spectre du veuvage est là qui guette son réveil, pour déposer chaque jour sur ses lèvres une lie plus amère, et dans ses yeux une larme plus cuisante, et dans son cœur un regret plus gémissant, et sur son front une pâleur plus désespérée.

Dix ans de prière, d'abstinence et d'insomnie ont pesé sur cette nature fougueuse sans la dompter. En vain les murailles du cloître ont accumulé sur elle leurs ombres glacées ; en vain elles l'ont enveloppée de leurs influences sépulcrales ; en vain elles ont resserré autour d'elle les plis d'un suaire anticipé : même élan, même flamme vivent encore sous la haire. Penchée sur sa jeunesse, elle s'enivre d'une vapeur voluptueuse : sous les voûtes de son couvent, elle respire la brise ardente des jours qui ne sont plus. Elle passe et repasse au milieu d'eux, comme sous les magnifiques arceaux d'un palais enchanté. Là tous les objets ont retenu quelque chose de son âme, tous les échos sont pleins de voix connues, qui l'accueillent, et la retiennent, et l'enveloppent d'invisibles caresses. Reine dépossédée, elle marche encore une fois dans son royaume, et le charme triomphant replace sur le trône qu'elle a perdu sa chute un instant trompée.

L'erreur n'est pas longue. Violemment rappelée au monde réel, la recluse se retrouve face à face avec les causes déplorables de son infortune ; alors elle s'aigrit et s'irrite, elle accuse les hommes et la destinée, et, gonflant la voix de sa douleur jusqu'aux plus audacieux murmures, volontiers irait-elle comme Job porter sa requête jusqu'aux pieds de l'Éternel, et contester avec lui.

Pourquoi aussi est-elle si durement châtiée ? Pourquoi veuve ? Pourquoi déjà ensevelie ? Ah ! que notre colombe n'était guère faite pour les langueurs monastiques dont parle Colardeau, et que sa vocation était différente ! Si vous en doutez, voyez-la écrire. La sève de la jeunesse coule à pleins bords sur ces pages soupirantes et indignées, où le souvenir prodigue son miel et son amertume. Sa pensée vibre de tous les tressaillements de la chair : sa parole a un sexe ; et ce frisson dont elle s'électrise, et qui la parcourt de la tête aux pieds, ce n'est pas dans le cloître sans doute qu'il a pris naissance. Sous les doigts de la nonne le feu ruisselle. On peut compter encore les pulsations de sa veine sur le papier qu'elle a touché. (Ah ! Fulbert, qu'avez-vous fait !) Tels passages ne sont qu'une paraphrase anhélante de ce verset du Cantique : « Que sa main gauche soit sous ma tête, et que sa droite m'embrasse ! »

Mais sous cette forme plastique de son amour, quel sentiment profond et pur ! comme sur la poudre de cette terre elle répand un souffle divin qui la pénètre et l'ennoblit ! Si sa plume est sœur du pinceau de Rubens, on ne saurait non plus méconnaître sa parenté avec celui de Raphaël. De ces pensées demi-nues, dont on voit le sein se soulever et frémir comme à un appel de volupté, s'échappe une irradiation de pudeur qui les recouvre et les protége, semblable à ce nuage d'or qui, sur le mont Ida, dérobait aux yeux des autres divinités les amours du puissant maître de l'Olympe.

Quelle délicatesse aussi, quels ménagements, quel respect, unis à la passion la plus abandonnée ! Si quelque mot semble sortir de la limite sacrée que son cœur s'impose, si quelque plainte trempée au feu de sa douleur semble conserver un tranchant mal émoussé, cette douleur s'arrête court et s'oublie : un seul sentiment reste, la crainte d'avoir trahi son amour par une expression peu mesurée. Aussitôt elle revient sur elle-même par une palinodie aux adorables circuits; la voilà toute occupée à s'expliquer, et son âme se fond en indicibles tendresses pour racheter une faute qu'elle n'a pas faite.

Ce n'est pas vainement que nous avons loué la rare soumission d'Héloïse. Elle y persiste jusqu'à la fin, sans se lasser jamais. Quand nous la voyons pleurer, gémir, entasser reproches sur imprécations, nous nous demandons où s'arrêtera le flot grondant de sa colère ? Un mot d'Abailard, et tout s'apaise. Du sommet de tout ce bruit elle redescend dans les timidités silencieuses de l'obéissance, et l'orgueil de sa rébellion s'affaisse jusqu'à l'humble posture de la prière : « Je me tairai, pardonnez-moi. »

Qui pourrait penser qu'une telle femme ait été payée d'ingratitude ? C'est pourtant ce qu'on a prétendu. On a été sévère pour Abailard. On a dit que de sa part la séduction d'Héloïse est une faute qui n'eut pas même l'amour pour excuse : que ce fut froidement, de propos délibéré, par passe-temps, qu'il trompa la confiance de Fulbert. On a établi entre les expressions des époux un parallèle fâcheux pour Abailard. On l'a traité de lâche pédant, d'homme dur et froid; on en a fait un brutal, indigne en tout point de l'amour si vif, si noble, si désintéressé d'Héloïse. L'arrêt est grave, car il a été consigné dans l'histoire, qui agrandit tout ce qu'elle touche, et par des mains qui semblent partager avec l'histoire ce privilége. Nous nous hâtons d'écarter cet arrêt comme un témoignage qu'il ne nous appartient point de combattre : nous serons plus à notre aise avec l'opinion qu'il représente. Et bien que cette opinion nous semble victorieusement réfutée par les faits et la lecture même de ces lettres si mal menées, nous nous appuierons d'abord de l'autorité de Mme Guizot, car elle reconnaît avec nous que la passion d'Abailard a été sincère et violente.

Depuis Bayle, c'est une habitude prise par ceux qui ont parlé d'Abailard d'équiper en guerre contre son amour un bon petit raisonnement, de mettre en champ-clos quelques phrases armées de pied en cap et de les lâcher à toute bride contre ce *malheureux*, qui n'aimait pas assez sa femme. J'aime beaucoup, moi, cette exaltation chevaleresque et cette intraitable exigence en faveur d'Héloïse. Félicitons-nous de trouver tant de gens disposés à mieux faire qu'Abailard. Sans doute il est bien de rompre une lance en l'honneur de la beauté : le rôle est brillant à jouer en France, et de pareilles passes d'armes seront toujours applaudies ; mais au moment où les champions baissent la visière, et, penchés sur les arçons, la hampe appuyée sur la cuisse, n'attendent que le signal du combat... holà, pourfendeurs ! vous courez contre la justice et la vérité. Votre adversaire porte aussi les couleurs de votre dame : voulez-vous donc tuer son amant par galanterie pour elle ? Votre valeur est en droit d'effrayer Héloïse ; ce n'est pas elle, je le crains bien, qui vous a chaussé vos éperons.

Quelle belle histoire on a gâtée ! Comme on a défloré cette délicieuse et candide légende, en faisant de l'homme un roué, et de la femme une maîtresse dupée !

Ce sont là des erreurs peu dangereuses, il est vrai ; cependant quand elles n'auraient d'autre inconvénient que de nuire aux plaisirs de notre esprit, elles doivent être relevées. Dites ce que vous voudrez d'Abailard : qu'il ne savait pas le grec, ni le sens de la loi *Quinque pedum;* percez-le au défaut de sa théologie, entamez sa dialectique, ou, si elle est trop dure, enfoncez jusqu'à la garde le fer de votre critique dans la mollesse de son caractère, c'est le côté mal défendu ; refusez-lui tout autre mérite et toute autre gloire ; mais au moins n'allez pas le mutiler de son amour pour Héloïse ; n'en faites pas un syllogisme incarné; laissez palpiter le cœur de l'homme sous la cuirasse philosophique. Quand je cherche l'amant, je n'aime pas à me casser le nez contre le rhétoricien.

Le langage d'Abailard nous paraît ce qu'il y a de plus convenable et de plus tendre à la fois. Il sait le ravage causé par la *Lettre à un ami,* tombée entre les mains d'Héloïse. Héloïse n'est pas forte, elle le dit elle-même : s'il faiblit un moment, elle est perdue. Aussi voyez avec quelle noblesse et quelle dignité il vient à son secours ! comme les exhortations de la piété empruntent dans sa bouche le charme insinuant et les délicatesses persuasives de l'amour ! Il a jugé la position : c'en est fini avec les joies de la terre. Mais s'il n'a plus d'espoir, il a encore une crainte. Héloïse le regarde; elle interroge son attitude; au moindre signe de défaillance, elle va tomber dans le blasphème. Que le vautour lui ronge le cœur, peu importe, son front ne doit point servir d'enseigne à sa douleur. Aussi il est calme; du moins il s'efforce de le paraître. Son courage est aussi grand que son infortune.

Sans doute, à ne considérer que les dehors ascétiques du style, on peut être disposé à prendre les lettres d'Abailard pour des sermons ; et il est permis de dire que ce n'est point là le langage de l'amour dans les conditions ordinaires de la vie. Mais ici tout est en dehors de la loi commune. Pour bien juger les lettres que nous avons sous les yeux, il faut se placer au véritable point de vue. Un homme brisé par tous les malheurs, déchu dans sa personne et dans ses affections, trahi, calomnié, persécuté, dérobant à grand'peine sa vie au poison de ses ennemis et aux poignards de ses assassins, accablé d'infirmités, vaincu par l'excès du travail et les austérités de tout genre, macéré de corps et d'âme, appelant la mort comme un bienfait qui peut seul mettre un terme à d'intolérables supplices : voilà l'homme qui écrit à Héloïse après de longues années de séparation, et s'il se souvient de son amour pour elle, il vit aussi en compagnie d'une autre pensée.

> One fatal remembrance—one sorrow that throws
> Its bleak shade alike o'er our joys and our woes—
> To which life nothing darker nor brighter can bring,
> For which joy hath no balm—and affliction no sting.

Maintenant faut-il attendre de lui des lettres semblables à celles que Mirabeau écrivait à Sophie ? La cellule abbatiale de Saint-Gildas recélait-elle les mêmes espérances que le donjon de Vincennes ? Et si ces hommes ont foulé tous deux la terre sacrée de l'affranchissement, n'étaient-ils pas séparés par un abîme, au moment où ils écrivaient, l'un à celle qui avait été sa femme, l'autre à celle qui était encore son amante ? Demanderons-nous à Abailard le naïf emportement d'un page, ou les élégies bucoliques d'un berger ? Songerons-nous jamais surtout à lui demander les tendresses rugissantes de Gabriel-Honoré, la furie printanière et les virilités trop fortement accusées de son style, ni sa plume fiévreuse et féconde en priapées ?

Abailard n'a pas cessé d'aimer Héloïse. Au contraire, l'admiration qu'il ressent pour un courage déjà longtemps éprouvé, son respect pour une vie dévouée à l'accomplissement des plus rigoureuses pratiques, sa reconnaissance pour des sacrifices acceptés si généreusement, ses regrets même à la vue d'une existence si belle, brisée comme une fleur par ses mains, tout augmente son amour, tout l'élève et l'affermit. Mais ce n'est plus l'amour selon le monde. La position des personnages est exceptionnelle.

L'amour n'est plus libre, il doit plier ses allures à des exigences impérieuses. Sa forme est commandée : Abailard l'étudiera dans les obligations religieuses qui leur sont imposées, dans les besoins du cœur qu'il veut guérir, dans les effets qu'il doit produire sur une âme endolorie et des souvenirs encore malades. — C'est là qu'il doit la trouver. Elle aura un voile à la manière des veuves. Elle sera mélancolique ; mais dans cette ombre gracieuse et languissante, dans la morbidesse de ses mouvements, on devinera aisément combien était forte et luxuriante la vie dont le corps était autrefois animé.

Non, non, pas d'indigne transaction avec les devoirs de leur habit ! Aux ondes lustrales de la religion Abailard ne mêlera point le flot troublé des souvenirs impénitents ! Il n'ira point compromettre la dernière chance qui leur reste contre le désespoir, si ce n'est l'oubli, du moins un silence prudent sur des choses qui elles-mêmes parlent déjà trop haut! Prêtre catholique, en garde contre lui-même, n'osant se livrer à l'épanchement d'une affection qu'il redoute à présent comme un crime, il s'observe, il craint la dangereuse contagion d'un mot trop vif et la rupture d'une plaie mal cicatrisée ; il met toutes les tendresses de l'époux sous l'abri des symboles chrétiens et des textes sacrés.

Si parfois son âme ramollie à un souvenir trop pénible laisse échapper le cri de sa douleur, tout effrayé, il change à l'instant de rôle, il implore à son tour, il intéresse la générosité d'Héloïse, et son amour et sa pitié ; il lui demande grâce pour l'affreuse torture qu'il éprouverait en la voyant si indignement vaincue ; et le courage qu'elle n'avait point pour elle-même, elle le trouvera, puisque Abailard en a besoin. Le dévouement donnera du ressort à cette âme brisée ; par le dévouement il en fera tout ce qu'il voudra : n'est-ce pas là une ingénieuse et irrésistible flatterie de l'amour ?

Il lui parle de ses périls, mais c'est pour donner le change à cette douleur qui, toujours repliée sur elle-même, se travaille et s'élargit sans relâche ; c'est pour reporter sur l'avenir cette attention qui se meurtrit et se déchire aux souvenirs du passé : le passé est le seul ennemi qu'il faut vaincre. Il ne risque rien de contrister l'âme d'Héloïse par le sentiment des dangers qui le menacent ; il se sert de la crainte comme d'un auxiliaire, comme d'une puissante diversion au désespoir.

Dès qu'il l'a ramenée à songer à lui plus qu'à elle-même, il profite de sa victoire ; il ne lui laisse plus tourner les yeux vers une époque frappée en apparence de la malédiction du ciel. Il brise autour d'elle tous les liens qui l'attachent encore à la terre ; il l'anime à se soutenir dans les régions hautes et sereines du christianisme, et, par un touchant artifice, allant se placer lui-même aux pieds de Dieu, c'est de là qu'il l'appelle et qu'il lui tend les bras. Il est bien sûr de la faire venir à lui. Il la convie à des noces nouvelles en Jésus-Christ, et la douce créature se laisse aller à cet autre amour, quoiqu'elle aime encore mieux l'ancien : elle ne résiste pas plus à cette seconde séduction qu'à la première. Il ne sera pas dit qu'elle lui aura une fois désobéi.

N'allez pas prendre ses dissertations théologiques pour des hors-d'œuvre, ni ses nombreuses citations de l'Écriture pour d'inutiles rhapsodies ; car il lui trace ainsi son itinéraire vers le ciel, il aplanit tous les obstacles, il sème son chemin des verts branchages et des fleurs variées des saints livres ; il échelonne tout le long de sa route le noble cortége des Apôtres et des Pères de l'Église, qui l'animent de la voix et du geste, qui la bénissent, au passage, de leurs mains vénérables, qui la soutiennent, la consolent, la fortifient et l'accompagnent de leurs vœux. Et d'ailleurs ne marche-t-il pas lui-même avec elle ?

Non, Abailard n'est pas pour Héloïse un froid pédagogue. De cet arbre de science dont il veut lui faire goûter les fruits évangéliques, distille silencieusement une manne de tendresse qui nourrit son courage. Non, ce n'est pas un moine rigide qui ne laisse tomber de sa bouche que des anathèmes, et qui, d'une main de fer, pétrit impitoyablement pour le ciel cette argile toute palpitante encore des passions de la terre. Aux amertumes du cœur toujours renaissantes, il opposera constamment la confiance du chrétien dans la volonté divine, aux désirs qui s'égarent, l'inflexibilité de la pénitence : toutefois, dans cette lutte qu'il lui impose, il accorde toujours quelque chose à la faiblesse de la femme. Il sait la ramener aux austères contemplations du devoir par des mots qui raniment son espérance mourante et penchée, qui donnent à cette pauvre âme avide sa pâture d'amour. Il la conduira dans les rudes sentiers de l'abnégation, mais il lui tendra la main, il la soulèvera doucement dans ses bras, pour qu'elle puisse aller jusqu'au bout, et que les aspérités du chemin ne déchirent point ses pieds délicats :

...... ne teneras glacies secet aspera plantas.

Héloïse est aussi pour lui une religion.

Une fois qu'il l'a placée sur le terrain du raisonnement, il tire parti de tout. De sa justice : « Veut-elle s'opposer à l'évidente volonté du ciel ? » De sa fierté : « Pompée est vivant, mais sa fortune a péri. Cornélie aimait donc ce qu'elle a perdu ? » De sa conscience et de sa responsabilité : « Elle est abbesse, elle a aussi charge d'âmes. » Il sait que dans une âme aussi grande que celle d'Héloïse, la justice, la dignité, la conscience, ne sont pas de vains mots : il sait qu'un esprit vigoureux comme le sien agit toujours en vertu d'une conviction, de tête ou de cœur, de raison ou de sentiment, et parce qu'il se croit dans la vérité. C'est pourquoi il discute avec elle, pourquoi il l'instruit si patiemment dans la foi, pourquoi il lui prodigue sans mesure tous les enseignements de la résignation : sa douleur une fois légitimée à ses yeux serait incurable ; s'il la lui fait condamner, elle est guérie.

La tâche est difficile. Semblable à la mère du jeune

Arthur[1], Héloïse est ancrée dans sa douleur. Elle a fini par l'aimer et s'y complaire. Elle est ingénieuse à se tourmenter elle-même et à se créer de nouveaux sujets de larmes. Abailard est obligé de la surveiller avec la plus grande attention.

Il n'oublie rien, pas une question ne reste sans réponse, chaque mot est relevé; il ne se borne pas là; il étend, il développe un sentiment à peine exprimé dans la lettre d'Héloïse; une objection est attaquée et ruinée avant de naître. Il va chercher jusqu'au fond de son cœur, et si quelques doutes amers y cachent leurs têtes de serpent, il les étouffe; il en chasse comme d'un temple toutes les pensées qui profaneraient de leur présence la majesté de l'amour divin; sa prière est impérative, et il sait rendre son autorité obséquieuse. Héloïse prend position partout; mais il la poursuit dans tous ses retranchements; il la débusque dans tous ses regrets, dans toutes ses plaintes; doutes, langueurs, retours dangereux dont elle s'environne, tombent sous le tranchant de sa logique. Il fait autour d'elle une ruine, un néant qui ne pourra plus lui suffire et qu'elle sera enfin obligée de quitter; sans cesse elle veut se rattacher à lui dans ce monde de larmes et de troubles; sans cesse il lui échappe. C'est dans un monde d'éternelles félicités qu'il veut la retrouver; c'est là qu'il lui donne rendez-vous : qu'elle se laisse vaincre, et les voilà réunis. La prière qu'il lui envoie est déjà l'épithalame de ce nouvel hyménée.

A notre avis, l'amour éclate mieux dans cette stratégie attentive que dans un pêle-mêle effaré de sentiments. Nous y voyons autre chose que l'allure raide et

---

[1] Constance. V. *Shakespeare.*

compassée de l'indifférence, autre chose qu'une sèche division et subdivision, autre chose enfin qu'une preuve du peu de retour que la passion d'Héloïse obtenait. Amour d'amant, amour de maître, amour de frère en Jésus-Christ, amour de la beauté, du génie, de l'âme, tout cela ne fait qu'un seul amour dans le cœur d'Abailard. Il aime Héloïse dans le passé, dans le présent, dans les siècles : et nous lui applaudissons avec un attendrissement mêlé d'admiration, lorsque, sentant que la terre lui manque, il l'étreint dans ses bras d'apôtre pour l'emporter au ciel avec lui.

Par quelle fâcheuse préoccupation, par quelle intempestive exigence a-t-on accusé Abailard de froideur? On oublie toujours qu'il a vingt ans de plus qu'Héloïse, et que ses infirmités doublent encore le poids de ses années. N'est-ce pas outrager le sublime sentiment qui l'animait, que d'en faire un amour à hauteur de ceinture? Il fut un temps, je pense, où la lave coulait en brûlants ruisseaux de ce cœur maintenant attiédi : la jeunesse, la beauté, le bonheur, sont des éléments qui entrent facilement en fusion. Alors, sans doute, le style allumait tous ses fourneaux. Mais ce qui fait l'orgueil de l'homme à son aurore lui devient justement un sujet de honte à son déclin. L'amour est chose sainte, qui repousse la vieillesse du seuil de son temple, et qui s'offense même de ses vœux.

Les partisans du *chaud* auraient-ils donc préféré qu'Abailard nous donnât le triste spectacle d'un homme en démence, qui déshonore à la fois et son habit religieux par des appétits réprouvés, et sa vieillesse par la lutte inutile des regrets contre une nature si cruellement humiliée? Quelle malheureuse inspiration (et elle a été commune à tous nos poëtes) de précipiter Abailard dans le cercle des damnés qui ont péché par la chair! d'ouvrir pour lui ces espaces souffrants et muets de toute lumière, et de nous le montrer chassé, ramené, balayé perpétuellement sous les froids tourbillons de la rafale! Au milieu de Troie en cendre, faut-il donc jeter de force sur les épaules tremblantes de Priam l'armure désaccoutumée? faut-il égarer le glaive d'Hector dans sa main appesantie?

Abailard a mieux fait : tous les sentiments exprimés dans ses lettres sont conformes à sa situation. On n'y trouve ni l'ardeur juvénile ni l'entraînement orageux si justement admirés dans celles d'Héloïse, parce qu'ils y sont à leur place; mais cette tendre et profonde pitié, cette complaisante et inépuisable effusion, cette garde vigilante qu'il fait autour d'elle, ces paternels efforts d'un vieillard qui fait taire sa propre douleur pour calmer celle d'un enfant adoré qui lui perce l'âme de ses plaintes : tout cela est-il donc si *glacé?* n'est-ce donc pas là encore de l'amour, et du plus vrai, et du plus noble, et du plus touchant?

Pour Abailard les mots sont le voile et non l'expression de son amour. A notre tour, cherchons les inflexions caressantes de la pensée plutôt que celles de la parole.

Si nous observons Abailard avec soin, au lieu de l'accuser de ralentissement, nous serons étonnés de la marche ascendante de sa passion : la catastrophe qui pouvait l'éteindre n'a servi qu'à l'enflammer. Son amour, qui jusque là reposait sur les seules assises mondaines, tout à coup, dans un espace inattendu, prolonge ses fondements agrandis sur la ruine de ses plaisirs et de ses affections terrestres. L'abîme qui le séparait d'Héloïse est comblé. A cette exilée du bonheur il ouvre dans son âme l'hospitalité de plus larges amours. Il attire son épouse dans des embrassements plus intimes, plus purs, toujours durables. Il lui dresse en Jérusalem un lit nuptial de bois de cèdre, aux piliers d'argent, à l'intérieur d'or, surmonté d'écarlate, parfumé du troène cueilli dans la vigne céleste, et doté par le Christ de ravissements qu'elle n'a point connus aux jours des plus grandes joies de son cœur.

Mais Héloïse a vu des cieux si profonds et si rayonnants, qu'elle ne saurait préférer ceux qu'on lui propose.

Pressée de toutes parts, elle se réfugie dans son amour à elle, comme dans un asile. L'amour est sa forte retraite, et il suffit pour la défendre. D'un seul mot elle déconcerte les calculs déjà triomphants de cette logique chrétienne : « Ce n'est pas à Dieu, c'est à vous que je veux plaire. » Et tout est remis en question. C'est par son amour même qu'il faut la vaincre. Abailard est obligé de lui dire : « Je fais cause commune avec Dieu, aimez-le donc. »

Elle capitule, mais elle ne veut du paradis qu'un petit coin, tant elle craint de se complaire en quelque chose qui ne serait point Abailard, tant elle repousse le bonheur céleste même comme une pensée infidèle à Abailard.

Ce qui rend Héloïse si grande, c'est cette foi de l'amour en lui-même, qui ne se dément jamais, qui ne se calomnie jamais, et qui, une fois déchu de son Éden, tient ses yeux immuablement fixés sur les portes irrévocables. Il y a dans cette ténacité de douleur, dans cette énergie de désespérance, une magnifique expression de la nature de la femme. Le seul commandement qu'elle reçoit de Dieu, c'est l'amour; Héloïse l'a observé jusqu'à la mort. Le seul don qu'elle en reçoit, c'est l'amour; Héloïse en a si bien compris la grandeur, qu'elle ne s'est jamais consolée de l'avoir perdu. Elle a laissé croître et fleurir en elle l'arbre de vie, jamais elle n'a porté le fer insensé du remords sur ses rameaux bénis, et voilà pourquoi ils ont monté jusqu'au ciel, pourquoi ils ont porté pour elle des fruits d'immortalité.

Une circonstance encore justifiera à nos yeux l'ordre d'idées invariablement suivi dans sa correspondance par Abailard. Il visita plusieurs fois le Paraclet : il y trouvait Héloïse ; il y trouvait aussi Luce, sa mère chérie, comme il l'appelle. C'est auprès d'elles que son cœur déposait le fardeau des jours mauvais et des pensées accablantes. Quels tendres épanchements, quelles respectables faiblesses ne devons-nous pas supposer dans ces entretiens! Une joie triste, un sentiment plein de mélancoliques douceurs, éteignait pour Héloïse les torches trop brûlantes du passé, et ses chagrins amortis n'exigeaient d'Abailard qu'un moindre effort de courage. L'absence ramenait pour elle la maladie ; et c'est au besoin de la guérir qu'il faut rapporter la fermeté sublime dont il ne s'est jamais départi dans ses lettres.

C'est alors qu'il lui parle d'immortalité, d'union impérissable dans le sein de Dieu, et il le fait avec une hauteur de langage, une autorité de conviction, une puissance de désir, qui montreront à tous les siècles ce qu'il y eut en lui de génie, de foi et d'amour. En pressant sur son cœur sa mère et sa femme, il avait ressenti les mystérieux frémissements d'une vie qui ne peut finir, la révélation d'un monde où la même étreinte devait se renouveler. Revenu à Saint-Gildas, il écrivait avec un mouvement divin ; car il avait lu dans leurs yeux les assurances d'un amour plus fort que la mort, et qui est en possession de l'éternité. Notre âme en effet ne s'empare-t-elle point de tous les temps, ne touche-t-elle pas aux deux pôles de l'abîme, par les affections de mère ou d'épouse, de père ou d'ami, lorsque enrichie par l'abondance de ces sources sacrées, notre vie impatiente bouillonne comme un fleuve gonflé des crues de l'hiver, et déborde les rives de nos jours trop étroits ?

Enfin, lorsqu'on l'attaque dans sa foi, lorsque l'ouragan tonne, que les vents rugissent, que les foudres d'un nouveau concile pendent sur sa nouvelle hérésie, sa première pensée est pour Héloïse, son premier soin est de la rassurer. Il sent que le moment est venu de se rapprocher d'elle. Ce n'est pas seulement le frère en Jésus-Christ qui s'adresse à sa sœur dans le même Jésus-Christ ; c'est l'époux qui parle à son épouse selon la chair. Sa voix retrouve la tendre familiarité des anciens jours. Il secoue la cendre de vingt années, et vient reposer encore une fois sa tête sur le cœur qui l'a tant aimé. Dernier et solennel embrassement, dont les anges mêmes n'auraient point détourné leurs regards ! Cette lettre n'existe pas tout entière ; mais les lecteurs n'y perdront rien, s'ils lisent l'ode XLIX de M. Creuzé de Lesser. Nous regrettons de ne pouvoir citer ici ce touchant morceau de poésie.

Nous pensons que, selon la disposition d'esprit des lecteurs, les lettres d'Abailard produiront toujours deux impressions très-différentes. Nous comparerons ces lettres à un prisme qui voile, à distance, toutes les pompes de la lumière renfermées dans son sein : vu de près, le cristal ouvre son écrin prestigieux, il allume la fête des couleurs, et déploie autour de toutes choses des robes flamboyantes d'or, d'azur et de vermillon.

La pensée d'Abailard revêt toujours une forme adéquate : sa gravité n'est jamais déshonorée par une vaine ornementation de paroles. Comme celui de tous les poëtes, son discours a un pied nombreux ; mais il est ferme, sobre, tranquille, dégagé de tous les terrestres ferments. Jamais Abailard n'ébranle les portes de sa prison, jamais il ne se débat dans le cadre d'airain où l'équerre catholique a renfermé et comprimé les mouvements de son cœur. L'amant n'a plus sur les lèvres d'autre feu que celui qu'elles empruntent au charbon de l'autel : l'homme est éteint, le style est moine.

Mais l'amour n'a pas un langage obligé. L'amour transfigure tout. Les mots les plus indifférents peuvent devenir avec lui des courants magnétiques où deux âmes se rencontrent, des chemins où l'œil ne peut les suivre, des ponts faits d'un seul cheveu et qu'elles parcourent audacieusement sans dévier jamais. Veut-on fixer la flamme et immobiliser le mouvement ?

Si l'on est assez heureux pour avoir une hallucination de cœur (*qui amant sibi somnia fingunt*), alors ce texte mort s'anime, le sang et la vie circulent dans ces paroles tout à l'heure engourdies et décolorées : vous sentez leur chaude haleine, votre âme s'inonde de balsamiques effluves, et, par une merveille semblable à celles de l'histoire et de la fiction, vous voyez ces roches s'amollir, ces rudes écorces se fendre, et vous pouvez baigner vos mains dans de fraîches ondes, et promener vos yeux ravis sur de soudaines beautés. Frappez au hasard à l'une de ces portes fermées : c'est une pensée de race royale qui vous ouvrira ; entrez dans ce présent ruineux qui *plaide fièrement* pour le passé, et si rien ne se dresse à votre approche, si cette poussière ne reprend pas les formes, et l'agitation, et tout le bruit de la passion humaine, du moins, au murmure confus qui bourdonne sous ces portiques déserts et dans ces galeries abandonnées, vous ne pourrez méconnaître quel tumulte majestueux les peuplait autrefois.

La vue de ces lettres d'amour épurées par l'encens catholique vous rappellera les vieilles toiles espagnoles, au bas desquelles Zurbaran semble amonceler toutes les ombres et toutes les tristesses de la terre, pour les consoler d'en-haut par une espérance lumineuse et par des splendeurs de béatitude. Dieu n'y est pas, on ne voit que lui : l'homme y est seul, on ne le voit pas. Sur ces feuilles, si noblement refusées à l'expression d'une souffrance humaine, roule un pleur invisible. Soulevez chaque parole : ici crie une blessure, ici suinte une sueur glacée, ici pâlit une dernière goutte de poison. Tous les rameaux de ce myrte, quand vous y touchez, saignent ou gémissent. Arrêtez-vous devant le gladiateur, depuis qu'il est renversé sur l'arène. Examinez bien son visage : pas un muscle n'est contracté ; vous épiez sur sa bouche une plainte, une imprécation, un mot qui sera l'épopée de toutes ses douleurs : le mot ne vient pas ; votre poitrine se serre ; le patient va mourir, il est mort..., vous n'avez rien entendu.

Et cependant vous trouvez qu'on vous a tout dit.

Une vérité jusqu'alors inaperçue vient de vous être révélée. Ce calme de l'homme vous apparaît plus terrible qu'une tempête, et ce n'est pas sans effroi que vous contemplez cette surface impassible, quand vous voyez au-dedans de lui son cœur agonisant, ses espérances blessées à mort jusqu'à la dernière, et sa pensée

PRÉFACE DU TRADUCTEUR.   35

en larmes, toute pleine d'une chère image et des angoisses déchirantes de l'éternel adieu.

Nous autres hommes, nous sommes trop durs, trop tardifs : à moins de mettre la main à tout, nous ne croyons à rien ; nous sommes sourds et aveugles de cœur, capables de marcher côte à côte avec notre dieu, jusqu'à Emmaüs, sans le reconnaître. Les femmes distingueront mieux toutes ces infinies tendresses dont on sent la présence, quoiqu'elles échappent à notre vue, ces impalpables attouchements de l'âme à l'âme, ces caresses contenues, ces regards qui n'osent plus se chercher que dans le ciel. Elles écouteront de l'oreille du cœur cette voix de l'amour qui n'emprunte rien aux vulgaires retentissements du langage ; elles suivront le thème céleste à travers l'étrangeté des modulations, et tandis que nos yeux ne rencontrent ici que le suaire de l'amour, elles verront des apparitions d'anges tout vêtus de lumière, qui leur diront : Il est vivant.

Le style d'Héloïse a de belles démarches. Ses pensées, comme les déesses d'Homère et de Virgile, passent devant nos yeux avec leur regard fier et doux, l'or de leur chaussure et leur tunique de pourpre relevée au genou. J'ai bien peur, soit dit en passant, d'avoir travesti toutes ces belles nymphes. Se reconnaîtront-elles au moins ? Cette vie que je leur ai donnée leur laissera-t-elle le souvenir de l'autre ? Que la métempsycose leur soit légère ! Dans les plis embarrassés de ma prose, j'ai souvent caché leurs pieds de neige et leurs fronts rougissants. Mais si j'ai pu faire apercevoir quelque blanche épaule, sous le toit de chaume où je les ai reçues, si elles ont laissé pour prix de l'hospitalité quelque chose des parfums de leur chevelure, c'est déjà beaucoup pour moi, l'imagination des lecteurs achèvera mon ouvrage : à l'aide de quelques proportions fidèlement révélées, ils restitueront les formes confuses, et fixeront les contours noyés.

Puisse la traduction avoir conservé quelques lambeaux de cette riche étoffe à la trame étincelante, aux mailles fines et serrées, dont les deux amants ont fait un vêtement de gloire à leur amour! — Je n'ai rien omis par pruderie, car je pense que toute beauté est essentiellement pure. Si des esprits timides s'effarouchaient de quelques hardiesses bibliques, je leur rappellerais ces paroles de saint Jérôme : « *Ne vous choquez point de la simplicité ni même de la crudité des termes dans l'Écriture sainte;* » et celles-ci de saint Augustin : « *Aimez, dites après tout ce que vous voudrez.* »

D'un autre côté, je me suis souvenu que les Grâces étaient appelées Décentes, et que les vierges de Sparte dansaient sans voile autour des chastes autels de Junon.

Héloïse et Abailard entrèrent dans la vie par de hautes et brillantes portes, l'amour et la gloire : leur route fut maudite ; et pour que nulle consécration ne leur manquât, à celle du malheur vint se joindre celle de la sainteté.

On les aborde avec une curiosité brusque et avide ; on veut voir palpiter la fibre qui se meurt, entendre quel bruit de paroles a fait dans son temps un amour si célèbre, connaître l'esprit qui eut la puissance de vivifier le tombeau. Mais au contact de ces âmes sans souillure, qui entrent en commerce avec nous par les côtés seulement qui nous élèvent et nous ennoblissent, on se sent tout à coup pénétré de respect. En face de ces restes embaumés d'un religieux souvenir et d'une éternelle espérance, il semble que cette vie d'amour et de génie, qui les animait autrefois, arrive jusqu'à nous en râle harmonieux et en larmes divines. Nous retrouvons dans ces deux grands initiés de la douleur une saisissante image de l'humanité, avec ses vertus poussées jusqu'à l'héroïsme, et ses faiblesses aussi admirables parfois que ses vertus.

LETTRE D'ABAILARD

ADRESSÉE A UN AMI,

CONTENANT LE RÉCIT DE SES MALHEURS

LETTRE D'ABAILARD

ADRESSÉE A UN AMI,

CONTENANT LE RÉCIT DE SES MALHEURS

———o—◇—o———

Souvent l'exemple est plus puissant que la parole pour exciter ou pour calmer les affections humaines. Aussi, après vous avoir fait entendre une voix consolante, je veux retracer à vos yeux le tableau de mes infortunes. Puisse-t-il vous consoler tout à fait ! En comparant mes malheurs et les vôtres, vous reconnaîtrez que toutes vos épreuves ne sont rien ou qu'elles sont peu de chose, et vous aurez plus de patience à les supporter.

Je suis né dans un bourg situé à l'entrée de la Bretagne, environ à huit milles de Nantes, du côté de l'Est, et appelé *le Palais*. Si je dus au sol natal ou à la vertu du sang la légèreté de mon caractère, je reçus aussi de la nature une grande aptitude pour la science. Mon père, avant de ceindre le baudrier du soldat, avait reçu quelque teinture des lettres, et plus tard il se prit pour elles d'une telle passion, qu'il voulut donner successivement à tous ses fils une éducation savante avant de les former au métier des armes ; règle dont il ne s'écarta point. J'étais l'aîné de ses enfants, et les soins qu'il donna à mon instruction furent proportionnés à la tendresse extrême qu'il avait pour moi. De mon côté, plus j'avançais avec rapidité dans l'étude, plus je m'y attachais avec ardeur. Enfin, elle eut pour moi tant de charme, qu'abdiquant la pompe de la gloire militaire et abandonnant à mes frères l'héritage paternel et mon droit d'aînesse, je renonçai à la cour de Mars pour grandir dans le sein de Minerve. Préférant la dialectique et son arsenal à toutes les autres branches de la philosophie, j'échangeai les armes de la guerre contre celles de la logique, et les trophées des batailles contre les assauts de la discussion. Je me mis à parcourir les provinces, toujours disputant ; et partout où j'apprenais que cet art était cultivé, j'y courais, entraîné par une émulation toute péripatéticienne.

J'arrivai enfin à Paris, où la scholastique était déjà florissante, et je suivis quelque temps les leçons de Guillaume de Champeaux, qui était justement considéré comme le maître le plus habile dans ce genre d'enseignement. Je fus d'abord le bienvenu ; mais je ne tardai pas à lui devenir fort incommode, car je m'attachais à réfuter plusieurs de ses idées, j'argumentais contre lui à outrance, et, revenant toujours à la charge, j'avais quelquefois le tort de rester maître du champ de bataille. Cette audace excitait, parmi ceux même de mes condisciples qui étaient regardés comme les plus distingués, une indignation d'autant plus grande, que je paraissais plus loin d'eux et par ma jeunesse et par la date récente de mes études. Là commencèrent des malheurs qui ne sont point encore finis : ma réputation grandissait, l'envie s'alluma. Enfin, présumant de mon esprit au-delà des forces de mon âge, enfant encore, j'osais aspirer à devenir moi-même chef d'école, et déjà je marquais des yeux l'endroit où je dresserais une chaire rivale. C'était Melun, ville importante alors, et résidence royale. Guillaume soupçonna mon dessein, et, voulant reléguer mon école plus loin de la sienne, mit sourdement en usage tous les moyens qu'il avait en son pouvoir pour m'enlever à la fois, avant que je l'eusse quitté, mon école et le lieu que j'avais choisi. Mais, comme il avait des jaloux parmi les puissants du pays, je parvins avec leur secours au comble de mes désirs, et son envie manifeste me conquit un assentiment presque général. Dès mes premières leçons, ma réputation comme dialecticien prit des proportions si envahissantes, que la renommée de mes anciens condisciples et celle de Champeaux lui-même en fut bientôt étouffée. Ce succès augmentant encore mon assurance, je me rapprochai de Paris au plus vite, et je transportai mon école à Corbeil pour avoir l'ennemi sous ma main et lui donner de plus rudes assauts. Mais, peu de temps après, l'excès du travail me fit tomber dans une maladie de langueur; il fallut respirer l'air du pays natal. Séquestré, pour ainsi dire, de la France, pendant quelques années, j'étais vivement regretté de tous ceux qui se sentaient attirés vers la science de la dialectique.

Peu d'années s'étaient écoulées, et j'étais déjà remis de ma faiblesse depuis longtemps, lorsque mon maître, Guillaume, archidiacre de Paris, changeant son ancien habit, entra dans l'ordre des clercs réguliers, avec l'espoir, disait-on, d'obtenir, à la faveur de ces grandes apparences de piété, un avancement rapide dans la carrière des dignités ecclésiastiques; ce qui ne tarda pas d'arriver, car on lui donna l'évêché de Châlons.

Sa nouvelle prise d'habit ne lui fit point abandonner le séjour de Paris ni le goût qu'il avait pour la philosophie, et dans le monastère même où il s'était retiré par esprit de religion, il rouvrit aussitôt un cours public d'enseignement.

Je revins alors auprès de lui pour apprendre la rhétorique. Entre autres luttes de controverses que nous eûmes à soutenir, je réfutai d'une manière si victorieuse son argumentation sur les Universaux, que je le forçai d'amender son système et même d'y renoncer. Dans la première phase de son enseignement, les Universaux sont l'essence même des individus du même genre, de sorte que ces individus ne diffèrent aucunement dans leur essence, mais seulement dans leurs éléments accidentels; — Dans la seconde phase, les Universaux se présentent non plus comme constituant l'essence des individus d'un même genre, mais comme formant leur identité, parce que dans tous ces individus, différents d'ailleurs, ils se retrouvent sans différence. Comme cette question touchant les Universaux est une des plus importantes de la dialectique, et que Porphyre lui-même, écrivant, dans ses *Préliminaires*, sur les Universaux, n'osa prendre sur lui de la résoudre, disant : ceci est très-grave[1]; Champeaux, qui avait été obligé de modifier d'abord sa pensée, puis de la rétracter, vit son cours tomber dans un tel discrédit, qu'on lui permettait à peine de faire sa leçon de dialectique, comme si cette science tout entière consistait dans la question des Universaux.

---

[1] Voici la phrase de Porphyre :

« Je ne chercherai point si les genres et les espèces existent par eux-mêmes ou seulement dans l'intelligence, ni, dans le cas où ils existeraient par eux-mêmes, s'ils sont corporels ou incorporels, ni s'ils existent séparés des objets sensibles ou dans ces objets et en eu

Cette victoire donna tant de force et d'autorité à mon école, que les disciples les plus fervents de Guillaume, ses partisans les plus tenaces et jusque-là les plus acharnés contre ma doctrine, l'abandonnèrent aussitôt pour accourir à mes leçons. Le professeur qui, dans l'école de Paris, avait succédé à notre maître, vint m'offrir sa place et se ranger au nombre de mes auditeurs, dans l'enceinte même où nous avions été témoins l'un et l'autre des beaux jours de Champeaux.

Je régnais donc sans partage dans le domaine de la dialectique. Vous dire l'envie qui desséchait Guillaume, le levain d'amertume qui fermentait dans son âme et le rongement d'esprit dont il était misérablement travaillé, ce n'est pas chose facile. Ne pouvant soutenir les bouillonnements de son dépit, il essaya de m'écarter encore une fois par la ruse; et, comme il n'avait aucun grief plausible pour agir ouvertement contre moi, il fit destituer, sur une accusation honteuse, celui qui m'avait cédé sa chaire, et en mit un autre à sa place pour me tenir en échec. Alors, revenant moi-même à Melun, j'y établis de nouveau mon école, et plus j'étais visiblement en butte à ses persécutions envieuses, plus je gagnais en considération, selon le mot du poëte :

« Toute grandeur attire l'envie; les cimes élevées sont
« seules battues par les vents. »

Peu de temps après, voyant que la sincérité de son ardeur religieuse était fort suspectée de la plupart de ses élèves, et qu'ils murmuraient hautement sur sa conversion, parce qu'il n'avait pas quitté un moment Paris, il se

faisant partie : ce problème est trop difficile et demanderait des recherches plus étendues.....

(Traduction de M. Vict. Cousin.)

transporta, lui, sa petite confrérie et son école, dans une campagne assez éloignée de la capitale. Aussitôt je revins de Melun à Paris, espérant qu'il me laisserait enfin la paix. Mais voyant qu'il avait fait occuper ma chaire par un rival, je plaçai mon camp hors de la ville, sur la montagne Sainte-Geneviève, comme pour assiéger mon usurpateur. À cette nouvelle, Guillaume, perdant toute retenue, se hâta de revenir à Paris, et ramena sa confrérie et ce qu'il pouvait encore avoir de disciples dans l'ancien cloître, comme pour délivrer son lieutenant qu'il avait abandonné. Au lieu de le servir ainsi qu'il y comptait, il le perdit. Car auparavant ce malheureux avait au moins quelques disciples tels quels, à cause de sa lecture, genre d'exercice dans lequel il avait une réputation d'habileté. À l'arrivée du maître, son école devint complétement déserte, et il fut obligé de la fermer. Peu de temps après, désespérant sans doute de la gloire en ce monde, il se convertit aussi à la vie monastique. Après le retour de notre maître à Paris, les disputes scholastiques que mes disciples soutinrent contre Champeaux et ses élèves, les succès que mon école remporta dans ces hostilités, et la part qui m'en revenait à moi-même, sont des détails assez connus de vous. Toutefois, je dirai hardiment, et avec plus de modestie qu'Ajax :

« Si vous demandez quelle a été l'issue de ce combat, je n'ai point été vaincu par mon ennemi[1]. »

Quand je ne le dirais pas, la chose parle d'elle-même, et l'événement l'indique assez.

Sur ces entrefaites, Luce, ma mère chérie, me pressa de revenir en Bretagne; Bérenger, mon père, avait pris l'habit, et elle se préparait à imiter son exemple. Après la

---

[1] Ovide, *Métamorphoses*.... Discours d'Ajax.

cérémonie, je revins en France, principalement dans l'intention d'étudier la théologie, que le même Guillaume de Champeaux enseignait alors avec beaucoup d'éclat dans son évêché de Châlons. Il avait eu pour maître dans cette science Anselme de Laon, depuis longtemps regardé comme le plus grand théologien de l'Église.

J'allai donc entendre Anselme. Ce vieillard devait sa grande réputation plutôt à la routine qu'à son génie. Si vous alliez frapper à sa porte et le consulter sur quelque difficulté, vos doutes s'augmentaient, vous reveniez plus incertain qu'auparavant. Admirable pour de simples auditeurs, il était nul en présence d'un adversaire. Il avait une merveilleuse abondance de langage, mais sous ses belles paroles le sens était pauvre et vide de raison. Lorsqu'il allumait son feu, il remplissait sa maison de fumée, il ne l'éclairait point de lumière. Son arbre, tout en feuillage, présentait de loin un aspect imposant; mais, quand on venait à l'examiner de plus près, on trouvait qu'il était stérile. Je m'en étais approché pour recueillir du fruit; je reconnus que c'était le figuier maudit par le Seigneur, ou le vieux chêne auquel Lucain compare Pompée dans ces vers :

« L'ombre d'un grand nom était seule debout, comme un chêne altier dans une campagne fertile [1]. »

Une fois désabusé, je ne restai pas longtemps oisif sous son ombre. Je n'assistais plus que rarement à ses leçons, et cette inexactitude blessait les principaux disciples d'Anselme comme une marque de mépris pour un si grand docteur. Ils l'excitèrent donc sourdement contre moi, et leurs perfides suggestions m'en firent un ennemi.

Un jour, après la séance de controverse, il arriva que

---

[1] *Pharsale*, chant 1er.

nous devisions entre élèves; et, l'un d'eux m'ayant demandé insidieusement ce que je pensais de la lecture des livres saints, moi, qui n'avais encore étudié que la physique, je répondis que c'était la plus salutaire des lectures, puisqu'elle nous instruit au salut de notre âme, mais que j'étais extrêmement étonné de voir que des gens lettrés ne se contentassent point, pour expliquer la Bible, du texte même et de la glose, et qu'ils eussent encore besoin d'un autre secours. Le rire fut presque général. On me demanda si je me sentais la force et la hardiesse d'entreprendre une pareille tâche. Je répondis que j'étais prêt, s'ils voulaient, à en faire l'épreuve. S'écriant alors et riant de plus belle : Certes, dirent-ils, nous y consentons de grand cœur. — Eh bien! dis-je à mon tour, qu'on cherche et qu'on me donne un passage difficile de l'Écriture avec un seul glossateur, et je soutiendrai le défi. Ils s'accordèrent tous à choisir l'obscure prophétie d'Ézéchiel. Prenant donc le livre, je les invitai aussitôt à venir entendre dès le lendemain mon commentaire. Alors, prodiguant les conseils à un homme qui n'en voulait point, ils me disaient que l'entreprise était grave et qu'il ne fallait pas l'aborder précipitamment, que je devais prendre mon temps et méditer mon interprétation à loisir. Je répondis fièrement que d'habitude je ne procédais point par la longueur du travail, mais par la vertu de mon esprit; et j'ajoutai ou que je retirais ma parole, ou qu'ils viendraient entendre mon explication le lendemain même.

Il faut avouer que ma première leçon réunit peu d'auditeurs; car il paraissait ridicule à tout le monde de voir un jeune homme, qui, pour ainsi dire, n'avait jamais ouvert les livres saints, se mesurer avec eux si témérairement. Cependant, tous ceux qui m'entendirent furent si charmés de cette première séance, qu'ils la prônèrent dans les termes les plus pompeux, et me pressèrent de donner suite à mon commentaire en suivant la même méthode. L'affaire fit du bruit. Ceux qui n'avaient point assisté à la première leçon accoururent en foule à la seconde et à la troisième, et tous se montrèrent également empressés de transcrire mes explications, à commencer par celles de la première séance.

Un pareil triomphe irrita dans le cœur du vieil Anselme toutes les fureurs de la jalousie. Déjà aiguillonné depuis longtemps contre moi, comme je l'ai dit, par des instigations malveillantes, il commença à me tourmenter pour mes leçons théologiques comme autrefois Guillaume pour la philosophie.

Il y avait alors, dans l'école de ce vieillard, deux disciples qui paraissaient obtenir sur les autres la prééminence, Albéric de Reims et Loculphe de Lombardie. Plus ils étaient en adoration devant leur propre génie, plus ils étaient animés contre moi. A force d'insinuations perfides, ils réussirent à troubler la cervelle du vieil Anselme. Il fut tellement alarmé, qu'il m'interdit brutalement de continuer dans son école le commentaire que j'avais commencé, alléguant pour prétexte que, si je venais à émettre quelque opinion erronée, toute la responsabilité retomberait sur lui, à cause de mon inexpérience dans la matière. A cette nouvelle, tous ceux qui fréquentaient l'école furent pénétrés d'indignation. Jamais l'envie ne s'était démasquée avec plus d'impudeur, jamais vengeance n'avait paru si odieuse; mais les calomnies d'Anselme et sa rancune jalouse tournèrent à mon honneur, et sa persécution augmentait ma gloire.

Peu de jours après, je revins à Paris m'installer dans la chaire cathédrale qui m'était offerte, et qu'on me destinait depuis longtemps, dans l'enceinte même de cette école dont j'avais été expulsé. Pendant plusieurs années j'en restai possesseur sans être inquiété ; et là, dès l'ouverture du cours, reprenant les commentaires d'Ézéchiel, que j'avais commencés à Laon, je pris à tâche de les achever.

Ils furent si bien accueillis des lecteurs, que l'opinion publique faisait déjà marcher de front le théologien avec le philosophe. Aussi, l'enthousiasme excité par mes deux cours ayant prodigieusement multiplié le nombre de mes élèves, j'avais à profusion l'argent et la gloire, vous ne devez pas l'ignorer.

Mais la prospérité enfle toujours les sots ; la sécurité en ce monde énerve la vigueur de l'âme, et en brise facilement les ressorts par les attraits dissolvants de la chair. Me regardant désormais comme le seul philosophe sur terre, et ne redoutant plus rien de l'avenir, je commençai à lâcher la bride à mes passions, moi qui avais toujours vécu dans la plus grande continence ; et plus je m'étais avancé dans le chemin de la philosophie et de la science sacrée, plus je m'éloignais, par l'impureté de ma vie, et des philosophes et des saints : car il est certain que les philosophes, et à plus forte raison les saints, je veux dire ceux qui appliquent leur cœur aux exhortations de l'Écriture, ont surtout été admirés à cause de leur chasteté.

J'étais donc dévoré tout entier par la fièvre de l'orgueil et de la luxure, lorsque la grâce divine vint me guérir malgré moi de mes deux maladies, de la luxure d'abord, ensuite de l'orgueil : de la luxure en me privant des moyens de la satisfaire, et de l'orgueil, qui me venait principalement de ma science (selon la parole de l'Apôtre, la science enfle le cœur), en m'humiliant par la destruction de ce fameux livre dont j'étais si fier et qui fut brûlé. Je veux vous raconter cette double histoire dans l'ordre que les événements ont suivi. Les faits vous instruiront de la vérité mieux que tous les bruits qui vous sont parvenus.

Ne pouvant me résoudre à mettre le pied dans les fanges de la débauche, privé d'ailleurs par l'assiduité de mes leçons du commerce et de la fréquentation des femmes nobles, j'étais aussi presque sans relations avec celles de la bourgeoisie, lorsque la fortune (puisque c'est le nom qu'on lui donne), prévenant tous mes vœux pour me trahir, trouva une occasion plus favorable, qui devait me renverser des hauteurs de cette vertu sublime, et, par l'humiliation, ramener à l'amour de Dieu l'orgueilleux qui avait méconnu ses bienfaits.

Il existait à Paris une jeune fille nommée Héloïse. Elle était nièce d'un chanoine appelé Fulbert, qui, dans sa tendresse pour elle, n'avait rien négligé pour lui donner l'éducation la plus complète et la plus brillante. Sa beauté n'était point vulgaire, et l'étendue de son savoir la rendait supérieure à tout son sexe. Cette qualité si rare dans les femmes jetait encore un plus vif éclat dans une personne d'un âge si tendre. Aussi son nom était-il déjà répandu dans tout le royaume.

La voyant donc parée de toutes les séductions qui d'ordinaire allèchent les amants, je songeai à l'attirer dans une liaison galante, et je crus pouvoir réussir facilement. Mon nom était si grand alors, les grâces de la jeunesse et la perfection des formes me donnaient sur les autres hommes une supériorité si peu douteuse, que je pouvais offrir indistinctement mon hommage à toutes les femmes : chacune d'elles se serait crue trop honorée de mon amour, et je n'avais à craindre aucun refus.

Je me persuadai donc que la jeune fille consentirait sans peine à mes désirs. Les ressources de son esprit et son zèle pour l'étude redoublaient encore mes espérances. Même séparés, nous pourrions être ensemble au moyen d'un commerce de lettres : la plume est plus hardie que la parole, et ainsi se perpétueraient des entretiens délicieux.

Tout enflammé d'amour pour cette jeune fille, je ne cherchai plus que l'occasion de m'en rapprocher, de la familiariser avec moi par des rapports journaliers, et de l'amener ainsi plus facilement à céder. Pour y parvenir, j'employai près de l'oncle Fulbert l'intervention de quelques-uns de ses amis. Ils l'engagèrent à me prendre dans sa maison, qui était très-voisine de mon école, moyennant une pension qu'il fixerait lui-même. Je disais, pour motifs apparents, que le tracas des affaires domestiques nuisait à mes études, et qu'un train de maison exigeait des dépenses trop onéreuses. Fulbert était très-avare, et curieusement attentif à faciliter les progrès de sa nièce dans la science des belles-lettres. En flattant ces deux passions, j'atteignis aussitôt mon but, et j'obtins ce que je désirais : le vieillard séduit ne put résister à l'appât du gain et à l'espoir secret de voir sa nièce profiter de ma présence pour son instruction. Il me pressa même des plus instantes sollicitations à cet égard. Enfin il se montra plus accommodant que je n'avais osé m'en flatter, et servit lui-même mon amour. Il confia entièrement Héloïse à ma direction, avec prière de consacrer à l'instruire tous les instants que me laisserait l'école, m'autorisant à la voir à toute heure du jour et de la nuit, et, si je la trouvais négligente, à la châtier sévèrement.

Si j'admirai la bonhomie et la simplicité du chanoine, d'un autre côté, en pensant à moi, je ne fus pas moins étonné que s'il confiait une tendre brebis à un loup affamé. En mettant Héloïse à ma discrétion, pour l'instruire et même pour la châtier sévèrement, que faisait-il autre chose que de donner toute licence à mes désirs, et de m'offrir des occasions de triompher, lors même qu'Héloïse ne partagerait pas mes sentiments? En effet, si les caresses étaient inutiles, n'avais-je pas les menaces et les coups pour la réduire? Mais deux considérations écartaient de l'esprit de Fulbert tout soupçon injurieux, la tendresse qu'il avait pour sa nièce, et mon ancienne réputation de continence. Pour tout dire en un mot, nous fûmes réunis d'abord par le même toit, ensuite par le cœur. Sous le prétexte de l'étude, nous étions tout entiers à l'amour. Loin de tous les regards, l'amour s'applaudissait de nos retraites studieuses. Les livres étaient ouverts, mais il y avait plus de paroles d'amour que de leçons de sagesse, plus de baisers que de maximes : mes mains revenaient plus souvent au sein d'Héloïse qu'à nos livres ; l'amour se réfléchissait dans nos yeux plus souvent que la lecture ne les dirigeait sur les pages savantes des auteurs. Pour éloigner le soupçon, j'allais jusqu'à la frapper... Coups donnés par l'amour et non par la colère, par la tendresse et non par la haine, et plus doux mille fois que tous les baumes qui auraient pu les guérir. Que vous dirai-je? Dans notre ardeur, nous passâmes par toutes les phases et tous les degrés de l'amour; toutes ses inventions furent mises en œuvre, aucun raffinement ne fut oublié. Ces joies si nouvelles pour nous, nous les prolongions avec délire, et nous ne nous lassions jamais. Le plaisir me dominait tellement que je ne pouvais plus me livrer à la philosophie, ni donner mes soins à mon école. C'était pour moi un ennui mortel de me rendre à mes exercices ou d'y rester ; c'était aussi une fatigue, car toutes les heures de la nuit étaient réservées à l'amour, et celles de la journée à l'étude. Je faisais mes leçons avec abandon et tiédeur. Mon esprit ne produisait rien ; je ne parlais plus d'inspiration, mais de mémoire ; je me bornais à répéter mes anciennes leçons, et s'il m'arrivait de composer des vers, c'était des chansons d'amour et non des axiomes de philosophie. De ces vers, la plupart, comme vous le savez, sont devenus populaires et sont encore chantés dans beaucoup de pays, surtout des personnes dont la vie était charmée par les mêmes sentiments à l'époque où ils parurent.

Mais on peut à peine se faire une idée de la tristesse, des gémissements et des lamentations de mes disciples, lorsqu'ils s'aperçurent de la préoccupation, je dirai mieux, du désordre de mon esprit. Une passion aussi visible ne pouvait rester longtemps ignorée. Personne peut-être ne s'y trompait, excepté celui dont l'honneur était particulièrement compromis, je veux dire l'oncle d'Héloïse. Vainement la chronique médisante l'avait plusieurs fois averti de nos intrigues; il n'y pouvait ajouter foi, car il avait pour sa nièce une affection sans bornes, et il connaissait, je l'ai déjà dit, la pureté de ma vie passée. Nous ne croyons pas facilement à la honte des personnes qui nous sont chères, et dans une tendresse profonde la flétrissure du soupçon ne saurait trouver place. Aussi saint Jérôme dit-il, dans sa lettre à Sabinien :

« Nous sommes presque toujours les derniers à connaître
« les plaies de notre maison, et nous ignorons les vices
« de nos enfants et de nos épouses lorsque les voisins s'en
« moquent tout haut. Mais ce qu'on apprend après les
« autres, on finit toutefois par l'apprendre, et ce qui
« frappe les yeux de tous reste difficilement caché pour un
« seul. »

Plusieurs mois s'étaient déjà écoulés, lorsque cette parole fut tristement confirmée à notre égard. Fulbert apprit tout.

Oh! qu'elle fut amère la douleur qu'il ressentit à cette découverte! qu'elle fut déchirante aussi la séparation des deux amants! quelles furent ma rougeur et ma confusion!

de quel cœur brisé je gémissais sur l'affliction de cette chère enfant ! et quel orage de chagrin souleva dans son âme le déshonneur dont j'étais publiquement couvert ! Dans le coup terrible qui nous frappait, chacun de nous s'oubliait lui-même pour plaindre l'autre; chacun de nous déplorait une seule infortune, et ce n'était pas la sienne.

Mais la séparation des corps resserrait pour nous les étreintes de l'âme. Notre amour, privé de ses jouissances, s'irritait comme la flamme. Le voile une fois levé, le scandale ne nous retenait plus, et nous ne ressentions guère les flagellations de la honte devant le charme irrésistible de la possession. Il nous arriva donc ce que la mythologie raconte de Mars et de Vénus, quand ils furent surpris. Peu de temps après, Héloïse sentit qu'elle était mère, et, dans le transport de son allégresse, elle me l'écrivit sur-le-champ pour me consulter sur les mesures qu'il fallait prendre à ce sujet. Une nuit, pendant l'absence de Fulbert, ainsi que nous en étions convenus, je l'enlevai furtivement de la maison de son oncle, et je la fis passer sans délai en Bretagne, où elle resta chez ma sœur jusqu'au jour où elle donna naissance à un fils qu'elle nomma Astrolabe.

Mais Fulbert ! Après son retour, il faillit devenir fou. Personne ne peut savoir la tempête de fureur qui bouillonnait en lui. Pour exprimer son accablement et sa honte, il faudrait les avoir éprouvés soi-même. Mais que faire contre moi ? quelles embûches me tendre ?... Il l'ignorait. S'il me tuait, ou qu'il me blessât seulement dans quelque partie du corps, il craignait avant tout que sa nièce chérie ne fût victime de la vengeance des miens en Bretagne. Faire main basse sur moi et me réduire en chartre privée, c'était chose impraticable, car je me tenais soigneusement en garde contre toute surprise, convaincu que le chanoine était homme à tout entreprendre s'il était le plus fort ou s'il croyait l'être. Enfin, touché de compassion par l'excès de sa douleur, et m'accusant moi-même du vol que lui avait fait mon amour comme de la dernière des trahisons, j'allai trouver Fulbert. Je le suppliai, je lui promis toutes les réparations qu'il exigerait. J'affirmai que ma conduite ne surprendrait personne de tous ceux qui avaient éprouvé la puissance de l'amour, ou qui se rappelleraient avec quelle chute immense les plus grands hommes avaient été renversés par les femmes dès le commencement du monde. Et, pour mieux l'apaiser encore, je lui offris une satisfaction qui dépassait toutes ses espérances, en lui proposant d'épouser celle que j'avais séduite, pourvu toutefois que mon mariage fût tenu secret, afin de ne pas nuire à ma réputation. Il y consentit; il m'engagea sa foi et la foi de ses amis, et scella de ses baisers la réconciliation que je sollicitais; mais c'était pour mieux me trahir.

J'allai aussitôt en Bretagne, pour ramener mon amante et en faire ma femme. Mais loin de goûter mon projet, elle le repoussa entièrement, et fit valoir, pour m'en dissuader, deux raisons principales, le péril et le déshonneur auxquels j'allais m'exposer. Elle jurait que son oncle n'avait point pardonné et ne pardonnerait jamais : elle avait raison, la suite le prouva. Elle me demandait comment elle pourrait être glorieuse de notre mariage, en ruinant ma gloire et en nous dégradant l'un et l'autre? Quelle expiation le monde ne serait-il pas en droit d'exiger d'elle si elle lui ravissait son plus brillant flambeau ? Elle mettait sous mes yeux les malédictions dont on saluerait ce mariage, le préjudice qu'il devait causer à l'Église, les larmes qu'il coûterait à la philosophie. Combien ne serait-il pas inconvenant et déplorable de voir un homme que la nature avait créé pour le monde entier, asservi à une seule femme et courbé sous ce joug infamant ? Elle repoussait avec une aversion insurmontable cette union qui aurait pour dot la perte de ma renommée et la ruine de mon avenir. Elle me représentait à la fois et l'avilissement et les difficultés qui suivraient notre mariage, difficultés que l'Apôtre nous exhorte à éviter quand il dit :

« Es-tu délivré de femme ? ne cherche point de femme.
« Si tu te maries, tu n'as point péché ; si la vierge se
« marie, elle ne péchera point ; cependant ils seront sou-
« mis aux tribulations de la chair ; mais je veux vous
« épargner. »

Et plus bas :

« Je veux que vous soyez sans inquiétude. »

Que si je ne me rendais ni au conseil de l'Apôtre, ni aux exhortations des saints, qui considèrent le mariage comme un joug accablant, au moins, disait-elle, je devais consulter les philosophes, et prendre en considération ce qui avait été écrit sur cette matière, soit par eux, soit à leur sujet ; méthode à laquelle les saints eux-mêmes recourent fréquemment pour notre réprimande. Témoin ce passage de saint Jérôme, livre Ier contre Jovinien, où il rappelle que Théophraste, après avoir retracé dans le plus grand détail les ennuis insupportables de l'état conjugal, et ses continuelles inquiétudes, prouva, par les raisons de la plus haute évidence, que le sage ne doit point se marier ; puis il termine lui-même les conseils de la philosophie par cette conclusion : « Quel est le chrétien qui ne serait pas confondu de trouver une semblable dissertation dans Théophraste ? » Dans le même ouvrage, le saint cite encore l'exemple de Cicéron, qui, se voyant sollicité par Hircius d'épouser sa sœur après la répudiation de Térentia, s'y refusa formellement, disant qu'il lui était impossible de donner également ses soins à une femme et à la philosophie. Il ne dit pas donner ses soins, il ajoute également, ne voulant rien faire qui pût balancer l'étude de la philosophie.

Oublions un moment les entraves qu'une femme apporterait à vos études de philosophie ; mais consultez la situation où vous place une alliance légitime. Quel rapport, dites-moi, peut-il y avoir entre les écoles et le tracas des domestiques ? entre les pupîtres et les berceaux, les livres ou tablettes et les quenouilles, les stylets ou plumes et les fuseaux ? Est-il un homme enfin qui, livré aux méditations philosophiques ou religieuses, puisse supporter les vagissements de l'enfance, les chansons des nourrices qui la consolent, l'agitation tumultueuse des valets et des suivantes qui composent la maison ? Pourrait-il jamais souffrir la malpropreté continuelle des enfants en bas âge ? Les riches le peuvent, direz-vous. Oui, sans doute, car ils ont dans leurs palais ou dans leurs vastes demeures des appartements réservés ; l'argent ne coûte rien à leur opulence, et ils ne sont pas en proie à des soucis journaliers. Mais la condition des philosophes n'est pas la même que celle des riches ; et ceux qui cherchent la fortune, ou dont la vie est mêlée aux affaires mondaines, n'étudient guère la religion ni la philosophie. Aussi voyons-nous les philosophes célèbres d'autrefois, pleins de mépris pour le monde et fuyant le siècle plutôt qu'ils ne le quittaient, s'interdire tous les plaisirs et se reposer dans les seuls embrassements de la philosophie.

L'un d'eux, et le plus grand, Sénèque, dit dans ses instructions à Lucilius : « La philosophie demande autre chose que des loisirs. Il faut tout négliger pour une étude à laquelle notre temps tout entier ne suffira jamais. C'est presque une même chose de renoncer à la philosophie ou de lui imposer des temps d'arrêt. Interrompez-la, elle vous abandonne. Soyez en garde contre les affaires : il ne s'agit pas de les débrouiller, mais de les éloigner de vous. »

Ce que les moines véritablement dignes de porter ce nom acceptent chez nous en vue de l'amour de Dieu, les philosophes qui ont laissé une glorieuse mémoire chez les Gentils l'ont pratiqué par amour pour la philosophie. En effet, chez tous les peuples du monde, Gentils, Juifs ou Chrétiens, quelques hommes se sont toujours rencontrés, s'élevant au-dessus du vulgaire, par la foi ou la gravité des mœurs, et se séparant de la foule par une continence ou une austérité particulière.

Tels furent, dans la plus haute antiquité, chez les Juifs, les Nazaréens, qui se consacraient au service du Seigneur, conformément à la loi, et les fils des prophètes, et les sectateurs d'Hélie et d'Hélisée, que l'Ancien-Testament, d'accord avec le témoignage de saint Jérôme, nous représente comme des moines;—Plus tard, ces trois sectes de philosophes que Josèphe, dans son livre XVIII des *Antiquités*, distingue par les dénominations de Pharisiens, Sadducéens, Esséens;—Chez nous les moines, qui vivent en commun à l'imitation des Apôtres, ou qui prennent pour modèle la vie primitive et solitaire de saint Jean;—Enfin, chez les Gentils, ceux qu'ils ont appelés philosophes : car ils rapportaient moins encore le nom de sagesse ou de philosophie à la perception de la science qu'à la sainteté de la vie, ainsi qu'il est facile de s'en convaincre par l'étymologie de ce mot et le témoignage même des saints. Tel est, entre autres, celui de saint Augustin dans son livre III de la *Cité de Dieu*, où il établit la distinction des sectes philosophiques : « L'école Italique, dit-il, eut pour fondateur Pythagore de Samos, à qui l'on attribue encore le nom même de la philosophie. Avant lui on qualifiait de sages les hommes qui semblaient l'emporter sur les autres par un genre de vie digne d'éloges ; mais, interrogé un jour sur sa profession, il répondit qu'il était philosophe, c'est-à-dire désireux ou ami de la sagesse, trouvant qu'on ne pouvait sans orgueil faire profession d'être sage. »

Dans ce passage, comme il est dit « ceux qui semblaient l'emporter sur les autres par un genre de vie digne d'éloges», il reste clairement démontré que les sages des Nations, c'est-à-dire les philosophes, étaient ainsi nommés à cause d'une vie honorable plutôt qu'en vertu d'une science profonde. Quant à leur continence et à la sobriété de leur vie, je ne chercherai pas à en rassembler ici les preuves; j'aurais l'air d'enseigner Minerve elle-même. Mais si les laïcs et les Gentils ont ainsi vécu, bien qu'ils fussent libres de toute espèce de vœux religieux, vous, qui êtes clerc et revêtu du canonicat, oseriez-vous préférer des voluptés honteuses à votre ministère sacré, vous précipiter dans cette Charybde dévorante, et, bravant toute honte, vous noyer à tout jamais dans l'abîme des impuretés ? Si vous faites peu de cas des privilèges du clerc, maintenez du moins la dignité du philosophe. Si les scrupules religieux sont tout-à-fait méprisés, que le sentiment de la décence serve de frein à l'impudeur. Rappelez-vous que Socrate a été marié, et par quel outrageux accident il expia d'abord cette tache imprimée à la philosophie, afin que son exemple servît à rendre les hommes plus prudents à l'avenir. Ce trait n'a point échappé à saint Jérôme dans son livre Ier contre Jovinien, où il parle de Socrate : « Un jour ayant voulu tenir ferme sous l'interminable kyrielle d'injures que Xantippe défilait sur lui d'un étage supérieur, il se sentit arrosé d'une eau fétide. Pour toute réponse, il dit en s'essuyant la tête : « Je savais bien que ce tonnerre amènerait de la pluie. »

Enfin parlant en son nom, elle me représentait combien il serait dangereux pour moi de la ramener à Paris, ajoutant que le titre d'amante serait à la fois infiniment plus précieux pour elle et plus honorable pour moi que celui d'épouse ; elle voulait me conserver seulement par une faveur de ma tendresse, et non pas me tenir enchaîné par le lien conjugal. D'ailleurs nos séparations momentanées répandraient sur nos rapprochements d'autant plus de charme, qu'ils seraient plus rares. Puis, voyant que tous ses efforts pour me convaincre et me faire changer de résolution venaient se briser contre ma sottise, et ne pouvant se résoudre à heurter de front ma volonté, elle termina ainsi dans les soupirs et dans les larmes : « C'est la seule chose qui nous reste à faire, dit-elle, pour nous perdre tous deux et nous préparer des chagrins aussi grands que l'amour qui les aura précédés ! » En cette circonstance, comme tout le monde l'a reconnu, l'esprit de prophétie ne lui manqua pas.

Nous recommandons à ma sœur notre jeune fils, et nous revenons secrètement à Paris. Quelques jours plus tard, après avoir passé une nuit à célébrer vigiles dans une église, à l'aube du matin, nous reçûmes la bénédiction nuptiale en présence de l'oncle d'Héloïse et de plusieurs de ses amis et des nôtres. Ensuite nous nous retirâmes séparément et avec le même mystère, et nous ne nous vîmes plus désormais que rarement et en cachette, pour dissimuler le mieux possible ce qui s'était passé.

Mais l'oncle d'Héloïse et les personnes de sa famille, cherchant à laver l'affront qu'ils avaient reçu, se mirent à divulguer le mariage et à violer envers moi la foi jurée. Héloïse, au contraire, protestait hautement contre ces allégations, et jurait que rien n'était si faux. Exaspéré par cette conduite, Fulbert accablait sa nièce de mauvais traitements ; ce qui me décida, lorsque j'en fus informé, à l'envoyer à l'abbaye des nonnes d'Argenteuil, près Paris, où elle avait été élevée et instruite dans sa première jeunesse. Je lui fis prendre aussi, à l'exception du voile, les habits de religion qui étaient en harmonie avec l'état monastique.

A cette nouvelle, son oncle et ses parents ou alliés pensèrent que je les avais pris pour dupes, et que je mettais Héloïse au couvent pour m'en débarrasser. Outrés d'indignation, ils conspirèrent contre moi et résolurent de me punir. La nuit, un de mes serviteurs, corrompu à prix d'or, les fit pénétrer dans une chambre retirée de ma maison, où je reposais, et me livra pendant mon sommeil à leur vengeance ; vengeance si barbare et si avilissante, et dont le monde accueillit la nouvelle avec un profond étonnement : le fer sépara de moi les parties de mon corps par lesquelles j'avais commis la faute dont ils se plaignaient. Mes bourreaux prirent la fuite ; deux d'entre eux, qu'on réussit à arrêter, furent privés des yeux et des organes de la génération. L'un d'eux était ce même serviteur attaché à ma personne, et que l'avarice avait poussé à la trahison.

Le matin venu, toute la ville était rassemblée autour de ma demeure. Il me serait difficile ou plutôt impossible de rendre l'étonnement et la stupeur générale, le deuil mené autour de moi, les cris et les doléances dont on me torturait, enfin tous les signes de désespoir qui jetaient le trouble et l'ébranlement dans mon esprit. Les clercs surtout, et spécialement mes disciples, me martyrisaient par leurs gémissements et leurs sanglots insupportables, en sorte que leur compassion était infiniment plus cruelle pour moi que ma blessure : sanglant et mutilé, je ne sentais que ma confusion, et je souffrais bien plus de ma honte que de ma douleur. Mon esprit se repaissait de tristes images : de quelle gloire je jouissais encore tout à l'heure, et avec quelle facilité un seul moment l'avait flétrie et à jamais détruite ! Le jugement de Dieu était juste, et j'étais puni dans la partie de mon corps qui avait péché. Les représailles de Fulbert étaient légitimes, il m'avait rendu trahison pour trahison. Quel triomphe pour mes ennemis, et comme ils vanteraient cette balance parfaite entre la faute et le châtiment ! quelle inconsolable douleur le coup qui me frappait allait jeter dans l'âme de mes parents et de mes amis ! Mon accident, publié partout, allait occuper le monde entier de la honte d'un seul homme. Où passer maintenant ? quelle figure faire en public ? J'allais être montré au doigt par tout le monde, déchiré par toutes les langues, et devenir pour tous les regards un monstrueux spectacle.

Une chose contribuait encore à m'attérer : selon la lettre meurtrière de la loi, les eunuques sont en telle abomination devant Dieu, que les hommes réduits à cet état par l'amputation ou le froissement des parties viriles sont repoussés du seuil de l'Église comme fétides et immondes, et que les animaux eux-mêmes, lorsqu'ils sont ainsi mutilés, sont rejetés du sacrifice.

« Tout animal impuissant ne sera point offert au Seigneur [1]. »

« L'eunuque n'entrera point dans l'assemblée de l'Éternel [2]. »

Confus et honteux de moi-même, ce fut, je l'avoue, le sentiment de ma pitoyable disgrâce, plutôt qu'une vocation sincère, qui me fit chercher l'ombre du cloître, après toutefois qu'Héloïse eut obéi à mes ordres avec une entière abné-

---

[1] *Lévitique*, chap. XXII.
[2] *Deutéronome*, chap. XXIII.

gation, en prenant le voile et en entrant dans un monastère. Nous revêtîmes donc tous deux en même temps l'habit religieux, moi dans l'abbaye de Saint-Denis, elle dans le monastère d'Argenteuil dont j'ai parlé plus haut. Une foule de personnes voulurent soustraire sa jeunesse au joug de la règle monacale, en l'effrayant par la perspective d'un insupportable supplice ; tous les efforts de leur pitié furent inutiles ; elle ne répondit qu'en laissant échapper comme elle put, entre les larmes et les sanglots, cette plainte de Cornélie :

« O noble époux ! ma couche fatale ne devait pas te recevoir ! Ma fortune avait-elle donc ce droit sur une tête si haute ? Quelle fureur impie m'a poussée dans tes bras, si je devais causer ton malheur ? Maintenant tu vas être vengé ; mais mon cœur va au-devant du sacrifice...[1] »

En prononçant ces paroles, elle marcha vers l'autel, reçut des mains de l'évêque le voile bénit, et fit publiquement profession.

A peine étais-je convalescent de ma blessure, que les clercs accourus en foule sur mes pas commencèrent à harceler notre abbé de supplications continuelles, en vue d'obtenir mes leçons, me sollicitant aussi moi-même de me consacrer désormais, pour l'amour de Dieu seul, à l'étude, qui jusque-là n'avait été pour moi qu'un instrument de gloire et de fortune. « Je ne devais pas perdre de vue, disaient-ils, que le Seigneur me réclamerait avec usure le Talent qu'il m'avait confié ; et puisque jusqu'alors je ne m'étais guère occupé que des riches, je me devais dorénavant à l'instruction des pauvres ; dans l'accident dont j'étais victime il fallait reconnaître le doigt de Dieu, qui voulait, en m'affranchissant des séductions de la chair et

---

[1] *Pharsale*, chant VIII.

de la vie tumultueuse du siècle, me livrer sans distraction à l'étude des lettres, et faire de moi le vrai philosophe de Dieu, plus encore que celui du monde. »

Or cette même abbaye que j'avais choisie pour ma retraite était intérieurement déshonorée par la vie toute mondaine qu'on y menait. L'abbé lui-même, outre son rang, avait encore sur ses moines une autre supériorité dans la dissolution et l'infamie de ses mœurs. Ayant fait souvent, tantôt en public, tantôt en particulier, de violentes sorties contre le scandale de leurs déportements, je me rendis odieux et insupportable à tous. Aussi, charmés des instances journellement répétées de mes disciples, ils saisirent avec empressement l'occasion de se délivrer de moi. Les écoliers ne cessaient point de me presser; les frères et l'abbé s'en mêlèrent : cédant enfin aux importunités des uns, au secret désir des autres, je me retirai dans un prieuré pour reprendre mes habitudes d'enseignement. L'affluence de mes disciples fut si grande, que l'endroit ne suffisait point à les loger, ni la terre à les nourrir. Là, tout en prenant l'enseignement théologique pour objet principal de mes soins, ainsi que le réclamaient les convenances de mon habit, je ne répudiai pas entièrement les arts séculiers, c'est-à-dire les lettres profanes, auxquels je m'étais exercé davantage, et qu'on demandait surtout à mes leçons ; mais j'en fis une espèce d'amorce pour mes auditeurs, afin de les attirer par un avant-goût philosophique sur le véritable terrain de la théologie, à l'exemple du plus grand des philosophes chrétiens, Origène, qui, si l'on en croit l'histoire ecclésiastique, ne suivait pas d'autre méthode. Et comme le Seigneur semblait ne m'avoir pas moins favorisé pour l'intelligence de la divine Écriture que pour celle des livres profanes, les auditeurs, attirés par mes deux cours, se multiplièrent au point que les autres écoles en étaient dépeuplées ; ce qui déchaîna contre moi l'envie et la haine de mes rivaux. Ils s'appliquaient tous à me dénigrer; mais deux surtout profitaient de mon absence pour m'opposer constamment que rien n'était plus contraire au but de la vie monastique que de s'arrêter à l'étude des livres profanes, et que c'était aussi trop de présomption, à moi, de m'emparer de la chaire des vérités religieuses sans l'attache d'un docteur en théologie [1]. Leur but était de me faire interdire tout exercice de professorat, et ils poussaient incessamment à ces fins évêques, archevêques, abbés, en un mot toutes les personnes ayant nom dans la hiérarchie ecclésiastique.

Il arriva que je m'appliquai d'abord à discuter le principe fondamental de notre foi par les analogies de la raison humaine, et que je composai sur l'Unité et la Trinité en Dieu un traité à l'usage de mes disciples, qui demandaient sur ce sujet des démonstrations tirées de l'ordre humain et philosophique, et auxquels il fallait des idées intelligibles plutôt que des mots sonores. Ils disaient qu'il est inutile de parler pour n'être pas compris, qu'on ne peut croire que ce que l'on comprend, et qu'il est ridicule de voir un homme prêcher aux autres ce que ni lui ni ceux qu'il veut instruire ne peuvent comprendre. Le Seigneur lui-même ne se plaignait-il pas que des aveugles conduisissent des aveugles ? On vit ce traité, on le lut, et tout le monde en fut content, parce qu'il paraissait satisfaire également à toutes les questions de la matière. Et comme ces questions semblaient d'une difficulté transcendante,

---

[1] Nous avons déjà vu plus haut, page 49, Anselme de Laon forçant Abailard de suspendre son commentaire public d'Ézéchiel. Tout enseignement religieux dans une école était soumis à l'autorisation d'un docteur et placé sous sa responsabilité.

plus elles présentaient de gravité, plus on admira la subtilité de leur solution. Grand orage à ce sujet, et grande fièvre de jalousie parmi mes rivaux. Un concile fut convoqué contre moi. A la tête des plus ardents se trouvaient ces deux anciens meneurs d'intrigues, Albéric et Loculphe, qui, à la mort de nos maîtres communs, Guillaume et Anselme, s'étaient crus appelés à régner seuls après eux, et même à recueillir en quelque sorte leur héritage. Ils dirigeaient l'un et l'autre les écoles de Reims, et par leurs suggestions réitérées ils déterminèrent Raoul, leur archevêque, à mander Conan, évêque de Préneste, qui remplissait alors en France les fonctions de légat du pape, pour tenir dans la ville de Soissons un conventicule qu'ils décorèrent du nom de concile, en m'invitant à leur apporter cet ouvrage fameux que j'avais composé sur la Trinité. J'obéis; mais avant que j'y fusse rendu, les deux envieux dont j'ai parlé plus haut m'avaient tellement diffamé dans le clergé et dans le peuple, que, le premier jour de notre arrivée, les habitants faillirent me lapider, moi et le petit nombre de disciples qui m'avaient suivi, m'accusant de prêcher et d'avoir écrit qu'il y a trois dieux. C'est ce qu'on leur avait persuadé.

A peine entré en ville, j'allai trouver le légat, et je lui remis mon livre entre les mains, afin qu'il pût l'examiner et le juger, me déclarant prêt à amender ma doctrine et à me soumettre, si j'avais rien écrit qui s'écartât de la foi catholique. Le légat m'ordonna aussitôt de porter mon livre à l'archevêque et à mes deux adversaires, me renvoyant au jugement de ceux qui avaient dressé mon acte d'accusation; en sorte que je vis s'accomplir aussi à mon égard cette parole : « Et nos ennemis sont nos juges[1]. »

Ceux-ci, après avoir scruté et feuilleté le livre en tout sens, n'y trouvant rien qu'ils osassent produire contre moi

[1] *Deutéron...*, ch. XXXII, v. 31.

à l'audience, ajournèrent à la fin du concile cette condamnation à laquelle ils aspiraient si impatiemment. De mon côté, j'employais tous les jours qui précédèrent les séances du concile à développer publiquement la foi catholique dans le sens de mes écrits, et tous mes auditeurs se ralliaient dans le sentiment d'une admiration sans réserve pour mes commentaires et pour l'esprit qui les avait dictés.

Le peuple et le clergé, voyant ce qui se passait, commencèrent à se dire tour à tour : « Voici maintenant qu'il parle devant tout le monde, et personne ne lui répond. Et le concile, qu'on nous disait assemblé principalement contre lui, tire à sa fin. Les juges auraient-ils reconnu que l'erreur est de leur côté plutôt que du sien? »

Ces rumeurs attisaient sans cesse de plus en plus la colère de mes rivaux. Un jour Albéric, machinant de me faire tomber dans quelque piége, vint me trouver avec quelques-uns de ses élèves. Après quelques discours de politesse, il dit qu'il avait noté dans mon livre certain passage dont il s'étonnait : Dieu ayant engendré Dieu, et Dieu n'étant qu'un, comment pouvais-je nier que Dieu se fût engendré lui-même? « Si vous voulez, lui répondis-je aussitôt, c'est une thèse que je vais soutenir rationnellement. — En pareille matière, reprit-il, nous ne tenons pas compte de la raison humaine ni de notre sentiment, nous nous attachons aux paroles seules de l'autorité. — Tournez, lui dis-je, la feuille du livre, et vous trouverez l'autorité. » Nous avions justement sous la main mon ouvrage, qu'il avait pris avec lui. Je me reportai au passage que je connaissais, et qui lui avait échappé, parce qu'il ne voulait voir dans mon livre que les choses capables de me nuire. Et la volonté de Dieu fit que je trouvai tout d'abord ce que je voulais : c'était la citation tirée de saint Augustin, sur la Trinité (liv. I) :

« Celui qui suppose à Dieu la puissance de s'être engendré lui-même se trompe d'autant plus qu'il n'en est ainsi ni à l'égard de Dieu, ni même d'aucune créature spirituelle ou corporelle. Il n'y a rien en effet qui s'engendre soi-même. »

A la lecture de ces paroles, les disciples d'Albéric qui étaient présents rougirent de stupéfaction. Quant à lui, pour se retrancher derrière une défense quelconque : « Il faut, dit-il, comprendre bien. — Mais, lui répondis-je, ce n'est pas là une opinion nouvelle ; d'ailleurs cela ne touche en rien à la question du moment, puisque ce sont des paroles seules que vous demandez et non pas un sens. » J'ajoutai que s'il voulait en appeler à l'interprétation et à la raison humaine, j'étais prêt à lui démontrer, par ses propres paroles, qu'il était tombé dans l'hérésie de ceux qui prétendent que le père est à lui-même son propre fils. Ces mots le jetèrent en fureur, il éclata en menaces, jurant que ni mes raisons ni l'autorité ne me sauveraient dans cette cause ; et il sortit là-dessus. Le dernier jour du concile, avant l'ouverture de la séance, il y eut entre le légat, l'archevêque, mes rivaux et quelques autres personnes, une longue délibération pour savoir ce qu'on statuerait sur moi, et sur mon livre qui avait été l'objet principal de la convocation. Comme ni mes paroles ni l'écrit qu'ils avaient sous les yeux ne leur fournissaient matière à m'incriminer, il y eut une espèce de silence, et mes détracteurs étaient déjà moins hardis, lorsque Geoffroy, évêque de Chartres, à qui sa réputation de sainteté et l'importance de son siége donnaient la prééminence sur les autres évêques, prit la parole en ces termes :

« Vous savez tous, messeigneurs ici présents, que la science de cet homme, en tout genre, et l'éclat de son génie dans les diverses connaissances qu'il a embrassées, lui ont fait de nombreux et fidèles partisans; qu'il a fait pâlir la gloire de nos maîtres et des siens, et que sa vigne, si je puis m'exprimer ainsi, a étendu ses rameaux d'une mer à l'autre. Si vous le jugez sans l'entendre, ce que je ne pense pas, une condamnation, fût-elle juste, sera mal accueillie de tout le monde ; des défenseurs s'élèveront, gardez-vous d'en douter, surtout puisque nous ne voyons dans cet écrit rien qui blesse ouvertement l'orthodoxie. On dira, selon la parole de saint Jérôme, que la force évidente attire les jaloux, comme les hautes cimes attirent la foudre. Craignez qu'une conduite violente à l'égard de cet homme n'ait d'autre effet que d'ajouter à sa renommée, et que la conscience publique ne flétrisse plutôt la passion envieuse des juges que les erreurs coupables du condamné ; car un faux bruit passe vite, dit encore le saint docteur, et la seconde période de la vie fait juger la première. Mais si vous voulez procéder canoniquement contre lui, que ses dogmes ou son livre soient discutés en pleine assemblée ; qu'on l'interroge, qu'il réponde librement, et qu'ainsi, confondu ou abjurant volontairement sa faute, il soit réduit au silence. Suivons au moins l'esprit de cette protestation de saint Nicodème, qui, voulant sauver Notre-Seigneur, s'écriait : « Depuis quand notre loi juge-t-elle un homme avant d'avoir entendu de sa bouche et vérifié elle-même ce qu'il fait ? »

A ces mots, mes rivaux, l'interrompant tous à la fois, se mirent à crier : « O le sage conseil, de vouloir nous faire lutter contre l'infatigable rhétorique d'un homme dont les arguments et les sophismes triompheraient du monde entier ! » Mais il était certainement bien plus difficile encore de lutter contre Jésus lui-même, et pourtant saint Nicodème invitait les juges à l'entendre, selon la formule de la loi.

Geoffroy, ne pouvant ramener les esprits à sa proposition, voulut essayer un autre moyen de tenir en bride toutes ces haines, et déclara que dans une matière d'un si haut intérêt le petit nombre des personnes présentes ne pouvait suffire, et que la cause réclamait une discussion plus approfondie. Son avis était donc, qu'en attendant la décision définitive on me remît entre les mains de mon abbé, qui siégeait au concile, pour me reconduire à mon abbaye, c'est-à-dire au monastère de Saint-Denis ; là on convoquerait ensuite un plus grand nombre de personnes éclairées, qui statueraient, après un plus mûr examen, sur le parti qu'il faudrait prendre.

Cette dernière motion fut approuvée du légat et de tous les autres. Quelques instants après, le légat se leva pour aller célébrer la messe avant d'entrer au concile, et me fit transmettre par l'évêque Geoffroy l'autorisation qui m'était accordée de retourner dans mon monastère pour y attendre le résultat de la mesure qu'on avait adoptée.

Alors mes ennemis, croyant avoir perdu leurs peines si cette affaire se décidait en dehors de leur diocèse, c'est-à-dire dans un lieu où ils ne pourraient siéger comme juges, et peu confiants dans une autre justice que la leur, persuadèrent à l'archevêque qu'il serait souverainement injurieux pour lui que cette cause fût déférée à un autre tribunal, et qu'il serait dangereux de me laisser échapper ainsi. Et aussitôt, courant trouver le légat, ils lui firent révoquer sa sentence, et l'entraînèrent, bon gré, malgré, à condamner mon livre sans information, à le brûler immédiatement en pleine séance, et à me punir moi-même d'une réclusion perpétuelle dans un monastère étranger. Ils disaient que la condamnation de mon livre était certainement assez motivée par l'audace que j'avais eue de le lire publiquement et de le donner moi-même à transcrire à plusieurs personnes, sans avoir obtenu la permission de l'autorité pontificale ni celle de l'Église ; et que ce serait un grand service rendu à la foi chrétienne, si, par mon exemple, on prévenait chez plusieurs les effets d'une semblable présomption. Comme le légat ne possédait pas toute l'instruction désirable, il se laissait à peu près guider par l'opinion de l'archevêque, qui lui-même ne s'inspirait guère que des conseils de mes rivaux. L'évêque de Chartres, pressentant l'issue de ces machinations, m'en instruisit sans délai, et m'exhorta fortement à opposer à cette épreuve autant de douceur que mes ennemis déployaient visiblement de violence. Cette violence, disait-il, nuirait à leurs projets et me servirait moi-même, je ne devais pas en douter. Quant à la réclusion dans un monastère, il ne fallait pas m'en effrayer, sachant que le légat, qui n'agissait que par contrainte, ne manquerait pas, quelques jours après son départ, de me rendre entièrement ma liberté. C'est ainsi qu'en mêlant ses larmes aux miennes, il me consola de son mieux.

Appelé au concile, je m'y rendis sur-le-champ, et là, sans débats ni discussion, ils me forcèrent à jeter au feu, de ma propre main, le livre en question, et je le vis brûler. Le silence général ne paraissait pas devoir être interrompu, lorsqu'un de mes adversaires murmura timidement qu'il avait aperçu dans mon livre que Dieu le Père est seul tout-puissant. Le légat l'ayant entendu, s'écria : « Cela n'est pas possible : un enfant même ne tomberait pas dans une si grande erreur, puisque la foi commune tient et professe qu'il y a trois tout-puissants. » A quoi un certain Terrières, docteur aux écoles, riposta ironiquement par ces paroles de saint Athanase : « Et cependant il n'y a pas trois tout-puissants, mais un seul tout-puissant. » Son évêque voulut le tancer comme coupable d'élever sa voix contre la majesté ; mais l'indocile Terrières, se levant avec audace, s'écria dans le langage de Daniel : « Ainsi, fils insensés d'Israël, ne jugeant point et ne connaissant point la vérité, vous avez condamné le fils d'Israël. Revenez sur votre jugement, et jugez le juge lui-même, vous qui l'avez établi dans ses fonctions pour l'enseignement de la foi et le redressement de l'erreur : lorsqu'il devait juger, il s'est condamné par sa propre bouche. L'innocence d'un homme a été dévoilée aujourd'hui par la miséricorde divine : délivrez-le, comme autrefois Susanne, de ses faux accusateurs. »

Alors l'archevêque, se levant, et changeant un peu la formule, selon l'exigence du moment, confirma ainsi l'opinion du légat : « Certainement, monseigneur, le Père est tout-puissant, le Fils est tout-puissant, l'Esprit saint est tout-puissant. Quiconque se sépare de ce dogme est évidemment hors des voies catholiques, et ne doit pas être entendu. Maintenant, si vous y consentez, il est bon que notre frère expose sa foi en présence de tous, afin qu'on puisse, selon qu'il conviendra, l'approuver, ou la désapprouver et la redresser. » Au moment où je me levais pour confesser et développer ma croyance, avec l'intention de traduire comme je l'entendrais mes sentiments et ma pensée, mes adversaires se hâtèrent de dire que je n'avais besoin d'autre chose que de réciter le symbole d'Athanase, ce que le premier enfant venu aurait pu faire aussi bien que moi. Et pour qu'il me fût impossible de prétexter d'ignorance, ils me firent apporter le symbole écrit, pour le lire, comme si la teneur ne m'en eût pas été familière. Je lus, au milieu des sanglots, des soupirs et des larmes, comme je le pus. Livré ensuite comme coupable et convaincu à l'abbé de Saint-Médard, qui était présent, je suis traîné à son cloître comme à une prison, et le concile est aussitôt dissous. L'abbé et les moines de son monastère, persuadés que j'allais leur rester, me reçurent avec des transports de joie et me traitèrent avec mille attentions pour me consoler; mais leurs efforts étaient inutiles.

Dieu qui juges les cœurs droits, quel était donc le fiel qui me dévorait? quelle était l'amertume de mon âme, puisque je fus assez indigne pour me révolter contre tes jugements, assez furieux pour t'accuser, en répétant souvent cette plainte de saint Antoine: « Jésus, mon Sauveur, où étiez-vous? » Tortures de la douleur, réseau brûlant de la honte, égarement du désespoir, j'ai pu tout sentir alors; aujourd'hui je ne puis l'exprimer. Je rapprochais le supplice que mon corps avait souffert et le poids de mes nouveaux tourments, et je m'estimais le plus malheureux de tous les hommes. Comparée à l'outrage présent, la première trahison me paraissait peu de chose, et je déplorais bien moins mon corps mutilé que ma réputation flétrie, parce que, si j'avais provoqué mon ancienne disgrâce par une faute, je ne devais aussi la persécution odieuse qui m'accablait qu'à la pureté d'intention et à l'amour de notre foi qui avaient dirigé ma plume.

Cet acte de cruauté et de vengeance aveugle, une fois connu, avait soulevé de toutes parts une violente réprobation. Chacun des membres du concile en déclinait la responsabilité pour rejeter la faute sur les autres. Mes rivaux eux-mêmes se défendaient d'avoir déterminé cette injustice par leurs conseils, et le légat déplorait l'animosité que le clergé de France avait déployée en cette affaire. Guidé bientôt par le repentir, ce prélat, qui avait eu momentanément la main forcée en me sacrifiant à la haine de mes envieux, me tira quelques jours après de cette abbaye étrangère pour me renvoyer à la mienne, où je retrouvai dans presque tous les frères d'anciens ennemis; j'ai dit plus haut que la dépravation de leur genre de vie et leurs habitudes licencieuses devaient leur rendre gênant au dernier point un homme qui ferait peser sur eux son indignation et ses censures.

Au bout de quelques mois, le hasard leur offrit une occasion de tenter ma ruine. Un jour, en lisant, je tombai sur un passage de Bède, dans son exposition des Actes des apôtres, où il assure que Denis-l'Aréopagite était l'évêque de Corinthe et non l'évêque d'Athènes. Cette opinion contrariait singulièrement nos moines de Saint-Denis, qui se vantent que leur fondateur Denis, dont les faits et gestes prouvent qu'il était évêque d'Athènes, est ce même Aréopagite. Ayant fait cette découverte, je communiquai, en plaisantant, à quelques-uns des frères qui m'entouraient, le témoignage de Bède qui nous était opposé. Transportés d'indignation, ils s'écrièrent que Bède était un imposteur, et qu'ils tenaient pour plus véridique le témoignage d'Hilduin, leur abbé, qui avait parcouru longtemps la Grèce pour éclaircir ce point en litige et vérifier le fait, et qui avait enfin levé toute espèce de doute sur ce sujet dans la vie de saint Denis-l'Aréopagite qu'il écrivit. Pressé ensuite avec une persistance importune d'exprimer mon avis sur cette contradiction entre Bède et Hilduin, je répondis que l'autorité de Bède, dont les écrits sont suivis par toutes les églises latines, me paraissait préférable. A ces mots leur colère s'enflamma ; ils commencèrent à crier que je venais de prouver ostensiblement que j'avais toujours été le fléau de notre monastère, et qu'en ce moment surtout je m'étais montré l'ennemi de tout le royaume, en lui ravissant une des gloires qu'il estimait le plus, puisque j'avais nié que leur patron fût l'Aréopagite. Je répondis que je n'avais rien nié, et qu'au reste il était peu important que le saint fût aréopagite ou d'un autre pays, du moment qu'il avait obtenu près de Dieu une couronne si éclatante.

Ils coururent aussitôt trouver l'abbé, et lui répétèrent les paroles qu'ils m'avaient arrachées. Celui-ci les écouta avec plaisir, flatté qu'il était de rencontrer une occasion de me perdre, car étant encore plus mal famé que ses moines, il me craignait aussi davantage. Il convoqua donc son conseil, et devant tous les frères assemblés il me fit de sévères menaces, déclarant qu'il allait en toute hâte m'envoyer au roi, pour qu'il se vengeât de l'homme qui attentait à la gloire du royaume et qui voulait ravir le plus beau fleuron de la couronne. Il recommanda de me surveiller de près, jusqu'à ce qu'il me remît entre les mains du roi, et c'est en vain que j'offris de me soumettre, si j'avais fait quelque faute, à la discipline de l'ordre.

Alors, ne résistant plus à l'horreur que m'inspirait leur méchanceté, désespéré des rigueurs et de l'acharnement de la fortune, croyant que le monde entier avait conspiré contre moi, je profitai de la pitié de quelques-uns des frères, et à l'aide d'un petit nombre de mes disciples je pus m'évader secrètement pendant la nuit, et me réfugier sur une terre du comte Thibaud, située dans le voisinage, et dans laquelle j'avais déjà précédemment occupé un prieuré. Le comte lui-même m'était un peu connu : il avait appris mes infortunes et il y compatissait pleinement. Là, je séjournai d'abord au château de Provins, dans une chartreuse de moines de Troyes, dont le prieur avait eu avec moi d'anciennes relations, et m'avait beaucoup aimé. Il témoigna une grande joie de mon arrivée, et m'entoura des soins les plus empressés.

Or il advint qu'un jour notre abbé vint au château même trouver le comte pour quelques affaires personnelles. J'en fus instruit, et je me rendis avec le prieur chez le comte, le priant d'intercéder en ma faveur auprès de notre abbé, pour qu'il m'accordât mon pardon et la permission de vivre monastiquement dans l'endroit que je jugerais convenable. L'abbé et ceux qui l'accompagnaient mirent la chose en délibération, car ils devaient rendre réponse au comte le jour même, avant de se retirer. Entrés en conseil, ils pensèrent que je voulais passer dans une autre abbaye, et que ce serait pour la leur un affront sanglant. En effet, ils considéraient comme un triomphe pour eux l'espèce de préférence que j'avais accordée, dans ma conversion, à leur abbaye, comme au mépris de toutes les autres, et maintenant ils se disaient exposés à un grand déshonneur, si je les abandonnais pour passer à une autre communauté. Aussi ne voulurent-ils rien écouter là-dessus ni de ma part ni de celle du comte. Ils me menacèrent même aussitôt de m'excommunier si je ne me hâtais de revenir à eux, et ils firent défense absolue au prieur chez lequel je m'étais réfugié de me retenir plus longtemps, s'il ne voulait pas participer lui-même à l'excommunication. Cette décision nous plongea, le prieur et moi, dans une cruelle anxiété. Mais l'abbé, qui s'était retiré en persistant dans son obstination, vint à mourir quelques jours après.

Un autre lui succéda, et l'évêque de Melun lui fit en mon nom la même demande que j'avais adressée à son prédécesseur. Mais comme il ne paraissait pas devoir y consentir promptement, j'employai l'entremise de quelques amis pour présenter ma requête au roi en son conseil, et j'obtins ce que je voulais. Étienne de Garlande alors officier de bouche du roi, ayant fait venir l'abbé et son comité, leur demanda pourquoi ils voulaient, en me retenant malgré moi, s'exposer à un scandale inévitable et sans la moindre utilité, puisque leur manière de vivre et la mienne ne pouvaient nullement s'accorder. Or, à ma connaissance, le conseil du roi entendait que cette abbaye, dont les désordres étaient publics, devait au moins les racheter par une plus grande soumission au roi et des taxes plus fortes : ce qui m'avait fait espérer que j'obtiendrais sans difficulté l'assentiment du roi et de ses conseillers. Mon attente ne fut pas trompée.

Toutefois, pour que notre monastère ne vît pas lui échapper l'honneur qu'il prétendait tirer de ma possession, on me permit de me retirer dans une solitude à mon choix, à condition que je ne me mettrais sous la dépendance d'aucune abbaye. Ces conventions furent réglées et arrêtées de part et d'autre, en présence du roi et de ses ministres. En conséquence, je me confinai dans une solitude du territoire de Troyes, qui m'était déjà connue, et quelques personnes m'ayant fait don d'un morceau de terrain, je construisis d'abord, avec le consentement de l'évêque du diocèse, une espèce d'oratoire formé de roseaux et de chaume, que je dédiai à la sainte Trinité. Là, caché avec un clerc de mes amis, je pouvais véritablement m'écrier au Seigneur :

« Voilà que je me suis éloigné par la fuite, et je me suis arrêté dans la solitude [1]. »

Ma retraite ne fut pas plus tôt connue, que les disciples accoururent de toutes parts, abandonnant les villes et les châteaux pour habiter une campagne déserte, se construisant des cabanes pour suppléer à leurs maisons spacieuses, renonçant aux mets délicats pour vivre seulement de pain et d'herbes sauvages, remplaçant leurs lits moelleux par le chaume et la mousse, et leurs tables par des bancs de gazon. On aurait cru vraiment qu'ils se proposaient pour modèles les premiers philosophes, sur lesquels saint Jérôme, dans son livre II contre Jovinien, s'exprime en ces termes :

« Les sens sont comme des fenêtres par où les vices s'introduisent dans l'âme. La métropole et la citadelle de l'esprit ne peuvent être prises tant que l'armée ennemie

---

[1] *Psaume* LIV.

n'a pas fait irruption par les portes. Si quelqu'un prend plaisir à contempler les jeux du cirque, les luttes des athlètes, les mouvements variés de la scène, les formes des femmes, l'éclat des pierres précieuses et des vêtements, s'il est séduit par de semblables tableaux, la liberté de son âme se trouve prise par les fenêtres de ses yeux, et alors s'accomplit cette parole du Prophète : « La mort est entrée par nos fenêtres. » Lors donc que, semblable à une armée, le cortége des troubles aura pénétré par ces portes jusqu'à la forteresse de l'âme, où sera la liberté ? Et sa force, et la pensée de Dieu, où seront-elles ? Quand on pense surtout que la sensibilité des organes se retrace même les plaisirs passés, réveille les souvenirs des vices, force l'âme à subir de nouveau leurs impressions, et la promène, par la seule force de la pensée, sur tous les détails de l'action. »

Ces raisons persuadèrent à plusieurs philosophes de quitter les grandes réunions des villes, et ces délicieux jardins suburbains où se trouvaient réunis et les sources qui désaltèrent le sol, et la chevelure ombreuse des arbres, et le ramage des oiseaux, et le miroir de la fontaine, et le ruisseau murmurant, enfin tout ce qui peut charmer les yeux et les oreilles : ils ne voulurent point rester au milieu du luxe et de la profusion des jouissances, de peur que la vigueur de leur âme n'en fût énervée, et que sa pureté n'en fût ternie. Et, dans le fait, il est inutile de voir souvent les choses par lesquelles on peut se trouver pris, et de s'exposer à la tentation de celles dont il est difficile de s'abstenir. Voilà pourquoi les Pythagoriciens, évitant tout ce qui pouvait flatter leurs sens, vivaient ordinairement dans la solitude et les lieux déserts. Platon lui-même, le riche Platon, dont Diogène foulait un jour le lit somptueux sous ses pieds tout souillés de boue, Platon, dis-je, afin d'être tout entier à la philosophie, choisit pour son académie, bien loin de la ville, une maison de campagne non seulement déserte, mais encore pestilentielle, dans la vue de briser les élans de la passion par les menaces et les attaques continuelles de la maladie, et de ne laisser approcher de ses disciples d'autres plaisirs que ceux qu'ils pouvaient trouver dans la science. Tel était, dit-on, le genre de vie que menaient les fils des prophètes sectateurs d'Hélisée. Saint Jérôme parle d'eux comme des moines de ce temps, et il écrit entre autres choses au moine Rusticus :

« Les fils des prophètes, que l'Ancien-Testament nous représente comme des moines, se bâtissaient de petites cabanes vers le cours du Jourdain, et abandonnaient les villes et la société des hommes, pour aller vivre de grains broyés et d'herbes sauvages. »

De même, mes disciples, élevant leurs petites cellules sur les bords de l'Arduzon, ressemblaient plutôt à des ermites qu'à des étudiants.

Mais plus l'affluence de mes élèves était grande, et plus les privations qu'ils supportaient pour l'amour de mes leçons étaient pénibles, plus mes rivaux y voyaient de gloire pour moi et de honte pour eux-mêmes. Après avoir épuisé tous leurs efforts contre moi, ils ne pouvaient se consoler de voir tout concourir à mon avantage : et, selon le mot de saint Jérôme, malgré mon éloignement des villes, des affaires publiques, des procès et de la foule, l'envie, comme dit aussi Quintilien, vint me relancer dans ma retraite. Au fond de leur cœur, d'où la plainte n'osait sortir, mes ennemis se disaient en gémissant : Voici que tout le monde s'en est allé après lui, et il est sorti glorieux de notre persécution. En voulant éteindre son nom, nous l'avons fait resplendir. Voyez : les étudiants, qui dans les villes ont sous la main tout ce qui leur est nécessaire, dédaignent tous les agréments de la société; ils courent chercher le dénûment de la solitude, et se condamnent volontairement à la misère.

Alors ce fut surtout l'excès de ma pauvreté qui me fit ouvrir de nouveau une école, car je n'avais pas la force de labourer la terre, et je rougissais de mendier. Ayant donc recours à l'art que j'avais cultivé, pour remplacer le travail de mes mains, je fus obligé de faire office de ma langue. De leur côté, mes disciples pourvoyaient d'eux-mêmes à tout ce qui m'était nécessaire, pour la nourriture, le vêtement, la culture des champs ou les frais de construction, afin qu'aucun soin domestique ne vînt me distraire de l'étude. Mais comme notre oratoire pouvait à peine contenir une faible partie de mes élèves, ils se trouvèrent dans la nécessité de l'agrandir, et ils le rebâtirent d'une manière plus solide en pierre et en bois. Cet oratoire avait été d'abord fondé au nom de la sainte Trinité, et plus tard il lui avait aussi été dédié; cependant, comme j'y étais venu en fugitif, et qu'au milieu de mon profond désespoir la bonté divine m'avait envoyé en cet endroit des consolations qui me permirent de respirer un peu, en mémoire de ce bienfait je lui donnai le nom de *Paraclet*.

Cette nouvelle fut accueillie avec beaucoup d'étonnement, et plusieurs se déchaînèrent avec violence contre cette dénomination, prétendant qu'il n'était pas permis de consacrer spécialement une église au Saint-Esprit non plus qu'à Dieu le Père, mais qu'il fallait, conformément à l'usage ancien, la dédier soit au Fils seul, soit à toute la Trinité à la fois. L'erreur qui les poussa surtout à m'accuser d'hérésie provenait de ce qu'ils ne voyaient pas la distinction qui existe entre l'*Esprit du Paraclet* et le *Paraclet*. En effet, la Trinité elle-même, et chaque personne de la Trinité, de même qu'elle est appelée Dieu et Protecteur, peut très-bien être invoquée sous le nom de Paraclet, c'est-à-dire de Consolateur, selon la parole de l'Apôtre : Dieu béni, et le Père de notre Seigneur Jésus-Christ, le Père des miséricordes, le Dieu de toute consolation, qui nous console dans toutes les tribulations ; et selon ce que dit la Vérité : Il vous donnera un autre consolateur. — Puisque aussi bien toute église est également consacrée au nom du Père, et du Fils et du Saint-Esprit, et qu'elle est la possession indivise de tous trois, qu'est-ce qui empêche de dédier la maison du Seigneur au Père ou au Saint-Esprit, aussi bien qu'au Fils ? Qui oserait effacer du fronton du vestibule le nom de celui à qui appartient l'habitation ? Ou bien encore, puisque le Fils s'est offert en holocauste au Père, et qu'en conséquence, dans la célébration des messes, c'est spécialement au Père que s'adressent les prières et l'immolation de l'hostie, ne semblerait-il pas que l'autel appartient surtout à celui en vue duquel principalement la prière et le sacrifice s'accomplissent ? N'est-il pas plus juste de dire que l'autel appartient à celui auquel on immole qu'à celui qui est immolé ? Se trouverait-il quelqu'un pour soutenir que c'est plutôt l'autel de la croix de Jésus, ou de son sépulcre, de saint Michel, de saint Jean, de saint Pierre, ou de quelque autre saint, qui ne sont ni les victimes ni les êtres auxquels s'adressent les immolations ou les prières ? Les idolâtres eux-mêmes ne plaçaient les autels et les temples que sous l'invocation de ceux qui étaient les objets de leurs sacrifices ou de leurs hommages. Peut-être quelqu'un dira-t-il qu'il ne faut dédier à Dieu le Père ni des églises ni des autels, parce que nous ne connaissons de lui aucun fait qui puisse motiver en son honneur une solennité spéciale ; mais cette raison tendrait à priver la Trinité elle-même de toute dédicace, sans attaquer les droits du Saint-Esprit, attendu que la venue du Saint-Esprit lui constitue en propre la solennité de la Pentecôte, comme la venue du Fils lui assure la fête de la Nativité. En effet l'Esprit saint, qui a été envoyé aux disciples de Jésus-Christ comme le Fils a été envoyé au monde, peut réclamer, à ce titre, une solennité particulière. Il semble même qu'il y a plus de raisons de lui vouer un temple à lui qu'à une autre personne de la Trinité, si nous voulons considérer avec plus d'attention l'autorité apostolique et l'œuvre du Saint-Esprit lui-même. En effet, l'Apôtre n'affecte nominativement un temple particulier à aucune des trois personnes, si ce n'est au Saint-Esprit. Et il ne dit pas « le temple du Père, » ou « le temple du Fils », comme « le temple de l'Esprit saint, » dans sa première Épître aux Corinthiens : « Celui qui s'attache au Seigneur n'est qu'un seul esprit avec lui. » Et plus loin : « Ne savez-vous pas que vos corps sont le temple de l'Esprit saint qui est en vous, que vous avez reçu de Dieu, et qui ne vient point de vous ? » Qui pourrait ignorer encore que les bienfaits des sacrements divins que l'Église confère sont attribués spécialement à l'opération de la grâce divine, dont le Saint-Esprit est le symbole ? C'est par l'eau et le Saint-Esprit que nous renaissons dans le baptême, et dès lors seulement nous devenons un temple spécial pour le Seigneur. Pour achever ce temple, l'Esprit saint nous visite sous la forme des sept dons, et les effets de la grâce en sont l'ornement et la dédicace. Qu'y a-t-il donc d'étonnant si nous assignons un temple corporel à la personne à qui l'Apôtre en attribue spécialement un spirituel ? Ou bien à quelle personne une église sera-t-elle plus justement consacrée qu'à celle dont l'opération particulière nous procure tous les bienfaits dont l'Église est le canal ? Cependant ce serait mal interpréter ma pensée que de se figurer que j'ai donné à mon oratoire la dénomination de Paraclet dans l'intention de le dédier à une seule personne ; je l'ai ainsi nommé à cause du motif dont j'ai parlé plus haut, c'est-à-dire en mémoire de la consolation qui m'avait été envoyée. Toutefois, si j'avais agi dans les vues qu'on me suppose, ma dédicace, bien qu'étrangère à l'usage, n'aurait rien de contraire à la raison.

J'étais caché de corps en ce lieu, mais par ma renommée je parcourais l'univers, et le remplissais de ma parole comme ce personnage poétique, que l'on nomme Écho, qui fait beaucoup de bruit, mais il n'y a rien dessous. Mes anciens rivaux, n'ayant plus par eux-mêmes assez de puissance, suscitèrent contre moi quelques nouveaux apôtres [1], en qui le monde avait une foi entière. L'un d'eux se vantait d'avoir ressuscité la vie des chanoines réguliers, l'autre celle des moines. Ces hommes, dans les prédications qu'ils semaient en courant le monde, s'acharnant sans pudeur à me déchirer, réussirent à soulever momentanément contre moi le mépris de certaines puissances ecclésiastiques et séculières : ils débitèrent tant sur ma foi que sur mon genre de vie des fables tellement sinistres, qu'ils détachèrent de moi les principaux de mes amis eux-mêmes, et ceux qui me conservaient quelque chose de leur ancienne affection étaient intimidés au point de mettre tous leurs soins à la dissimuler. Dieu m'est témoin que je n'apprenais jamais la convocation d'une assemblée d'ecclésiastiques sans penser que ma condamnation en était l'objet. Tout tremblant dans l'attente de quelque coup de foudre, je m'attendais à être traîné d'un moment à l'autre comme un hérétique ou un profane dans les conciles ou dans les synagogues. Et, s'il est permis de comparer la puce au lion, et la fourmi à l'éléphant, mes rivaux

---

[1] St. Norbert et St. Bernard.

me poursuivaient avec la haine implacable que les hérétiques déployèrent autrefois contre saint Athanase. Souvent, Dieu le sait, je tombai dans un si profond désespoir, que je songeais à sortir des pays chrétiens pour passer chez les infidèles, et acheter par un tribut quelconque le droit d'y vivre en repos et chrétiennement au milieu des ennemis du Christ. Je me persuadais que les païens me seraient d'autant plus favorables, que ma condamnation les éloignerait de croire que je fusse chrétien et leur ferait ainsi espérer de me convertir plus facilement à leur idolâtrie.

Au moment où, harcelé sans relâche par de si cruelles inquiétudes, je ne voyais plus d'autre ressource que d'aller chercher parmi les ennemis du nom chrétien un refuge dans les bras du Christ, voulant saisir une occasion de me soustraire un peu aux embûches qui m'enveloppaient, je tombai entre les mains de chrétiens et de moines mille fois pires et plus féroces que les gentils. Il y avait en Bretagne, dans l'évêché de Vannes, une abbaye de Saint-Gildas de Ruys, que la mort du pasteur laissait sans direction. L'élection unanime des moines, ratifiée par le duc de cette province, m'appela au siége qui était vacant, et il fut facile d'obtenir le consentement de l'abbé et des frères de mon couvent. Ainsi la jalousie des Français m'exilait à l'Occident, comme celle des Romains avait relégué saint Jérôme à l'Orient; car, j'en prends Dieu à témoin, jamais je n'aurais accepté l'offre qu'on me faisait, si ce n'eût été pour échapper, n'importe comment, aux vexations dont j'étais incessamment accablé. C'était un pays barbare dont la langue m'était inconnue, et les moines ne dissimulaient nullement leur vie honteuse et leurs mœurs indomptables au milieu d'une population brutale et sauvage. Ainsi donc, semblable à un homme qui, à la vue d'un glaive levé sur lui, se lance de terreur au fond d'un précipice où il se brisera, et, pour retarder d'une seconde cette mort qui le presse, va tomber dans les bras de celle qui l'attend, je m'élançai sciemment d'un péril dans un autre ; et là, sur le rivage de l'Océan aux voix effrayantes, la terre manquant à ma fuite, je répétais souvent dans mes prières : « Des extrémités de la terre j'ai crié vers vous, Seigneur, tandis que mon cœur était dans l'angoisse[1]. » Je ne pense pas, en effet, que personne ignore aujourd'hui à quels tourments affreux mon cœur était nuit et jour en proie, lorsque je songeais aux périls qui menaçaient à la fois mon âme et mon corps. Hélas ! pourquoi avoir entrepris de gouverner ces moines indisciplinés ? Si je tentais de les faire rentrer dans la vie régulière qu'ils avaient fait vœu d'observer, il m'était impossible de vivre : j'en avais la certitude ; que si, au contraire, je ne faisais pas tous mes efforts pour accomplir cette tâche, j'encourais la damnation éternelle. Ce n'est pas tout. Le seigneur du pays, qui avait un pouvoir souverain, exerçait depuis longtemps sur l'abbaye une autorité tyrannique, et, profitant du désordre qui régnait au monastère pour usurper la propriété de toutes les terres domaniales de l'abbaye, il faisait peser sur les moines des exactions plus lourdes que celles mêmes dont les Juifs tributaires étaient accablés. Les moines m'obsédaient pour leurs besoins journaliers, car la communauté ne possédait rien que je pusse leur distribuer, et chacun s'en prenait aux débris de son propre patrimoine pour se soutenir, lui et ses femmes, avec ses fils et ses filles. Non contents de se réjouir de mes cruels embarras, ils faisaient encore main basse sur tout ce qu'ils pouvaient emporter, afin de compromettre mon administration, et de me forcer ainsi soit à relâcher la discipline, soit à me

---

1 *Psaume* LX.

retirer tout-à-fait. Et personne autour de moi pour me venir en aide ! Toute la horde de la contrée était également sans loi ni règle : l'antipathie de nos mœurs me réduisait à une solitude complète. Au dehors le hobereau et ses satellites ne cessaient de m'opprimer, au dedans les frères me dressaient des embûches; de sorte que la parole de l'Apôtre semblait avoir été écrite spécialement pour moi : « Au dehors les combats, au dedans les craintes[1]. » Je considérais en gémissant quelle inutile et misérable vie je menais, combien elle était stérile pour moi et pour les autres, tandis qu'elle était si précieuse auparavant pour mes disciples ; et maintenant que je les avais abandonnés pour les moines, je ne pouvais ni dans les moines ni dans les disciples produire aucun fruit; toutes mes entreprises, tous mes efforts étaient frappés d'impuissance, et j'avais mérité pour tous mes actes une critique amère : Cet homme a commencé à bâtir, et il n'a pu achever.

J'étais abîmé de désespoir au souvenir des périls que j'avais fuis, et à la vue de ceux qui m'entouraient. Mes premiers chagrins n'étaient plus rien à mes yeux, et gémissant en moi-même, je répétais souvent : Ma punition est juste, car j'ai abandonné le Paraclet, c'est-à-dire le Consolateur, et je me suis précipité moi-même dans la désolation ; pour éviter des menaces, j'ai cherché un asile dans le sein même du danger. Ce qui m'affligeait le plus vivement, c'est qu'après avoir abandonné mon oratoire, je ne pouvais pas prendre les mesures nécessaires pour y faire célébrer convenablement l'office divin, puisque l'extrême pauvreté de l'endroit pouvait à peine fournir à l'entretien d'un seul desservant. Mais le véritable Paraclet apporta lui-même une consolation à cette douleur, et il pourvut à son

---

[1] *Corinth.*, 7.

propre temple comme il convenait. Voici en effet ce qui arriva.

L'abbé de Saint-Denis vint à réclamer comme une annexe autrefois soumise à la juridiction de son monastère l'abbaye d'Argenteuil, où mon Héloïse, dès longtemps ma sœur en Jésus-Christ plutôt que mon épouse, avait pris l'habit de religion. A peine l'abbaye lui fut-elle adjugée, qu'il expulsa violemment la congrégation des nonnes dont notre compagne était la prieure. Les voyant dispersées çà et là par l'exil, je compris que le Seigneur m'offrait une occasion de remonter mon oratoire. Je m'y rendis, et j'invitai Héloïse avec les religieuses de la même congrégation qui restaient attachés à sa personne à venir en prendre possession. Lorsqu'elles furent arrivées, je leur fis donation entière de l'oratoire et de ses dépendances, et après cette donation, par l'assentiment et l'intervention de l'évêque du diocèse, le pape Innocent II leur en confirma par privilége la possession à perpétuité, pour elles et pour celles qui les suivraient. Elles y vécurent quelque temps pauvres et trop abandonnées. Mais un regard de la divine miséricorde qu'elles imploraient si dévotement ne tarda pas à les consoler. Le Seigneur, véritable Paraclet, toucha de pitié en leur faveur la population environnante, et l'anima de bienveillance. Une seule année multiplia autour d'elles les biens de la terre plus, je crois (Dieu seul peut le savoir), que cent ne l'auraient fait pour moi, si j'étais resté à leur place. Car de même que le sexe des femmes est plus faible que le nôtre, aussi leur détresse est plus touchante et attendrit plus facilement les cœurs, et comme aux hommes leur vertu est aussi plus agréable à Dieu. Or le Seigneur, dans sa bonté pour notre chère sœur, qui dirigeait ses compagnes, lui accorda de trouver grâce devant les yeux de tout le monde. Les évêques la chérissaient comme leur fille, les abbés comme une sœur, les laïcs comme leur mère ; et tous admiraient également sa fervente piété, sa sagesse et son incomparable douceur de patience en toutes choses. Elle se laissait voir rarement, et se tenait renfermée dans sa cellule pour se livrer sans partage à ses méditations saintes et à ses prières ; mais toutes les personnes du dehors n'en sollicitaient qu'avec plus d'ardeur sa présence et les pieuses instructions de son entretien.

Tous leurs voisins me blâmaient vivement de ne pas faire tout ce que je pouvais ni tout ce que je devais pour les soulager dans leur dénûment, lorsque c'était une chose si facile à moi, du moins par mes prédications. Je commençai donc à leur rendre des visites plus fréquentes, pour leur être utile d'une manière ou d'une autre. Mais encore en cela je ne pus éviter le murmure de l'envie, et malgré le pur esprit de charité qui dirigeait mes démarches, mes ennemis, avec leur noirceur accoutumée, en tirèrent les conjectures les plus infâmes. On voyait bien, disaient-ils, que j'étais encore dominé par l'attrait de certains plaisirs charnels, puisque je ne pouvais supporter maintenant ni nulle part l'absence de la femme que j'avais tant aimée. Je me rappelai alors les plaintes de saint Jérôme, dans sa lettre à Asella sur les faux amis : « On me fait, dit-il, un crime de mon sexe, et l'on n'y songerait pas si Paule ne fût allée avec moi à Jérusalem. » Et il continue : « Avant que je connusse la maison de sainte Paule, c'était sur mon compte un concert de louanges dans toute la ville ; on était unanime à me reconnaître digne du souverain pontificat. Mais je sais qu'à travers la bonne et la mauvaise renommée on peut arriver au royaume des cieux. » Considérant qu'un si grand homme avait essuyé les mêmes outrages de la calomnie, je puisais dans ce rapprochement une grande consolation. Oh ! me disais-je, si mes ennemis trouvaient en moi une pareille matière à leurs soupçons, comme leurs accusations m'auraient bientôt écrasé ! Mais aujourd'hui que la divine miséricorde m'a affranchi des causes du soupçon, comment se fait-il que dans ce néant de ma nature le soupçon plane encore sur moi ? Et que signifie la scandaleuse accusation dont je suis l'objet ? La mutilation repousse tellement l'idée d'une turpitude de ce genre, que c'est un usage invariablement adopté par tous ceux qui font garder des femmes, de ne laisser approcher d'elles que des eunuques. L'histoire sainte raconte la même chose d'Esther et des autres femmes du roi Assuérus. Nous lisons que ce puissant ministre de la reine Candace, et l'intendant de toutes ses richesses, le même que l'apôtre Philippe alla convertir et baptiser, sous la conduite de l'ange, était eunuque. Si de tels hommes ont toujours occupé auprès des femmes modestes et réservées les dignités éminentes et le rang de familiers, c'est qu'un soupçon de cette nature ne pouvait jamais les atteindre. C'est aussi dans l'intention de s'y soustraire complétement que le plus grand des philosophes chrétiens, Origène, s'étant consacré à l'enseignement religieux des femmes, attenta sur lui-même, au témoignage du livre VI de l'*Histoire ecclésiastique*. Dans la triste conformité de notre position, j'estimais encore que la divine miséricorde m'avait traité moins rigoureusement ; car l'action d'Origène a été réputée peu réfléchie et digne d'un blâme sévère, tandis qu'une main étrangère était seule coupable de mon état, et m'avait préparé toute ma liberté pour accomplir une œuvre semblable. Mes douleurs elles-mêmes ne pouvaient soutenir la comparaison, car elles avaient été soudaines et plus courtes ; surpris dans mon sommeil, la sanglante exécution m'avait trouvé presque insensible. Mais si je n'ai pas été son égal en souffrances physiques, je suis son maître en amertumes de l'âme. La calomnie a été plus cruelle que l'acier, et les atteintes portées à ma réputation me sont un plus dur supplice que les organes retranchés de mon corps. Car, ainsi qu'il est écrit, une bonne renommée vaut mieux qu'une grande richesse[1]. Saint Augustin dit, dans un sermon sur la vie et les mœurs du clergé[2] : « Celui qui se fie à sa conscience et néglige sa réputation est cruel à lui-même. » Et plus haut : « Cherchons à faire le bien, dit-il, non seulement devant Dieu, mais encore devant les hommes[3]. C'est assez pour nous du témoignage de notre conscience ; mais nous nous devons aussi de maintenir notre réputation pure et sans tache. La conscience et la réputation sont deux choses : la conscience est relative à vous-même ; la réputation au prochain. » Mais la malice de mes ennemis n'aurait point épargné le Christ lui-même ni ses membres, c'est-à-dire les Prophètes, les Apôtres, les saints Pères, s'ils eussent vécu du même temps, puisqu'ils les auraient vus, intacts dans leur chair, s'entourer principalement de femmes, et vivre avec elles dans une si familière intimité ! Saint Augustin, dans son livre sur *l'œuvre des moines*, prouve que les femmes étaient les compagnes si inséparables de notre Seigneur Jésus-Christ et des Apôtres, qu'elles les suivaient même dans les prédications. Dans le cortège des fidèles dont ils marchaient toujours entourés, on voyait plusieurs femmes pourvues des biens du monde, qui entretenaient autour d'eux l'abondance, pour qu'ils ne manquassent d'aucune des choses nécessaires à cette vie. Quiconque pourrait penser que les apôtres ne permettaient point à ces saintes

---

[1] Salomon, *Proverb.* xxii.
[2] *Sermon* lii.
[3] St. Paul, *Rom.* xii.

femmes de partager leurs excursions pieuses, et de les suivre partout où ils prêchaient l'Évangile, peut s'assurer en lisant l'Écriture que les Apôtres n'ont fait en cela qu'imiter l'exemple même du Sauveur. En effet il est écrit dans l'Évangile :

« Dès lors il allait par les cités et les bourgades, annonçant le royaume de Dieu, et avec lui ses douze Apôtres et quelques femmes qui avaient été guéries d'esprits immondes et d'infirmités, Marie surnommée Magdelaine, Jeanne, épouse de Cuza, l'intendant d'Hérode, et Suzanne, et plusieurs autres qui employaient leur propre fortune à le servir[1]. »

Léon IX réfutant la lettre de Parménien sur le Goût de la vie monastique : « Nous professons absolument, dit-il, qu'il n'est point permis à un évêque, à un prêtre, à un diacre, à un sous-diacre, de se dispenser pour cause de religion des soins qu'il doit à son épouse, non qu'il doive la posséder selon la chair, mais il doit lui fournir la nourriture et le vêtement. » Ainsi vécurent les saints Apôtres, et nous lisons dans saint Paul : « N'avons-nous pas le droit de mener partout avec nous une femme qui serait notre sœur, comme Céphas et les frères de Jésus ? » Remarquez bien qu'il ne dit pas : « N'avons-nous point le droit de posséder, mais de mener avec nous une femme qui serait notre sœur? Car ils pouvaient ainsi subvenir aux besoins de leurs femmes avec les offrandes attirées par les prédications, sans qu'il dût jamais exister entre eux de rapports charnels. »

Le Pharisien qui dit en lui-même à propos du Seigneur : « Si celui-ci était prophète, il saurait bien qui est celle qui le touche, et que c'est une femme de mauvaise vie; » le

---

[1] St. Luc, chap. VIII, versets 2 et 3.

Pharisien pouvait sans doute, dans l'ordre des jugements humains, former sur le Seigneur des conjectures de honte plus naturelles qu'on ne l'a fait sur moi ; et tous ceux qui voyaient la mère du Christ recommandée à un jeune homme, et les prophètes n'ayant qu'un même toit et qu'une même habitude de vie avec les veuves, pouvaient concevoir des soupçons bien mieux établis par les probabilités. Qu'auraient dit encore mes détracteurs, s'ils avaient vu Malchus, ce moine captif dont parle saint Jérôme, vivant avec son épouse dans la même retraite ? Comme ils auraient impitoyablement condamné ce genre de vie dont le saint docteur parle en témoin tout-à-fait édifié. « Il y avait là, dit-il, un vieillard nommé Malchus, né dans l'endroit même, et sa vieille femme demeurait avec lui, pleins de zèle tous deux pour la religion, et tellement assidus à l'église qu'on les aurait pris pour le Zacharie et l'Élisabeth de l'Évangile, si Jean avait pu être au milieu d'eux. » Pourquoi enfin la calomnie ne s'attaque-t-elle point aux saints Pères, qui, dans l'histoire et même sous nos yeux, ont souvent établi et entretenu des monastères de femmes ? N'avons-nous pas l'exemple des sept diacres par lesquels les Apôtres se firent remplacer auprès des religieuses dans tous les soins de l'approvisionnement et du service ? Le sexe faible ne peut nullement se passer de l'appui du sexe le plus fort : aussi l'Apôtre déclare que l'homme doit toujours guider la femme, et qu'il est, pour ainsi dire, sa tête. Et en signe de cette vérité, il ordonne que la femme ait toujours la tête voilée. C'est pourquoi je ne suis pas médiocrement étonné de voir que l'habitude se soit depuis longtemps enracinée dans les couvents de faire commander les femmes par des abbesses, comme les moines par des abbés, et que tous les profès, hommes et femmes, s'astreignent à une règle uniforme, lorsque cette règle embrasse une somme de devoirs dont la plupart ne peuvent en aucune manière être remplis par des femmes, qu'elles soient au rang de supérieures ou de subordonnées. Presque partout l'ordre naturel est renversé, et nous voyons les abbesses et les nonnes dominer le clergé lui-même, auquel le peuple à son tour est soumis, avec une facilité d'autant plus déplorable à induire le clergé en de mauvais désirs, qu'elles sont investies d'une puissance plus étendue, et qu'elles exercent sur lui une autorité plus despotique.

Le poète satirique avait en vue cet inconvénient lorsqu'il dit :

Rien n'est plus insupportable qu'une femme opulente [1].

Après de longues réflexions sur ce point, j'avais résolu de prendre soin de mes sœurs du Paraclet autant qu'il me serait possible, et d'étendre ma prévoyance à tous leurs besoins; pour augmenter encore leur soumission et leur respect, je voulais aussi les surveiller par ma présence corporelle. Persécuté présentement par mes fils avec plus de rage et de violence que je ne l'avais été autrefois par mes frères, j'irais, loin des agitations de cette tourmente, me réfugier auprès d'elles comme dans un port de tranquillité, pour y respirer un peu. Puisque la parole divine ne pouvait rien sur les moines, là du moins je trouverais des cœurs où elle fructifierait, et l'exécution de mon dessein contribuerait sans doute à mon salut, puisqu'elle apporterait un secours nécessaire à leur faiblesse.

Mais Satan a tellement semé les obstacles autour de moi, que je ne trouve aucun abri pour me reposer, ni seulement pour vivre. Errant et fugitif, il semble que je traîne partout la malédiction de Caïn. Je le répète, au dehors les

---

[1] Juvénal, *Sat.* vi.

combats, au dedans les craintes, éternisent mon agonie. Que dis-je? Au dedans comme au dehors, c'est un enfer de craintes sans cesse renaissantes, de craintes et de combats tout à la fois. La persécution de mes fils contre moi est cent fois plus infatigable et plus terrible que celle de mes ennemis. Car mes fils sont toujours là, face à face avec moi, et je suis rivé à mon tourment. Au moins je vois venir l'attaque de mes ennemis et l'arme qui en veut à ma vie, si je sors du cloître; mais lorsque je suis renfermé avec mes fils, c'est-à-dire avec les moines qui me sont confiés comme à un père en ma qualité d'abbé, il me faut lutter tout ensemble contre la ruse et la violence de leurs complots. Combien de fois n'ont-ils pas essayé de m'empoisonner, comme on fit à l'égard de saint Benoît! La même cause qui le força d'abandonner son troupeau pervers pouvait m'autoriser à suivre l'exemple d'un si grand pasteur: car s'exposer à un péril certain, c'est peut-être tenter témérairement le ciel plutôt que l'aimer; c'est peut-être un véritable suicide. Toutefois je me contentai d'employer toute la vigilance dont j'étais capable à me préserver des piéges de cette nature qu'ils me tendaient chaque jour. Je ne m'en fiais plus qu'à moi-même dans le choix de ma nourriture et de ma boisson. Alors ils tentèrent de se défaire de moi à l'autel même, pendant le saint sacrifice, en jetant du poison dans le calice. Un autre jour, que j'étais venu à Nantes visiter le comte dans sa maladie, et que j'étais logé chez un de mes frères selon la chair, ils voulurent m'empoisonner par la main d'un serviteur de ma suite, persuadés que dans la maison de mon frère je serais moins en garde contre une pareille trahison. Mais le ciel voulut que je ne touchasse point aux aliments qui m'avaient été préparés, et un moine que j'avais amené avec moi de l'abbaye en ayant mangé par hasard, mourut sur-le-champ.

Le frère servant qui avait exécuté leur projet, épouvanté par le témoignage de sa conscience et par la preuve résultant du fait même, prit aussitôt la fuite.

Dès lors personne ne pouvant plus douter de leurs desseins criminels, je commençai à prendre ouvertement toutes les précautions possibles contre leurs embûches : je m'absentais souvent de l'abbaye, et je séjournais dans les obédiences au milieu d'un petit nombre de frères. S'ils apprenaient que je dusse passer en quelque endroit, ils apostaient, pour me tuer, sur les routes et dans les sentiers, des brigands gagnés à prix d'or.

A travers tous ces périls un accident vint me surprendre : je tombai un jour de ma monture, et la main du Seigneur me frappa rudement, car j'eus les vertèbres du col brisées ; cette chute m'abattit et m'affaiblit bien plus encore que mon premier malheur.

Quelquefois je tentais de réprimer par l'interdit leur insubordination farouche, et je forçai quelques-uns de ceux que je redoutais le plus à me promettre sous la foi de leur parole ou d'un serment public qu'ils se retireraient pour toujours du monastère, et qu'ils ne m'inquiéteraient plus en quoi que ce fût. Mais ils violaient ouvertement, et sans la moindre retenue, et leur parole donnée et leurs serments jurés. Enfin l'autorité du pontife romain Innocent, par l'organe de son propre légat expressément envoyé, les contraignit, en présence du comte et des évêques, à renouveler par serment la promesse la plus explicite de ne plus jamais attenter à mon repos. Rien n'a pu les contenir. Et dernièrement, après l'expulsion de ceux qui m'avaient paru les plus dangereux, étant rentré à l'abbaye, et me confiant au reste des frères qui m'inspiraient moins de soupçons, je les trouvai encore pires que les autres. Il ne s'agissait déjà plus de poison ; c'était le poignard qui s'aiguisait contre mon sein, lorsque je parvins à leur échapper, à grand'peine toutefois, et quoique ma fuite fût protégée par un des grands du pays.

Mêmes périls me menacent encore. Tous les jours je vois un glaive levé sur ma tête, et qui ne me laisse pas même respirer à table : semblable à cet homme qui plaçait le bonheur suprême dans la puissance et les trésors accumulés de Denys-le-Tyran, et qui, à la vue d'une épée suspendue sur lui par un fil, apprit de quelle félicité sont accompagnées les grandeurs de ce monde. C'est là ce que j'éprouve à chaque instant, moi, pauvre moine élevé à la prélature, et qui suis devenu plus misérable en devenant plus riche, afin que par mon exemple aussi les hommes de désir et de convoitise soient avertis de mettre un frein à leur ambition.

O mon très-cher frère en Jésus-Christ, ô mon intime compagnon, mon vieil ami, voyez comme dès le berceau j'ai fatalement tracé mon sillon de douleur ! J'ai évoqué ces tristes souvenirs en vue de votre affliction et de l'injustice qui vous a frappé : qu'ils suffisent à vous soulager ! Comme je l'ai dit au commencement de ma lettre, vous mettrez dans la balance mes adversités ; vous jugerez que les vôtres ne sont rien ou qu'elles sont peu de chose en comparaison, et vous aurez plus de patience, ayant à porter une peine plus légère. Prenez toujours en consolation ce que le Seigneur a prédit à ses membres, touchant les membres du démon : « S'ils m'ont persécuté, ils vous persécuteront aussi. Si le monde vous hait, sachez qu'avant vous j'ai éprouvé la haine du monde. Si vous aviez été du monde, le monde aurait aimé ce qui lui appartenait. » — « Et tous ceux, dit l'Apôtre, qui veulent pieusement vivre en Jésus-Christ souffriront la persécution. » Et ailleurs : « Je ne cherche point à plaire aux hommes. Si je plaisais encore aux hommes, je ne serais pas serviteur du Christ. » Et le

Psalmiste : « Ceux, dit-il, qui plaisent aux hommes ont été confondus, parce que Dieu les a rejetés. » Saint Jérôme aussi, qui semble principalement m'avoir légué l'héritage de la calomnie et de la haine, a cité l'Apôtre en écrivant à Népotianus : « Si je plaisais encore aux hommes, je ne serais pas serviteur du Christ. » Il cesse de plaire aux hommes, et il est devenu serviteur de Jésus-Christ. Le même, écrivant à Asella sur les faux amis : « Je rends grâce à mon Sauveur d'être digne que le monde me haïsse. » Et au moine Héliodore : « C'est une erreur, mon frère, c'est une erreur de croire que jamais le chrétien puisse éviter la persécution. Notre ennemi, comme un lion rugissant, rôde autour de nous et cherche à nous dévorer. Est-ce là une paix ? Le voleur est en embuscade et guette les riches. »

Encouragés par ces renseignements et par ces exemples, sachons donc nous résigner aux calamités avec d'autant plus de confiance, qu'elles nous frappent plus injustement. Ne doutons pas qu'elles ne servent, sinon à nos mérites, du moins à une expiation quelconque. Et puisqu'une divine ordonnance préside à toutes choses, que chacun des fidèles, au temps de son oppression, soit du moins consolé par cette pensée que la souveraine bonté de Dieu ne permet point que rien s'accomplisse en dehors de sa loi providentielle, et que tout ce qui arrive contrairement à la justice il le termine lui-même par la meilleure fin. C'est pourquoi il est sage de lui dire en toute occasion : « Votre volonté soit faite ! » Quelle consolation encore ceux qui aiment le Seigneur peuvent trouver dans l'autorité apostolique : « Nous savons que tout concourt au bien de ceux qui aiment le Seigneur. » Cette vérité pénétrait le Sage des sages, lorsqu'il disait dans les proverbes : « Le juste ne sera point attristé, quelque chose qui lui arrive. » Ainsi démontre-t-il évidemment que ceux-là s'écartent des droits sentiers qui s'irritent contre la souffrance, sans ignorer pourtant qu'elle leur est dispensée en vertu des divins conseils; hommes soumis à eux-mêmes plutôt qu'à Dieu, dont la bouche dit : « Votre volonté soit faite ! » quand leur cœur nourrit de secrètes révoltes, et qui préfèrent à la volonté divine leur propre volonté.

Adieu.

LETTRE

D'HÉLOÏSE A ABAILARD

LETTRE
D'HÉLOÏSE A ABAILARD

———◇———

A son maître et plutôt à son père ; à son époux et plutôt à son frère ; sa servante et plutôt sa fille ; son épouse et plutôt sa sœur.

A ABAILARD HÉLOÏSE.

La lettre que vous avez envoyée dernièrement à l'un de vos amis pour le consoler, cher bien-aimé, est venue par hasard jusqu'à moi. Un regard jeté sur les premiers caractères m'a suffi pour reconnaître aussitôt qu'elle était de vous, et j'ai mis d'autant plus d'ardeur à la lire que je chéris davantage la main qui l'a écrite. Je voulais au moins retrouver dans ses paroles quelque image de celui que j'ai perdu. Hélas! presque tous les détails de cette lettre étaient pleins de fiel et d'absinthe, car ils ne contenaient autre chose que le récit douloureux de notre conversion, et de vos croix continuelles, ô mon unique bien!

Vous n'avez que trop rempli la promesse que vous faisiez à cet ami au commencement de votre lettre, et il a dû se convaincre que ses peines n'étaient rien, ou qu'elles étaient peu de chose en comparaison des vôtres. Vous avez d'abord exposé les persécutions dirigées contre vous par vos maîtres et l'indigne trahison où votre corps a succombé ; puis, arrivant à vos condisciples, Albéric de Reims et Lotulfe de Lombardie, vous avez retracé leur jalousie exécrable et leur excessif acharnement.

Vous n'avez oublié ni leurs suggestions ennemies, ni le bûcher qui dévora votre glorieux ouvrage de théologie, ni cette espèce de prison dont ils fermèrent sur vous les portes. Viennent ensuite les menées de votre abbé et de vos perfides frères, et la bouche calomnieuse de ces deux faux apôtres, déchaînée pour votre ruine par vos envieux, et la rumeur au loin suscitée par le nom de Paraclet donné, contre l'usage, à votre oratoire. Enfin les intolérables et incessantes vexations dont vous êtes accablé par ce cruel déprédateur et par ces détestables moines que vous appelez encore vos fils sont les derniers traits qui complètent ce triste tableau.

Personne, je pense, ne pourrait lire ou entendre sans pleurer une histoire aussi touchante. Trop fidèles souvenirs qui ont renouvelé toutes mes douleurs ! Vos périls, que vous représentez toujours croissants, n'ont fait que les augmenter. Nous sommes toutes réduites à désespérer de votre vie, et chaque jour nos cœurs inquiets et nos poitrines palpitantes attendent pour dernière nouvelle le bruit de votre mort.

Au nom du Christ, qui semble encore vous protéger pour son service, et dont nous sommes les bien petites servantes en même temps que les vôtres, ah ! nous vous en conjurons, daignez nous écrire fréquemment. Dites-nous au sein de quels naufrages vous êtes encore ballotté, nous avons besoin de le savoir. Il ne vous reste que nous seules dans le monde ; laissez-nous notre part dans vos douleurs et dans vos joies. Les cœurs blessés trouvent quelques consolations dans la pitié qu'ils inspirent ; un fardeau soutenu par plusieurs est porté plus facilement et paraît plus léger. Si cette tempête vient à se calmer un peu, hâtez, hâtez vos lettres, nous ne saurions être trop tôt rassurées. Quel qu'en soit le contenu, elles ne peuvent manquer de nous faire du bien, car elles nous prouveront du moins que vous conservez notre souvenir.

Qu'il est doux de recevoir une lettre d'un ami absent! Sénèque nous l'enseigne par son propre exemple lorsqu'il écrit à Lucilius : « Vous m'écrivez souvent, et je vous en remercie; car vous vous montrez à moi de la seule manière qui vous est possible. Je ne reçois jamais une de vos lettres que nous ne soyons aussitôt ensemble. » Si les portraits de nos amis absents abusent doucement nos regards, et charment les regrets de l'absence par un vain fantôme de consolation, quelle joie plus vive ne devons-nous pas ressentir en recevant les lettres qui nous apportent l'empreinte véritable de l'ami absent!

Grâce au ciel, ce moyen vous reste encore de nous rendre votre présence; l'envie ne vous le défend point, aucune difficulté ne s'y oppose ; que les délais, je vous en supplie, ne viennent point de votre négligence.

Vous avez écrit à votre ami une longue consolation, en vue de ses malheurs, il est vrai, mais touchant les vôtres. En les rappelant avec exactitude pour le consoler, vous avez grandement ajouté à notre désolation ; en voulant adoucir ses blessures, vous avez ouvert de nouvelles plaies dans notre douleur, et vous avez élargi les anciennes. Guérissez, de grâce, les maux que vous avez faits, puisque vous versez le baume sur ceux que d'autres ont causés.

Vous avez apaisé les chagrins d'un ami, d'un compagnon, et vous avez acquitté la dette de l'amitié et d'une intime liaison ; mais votre obligation envers nous est encore plus sacrée : car ce n'est pas de l'amitié que nous avons pour vous, c'est de l'adoration et du culte ; nous ne sommes pas vos compagnes, mais vos filles, et s'il est un nom plus doux et plus saint, c'est celui-là qui nous convient.

Quant à l'importance de la dette qui vous oblige envers nous, faut-il l'appuyer de preuves et de témoignages comme une chose douteuse ? Quand tout le monde se tairait, les faits parlent haut. Après Dieu, vous êtes le seul fondateur de cette retraite, le seul architecte de cet oratoire, le seul créateur de cette congrégation. Vous n'avez point bâti sur un fondement étranger : tout ce qui est ici est votre ouvrage. Cette solitude, fréquentée seulement des bêtes féroces et des voleurs, n'avait jamais connu d'habitation humaine, jamais possédé une seule maison. Sur des tanières même de bêtes féroces, sur des repaires de brigands, là où le nom du Seigneur n'avait jamais retenti, vous avez élevé un divin tabernacle, et vous avez dédié un temple au Saint-Esprit. Pour cette œuvre, vous n'avez rien emprunté aux richesses des rois ni des princes, lorsque vous pouviez tout demander et tout obtenir, afin que rien de ce qui se ferait ne pût être attribué qu'à vous seul. Les clercs ou les écoliers, venant en foule écouter vos enseignements, vous fournissaient toutes les choses nécessaires ; et ceux qui vivaient des bénéfices de l'église, accoutumés plutôt à recevoir qu'à faire des offrandes, ceux qui jusqu'alors n'avaient eu des mains que pour prendre, et non pour donner, devenaient prodigues et importuns dans leurs libéralités.

Cette nouvelle plantation dans le champ du Seigneur est donc véritablement votre propriété. Elle est remplie de jeunes plantes qui demandent à être arrosées pour profiter. Cette plantation est assez faible par la nature même du sexe féminin; elle est débile, quand bien même elle ne serait pas nouvelle. Aussi exige-t-elle une culture plus attentive et plus assidue, selon la parole de l'Apôtre : « J'ai planté, Apollo a arrosé, mais Dieu a donné l'accroissement. » L'Apôtre, par la doctrine de sa prédication, avait fondé et planté dans la foi les Corinthiens auxquels il écrivait. Apollo, le disciple de cet apôtre, les avait arrosés par ses saintes exhortations; puis la grâce divine accorda le développement à leurs vertus. Inutilement vous cultivez par vos avis et vos exhortations saintes une vigne étrangère que vous n'avez point plantée et qui pour vous se change en amertume. Réfléchissez à ce que vous devez à votre vigne, vous qui prodiguez vos soins à celle d'autrui. Vous enseignez et vous exhortez des rebelles, vous semez devant des pourceaux les perles de votre divine éloquence. Vous vous épuisez, inutile dévouement! pour des âmes obstinées : considérez ce que vous devez à notre docilité. Vous qui prodiguez tant à des ennemis, rappelez-vous ce que vous devez à vos filles. Et, sans parler de mes sœurs, je réclame votre dette envers moi ; peut-être mettrez-vous plus d'ardeur à payer à la fois toutes ces femmes qui se sont données à Dieu, dans la personne de celle qui ne s'est donnée qu'à vous.

Ces traités nombreux et étendus que les saints Pères ont composés avec tant de zèle pour instruire, pour encourager, ou même pour consoler les religieuses, vos excellentes lumières les connaissent mieux que notre faiblesse. Et ce n'est pas sans un étonnement pénible que j'ai remarqué votre long oubli pour les commencements si tendres de notre conversion. O mon maître, rien n'a pu vous émouvoir en notre faveur, ni la charité chrétienne, ni votre amour pour nous, ni les exemples des saints Pères. Vous m'avez abandonnée dans ma foi chancelante et dans le triste accablement de mon cœur. Votre voix n'a point réjoui mon oreille, vos lettres n'ont point consolé ma solitude.

Vous devez connaître pourtant toute la sainteté des devoirs que votre engagement vous impose. Le sacrement du mariage ne nous a-t-il pas unis l'un à l'autre? Et quels droits me manque-t-il à votre affection, s'il est vrai qu'à la face du ciel et de la terre j'ai toujours brûlé pour vous d'un amour sans bornes?

Cher, cher, vous le savez et personne ne l'ignore, en vous perdant j'ai tout perdu : le crime infâme qui vous a ravi à ma tendresse m'a aussi enlevée à moi-même; mais, en songeant à vous, la grandeur de ma perte s'efface encore dans l'incomparable douleur que je ressens de vous avoir ainsi perdu. Plus mes peines sont poignantes, plus elles réclament une consolation efficace. Et ce n'est point d'une autre personne, c'est de vous que je l'attends, afin que de la source de mes chagrins découle aussi le bienfait de la guérison. Vous seul pouvez m'attrister, seul me rendre joyeuse ou endormir mes souffrances. Vous y êtes seul obligé, car j'ai comblé, je puis le dire, la mesure de vos volontés, et, plutôt que de les contrarier en quoi que ce fût, j'ai eu le courage d me perdre moi-même pour vous obéir. J'ai encore été plus loin; et, par un merveilleux effort, mon amour s'est égaré dans son délire au point de sacrifier, sans nulle espérance de retour, le seul objet de ses vœux ardents. Sur votre ordre, en effet, j'ai pris avec un autre cœur un autre habit, pour vous montrer, par ce sacrifice éclatant, que vous étiez l'unique maître de mon corps aussi bien que de mon cœur.

Jamais, Dieu le sait, je n'ai cherché autre chose en vous que vous-même. C'est vous, vous seul, non vos biens que j'aimais. Je n'ai point consulté les droits du mariage, ni le douaire, ni mes plaisirs ou mes volontés ; c'est les vôtres, vous le savez bien, que je me suis étudiée à satisfaire.

Quoique le nom d'épouse soit jugé plus saint et plus fort, un autre aurait toujours été plus doux à mon cœur, celui de votre maîtresse ; et, le dirai-je sans vous choquer, celui de votre concubine ou de votre fille de joie ; espérant que, plus je me ferais humble et petite, plus je m'élèverais en grâce et en faveur auprès de vous, et que, bornée à ce rôle, j'entraverais moins vos glorieuses destinées.

Je vous remercie de n'avoir point oublié tout-à-fait mes sentiments à cet égard dans la lettre adressée à votre ami pour sa consolation. Vous n'avez pas dédaigné d'y rappeler quelques-uns des motifs par lesquels je m'efforçais de vous détourner de ce fatal hyménée ; mais vous avez passé sous silence presque toutes les raisons qui me faisaient préférer l'amour au mariage, la liberté à des liens indissolubles. Je prends Dieu à témoin que si Auguste, maître suprême de l'univers, m'avait offert l'insigne honneur de son alliance, en mettant pour toujours à mes pieds l'empire du monde, j'aurais accepté avec plus de joie et d'orgueil le nom de votre courtisane que le titre d'impératrice. Car ni les richesses ni la puissance ne constituent la supériorité d'un homme : là, c'est l'effet de la fortune, ici du mérite.

La femme qui épouse plus volontiers un riche qu'un pauvre, et qui cherche dans un mari son rang plutôt que lui-même, que cette femme le sache bien, elle est à vendre. Assurément celle que la pente d'un pareil calcul conduit au mariage peut prétendre au prix du marché, non pas à une tendre reconnaissance, car il est bien certain qu'elle suit la fortune, et non la personne de son mari, et qu'elle regrette encore de ne pouvoir se prostituer à un plus riche acheteur. Nous trouvons la preuve la plus claire de cette vérité dans les paroles d'Aspasie, telles que les rapporte Eschine, disciple de Socrate. Cette femme philosophe, voulant réconcilier Xénophon et son épouse, fit d'abord valoir l'observation précédente, et la termina par le raisonnement que voici : « Dès l'instant que vous avez réalisé en vous cette question, qu'il n'y ait point sur la terre d'homme meilleur ni de femme plus aimable, sachez donc reconnaître et goûter sans trouble ce bonheur qui vous est communément départi d'être, vous, le mari de la meilleure femme, vous, la femme du meilleur mari. »

Certes, voilà une morale qui est plutôt sainte que philosophique. Ce n'est plus la philosophie qui parle, c'est la sagesse elle-même. Respectable erreur, heureuse tromperie dans les époux, quand une parfaite sympathie protége contre toute violation les devoirs du mariage, moins par la continence des corps que par la pudeur attentive des âmes.

Mais ce que l'erreur persuade aux autres femmes, la vérité la plus manifeste me l'avait démontré. Ces qualités, que les yeux d'une épouse peuvent seuls découvrir dans son mari, éclataient en vous d'une manière si victorieuse qu'elle ne laissait rien à faire à mon imagination ; je vous voyais avec les yeux du monde entier. De sorte que mon amour était d'autant plus véritable, qu'il était loin de reposer sur l'erreur. Quels rois, quels philosophes pouvaient égaler votre renommée ? Quelle contrée, quelle cité, quel village ne vous appelait de ses vœux impatients ? Paraissiez-vous en public ? chacun se précipitait pour vous apercevoir, et, le col tendu, vous suivait au départ de ses yeux avides. Quelle épouse, quelle vierge ne brûlait pour vous en votre absence et ne s'embrasait à votre vue ? Quelle reine ou quelle princesse n'a point envié mes joies ou mon lit ?

Vous possédiez surtout deux talents qui devaient vous conquérir toutes les femmes : je veux dire ceux du poète et du musicien. Je ne crois pas que ces agréments se soient jamais rencontrés dans un autre philosophe à un degré semblable. C'est ainsi que, pour vous délasser de vos travaux philosophiques, vous avez composé, comme en vous jouant, une foule de vers et de chants amoureux, dont les pensées poétiques et les grâces musicales trouvèrent partout des échos. Votre nom volait de bouche en bouche, et vos vers restaient gravés dans la mémoire des plus ignorants par la douceur de vos mélodies. Aussi combien le cœur des femmes a soupiré pour vous! Mais, comme la plus grande partie de ces vers chantaient nos amours, mon nom ne tarda pas à devenir célèbre, et la jalousie des femmes fut enflammée.

Quels avantages de l'esprit ou du corps n'embellissaient à l'envi votre jeunesse? Quelle femme, jalouse alors de mon bonheur, aujourd'hui que je suis privée de tant de délices, ne se laisserait point arracher quelque pitié pour mon infortune? Qui donc, homme ou femme, pourrait me refuser sa compassion? La haine elle-même s'attendrirait sur mon sort.

Que je vous ai coûté cher! et pourtant je suis bien innocente, vous le savez. Le crime n'est pas dans le fait, mais dans l'intention. La justice ne pèse pas l'événement, mais la pensée qui l'a dirigé. Vous avez seul éprouvé mes sentiments, vous pouvez seul les juger. Je remets tout en votre balance, j'abandonne tout à votre témoignage.

Dites-moi seulement, si vous le pouvez, pourquoi, depuis notre entrée en religion, que vous avez résolue sans me consulter, vous m'avez tellement négligée, tellement oubliée, qu'il ne m'a été donné d'obtenir ni votre présence pour retremper mon courage, ni même une lettre pour me faire supporter votre éloignement. Dites-le, je vous prie, si vous le pouvez, ou bien je dirai, moi, ce que je pense et que tout le monde soupçonne. C'est la concupiscence plutôt que la tendresse qui vous a mis dans mes bras; c'est l'ardeur du sang plutôt que l'amour. Vos désirs une fois éteints, tous ces empressements passionnés ont disparu.

Ce que j'exprime ici, cher bien-aimé, n'est pas tant ma conjecture que celle de tous, une crainte personnelle qu'une opinion répandue, un sentiment particulier qu'une pensée générale. Plût à Dieu que je fusse seule de cet avis, et que votre amour trouvât quelques défenseurs dont la voix affaisserait un peu le gonflement de ma douleur! Plût à Dieu que je pusse imaginer des raisons pour vous excuser et me persuader que mon souvenir vous est encore nécessaire!

Observez, je vous en conjure, ce que je vous demande. C'est si peu de chose, et qui vous coûtera si peu! Puisque votre présence m'est dérobée, les paroles peuvent exprimer des vœux; qu'elles me rendent du moins la douceur de votre image. Les mots ne vous manquent pas, et comment vous trouverai-je libéral dans les choses s'il faut que j'accuse votre avarice dans les mots? Jusqu'à présent j'avais cru mériter beaucoup de votre part, ayant tout fait pour vous, et maintenant encore ne persévérant que pour vous dans ma soumission. Ce n'est pas la dévotion, au moins, c'est un ordre de votre bouche qui a jeté ma jeunesse en proie aux rigueurs claustrales. C'est donc en vain que je me suis sacrifiée si vous ne m'en tenez aucun compte? Dieu m'en récompensera-t-il? Non, sans doute, puisqu'il est clair que je n'ai rien fait pour l'amour de lui.

Lorsque vous êtes allé à Dieu, je vous ai suivi, que dis-je? je vous ai précédé. Comme préoccupé du souvenir de la femme de Loth, qui regarda derrière elle, vous m'avez ensevelie la première dans l'habit et dans les vœux sacrés; vous avez consommé mon esclavage avant le vôtre. Cette défiance, la seule que vous m'ayez jamais témoignée, me pénétra, je l'avoue, de douleur et de honte. Moi qui sans hésiter, Dieu le sait, vous aurais suivi ou précédé jusque dans les gouffres ardents de la terre, si tel eût été votre bon plaisir ! Car mon cœur n'était pas avec moi, mais avec vous. Et aujourd'hui, plus que jamais, s'il n'est point avec vous, il n'est nulle part, puisqu'il ne peut exister sans vous. Faites donc qu'il soit bien avec vous, je vous en supplie, et il sera bien avec vous si vous consentez à le plaindre, si vous lui rendez faveur pour faveur, peu pour beaucoup, des mots pour des choses. Plût à Dieu, mon bien-aimé, que votre tendresse fût moins confiante ! avec un peu moins d'assurance vous auriez plus de sollicitude pour moi. Pour vous avoir donné trop de sécurité, j'ai encouru votre négligence ; rappelez-vous, de grâce, ce que j'ai fait, et songez à ce que vous me devez.

Aux heures enchantées de nos transports amoureux, on a pu douter si je suivais l'impulsion de mon cœur ou l'instinct du plaisir. Maintenant la fin explique le début. J'ai frappé mes sens d'interdit pour obéir à votre volonté. Toute mon ambition a été de devenir ainsi et par-dessus tout votre propriété. Quelle est donc votre injustice si, à mesure que les sacrifices augmentent, la reconnaissance diminue et s'efface même entièrement, surtout lorsqu'on vous demande une chose si facile? Hélas ! est-ce donc trop ?

Par ce Dieu même auquel vous vous êtes consacré, je vous conjure de me rendre votre présence de la manière qui vous est possible, c'est-à-dire par la vertu consolatrice de quelque lettre. Ainsi ranimée, je vaquerai du moins avec plus de ferveur au service divin. Autrefois, lorsque vous vouliez m'entraîner dans les jouissances mondaines, vous me visitiez sans cesse par vos lettres ; chaque jour vos chansons plaçaient dans toutes les bouches votre Héloïse ; toutes les places, toutes les maisons retentissaient de mon nom. Cette éloquence qui me provoquait jadis à de terrestres plaisirs, ne saurait-elle se donner aujourd'hui le saint emploi de me porter vers le ciel? Encore une fois, souvenez-vous de vos devoirs, considérez ce que je demande; et je termine cette longue lettre par une courte fin :

Adieu. Vous êtes tout pour moi.

LETTRE

D'ABAILARD A HÉLOÏSE

—•—◇—•—

A Héloïse, sa bien-aimée sœur en Jésus-Christ, Abailard, son frère
dans le même Jésus-Christ.

Si, depuis que nous avons quitté le monde pour la religion, je ne vous ai pas encore fait entendre la voix qui exhorte et qui console, ne l'imputez point à ma négligence; la confiance absolue que m'inspire votre sagesse en est la seule cause. Je n'ai pas cru qu'un pareil secours fût nécessaire à celle que le Seigneur a enrichie de tous les dons de la grâce, et qui par l'ascendant de sa parole et de son exemple est capable elle-même de ramener ceux qui s'égarent, de soutenir ceux qui chancellent, de réchauffer ceux qui s'attiédissent.

Dès longtemps vous avez l'habitude de remplir cette mission, puisqu'elle remonte à l'époque où vous n'étiez encore que prieure, obéissant à une abbesse. Si vous veillez maintenant sur vos filles avec le même zèle que vous le faisiez autrefois sur vos sœurs, c'est assez pour que mes exhortations et mes préceptes me paraissent tout-à-fait superflus. Pourtant, si votre humilité n'en juge pas de même, et que dans les choses qui ont rapport à Dieu vous vouliez être dirigée par mes instructions, dites-moi sur quel sujet je dois vous écrire, afin que je vous éclaire selon que Dieu m'en donnera le pouvoir.

Je remercie le Ciel qui éveille dans vos cœurs une touchante inquiétude sur la permanence et la gravité de mes périls, et vous fait participer à mon affliction. Par le suffrage de vos prières j'obtiendrai sans doute que la divine compassion me protége et renverse bientôt Satan sous nos pieds. C'est particulièrement dans cette espérance que je m'empresse de vous envoyer le psautier que vous m'avez instamment demandé, sœur bien chère autrefois dans le siècle, à cette heure plus chère mille fois en Jésus-Christ. En ce nom divin, pour nos grandes et nombreuses transgressions, et pour les périls que chaque jour suspend sur ma tête, immolez au Seigneur un perpétuel sacrifice de prières.

Quant à la faveur que Dieu et ses saints accordent aux prières des fidèles, et surtout des femmes pour ceux qui leur sont chers, et des épouses pour leurs maris, nous en rencontrons fréquemment les témoignages et les exemples. Convaincu de leur efficacité, l'Apôtre nous avertit de prier sans cesse. Nous lisons que le Seigneur dit à Moïse : « Laisse-moi, que ma fureur se courrouce. » Et à Jérémie : « Ne me prie pas pour ce peuple, et ne t'oppose point à moi. » Par ces paroles, Dieu lui-même montre clairement que les prières des saints mettent pour ainsi dire à sa colère un frein qui la dompte et l'empêche d'égaler le châtiment à l'iniquité. La justice le conduit naturellement à la vengeance ; mais les supplications des fidèles le fléchissent à l'égard du pécheur et le retiennent malgré lui par une espèce de violence. Il sera dit en effet à celui qui prie ou qui priera : « Laisse-moi, et ne t'oppose point à ma volonté. » Le Seigneur ordonne de ne pas prier pour les impies. Malgré cette défense, le juste prie, et il obtient de Dieu ce qu'il demande, et il change la sentence du juge irrité; car on ajoute à propos de Moïse : « Et le Seigneur fut apaisé sur la vengeance qu'il voulait tirer de son peuple. »

Il est écrit touchant les œuvres de Dieu : « Il a dit, et elles furent. » Mais ici on rapporte qu'il dit que son peuple avait mérité l'affliction ; et pourtant, arrêté par la vertu de la prière, il n'accomplit point ce qu'il avait dit. Voyez donc quelle est la puissance de la prière, si nous prions dans le sens qui nous est ordonné, puisque le prophète ne laissa pas d'obtenir en priant ce que Dieu lui avait défendu de demander, et le détourna de ce qu'il avait prononcé. Un autre prophète lui dit encore : « Au jour de la colère, souvenez-vous, Seigneur, de votre miséricorde. »

Qu'ils écoutent, qu'ils s'instruisent, les princes de la terre qui poursuivent avec plus d'obstination que de justice les infractions faites à leurs décrets ; qui trembleraient d'être taxés de faiblesse s'ils se montraient miséricordieux, et de mensonge s'ils changeaient quelque chose à leurs édits, ou n'exécutaient point à la rigueur une loi imprudente, bien que les faits vinssent corriger sagement les paroles. On peut les comparer à Jephté, qui fit un vœu insensé, et le remplit plus follement encore en tuant sa fille unique.

Mais quiconque veut devenir un membre de l'Éternel dit avec le Psalmiste : « Je chanterai, Seigneur, votre miséricorde et votre justice. » — « La miséricorde, ainsi qu'il est écrit, fait monter le plateau de la justice. » — Il se souvient de cette menace de l'Écriture : « Justice sans miséricorde contre celui qui ne fait point miséricorde ! »

Songeant à ces paroles, le Psalmiste lui-même se laissa vaincre aux supplications de l'épouse de Nabal. Il avait juré par le Carmel de détruire le mari de cette femme et toute sa maison ; mais le serment prononcé dans la justice se perdit dans la miséricorde. David préféra donc la prière à la justice, et le crime du mari fut effacé par les supplications de l'épouse.

Que cet exemple, ma sœur, encourage votre tendresse, et soit pour elle un gage de sécurité. Si les prières de cette femme furent si puissantes auprès d'un homme, ne doutez plus de tout ce que les vôtres peuvent obtenir pour moi du Très-Haut. Dieu, qui est notre Père, aime sans doute ses fils plus tendrement que David n'aimait cette femme suppliante. Le roi d'Israël passait pour un homme pieux et miséricordieux ; mais Dieu est la piété et la miséricorde mêmes. Encore la femme qui suppliait David appartenait-elle au monde profane, et la sainteté d'une profession religieuse n'en avait pas fait l'épouse de Dieu.

Que si votre intercession pouvait ne point suffire pour me délivrer, la sainte communauté de vierges et de veuves qui sont avec vous obtiendra ce qui ne serait point accordé à vos seules prières ; car la Vérité a dit à ses disciples : « Quand deux ou trois seront rassemblés en mon nom, je serai au milieu d'eux. » Et une autre fois : » Si deux de vous sont entièrement d'accord pour ce qu'ils demanderont, mon Père les exaucera. » Après ces paroles, qui pourrait méconnaître la puissance d'une prière réitérée, lorsqu'elle s'élève de toute une sainte congrégation jusqu'au trône de Dieu? Si, comme l'affirme l'Apôtre, « la prière assidue d'un seul juste a beaucoup de force, » que n'est-il point permis d'espérer de cette multitude d'âmes pieuses confondues dans un même désir?

Vous avez vu, très-chère sœur, dans la trente-huitième Homélie de saint Grégoire, les effets merveilleux que la prière de quelques hommes produisit sur leur frère malgré sa résistance et son incrédulité. Son corps agonisant, sa malheureuse âme tourmentée de toutes les angoisses d'une mort prochaine, son désespoir profond, cet amer dégoût de la vie avec lequel il exhortait ses frères à ne point prier, tous ces précieux détails n'ont point échappé à vos remarques studieuses. Puissent-ils vous engager, vous et vos saintes sœurs, à marcher avec plus d'assurance dans les voies de la prière, afin que je vous sois conservé vivant par celui qui, selon le témoignage de saint Paul, accorda aux femmes de recouvrer même leurs morts par la résurrection !

Feuilletez l'ancien et le nouveau Testament ; vous trouverez que les grands miracles de résurrection furent montrés seulement ou de préférence à des femmes, et que c'est pour elles ou sur elles qu'ils furent accomplis. L'ancien Testament rapporte que deux morts furent ressuscités à la prière maternelle, l'un par Hélie, l'autre par son disciple Hélisée. L'Évangile ne cite que trois morts ressuscités par le Seigneur, et ces miracles, se rapportant tous trois à des femmes, confirment ainsi de la manière la plus solennelle cette parole de l'Apôtre : « Les femmes recouvrèrent leurs morts par la résurrection. »

En effet, aux portes de la ville de Naïm, compatissant à la douleur d'une pauvre veuve, il lui rendit son fils ressuscité. Il ressuscita aussi Lazare, qu'il aimait, aux instantes supplications de ses sœurs Marthe et Marie ; il accorda la même grâce à la fille du chef de la synagogue, sur la demande du père ; et cette fois encore « les femmes recouvrèrent leurs morts par la résurrection ; » car celle-ci, étant ressuscitée, avait reconquis sur le trépas son propre corps, comme les autres le corps de leurs parents. Peu de personnes avaient réuni leurs prières ; et pourtant ces résurrections leur furent accordées. Ah! que votre prière avec toutes les voix de votre piété obtiendra facilement la conservation de ma vie! Veuves et vierges, vous vous êtes toutes immolées dans un sacrifice aimé du Seigneur. Tant d'abnégation et de pureté ne peuvent manquer de le trouver propice. Et la plupart peut-être de ceux qui furent rendus à la vie n'étaient pas des fidèles : on ne lit pas que la veuve de Naïm, à qui le Seigneur ressuscita son fils sans qu'elle l'eût demandé, possédât la foi. Mais pour nous, outre que nous vivons dans la communion d'une foi entière, nous sommes encore unis par les mêmes vœux religieux.

Je veux laisser ici de côté votre congrégation monastique, dans laquelle un grand nombre de vierges et de veuves portent dévotement le joug du Seigneur; c'est vous seule que je viens implorer, vous, dont la sainteté est certainement très-puissante auprès de Dieu, vous, qui me devez peut-être votre secours la première, surtout dans les cruelles épreuves de l'adversité qui m'accable. Souvenez-vous donc toujours dans vos prières de celui qui vous appartient spécialement, et veillez dans votre prière avec un cœur confiant, car elle sera l'accomplissement d'un saint devoir, et à ce titre elle sera d'autant mieux accueillie de celui qu'il faut prier. Écoutez, je vous en conjure, de l'oreille du cœur, ce que vous avez souvent entendu de celle du corps. Il est écrit dans les Proverbes :

« La femme vigilante est une couronne pour son mari. » Et plus loin : « Celui qui a trouvé une bonne femme a trouvé un grand bien, et il a reçu du Seigneur une source de joie. » Et ailleurs : « Une maison et des richesses sont données par les parents ; mais c'est le Seigneur lui-même qui donne une femme prudente. »

Et dans l'Ecclésiastique :

« Heureux le mari d'une bonne femme. »

Et quelques lignes après :

« La femme vertueuse est un excellent partage. »

Et d'après l'autorité apostolique :

« Le mari infidèle est sanctifié par la femme fidèle. »

La grâce divine a permis que notre pays de France ait fait une heureuse expérience de cette vérité. La prière de Clotilde réussit mieux que les prédications des saints à convertir Clovis, son époux, à la foi du Christ, et le royaume entier ne tarda pas à être subjugué par la loi divine, afin que l'exemple descendu des régions élevées de la royauté servît surtout à provoquer dans les rangs inférieurs de la nation une grande persévérance dans la prière. Cette persévérance nous est vivement recommandée par la parabole du Seigneur :

« Mais qu'il persévère à frapper en demandant du pain, et je vous le dis, si l'autre ne lui en donne point par motif d'amitié, il se lèvera néanmoins à cause de son importunité, et lui donnera tout le pain dont il aura besoin. »

C'est sans doute par cette importunité de la prière, si je puis ainsi parler, que Moïse amollit la sévérité de la justice divine et changea la terrible sentence.

Vous savez, très-chère et bien-aimée, quelle charité affectueuse votre couvent tout entier me témoignait naguère, lorsque j'étais présent. Pour terminer les heures canoniales, les sœurs avaient l'habitude d'offrir chaque jour une prière spéciale pour moi au Seigneur. Après avoir récité à mon intention l'antienne et le répons, elles ajoutaient des prières et une collecte de la manière suivante :

« Répons. — Ne m'abandonnez pas, ne vous retirez pas de moi, Seigneur.

« Vers. — Seigneur, soyez toujours prêt à me défendre.

« Oremus. — Préservez, mon Dieu, de tout danger, votre serviteur qui espère en vous. Seigneur, écoutez ma prière, et que mon cri parvienne jusqu'à vous.

« Prière. — Dieu, qui, par votre humble serviteur, avez daigné rassembler en votre nom vos humbles servantes, nous vous supplions de lui accorder et à nous aussi la grâce de persévérer dans votre volonté. Par Jésus Notre Seigneur, etc. »

Maintenant que je suis loin de vous, le secours de vos prières m'est plus indispensable que jamais, car le péril redouble et consterne mon âme. Je vous en supplie donc et vous en conjure, je vous en conjure et vous en supplie, prouvez-moi, aujourd'hui surtout que je suis éloigné de votre présence, prouvez-moi que votre charité pour votre frère absent est sincère, en ajoutant à la fin de chacune des heures canoniales cette formule de prière :

« Répons. — Ne m'abandonnez pas, Seigneur, qui êtes mon Père et le maître de ma vie, de peur que je ne tombe devant mes ennemis, et que le méchant ne se réjouisse de ma perte.

« Vers. — Prenez vos armes et votre bouclier, et levez-vous pour ma défense, de peur que mon ennemi ne se réjouisse.

« Oremus. — Préservez, mon Dieu, de tout danger, votre serviteur qui espère en vous. Envoyez-lui, Seigneur, votre secours du Saint des saints ; et de votre montagne de Sion protégez-le. Soyez pour lui, Seigneur, une tour imprenable en présence de son ennemi. Seigneur, écoutez ma prière, et que mon cri parvienne jusqu'à vous.

« Prière. — Dieu, qui, par votre humble serviteur,

avez daigné rassembler en votre nom vos humbles servantes, nous vous supplions de le protéger contre toute adversité, et de le rendre sain et sauf à vos servantes. »

Si le Seigneur me livre aux mains de mes persécuteurs, et que je tombe sous leurs coups, ou si, loin de vous, quelque autre accident me fait toucher le terme où s'achemine toute chair, enseveli ou abandonné, que mon corps, je vous en supplie, soit transporté par vos soins dans votre cimetière. La vue de mon tombeau invitera, par un avertissement de chaque jour, nos filles et nos sœurs en Jésus-Christ à répandre plus souvent pour moi leurs prières devant le Seigneur. Je ne vois pas pour une âme contrite et repentante de ses péchés un asile plus sûr et plus salutaire que le lieu particulièrement consacré au véritable Paraclet ou Consolateur, et décoré spécialement de son nom ; et je ne crois pas qu'il y ait pour une sépulture chrétienne un endroit plus convenable, parmi les fidèles, que les cloîtres paisibles des femmes consacrées au service de Dieu. Ce sont des femmes qui s'inquiétèrent de la sépulture du Sauveur, qui embaumèrent son corps de parfums précieux, qui précédèrent et suivirent sa terrestre dépouille, qui veillèrent avec zèle autour de son sépulcre, et déplorèrent avec larmes la mort de l'époux, ainsi qu'il est écrit : « Les femmes, assises près du tombeau, se lamentaient en pleurant le Seigneur. » Aussi furent-elles les premières consolées par l'apparition et les paroles de l'ange qui leur annonça la résurrection du Christ ; et elles méritèrent de goûter aussitôt après les joies de sa résurrection, de le voir deux fois lui-même apparaître, et de le toucher de leurs propres mains.

Enfin ce que je vous demande par-dessus toutes choses, c'est de reporter sur le salut de mon âme cette tendre inquiétude que les périls de mon corps vous ont inspirée.

C'est ainsi que vous pourrez me témoigner, quand je serai mort, combien vous m'avez chéri pendant la vie, en m'accordant le secours spécial et particulier de vos prières.

Vivez, vous et vos sœurs, vivez et souvenez-vous de moi en Jésus-Christ.

LETTRE

D'HÉLOÏSE A ABAILARD

———◇———

A celui qui est tout pour elle par-delà Jésus-Christ, celle qui est toute
à lui en Jésus-Christ.

A ABAILARD HÉLOÏSE.

Je m'étonne, mon bien-aimé, de ce que, dérogeant dans votre lettre à l'usage ordinaire et même à l'ordre naturel des choses pour la formule de salutation, vous avez, par déférence, placé mon nom avant le vôtre : une femme avant un homme, une épouse avant son mari, une servante avant son maître, une nonne avant un moine et un prêtre, une diaconesse avant un abbé. Il est dans l'ordre et dans les convenances, lorsque nous écrivons à des supérieurs ou à des égaux, de placer leurs noms avant le nôtre ; mais si l'on s'adresse à des inférieurs, l'ordre des noms doit suivre l'ordre de la dignité.

Une autre chose encore a excité notre étonnement. Nous attendions des consolations, nous n'avons trouvé qu'un redoublement de chagrins : la main qui devait essuyer nos larmes les a fait couler avec plus d'abondance. Qui donc parmi nous pourrait retenir ses pleurs à la lecture de ce passage de votre lettre : « Si le Seigneur me livre aux mains de mes persécuteurs, et que je tombe sous leurs coups... » O cher, cher, comment votre esprit a-t-il conçu de telles choses ? Comment votre bouche a-t-elle pu les exprimer ? Que jamais Dieu n'oublie à ce point ses pauvres servantes, de les faire survivre à votre perte ! Que jamais il ne nous laisse une vie plus insupportable que toute espèce de mort ! C'est à vous qu'il appartient de célébrer nos obsèques, à vous de recommander nos âmes à Dieu, et de lui envoyer devant vous celles que vous avez assemblées en son nom, afin que vous ne soyez plus troublé par aucune inquiétude à leur sujet, et que vous nous suiviez avec plus de joie, une fois rassuré sur notre salut.

Grâce, grâce, mon maître ! je vous en supplie, épargnez-nous de semblables paroles. Ne creusez point notre douleur, déjà trop profonde ; et ce peu de vie qui nous reste, ne nous l'enlevez pas avant la mort. A chaque jour suffit sa peine, et l'instant fatal dont vous parlez, enveloppé qu'il est de toute amertume, apportera bien assez d'angoisse à ceux qu'il doit surprendre. « Quelle nécessité, dit Sénèque, d'aller au-devant des maux, et de perdre la vie avant la mort? »

Cher bien-aimé ! si quelque accident, dites-vous, vient à trancher vos jours loin de celles qui vous chérissent, vous nous priez de faire apporter votre corps dans notre cimetière, afin que nos prières, incessamment sollicitées par votre souvenir, vous amassent dans le ciel un plus riche trésor. Hélas ! pourriez-vous donc nous soupçonner capables de vous oublier ? Mais quel temps aussi pourrons-nous donner à la prière, lorsque notre âme bouleversée, perdue dans un chaos douloureux, ne se reconnaîtra plus elle-même; lorsqu'un seul coup nous aura enlevé le sentiment de la raison et l'usage de la parole; lorsque notre désespoir soulevé, pour ainsi dire, contre Dieu même, et prenant conseil de la fureur plutôt que de la résignation, l'apaisera bien moins par des prières qu'il ne l'irritera par des plaintes? Pleurer, voilà tout ce qui nous restera, malheureuses; mais prier, nous ne le pourrons point. Nous serons plus empressées à vous suivre qu'à ordonner votre sépulture; nous serons bonnes à être ensevelies nous-mêmes, plutôt qu'à vous ensevelir. Nous aurons perdu en vous notre vie véritable, et si notre vie s'en va, comment pourrions-nous vivre encore? Ah! nous espérons que le ciel ne traînera pas jusque-là notre existence! La seule pensée de votre mort, c'est déjà la mort pour nous. Que sera-ce donc si la réalité de votre trépas nous trouve encore debout? Non, le Seigneur ne permettra jamais que nous restions en ce monde pour nous acquitter de ce funeste devoir et vous rendre ces tristes honneurs que nous attendons de vous comme un dernier patronage! Nous vous devancerons dans la tombe, s'il plaît à Dieu, nous ne vous y suivrons pas.

Pitié pour vos filles! je vous le demande à genoux; pitié au moins pour celle qui est toute à vous seul! Bannissez des paroles qui percent nos âmes comme les épées de la mort, et qui nous font une agonie plus terrible que la mort même.

Un cœur brisé par le chagrin ne saurait pas être calme, et Dieu règne mal dans une âme envahie par les troubles. N'entravez point l'accomplissement de nos devoirs envers le ciel, vous qui nous avez asservies à sa loi. Lorsqu'un événement est inévitable, et qu'il doit apporter le deuil avec lui, on doit désirer qu'il arrive à l'improviste, et ne pas anticiper par d'inutiles craintes sur un malheur que nulle prévoyance humaine ne peut détourner. C'est ce que le poëte a fait justement sentir dans cette prière qu'il adresse à Dieu :

« Que tes arrêts s'accomplissent sans être prévus ! Qu'une nuit épaisse dérobe l'avenir aux yeux des mortels ! Laisse à nos frayeurs l'espérance [1]. »

Mais moi, si je vous perds, n'en ai-je pas fini avec l'espérance ? Pourquoi prolonger désormais un pèlerinage que je ne puis supporter que par vous ? Et encore, que me reste-t-il de vous ! Je sais que vous vivez ; voilà ma seule consolation. Je suis morte à tout autre plaisir. Votre présence au moins pourrait me rendre quelquefois à moi-même ; mais votre présence m'est refusée.

Oh ! s'il est permis de le dire, Dieu m'a été cruel au-delà de toute imagination. O clémence inclémente ! ô rigoureuse indulgence ! La Fortune a déjà usé contre moi tous ses efforts et tous ses traits, au point qu'elle n'en a plus à lancer sur d'autres. Elle a épuisé contre moi tous les fils de son carquois, et l'arc de sa fureur n'est plus redoutable pour personne. S'il lui restait encore quelque flèche, où trouverait-elle en moi de la place pour une nouvelle blessure ? Elle n'appréhende qu'une chose au milieu de mes tourments, c'est que la mort ne vienne y mettre un terme : et quoiqu'elle me tue tous les jours, elle craint encore ce trépas qu'elle accélère.

Oh ! malheureuse des malheureuses ! infortunée des infortunées ! Votre amour m'avait trop élevée au-dessus de mon sexe. Renversée du haut de mon trône, j'ai tout expié par la grandeur de ma chute, et dans ma personne et dans la vôtre. Plus grande est l'élévation, plus terrible est la ruine ! Parmi les femmes de noble et puissante mai-

---

[1] Lucain. *Phars...*, liv. III.

son en est-il une seule dont la fortune ait, je ne dis point dépassé, mais atteint la mienne? En est-il une seule aussi tombée de si haut et dans un tel abîme? En vous quelle gloire est venue me trouver! En vous aussi quelle affreuse catastrophe il m'a fallu subir! Faveur et disgrâce, la fortune a tout poussé à l'extrême. Les biens et les maux, elle m'a tout prodigué sans mesure. C'est pour faire de moi la plus misérable des femmes qu'elle en avait fait d'abord la plus heureuse, afin qu'embrassant du regard toute l'étendue de ma perte, je pusse égaler les lamentations aux douleurs, et l'amertume des regrets à la douceur des plaisirs perdus : elle a voulu éteindre dans les ombres de la tristesse et du désespoir les jours brillants de mon orgueil et de mes voluptés.

Et, pour que l'outrage fût plus poignant et l'indignation plus amère, tous les droits de l'équité ont été violés en nous. En effet, tandis que nous goûtions les joies d'un amour inquiet, ou, pour me servir d'un terme moins honnête, mais plus expressif, tandis que nous étions abandonnés à la fornication, la sévérité du ciel nous a épargnés. Mais quand des nœuds illicites furent sanctifiés, et que le mariage eut couvert de son voile respectable la honte de nos égarements, la colère du Seigneur appesantit durement sa main sur nos têtes, et notre lit conjugal ne put faire pardonner ses innocentes délices à celui qui en avait si long-temps toléré les souillures.

Un homme surpris en adultère aurait assez chèrement payé son crime par le supplice que vous avez enduré. Ce que les autres méritent par l'adultère, vous l'avez encouru par le mariage, qui vous inspirait la confiance d'avoir racheté tous vos torts. Ce que les femmes adultères attirent aux complices de leurs désordres, votre légitime épouse vous l'a attiré. Et ce n'était plus au moment où la voix du plaisir était seule entendue, mais à l'époque où, momentanément séparés, nous vivions recueillis dans de plus chastes habitudes, vous à Paris, à la tête des écoles, moi à Argenteuil, selon vos ordres, et dans la compagnie des religieuses. Cette absence volontaire aurait dû nous protéger, car nous nous l'étions imposée, vous pour consacrer plus d'application à vos écoles, et moi pour me livrer avec plus de liberté à la prière ou à la méditation de l'Écriture sainte. Qu'y avait-il de plus chaste et de plus innocent que notre vie ? C'est pourtant alors que vous avez seul payé de votre sang le péché qui nous était commun. Vous avez été seul pour le châtiment, nous étions deux pour la faute; vous étiez le moins coupable, et vous avez porté toute la peine.

En vous abaissant pour moi, en m'élevant moi et toute ma famille jusqu'à l'honneur de votre alliance, vous aviez satisfait d'autant soit à Dieu, soit aux hommes, et vous ne deviez plus craindre le châtiment que ces misérables traîtres vous ont infligé. Fallait-il que je vinsse au monde pour être la cause d'un aussi effroyable crime ! Sexe fatal ! il sera donc toujours la perte et le fléau des plus grands hommes ! Aussi le livre des Proverbes nous apprend-il qu'on doit se garder de la femme : « Maintenant, mon fils, écoute-moi : prête l'oreille aux paroles de ma bouche. Que ton âme ne se laisse pas entraîner dans ses voies ni égarer dans ses sentiers. Car elle en a blessé et renversé plusieurs, et elle a tué les plus forts. Sa maison est le chemin de l'enfer ; elle conduit jusque dans les profondeurs de la mort. »

L'Ecclésiaste dit aussi :

« Mon esprit a considéré toute chose avec soin, et j'ai trouvé que la femme est plus amère que la mort ; elle est le filet du chasseur : son cœur est un piége et ses mains sont des chaînes. Celui qui est agréable à Dieu se sauvera d'elle ; mais le pécheur tombera dans ses rets. »

Tout d'abord, la première femme a séduit son époux, et l'a fait c... er du paradis : celle que le Seigneur lui avait donnée comme une aide devint la cause de sa chute épouvantable. Ce puissant Nazaréen, l'homme du Seigneur, et dont un ange avait annoncé la naissance, une femme seule l'a vaincu. Livré à ses ennemis par Dalila, privé de la vue, il a fini, dans l'excès de sa douleur, par s'ensevelir sous les ruines du temple avec les Philistins. Salomon fut le plus sage de tous les hommes ; cependant une femme, qu'il avait épousée, lui fit perdre la raison, et le jeta dans la plus déplorable folie. Lui, que Dieu avait choisi pour bâtir son temple, honneur dont son père David, malgré sa justice, n'avait pas été trouvé digne, il se plongea dans l'idolâtrie jusqu'à la fin de ses jours, abandonnant le culte du vrai Dieu, dont sa bouche et sa plume avaient célébré la gloire et enseigné les commandements. Le saint homme Job vit sa femme l'exciter au blasphème, et ce fut la dernière et la plus terrible de ses épreuves ; car le rusé Tentateur savait bien, pour l'avoir maintes fois reconnu, que l'homme a dans son épouse une ruine toujours prête [1].

Sa malice ordinaire s'est étendue jusqu'à nous. N'ayant pu vous perdre par de coupables amours, il vous a tendu un piège plus dangereux dans le mariage ; il a trouvé dans le bien même l'instrument de sa méchanceté, qu'il n'avait pu trouver dans le mal.

Du moins je rends grâces à Dieu d'une chose ; c'est que je ne ressemble pas tout-à-fait à ces femmes que j'ai citées. Le Tentateur a bien pu faire servir à sa malice les doux penchants de mon cœur ; mais il n'a pu le faire consentir

---

[1] V. la Complainte d'Israël sur Samson, dans ce même volume.

à la trahison. Pourtant, quoique la pureté de mon intention me justifie, quoique ma volonté n'ait trempé ni de près ni de loin dans cet horrible attentat, néanmoins j'avais commis auparavant de nombreux péchés, qui ne me permettent pas de m'en croire entièrement innocente. Dès longtemps asservie aux attraits de la chair, j'ai mérité alors ce que je souffre aujourd'hui, et le châtiment de mes péchés n'en est que la juste conséquence. Toute mauvaise fin doit se rapporter à un mauvais commencement.

Plaise au ciel que je fasse de ce crime une digne pénitence, et que la longueur de mes expiations puisse balancer en quelque sorte les douleurs de votre supplice! Ce que vous avez souffert un moment dans votre chair, je veux le souffrir toute ma vie dans la contrition de mon âme : du moins, après cette juste satisfaction, si quelqu'un peut encore se plaindre, ce sera Dieu, non pas vous.

S'il faut vous découvrir toute ma faiblesse et toute ma misère, je ne puis trouver dans mon cœur un repentir capable d'apaiser le Seigneur. Ulcérée par l'outrage dont vous êtes victime, toujours j'accuse le Ciel d'un excès de cruauté; toujours rebelle à sa volonté, loin de l'apaiser par mes remords et ma pénitence, je ne fais que l'offenser par le murmure de mes indignations. Est-ce là faire réellement pénitence, quelles que soient les austérités du corps, si l'âme continue d'étreindre son péché avec amour, si elle fermente encore d'impurs désirs? Il est facile de confesser ses fautes et de s'en accuser, ou même d'affliger son corps dans des macérations extérieures; mais ce qui est très-difficile, c'est d'arracher son âme aux regrets d'un ineffable bonheur. C'est pourquoi le saint homme Job, après avoir dit : « J'enverrai ma parole contre moi-même, » c'est-à-dire je délierai ma langue, et j'ouvrirai ma bouche pour qu'elle confesse mes péchés et les accuse, ajoute aussitôt : « Je parlerai dans l'amertume de mon âme. » Saint Grégoire, rappelant ce passage, dit aussi : « Il y en a qui confessent leurs fautes à haute voix ; mais leur confession ne sort pas d'un cœur gémissant, et ils disent en souriant des choses lamentables. » Il ne suffit donc pas d'avouer ses fautes, il faut encore les avoir en horreur, et parler dans l'amertume de l'âme, pour que cette amertume elle-même soit la punition des fautes que la langue accuse par le jugement de l'esprit.

Cette amertume du vrai repentir est bien rare, et saint Ambroise en fait la remarque : « J'ai, dit-il, trouvé plus de justes qui n'ont point failli, que de pécheurs relevés de l'anathème par la pénitence. » Mais, hélas ! ces plaisirs de l'amour que nous avons goûtés ensemble m'ont trop doucement fascinée ! Je ne puis me défendre de les aimer, ni les bannir de ma mémoire. Ils enveloppent mes pas ; ils poursuivent mes regards de leurs scènes adorées, et font pénétrer dans mes veines émues tous les feux du regret et du désir. L'éternel mirage plane encore, avec toutes ses illusions, sur mes nuits frémissantes.

Pendant la solennité même du divin sacrifice, au moment où la prière doit être plus fervente et plus pure, ah ! j'en ai honte ! les licencieux tableaux de nos plaisirs captivent tellement ce cœur misérable, que je suis plus occupée de ces indignités que de la sainte oraison. Je pleure non pas les fautes que j'ai commises, mais celles que je ne commets plus. Et non-seulement ce que nous avons fait, mais les heures, les lieux témoins de nos rapides félicités, chaque circonstance est victorieusement gravée dans mon souvenir avec votre image ; tout recommence, je retombe dans tous nos délires, et ce passé qui me ressaisit et m'agite, même dans le sommeil je ne m'en repose point : des mouvements involontaires, des paroles qui m'échappent viennent souvent trahir le dérèglement de mes pensées.

Oh ! que je suis malheureuse, et qu'elle est bien faite pour moi cette plainte d'une âme gémissante : « Malheureux que je suis! qui me délivrera de ce corps de mort[1] ? » Plût au ciel que je pusse ajouter avec raison ce qui suit : « C'est la grâce de Dieu par Jésus-Christ Notre-Seigneur. »

Cette grâce vous a prévenu, ô mon bien-aimé : une seule plaie corporelle vous a guéri de ces blessures de l'âme, et, dans sa rigueur apparente, Dieu vous a sans doute moins maltraité. Il a fait comme un fidèle médecin, qui n'épargne point la douleur au malade, pourvu qu'il lui sauve la vie.

Que je suis loin de votre tranquillité ! La fougue des sens et de la passion, une jeunesse qui toujours brûle et palpite, et la tant douce expérience que j'ai faite des voluptés, m'aiguillonnent sans relâche, et pressent ma défaite par des assauts dont la fragilité même de ma nature est complice.

On dit que je suis chaste, c'est qu'on ne voit pas que je suis hypocrite. On prend la pureté de la chair pour de la vertu, comme si la vertu était l'affaire du corps et non de l'âme. Je suis honorée sur la terre; mais je n'ai aucun mérite devant Dieu, qui sonde les cœurs et les reins, et qui voit clair dans nos ténèbres.

On loue ma religion dans un temps où ce n'est point une faible partie de la religion que l'hypocrisie; où pour être comblé de louanges il suffit de ne point heurter les préjugés des hommes. Sans doute il paraît louable, et Dieu peut en quelque façon nous tenir compte de ne point scandaliser l'Église par de mauvais exemples, quoique la pureté de l'intention n'y soit pas; car ainsi du moins nous ne donnons point aux infidèles l'occasion de blas-

---

[1] *Épît. aux Rom.*, 7.

phémer le nom du Seigneur, et notre conduite ne diffame point dans le siècle l'ordre religieux auquel nous appartenons. Cela même est encore un don de la grâce divine qui, seule, avec le pouvoir de faire le bien, nous donne aussi la force de nous abstenir du mal. Mais en vain faisons-nous le premier pas s'il n'est suivi du second, car il est écrit : « Détourne-toi du mal et fais le bien. » Vainement encore accomplirons-nous l'un et l'autre précepte, si nous ne sommes point guidés, en l'accomplissant, par l'amour de Dieu.

Dieu le sait, Dieu le sait que toute ma vie j'ai plus redouté de vous offenser que de l'offenser lui-même, et que c'est à vous, bien plus qu'à lui, que je désire de plaire. C'est votre commandement et non la voix du ciel qui m'a courbée sous le joug monastique. Quelle est donc ma destinée de malheur et de désespoir, si tant de souffrances sont perdues pour moi ici-bas, quand je n'en dois recevoir aucune récompense là-haut? Jusqu'à présent ma dissimulation vous a trompé comme les autres : vous avez attribué à un élan religieux ce qui n'était que feinte et hypocrisie ; voilà pourquoi vous vous recommandez à mes prières ; mais vous me demandez ce que j'attends de vous.

N'ayez pas tant de confiance en moi, je vous en conjure, de peur que vous ne cessiez de me secourir par vos prières. Non, je ne suis pas guérie : ne me privez donc pas de la douceur du remède. Non, je ne suis pas enrichie par la grâce : ne différez donc pas de venir en aide à ma misère. Non, je ne suis pas forte ; et prenez garde que je ne défaille avant que vous puissiez me soutenir dans ma chute. Plusieurs ont trouvé leur perte dans la flatterie, et elle leur a enlevé l'appui dont ils avaient besoin. Le Seigneur s'écrie par la bouche d'Isaïe : « Mon peuple, ceux qui glorifient tes voies te trompent ; ils égarent le chemin de tes pas. » Et par Ézéchiel : « Malheur à vous qui placez des coussins sous les coudes, et des oreillers sous la tête de toute la génération, pour tromper les âmes ! » Et d'un autre côté, il est dit par Salomon : « Les paroles des sages sont comme des aiguillons et des clous enfoncés profondément, qui ne savent point effleurer une plaie avec légèreté, mais qui la déchirent. »

Ainsi, je vous en supplie, trêve à vos louanges; n'encourez pas le honteux reproche qui s'adresse aux artisans de flatterie et de mensonge. Si vous croyez qu'il y ait en moi quelque reste de vertu, craignez qu'il ne s'évanouisse au souffle de la vanité. Un habile médecin voit la maladie cachée, quoique nuls symptômes ne la trahissent. Et Dieu fait peu de cas de tous ces dehors que les réprouvés partagent avec les élus. Souvent les vrais justes négligent ces pratiques extérieures qui frappent tous les regards, tandis que personne ne s'y conforme avec plus de soin que les hypocrites.

« Le cœur de l'homme est mauvais et insondable. Qui le connaîtra ? L'homme a des voies qui paraissent droites, mais dont les issues aboutissent à la mort. Le jugement de l'homme est téméraire dans les choses dont l'examen est réservé à Dieu. » C'est pourquoi il est écrit : « Ne louez pas un homme pendant sa vie. » Car, en louant un homme, on l'expose à perdre la vertu même qui est la cause de la louange.

Je suis trop heureuse de vos éloges, et mon cœur s'y abandonne trop volontiers, pour qu'ils ne me soient pas dangereux. Je ne suis que trop disposée à m'enivrer de leur doux poison, puisque ma seule étude est de vous complaire en toute chose. Éveillez vos craintes, je vous supplie, et déposez votre confiance, afin que votre sollicitude soit toujours prête à me secourir. C'est à cette heure que le danger est plus grand que jamais, puisque de votre côté mon mal d'incontinence est désormais sans remède.

Ne m'exhortez pas à la vertu, ne m'excitez point au combat en disant : « La vertu arrive à son comble dans la faiblesse, » et, « la couronne ne sera donnée qu'à celui qui aura combattu jusqu'au bout. » Je ne cherche point la couronne de la victoire. Il me suffit d'éviter le danger. Il est plus sage de s'éloigner du péril que de s'engager dans la guerre. Que Dieu me place dans le moindre coin du ciel, je serai satisfaite. Là l'envie est inconnue, chacun se contente de ce qu'il a obtenu.

L'Autorité fortifie encore mon opinion. Écoutons saint Jérôme : « J'avoue ma faiblesse, dit-il, je ne veux point combattre dans l'espérance de vaincre, de peur qu'il ne m'arrive d'être vaincu ! » Pourquoi abandonner ce qui est certain, et poursuivre des choses incertaines ?

LETTRE

D'ABAILARD A HÉLOÏSE

―――o―◇―o―――

A l'épouse du Christ, le serviteur du même Jésus-Christ.

A HÉLOÏSE ABAILARD.

Votre dernière lettre se résume en quatre points, dans lesquels vous avez déposé la vive expression de votre mécontentement. En premier lieu vous me reprochez d'avoir agi contre l'usage et renversé l'ordre naturel des choses en plaçant votre nom avant le mien dans ma formule de salutation. Secondement, j'ai, dites-vous, envenimé les chagrins que j'aurais dû adoucir, et fait couler avec plus d'abondance les larmes que je devais essuyer, lorsque j'ai ajouté : « Si le Seigneur vient à me livrer aux mains de mes ennemis, et que leur violence me fasse périr, » etc. Ensuite reviennent ces anciens et éternels murmures contre la Providence sur la cause de notre conversion et la trahison si cruellement exercée contre moi. Enfin vous vous accusez vous-même, en opposition à mes louanges, et vous me suppliez avec instance de ne plus vous en adresser par la suite.

Je veux faire à chacune de vos objections une réponse particulière, moins pour ma justification propre que pour votre instruction et votre encouragement. Vous vous rendrez plus volontiers à mes demandes quand vous serez convaincue qu'elles sont raisonnables; vous serez plus disposée à m'écouter pour ce qui vous concerne quand vous verrez que je ne suis point répréhensible dans ce qui me regarde; vous aurez pour ma parole une respectueuse confiance quand vous reconnaîtrez qu'elle n'est point passible de blâme.

Et d'abord, relativement à cette formule de salutation qui sonne mal à votre oreille, avec un peu d'attention vous reconnaîtrez que j'ai fait ce que vous désirez. N'est-il pas vrai et n'avez-vous pas dit vous-même que, lorsqu'on écrit à des supérieurs, leurs noms doivent être placés les premiers? Comprenez bien que vous êtes pour moi une supérieure, et que vous avez commencé à être ma Dame dès l'instant que vous êtes devenue l'épouse de mon Maître, selon ces paroles de saint Jérôme écrivant à Eustochium : « j'écris ma Dame, parce que je dois appeler ma Dame celle qui est l'épouse de mon Maître. » Heureux échange de fiançailles! Il est donné à l'épouse d'une misérable créature humaine de monter dans la céleste couche du Roi des rois. Et la gloire de ces noces triomphantes ne borne pas à votre premier époux votre supériorité, elle l'étend encore sur tous les autres serviteurs du roi. Ne vous étonnez donc point si, vivant ou mort, je me recommande surtout à vos prières; il est universellement reconnu que l'intercession d'une épouse auprès du Maître est plus puissante que celle d'une servante, et que la voix de la Maîtresse a plus d'autorité que celle des esclaves.

C'est comme leur éclatant modèle que la reine et l'épouse du souverain roi est représentée avec tant de soin dans ces paroles du Psaume : « La reine se tient à ta droite. » C'est comme si l'on disait plus explicitement : Elle est auprès de son époux ; étroitement unie à ses côtés, elle marche de pair avec lui, et tous les serviteurs se tiennent à une distance respectueuse, ou les suivent de loin. Pleine du sentiment de sa gloire et de l'excellence de sa prérogative, l'épouse, l'Éthiopienne que Moïse prit avec lui, s'écrie avec un noble orgueil dans le Cantique des cantiques : « Je suis noire, mais je suis belle, filles de Jérusalem. C'est pourquoi le roi m'a chérie d'amour, et m'a introduite dans son cabinet. » Et plus bas : « Ne considérez pas que je suis brune, et que le soleil m'a décolorée. » Il est vrai que ces paroles décrivent en général l'âme contemplative, qui est spécialement nommée l'épouse du Christ ; cependant elles se rapportent plus expressément encore à vous-mêmes, ainsi que le prouve l'habit que vous portez.

En effet, ce vêtement noir ou d'étoffe grossière, tout semblable à la robe lugubre de ces saintes veuves qui pleuraient les époux enlevés à leur amour, démontre que vous êtes, selon la parole de l'Apôtre, véritablement veuves et désolées en ce monde, et qu'ainsi l'Église doit consacrer ses deniers à vous entretenir. Le deuil de ces veuves, en mémoire de leur Époux mis à mort, est consigné dans ce passage de l'Écriture : « Les femmes assises auprès du monument se lamentaient en pleurant le Seigneur. »

L'Éthiopienne a le teint noir, et à l'extérieur elle paraît moins belle que les autres femmes, mais elle ne leur cède point en beautés intérieures, et les surpasse en perfection et même en blancheur dans plusieurs parties, par exemple les os et les dents. Cette blancheur des dents est vantée par l'époux lui-même, lorsqu'il dit : « Et ses dents sont plus blanches que le lait. »

Elle est donc noire au dehors, mais au dedans elle est belle. La multitude des adversités et des tribulations dont elle est corporellement affligée dans cette vie impriment, pour ainsi dire, sur sa chair la couleur de l'ébène, conformément à cette parole de l'Apôtre : « Tous ceux qui veulent pieusement vivre en Jésus-Christ souffriront la persécution. » En effet, comme le blanc représente la prospérité, le noir, au contraire, est l'emblème naturel du malheur. Mais en dedans éclate la blancheur de ses os, parce que son âme est précieusement ornée de toutes les vertus, ainsi qu'il est écrit : « Toute la gloire de la fille du roi vient de son intérieur. » Car ses os, qui sont intérieurs, et recouverts au dehors par la chair, dont ils sont à la fois le soutien et l'appui, la force et la vigueur, peuvent être considérés comme l'expression parfaite de l'âme, qui vivifie, soutient, fait mouvoir et gouverne son enveloppe de chair et lui communique toute sa puissance. Sa blancheur et sa bonne grâce, ce sont les vertus dont elle est ornée. Elle est noire à l'extérieur, parce que, pendant toute la durée de son exil et de son terrestre pèlerinage, elle vit dans l'abjection et l'humilité, pour se relever dans la splendeur de cette autre vie qui est cachée avec Jésus-Christ dans le sein de Dieu, et prendre possession de son immortelle patrie. Le soleil de vérité la décolore, c'est-à-dire l'amour du céleste époux l'humilie et l'afflige par des tribulations, de peur que la prospérité ne lui enfle le cœur. Il la décolore, c'est-à-dire il la rend dissemblable aux autres hommes, dont l'ardente convoitise ne s'attache qu'aux biens de la terre, et dont l'ambition poursuit la gloire du siècle ; afin qu'elle devienne par son humilité le véritable lis des vallées, non pas le lis des montagnes, comme ces vierges folles qui, tout orgueilleuses d'une chasteté corporelle et d'une continence de parade, furent desséchées par le feu intérieur des tentations. C'est avec raison qu'en s'adressant aux filles de Jérusalem, c'est-à-dire à ces fidèles mal affermis, qui méritent plutôt le nom de filles que celui de fils, elle leur dit : « Ne considérez pas que je suis brune, et que le soleil m'a décolorée. » En termes plus clairs : Si je me résigne à tant d'humiliation, si j'oppose un courage viril aux adversités, ce n'est point par un effort de ma propre vertu, mais par la grâce de Celui que je sers.

Bien différente est la conduite des hérétiques et des hypocrites, qui, dans l'espérance d'une gloire mondaine, font grand étalage d'humilité aux yeux des hommes, et s'imposent d'inutiles souffrances. Cette feinte humilité et ces tribulations volontaires, auxquelles ils se soumettent, doivent nous surprendre infiniment, car ils se rendent ainsi les plus misérables de tous les hommes, puisqu'ils se privent à la fois des biens de la terre et de ceux du ciel. Aussi l'épouse, attentive à cette considération, dit-elle : « Ne vous étonnez pas de ce que j'agis ainsi. » C'est sur la vanité de ceux-là qu'il faut s'étonner, qui, dans l'intérêt de cette gloire terrestre dont ils sont tristement épris, renoncent, sans aucun fruit, aux biens de ce monde, et se dévouent au malheur dans le temps et dans l'éternité. Telles étaient, par exemple, ces vierges folles qui, malgré leur continence, furent repoussées du seuil de l'époux.

Elle parle encore avec sagesse lorsqu'elle dit, noire et belle comme elle est, que le roi l'a aimée et l'a introduite dans son cabinet, c'est-à-dire dans le secret et le repos de la contemplation, et dans cette couche dont elle parle encore ailleurs : « Durant les nuits, j'ai cherché dans ma couche celui qu'aime mon âme. » Son teint est noir, et cette difformité cherche l'ombre plutôt que la lumière, la retraite plutôt que le monde. Une telle épouse est meilleure pour les joies mystérieuses de son mari que pour les triomphes de son amour-propre. Aussi elle connaît ses avantages, et elle aime mieux se faire sentir au lit que se faire voir à table. Si les femmes de couleur noire ne charment point les regards comme les femmes blanches, souvent aussi elles ont la peau plus douce et plus veloutée; elles rachètent la disgrâce de leur teint par un contact plus suave et plus voluptueux. Leurs amours sont ainsi plus agréables dans l'isolement, et les plaisirs qu'elles procurent plus convenablement dérobés à tous les regards. Et leurs maris, quand ils veulent goûter les fruits de leur beauté, ne les produisent pas dans l'assemblée, mais les font entrer dans le cabinet.

Conformément à cette métaphore, l'épouse céleste, après avoir dit : « Je suis noire, mais je suis belle, » ajoute aussitôt : « C'est pourquoi le roi m'a aimée, et m'a introduite dans son cabinet, » mettant ainsi en regard la cause et l'effet. Parce que je suis belle, il m'a aimée : parce que je suis noire, il m'a introduite dans son cabinet. Belle à l'intérieur, comme je l'ai dit, par les vertus que chérit l'époux ; noire à l'extérieur par les adversités de ses tribulations corporelles.

Cette noirceur, effet des tribulations corporelles, détache facilement les âmes des fidèles de l'amour des biens de ce monde, pour les suspendre aux désirs d'une éternelle vie, et les entraîne, loin du tumulte du siècle, dans le secret de la contemplation. C'est ce qui arriva à saint Paul au début de la vie que nous avons embrassée, je veux dire la vie monacale. Saint Jérôme l'atteste. Ce deuil et cette pauvreté des vêtements semblent aussi fuir le monde et réclamer la solitude, et sont la garde la plus sûre de cette abnégation et de cette retraite profonde, qui convient particulièrement à notre profession. Rien n'excite davantage à se montrer en public que le luxe des habits, chose que personne ne peut rechercher sans avoir en vue les pompes du siècle et les misérables satisfactions de la vanité, comme saint Grégoire le démontre par ces paroles : « Personne ne songe à se parer dans un lieu solitaire, mais dans celui où il pourra être vu. » Maintenant, le cabinet dont parle l'épouse est celui que l'Époux lui-même nous désigne pour la prière, dans ce passage de l'Évangile : « Mais toi, quand tu prieras, entre dans ton cabinet, et, ayant fermé ta porte, prie ton Père. » Comme s'il disait : Non pas sur les places ni dans les endroits publics, comme les hypocrites. Il appelle cabinet un endroit retiré de l'agitation et de la présence du siècle, où il soit possible de prier avec plus de calme et d'effusion pieuse; tel enfin que les cloîtres, ces thébaïdes monastiques, dont nous devons fermer la porte, c'est-à-dire clore toutes les avenues, de peur que la pureté de la prière ne soit troublée par quelque événement, et que notre œil ne nous fasse le larcin de notre âme infortunée. Nous gémissons de voir encore, parmi les gens de notre habit, tant de contempteurs de ce conseil ou plutôt de ce précepte divin. Lorsqu'ils célèbrent les saints offices, chœur, sanctuaire, tout s'ouvre, toutes les barrières tombent, ils affrontent impudemment les regards des femmes et des hommes, et cela surtout dans les cérémonies solennelles, lorsque, revêtus des plus précieux ornements du sacerdoce, ils engagent une rivalité de pompe séculière avec les profanes auxquels ils se donnent en spectacle. A leur avis, la fête est d'autant plus belle qu'on y déploie plus de luxe et d'ornements extérieurs, et que les pains d'offrande ont été plus somptueux et plus magnifiques. Déplorable aveuglement, que le christianisme, c'est-à-dire la religion des pauvres, répudie, et qu'il vaut mieux passer sous silence, puisqu'on ne saurait en parler sans honte. Toujours judaïsant, ils suivent leur habitude pour toute règle. Avec leurs traditions, ils ont fait une lettre morte de la parole de Dieu : car ce n'est point au devoir, mais à la coutume, qu'ils se conforment. Cependant, comme le rappelle saint Augustin, le Seigneur a dit: « Je suis la vérité, » et non pas : « Je suis la coutume. » Se recommande qui voudra aux fastueuses prières de ces gens qui, avant de s'agenouiller, ouvrent toutes leurs portes. Mais vous, que le Roi des cieux a lui-même introduites dans sa chambre nuptiale, vous qui reposez dans ses embrassements, et qui êtes à lui tout entières et porte close, plus votre union céleste est intime, selon la parole de l'Apôtre : « Celui qui s'unit au Seigneur est un seul esprit avec lui, » plus je me confie dans la pureté et l'efficacité de votre prière, et plus j'en sollicite ardemment l'assistance. J'espère aussi qu'elle trouvera un nouveau motif de ferveur dans la tendresse de notre affection mutuelle.

Quant aux frayeurs que je vous ai inspirées en vous instruisant des périls qui me menacent et de la mort que je redoute, j'ai encore satisfait en cela à votre désir, et je dirai même à votre instante prière. La première lettre que vous m'avez envoyée contient un passage ainsi conçu :

« Au nom du Christ, qui semble encore vous protéger pour son service, et dont nous sommes les bien petites servantes, en même temps que les vôtres, ah! nous vous en conjurons, daignez nous écrire fréquemment. Dites-nous au sein de quels naufrages vous êtes encore ballotté; nous avons besoin de le savoir. Il ne vous reste que nous seules dans le monde; laissez-nous notre part dans vos douleurs et dans vos joies. Les cœurs blessés trouvent quelques consolations dans la pitié qu'ils inspirent; un fardeau soutenu par plusieurs est porté plus facilement et paraît plus léger. »

Pourquoi donc me reprocher de vous avoir fait partager mes inquiétudes, puisque vous m'y avez obligé par vos supplications? En face de cette existence désespérée dont je traîne avec moi le supplice, convient-il que vous soyez dans la joie? Voulez-vous votre part dans mon bonheur seulement, et non dans mes chagrins? Voulez-vous ne point pleurer avec ceux qui pleurent, mais vous réjouir avec ceux qui se réjouissent? Le trait le plus distinctif des vrais et des faux amis, c'est que les uns s'associent au malheur, les autres à la prospérité. Laissez de côté, je vous en prie, tous ces reproches, et comprimez des plaintes qui sont si complétement étrangères aux entrailles de la charité.

Si vous trouvez que je n'ai point assez ménagé votre cœur, songez que dans l'imminence de mes périls et le désespoir qui me montre la mort à toutes les heures, il est de mon devoir de m'inquiéter du salut de mon âme, et d'y pourvoir tandis qu'il en est temps encore. Si vous m'aimez véritablement, vous ne m'en voudrez point de cette précaution. Et même, si vous aviez quelque confiance en la divine miséricorde à mon égard, vous appelleriez de vos vœux ardents le jour qui me délivrera de toutes mes misères, car vous voyez bien qu'elles sont insupportables; et vous le savez trop, qui que ce soit qui me délivre de cette vie, doit terminer d'affreux tourments. Ce qui peut m'attendre dans l'autre vie, je n'en sais rien; mais de quoi je serai affranchi en celle-ci, cela n'est pas douteux.

La mort qui tranche une vie misérable est toujours un bien, et ceux qui compatissent véritablement aux douleurs des autres, et qui en souffrent avec eux, désirent qu'elles soient terminées, même aux dépens de leurs affections, s'ils chérissent sincèrement ceux qu'ils voient ainsi dans l'amertume de l'âme : ils oublient qu'un événement est fatal à leur tendresse s'il est heureux pour leurs amis. Ainsi une mère qui voit son fils torturé par la maladie, sans espérance de guérison, désire que la mort même vienne terminer des souffrances dont elle ne peut supporter la vue. Elle aime mieux perdre son enfant que de l'avoir pour compagnon de douleur. Et celui qui se complaît extrêmement dans la présence d'un ami, aime mieux le savoir heureux loin de lui que l'avoir misérable à ses côtés, car, ne pouvant remédier à ses maux, il ne peut en soutenir le spectacle. Or, je suis misérable, et, même en cet état, ma présence vous est refusée; et désormais je suis tellement en dehors de tous les arrangements dont vous pouvez vous promettre quelque joie, que je ne sais pas, en vérité, ce qui vous ferait préférer pour moi une vie si crucifiée à une mort libératrice. Si vous désirez que mes misères se prolongent pour vos intérêts propres, vous êtes mon ennemie plutôt que mon amie, prenez-y garde. Si pareil soupçon vous effraie, de grâce, je le répète, comprimez vos plaintes.

J'insiste sur les louanges que je vous ai données; en voulant vous en défendre, vous montrez par là même que vous en êtes plus digne; car il est écrit : « Le juste commence par s'accuser lui-même; » et « Quiconque s'abaisse sera élevé. » Fasse le ciel que votre esprit soit d'accord avec votre plume; car alors votre humilité est vraie et ne s'évanouira point devant mes paroles. Mais songez-y bien, et ne cherchez point l'éloge en paraissant le fuir; quelquefois le refus des lèvres cache le désir du cœur. A cet égard, saint Jérôme écrit à la vierge Eustochium : « Nous suivons naturellement une pente mauvaise : notre oreille s'incline vers la flatterie. On se retranche bien dans les excuses de la modestie, et le visage se teint d'une adroite rougeur;

mais intérieurement notre âme se réjouit de ces éloges. » Virgile aussi décrit un exemple de cette coquetterie dans la voluptueuse Galathée, dont la fuite appelle le plaisir sur ses traces, et qui, par un refus simulé, veut exciter encore les désirs de son amant :

« Elle s'enfuit sous les saules, dit le poëte, mais elle brûle d'être vue auparavant. »

Elle brûle d'être vue avant de se cacher, car cette fuite qui paraît la soustraire aux caresses ne fait que les lui assurer. De même, lorsque nous semblons fuir la louange des hommes, nous la provoquons encore davantage, et lorsque nous feignons de vouloir nous cacher pour qu'on ne voie pas en nous ce que nous avons de louable, nous excitons à la louange ceux qui sont dupes de ce manége, en doublant notre mérite à leurs yeux par ces apparences.

Je parle ici en thèse générale, et je raconte l'histoire de bien des gens ; non que je craigne en vous de semblables artifices, je suis convaincu de votre humilité sincère ; mais je veux vous voir éviter jusqu'aux paroles qui leur ressemblent, afin que les personnes qui vous connaissent imparfaitement ne soient jamais tentées de croire, selon la parole de saint Jérôme, que vous fuyez la gloire pour l'atteindre. Jamais l'éloge de ma bouche n'enflera votre cœur ; toujours il vous dirigera vers la perfection, et l'ardeur de votre zèle pour les vertus que je louerai en vous s'augmentera de tout le prix que vous attachez à me plaire. Mes éloges ne sont point pour vous une attestation de sainteté, pour qu'ils vous inspirent de l'orgueil. On ne doit juger personne sur les panégyriques de l'amitié ni sur les diatribes de la haine.

Il me reste enfin à vous parler de cette ancienne et éternelle plainte que vous adressez au ciel sur le moyen dont il s'est servi pour opérer notre conversion. Car vous persistez à l'accuser quand vous devriez lui rendre des actions de grâces. J'avais cru cette plaie depuis longtemps fermée, tant les preuves de la divine miséricorde envers nous sont éclatantes. Plus elle est dangereuse pour vous, cette plaie qui ronge à la fois votre corps et votre âme, plus elle excite ma pitié et mon chagrin. Si, comme vous le dites, vous vous étudiez par-dessus tout à me plaire, ah! pour ne plus briser mon cœur, pour me plaire, Héloïse, pour me plaire souverainement, rejetez de votre cœur ce fiel qui le dévore. Tant qu'il y restera, vous ne pouvez ni me plaire ni parvenir avec moi au séjour céleste. M'y laisserez-vous aller seul, vous qui consentiriez à me suivre dans les gouffres brûlants de la terre? Appelez la religion à votre secours, au moins pour n'être pas séparée de moi quand je vais à Dieu. Faut-il tant d'efforts pour marcher vers l'éternelle béatitude? Et ne trouvez-vous donc point de charme dans l'idée de nous acheminer ensemble, sans être plus jamais désunis, vers les divines félicités qui nous sont promises? Songez à ce que vous avez dit; souvenez-vous de ce que vous avez écrit sur la bonté du Seigneur qui éclatait à mon égard jusque dans le cruel événement qui a déterminé notre conversion. Sachez du moins vous soumettre à sa volonté, en songeant combien elle m'est salutaire; elle ne l'est pas moins pour vous, si la violence de votre douleur vous permet d'en juger sainement. Ne vous plaignez pas d'être la cause d'un si grand bien : ne doutez pas que Dieu ne vous ait prédestinée à en être la source. Ne pleurez donc pas sur mes souffrances, car il vous faudrait pleurer aussi sur celles des martyrs et sur la mort du Seigneur, qui a pourtant sauvé le monde. Seriez-vous donc moins touchée de mon état si je l'avais mérité? non, sans doute, car alors il serait pour moi un sujet d'opprobre et un sujet de louange pour mes ennemis : pour eux, dans ce cas, la justice et l'éloge ; pour moi la faute et le mépris. Personne ne les accuserait de cruauté ; personne aussi ne prendrait pitié de moi.

Cependant je veux adoucir encore d'une autre manière l'aigreur de vos ressentiments contre le ciel, en vous montrant la justice et l'utilité de ce qui nous est arrivé : je vous ferai voir que Dieu a eu plus de raison de nous punir depuis notre mariage que lorsque nous vivions en état de fornication. Vous savez comment après notre union, lorsque vous étiez au monastère d'Argenteuil avec les religieuses, j'allai vous voir un jour en secret, et ce que ma passion effrénée me fit exiger de vous dans le réfectoire même, faute d'un autre endroit pour la satisfaire. Vous savez, dis-je, que notre impudicité ne fut point arrêtée par le respect d'un lieu consacré à la Vierge. Eussions-nous été innocents d'ailleurs, cette seule profanation devait attirer sur nos têtes un châtiment plus terrible encore. Rappellerai-je nos anciennes souillures, la pudeur outrageusement violée, notre vie dissolue avant le mariage ? l'indigne trahison dont je me suis rendu coupable envers votre oncle, moi son hôte et son commensal, en lui volant sa nièce ? Qui pourrait dire que sa vengeance n'est pas juste, s'il la compare à mon injure ? Croyez-vous que des souffrances d'un moment aient pu suffire à effacer de pareils crimes ? que de si grands péchés aient mérité en retour un si grand bienfait ? Quelle plaie peut expier aux yeux de la justice divine l'atteinte sacrilége portée à la majesté d'un lieu consacré à sa sainte Mère ? Assurément, si je ne me trompe, cette plaie si salutaire satisfait moins à la vengeance du Seigneur que la continuité des maux que j'éprouve aujourd'hui.

Vous savez aussi qu'à l'époque de votre grossesse, et lorsque je vous fis passer en Bretagne, vous vous êtes déguisée en nonne, et que par cette irrévérencieuse parodie vous avez outragé l'institution sacrée à laquelle vous appartenez maintenant. Jugez dès lors avec quelle parfaite convenance la justice divine, ou plutôt la Grâce, vous a malgré vous attirée dans cet état religieux, dont vous n'avez pas craint de vous faire un jeu. Elle vous a imposé comme punition l'habit même que vous avez bravé, afin que la vérité soit le remède de votre mensonge et l'antidote de ses funestes conséquences.

Si à la justice divine vous voulez ajouter la considération de notre intérêt, vous avouerez que Dieu a tout fait pour notre bien, plutôt que pour notre châtiment. Voyez, chère Héloïse, voyez comme avec les filets puissants de sa miséricorde le Seigneur nous a retirés des profonds abîmes de cette mer périlleuse ! De quelle dévorante Charybde il a délivré ses créatures en détresse, proie déjà engloutie par le gouffre, et luttant encore contre la main qui les sauve ! Une protection si déclarée ne doit-elle pas arracher à notre âme ce cri d'amiration et d'amour : « Le Seigneur s'inquiète de moi ! » Pensez et réfléchissez aux dangers qui nous environnaient de toutes parts, et d'où le Seigneur nous a tirés. Racontez sans cesse, en y mêlant l'hymne de la reconnaissance, les grandes choses que le Seigneur a faites pour notre âme. Consolez par notre exemple les pécheurs qui désespèrent de sa bonté : faites voir tout ce qu'on peut attendre de la contrition et de la prière, à la vue des bienfaits prodigués à l'impénitence et à l'endurcissement. Observez la paternelle prévoyance du Seigneur à notre égard, et sa justice tempérée par la miséricorde ! En nous punissant, il nous régénère ; il fait concourir les méchants eux-mêmes à notre bonheur futur, et sa sévérité apparente recouvre le pardon le plus touchant, puisqu'une seule blessure, que j'ai justement méritée, fait le salut de deux âmes. Comparez notre danger et notre merveilleuse délivrance. Comparez la maladie et la guérison. Cherchez maintenant la cause de tant d'indulgence, et admirez Dieu dans sa pitié et dans son amour.

Vous savez à quel triste esclavage les exigences de ma passion immodérée nous avaient tous deux asservis, puisque ni la décence ni le respect pour Dieu dans les jours qui lui étaient consacrés, même celui de sa mort, ne pouvaient me retirer de cette ignominie dans laquelle j'aimais à me vautrer. Combien de fois, malgré vos refus, et vos scrupules, et vos remontrances, vous dont le sexe était plus faible, n'ai-je pas usé de menaces et de rigueurs pour forcer votre consentement! Rappelez-vous mes ardeurs insensées, mes frénétiques transports! Aveuglé par les fureurs du désir, j'oubliais tout, et le ciel et mon âme, pour me ruer dans ces voluptés misérables, dont le nom seul fait naître la confusion. Quel moyen restait-il donc à la divine miséricorde pour empêcher ma ruine, sinon de m'interdire à tout jamais ces voluptés mêmes?

Dieu est juste! Dieu est plein de clémence! Il a permis la terrible trahison de votre oncle; mais c'était pour enrichir mon âme de divins accroissements qu'il a privé mon corps de cette partie qui était le domaine et l'empire du libertinage, et la source de ma concupiscence. Le membre qui a été puni est celui qui avait péché; il a expié par la douleur le crime de ses plaisirs. Par cette justice, Dieu m'a tiré de la boue immonde où j'étais si déplorablement plongé; il a circoncis mon âme avec mon corps, et j'appartiens désormais à ses saints autels par un état de pureté qui n'a plus rien à craindre des abjectes contagions de la chair. Quelle clémence encore n'a-t-il point montrée en ne frappant en moi que le seul organe dont la privation ferait le salut de mon âme, sans défigurer mon corps, ni le rendre inhabile à l'exercice de ses facultés! Et même n'ai-je pas été ainsi mieux préparé à l'accomplissement de tout ce qui est honnête, puisque le joug accablant de la concupiscence ne pèse plus sur moi ? En retranchant de mon corps ces parties méprisables, qui sont appelées honteuses pour la honte qui s'attache à leurs fonctions, et qui ne peuvent supporter leur nom véritable, la Grâce divine ne m'en a point privé, elle m'en a purifié, elle n'a fait qu'éloigner de ma nouvelle robe d'innocence les impuretés et les vices.

Cette inaltérable tranquillité du corps, cette léthargie des sens, fut si vivement désirée de plusieurs sages, qu'ils allèrent jusqu'à attenter sur leur personne pour s'assurer à jamais contre le retour de ces grossiers appétits et contre ces sollicitations de la chair, dont saint Paul prie vainement le Seigneur de l'affranchir. Nous en trouvons un exemple dans Origène, ce grand philosophe des chrétiens, qui, pour éteindre l'incendie dans son foyer, n'a pas craint d'attenter sur lui-même, assignant dans sa pensée le rang des bienheureux à ceux qui abdiquent leur virilité pour acquérir le royaume de Dieu, et persuadé qu'ils accomplissent véritablement le précepte du Seigneur qui nous engage à couper et à rejeter tous les membres qui seraient pour nous un sujet de scandale. Il prit à la lettre, et non dans le sens du mystère, ces paroles du prophète Isaïe, par lesquelles le Seigneur témoigne la préférence qu'il accorde aux eunuques sur les autres fidèles : « Les eunuques qui observeront mes jours de sabbat, et qui s'attacheront à ce qui me plaît, je leur donnerai une place dans ma maison et dans l'enceinte de mes murailles, et un nom qui sera meilleur pour eux que des fils et des filles. Je leur donnerai un nom éternel qui ne périra jamais. » Origène a cependant commis une grande faute en mutilant son corps pour en prévenir les révoltes et les faiblesses.

Plein de zèle, sans doute, mais d'un zèle mal éclairé, il a

encouru l'inculpation d'homicide en portant le fer contre lui-même. Une suggestion du démon ou quelque erreur profonde a égaré sa main fanatique; quant à moi, la pitié du Seigneur m'a déchargé d'une semblable responsabilité. Ma chair est vaincue, et ma main n'est pas coupable. Je mérite la mort, et Dieu me donne la vie. Il m'appelle, et je résiste; je persiste dans mon crime, et malgré moi il me traîne au pardon. Et cependant je vois l'Apôtre qui prie, et qui n'est point exaucé; qui insiste dans sa prière, et qui ne peut rien obtenir. Ah! véritablement le Seigneur s'inquiète de moi. J'irai donc et je publierai les grandes choses que le Seigneur a faites pour mon âme.

Venez vous joindre à moi, soyez ma compagne inséparable dans l'action de grâce, puisque vous avez partagé la faute et le pardon. Car le Seigneur n'a point oublié votre salut; et, loin de vous oublier, il vous marquait déjà pour le ciel avec un divin présage, et dotait votre berceau d'une auréole de sa gloire, en vous appelant Héloïse, de son propre nom, qui est Élohim.

C'est, dis-je, un effet de sa clémence, d'avoir fait suffire un de nous au salut commun, quand le démon s'efforçait de consommer par un de nous notre perte commune. Peu de temps avant la catastrophe, l'indissoluble loi du sacrement nuptial nous avait enchaînés l'un à l'autre, et tandis que je ne songeais qu'à fixer pour toujours auprès de moi celle qui avait rempli mon cœur d'un amour inexprimable, Dieu préparait déjà la circonstance qui devait ramener nos pensées vers le ciel.

En effet, si nous n'eussions pas été mariés, ma retraite du monde, ou les conseils de vos parents, ou l'attrait des voluptés vous auraient retenue dans le siècle. Voyez donc combien le Seigneur s'est inquiété de nous, comme s'il nous avait réservés à quelque grand et magnifique usage, et qu'il se fût indigné ou affligé que ces Talents de la science et de l'esprit qu'il nous avait confiés à tous deux ne fussent pas exclusivement consacrés à l'honneur de son nom ; ou enfin comme s'il avait redouté la faiblesse et la chute de son serviteur, ainsi qu'il est écrit : « Les femmes font même apostasier les sages. » Le plus sage des mortels, Salomon, en est la preuve.

Tous les jours votre Talent, c'est-à-dire votre prudence, produit avec usure pour le Seigneur. Déjà vous lui avez engendré un grand nombre de filles spirituelles, et moi je reste stérile, et je travaille en vain parmi des enfants de perdition. Oh ! quel affreux malheur ! Quelle perte irréparable si, réduite aux impuretés des plaisirs charnels, vous enfantiez avec douleur un petit nombre d'enfants pour le monde, tandis que vous engendrez avec joie une famille nombreuse pour le ciel ! Vous ne seriez qu'une femme, vous qui êtes maintenant supérieure aux hommes, et qui avez échangé la malédiction d'Ève pour la bénédiction de Marie. Quelle profanation si ces mains sacrées, qui interrogent chaque page des divines Écritures, étaient condamnées aux soins vulgaires et avilissants qui sont le partage des femmes !

Dieu a lavé lui-même toutes nos souillures, il nous a relevés de nos fangeux abaissements. Il a daigné nous attirer à lui par cette force toute-puissante qui renversa saint Paul quand il voulut le convertir. Peut-être aussi nous a-t-il destinés à rabattre par notre exemple l'orgueil des savants.

Ne vous affligez donc plus, ma chère sœur, je vous en conjure ; cessez d'accuser un père qui nous corrige si tendrement ; examinez plutôt ce qui est écrit : « Le Seigneur châtie ceux qu'il aime ; il corrige ceux qu'il reçoit au nombre de ses enfants. » Et ailleurs : « Celui qui épargne la verge, hait son fils. » Cette peine est passagère et non éternelle ; elle nous purifie, et ne nous perd pas.

Prenez courage, écoutez le prophète : « Le Seigneur ne portera pas deux fois son jugement, et sa vengeance ne s'élèvera pas deux fois contre la même faute. » Écoutez cette parole souveraine et sortie de la bouche même de la Vérité : « Dans votre patience vous possèderez vos âmes. » D'où Salomon a dit : « L'homme patient vaut mieux que le courageux, et celui qui maîtrise son esprit, que celui qui force les villes. »

N'avez-vous point de larmes, point de douleur amère pour le Fils unique de Dieu, saisi par des impies, traîné, flagellé, la face voilée, moqué, soufflété, couvert de crachats, couronnné d'épines, attaché à une croix infâme entre deux voleurs, mort enfin dans cet horrible et exécrable supplice, pour vous sauver, vous et le monde ? C'est lui, ô ma sœur, qui est votre véritable Époux et celui de toute l'Église. Ayez-le toujours devant les yeux, portez-le dans votre cœur. Voyez-le marchant au supplice pour vous, et portant lui-même sa croix. Augmentez la foule, et soyez du nombre des femmes qui se frappaient la poitrine, et qui pleuraient, comme le dit saint-Luc : « Il était suivi d'une foule de peuple et de femmes qui se frappaient la poitrine et le pleuraient. » Il se retourna vers elles avec bonté, il leur prédit la vengeance qui suivrait de près sa mort, et leur enseigna comment elles pourraient s'en garantir : « Filles de Jérusalem, leur dit-il, ne pleurez pas sur moi, mais pleurez sur vous-mêmes et sur vos enfants ; car le jour s'approche où l'on dira : Heureuses les stériles, et les entrailles qui n'ont point conçu, et les mamelles qui n'ont point allaité ! Alors on dira aux montagnes : Tombez sur nous ! et aux collines : Couvrez-nous ! car si le bois vert est ainsi traité, que fera-t-on du bois sec ? »

Compatissez à celui qui a souffert volontairement pour votre rédemption, et associez-vous aux douleurs de cette croix qu'il porte pour vous; approchez-vous en esprit de son sépulcre, pleurez et attristez-vous avec les saintes femmes, desquelles il est écrit, comme je vous l'ai dit plus haut : « Les femmes assises près du sépulcre se lamentaient en pleurant le Seigneur. » Préparez avec elles des parfums pour sa sépulture, mais qu'ils soient spirituels et non matériels; car ce sont ceux-là qu'il vous demande, puisqu'il n'a pu recevoir de vous les autres. Mettez donc à souffrir pour lui toute l'ardeur de votre zèle, toute la force de votre dévotion.

Le Seigneur lui-même, par la bouche de Jérémie, exhorte les fidèles à prendre leur part de ses douleurs : « Vous tous qui passez par ce chemin, dit-il, considérez et voyez s'il est une douleur semblable à la mienne! » C'est comme s'il disait: Y a-t-il une mort digne d'être pleurée en présence de celle que je souffre pour expier le crime des autres, innocent moi-même? Or c'est lui seul qui est la voie par où les fidèles reviennent de l'exil et rentrent dans leur patrie.

Cette croix, en effet, du haut de laquelle il s'écrie, c'est l'échelle du salut, qu'il a dressée pour le genre humain; sur ce bois le Fils unique de Dieu est mort pour vous; il a été offert en holocauste, parce qu'il l'a voulu. C'est sur lui seul qu'il faut gémir et se lamenter, se lamenter et gémir. Accomplissez ce que le prophète Zacharie a prédit sur les âmes dévotes : « Elles mèneront le deuil comme à la mort d'un fils unique, et elles le pleureront comme on a coutume de pleurer un premier-né. »

Voyez, ma sœur, quelle affliction profonde témoignent les amis d'un roi pour la perte de son fils unique et premier-né. Envisagez la désolation de la famille et le deuil de la cour entière; et lorsque vous serez parvenue jusqu'à l'épouse de ce fils unique, vous ne pourrez supporter les sanglots déchirants de sa douleur.

Telle soit votre affliction, ma sœur, tels soient vos sanglots sur la mort de cet époux dont vous avez obtenu l'heureuse alliance. Il vous a achetée, non pas avec ses biens, mais avec lui-même. C'est avec son propre sang qu'il vous a achetée et rachetée. Examinez ses droits sur vous, et combien vous êtes précieuse à ses yeux.

Aussi l'Apôtre, comparant la valeur de son âme et l'inestimable prix de la victime qui s'était livrée elle-même pour son salut, rend hommage à la grandeur de ce bienfait et s'écrie : « Loin de moi l'idée de me glorifier, si ce n'est en la croix de notre Seigneur Jésus-Christ, par lequel le monde a été crucifié pour moi, et moi pour le monde. » Vous êtes plus que le ciel, vous êtes plus que la terre, puisque le Créateur du monde s'est donné lui-même pour votre rançon. Mais quel mystérieux trésor a-t-il donc découvert en vous, lui à qui rien n'est nécessaire, si pour vous posséder il a consenti à toutes les tortures de son agonie, à tous les opprobres de son supplice ? Qu'a-t-il cherché en vous, si ce n'est vous-même ? Voilà votre amant véritable, celui qui ne désire que vous, et non ce qui vous appartient. Voilà votre amant véritable, celui qui disait en mourant pour vous : « Personne ne peut pousser l'amour plus loin que de donner sa vie pour ses amis. » C'était lui qui vous aimait véritablement et non pas moi. Mon amour, qui nous traînait tous deux dans le péché, n'était que de la concupiscence : il ne mérite pas le nom d'amour. Le moyen d'assouvir ma malheureuse passion, voilà tout ce que j'aimais en vous. J'ai, dites-vous, souffert pour vous, cela peut être vrai ; mais j'ai plutôt souffert à votre occasion, et même contre ma volonté. Non pour l'amour de vous, mais par la violence dont on a usé contre moi ; non pour votre salut, mais pour votre désespoir. C'est pour votre salut, au contraire, c'est de sa pleine volonté que Jésus-Christ a souffert pour vous; et par ses souffrances il retrempe votre âme aux sources d'une nouvelle vie, et vous délivre de tous les troubles du cœur. Portez donc vers lui, et non vers moi, je vous en conjure, toute votre dévotion, toute votre compassion, toute votre componction. Pleurez ce forfait d'injustice et d'abominable cruauté exercée sur la tête de l'innocent; et cessez de vous apitoyer sur la juste vengeance qu'on a tirée de moi, car c'est plutôt une faveur dont nous devons remercier le ciel.

Vous êtes injuste, si vous n'aimez pas la justice; et très-injuste, si vous vous opposez sciemment à la volonté divine et même aux bienfaits de la Grâce. Pleurez votre libérateur et non votre ravisseur; celui qui vous a rachetée et non celui qui vous a perdue; le Seigneur mort pour vous, et non l'esclave qui vit encore, et qui vient d'être véritablement délivré de la mort éternelle.

Prenez garde, Héloïse, de mériter la honte de ce reproche par lequel Pompée arrêta les plaintes de Cornélie:

« Pompée vit encore après la bataille, mais sa fortune a péri; vous pleurez ce que vous aimiez [1]. »

Faites-y attention, je vous prie. Quelle honte, si votre cœur pouvait encore se complaire dans le souvenir de nos anciens égarements!

Recevez donc, ma chère sœur, recevez, je vous prie, patiemment les épreuves qui nous ont été envoyées selon la miséricorde. C'est la verge d'un père et non l'épée d'un persécuteur. Le père frappe pour corriger, de peur que l'ennemi ne frappe pour tuer. Il blesse pour prévenir la mort et non pour la donner. Il enfonce le fer pour amputer le mal. Il blesse le corps et guérit l'âme. Il devait

---

[1] Lucain, *Pharsale*, chant VIII.

tuer, il vivifie. Il arrête la gangrène et me laisse un corps sain. Il punit une fois, pour ne pas punir éternellement. Par la blessure dont un seul a souffert, il en sauve deux de la mort. Deux pour la faute, un seul dans le châtiment !

Cette indulgence du Seigneur à votre égard est un effet de sa pitié pour la faiblesse de votre sexe, mais en quelque sorte elle vous était due. Avec une complexion plus délicate et plus faible, vous avez montré plus de continence et de vertu : vous étiez donc moins coupable. Je rends grâces au Seigneur qui vous a fait remise de la punition pour vous réserver la couronne. Tous les tumultes impurs dont mon âme était autrefois agitée sont maintenant enchaînés, et les orages de la concupiscence ne soulèvent plus mon sein refroidi : Dieu m'a fait de marbre pour me préserver de faillir. Mais, au contraire, en vous laissant l'écueil de votre jeunesse, et de ses rêves brûlants, et de ses constantes attaques, il vous a évidemment réservé la couronne du martyre. Quoique vous vous refusiez à l'entendre, et que vous me défendiez de le dire, c'est cependant une vérité manifeste. La couronne est la récompense de celui qui combat toujours, et il n'y aura de couronné que celui qui aura combattu jusqu'au bout.

Je n'ai donc point de couronne à prétendre, puisque je n'ai plus à combattre. Une fois l'aiguillon de la chair détruit, il n'y a plus de tentations à surmonter. Toutefois, si nulle couronne ne m'est réservée, j'estime encore que c'est un grand bien pour moi de n'encourir aucune peine, et d'échapper par une douleur momentanée à des douleurs éternelles. Car les hommes qui s'abandonnent aux passions de cette malheureuse vie sont comparés aux animaux : « Les bêtes de somme ont pourri sur leur fumier. »

Je me console aussi de voir mon mérite diminuer par la

certitude où je suis que le vôtre s'augmente. Le mariage a fait de nous deux une seule chair, une seule personne en Jésus-Christ. Tout ce qui est à vous ne peut m'être étranger. Or Jésus-Christ est à vous, car vous êtes devenue son épouse. Et moi, que vous reconnaissiez autrefois pour votre maître, je suis devenu votre serviteur, mais un serviteur qui s'attache plutôt à vous par amour spirituel, qu'il ne se soumet par crainte. C'est de votre protection auprès de lui que s'accroît ma confiance, et que j'espère obtenir par vos prières ce que je demanderais en vain ; à présent surtout que l'imminence quotidienne de mes périls et les troubles qui m'assiégent ne me laissent ni vivre ni prier en repos, ni suivre l'exemple de l'intendant de la reine Candace, ce vertueux Éthiopien qui vint de si loin à Jérusalem adorer Dieu dans son temple ! Aussi l'ange lui envoya-t-il à son retour l'apôtre Philippe pour le convertir à la foi dont il s'était rendu digne par la prière et par la lecture assidue des livres saints. Comme il en était toujours occupé pendant son voyage, la grâce divine, malgré l'anathème porté contre les riches et les Gentils, permit qu'il tombât sur un passage qui fournit à l'apôtre le moyen le plus favorable pour opérer sa conversion.

Afin d'assurer l'accueil que vous ferez à ma demande, et pour que rien n'en retarde l'accomplissement, je me hâte de vous envoyer la prière que j'ai composée pour nos besoins mutuels, et que vous réciterez humblement avec vos religieuses.

Prière.

« Dieu, qui, dès le premier moment de la création de l'homme, avez tiré la femme de la côte d'Adam, et sanctionné le respectable sacrement de l'union conjugale ; qui l'avez relevé si haut et par un honneur si éclatant, soit en vous incarnant dans le sein d'une vierge, soit en accomplissant des miracles, et qui avez daigné accorder ce remède à ma fragilité, ou, si vous le voulez, à mon incontinence; ne repoussez point les supplications de votre humble servante, et les prières que je verse en présence de votre divine majesté pour effacer mes fautes et celles de l'époux qui m'est cher. Pardonnez, ô Dieu de bonté! ô la bonté même! pardonnez à nos longues offenses, et que la multitude de nos fautes se perde dans l'immensité de votre ineffable miséricorde. Punissez les coupables dans le présent, je vous en supplie, afin qu'ils ne soient point réservés à votre vengeance future. Punissez-les à cette heure, pour que vous ne les punissiez point dans l'éternité. Prenez contre vos serviteurs la verge de la correction, non le glaive de la fureur. Frappez leur chair, pour conserver leurs âmes. Venez en purificateur, non en vengeur, avec bonté plutôt qu'avec justice, en père miséricordieux plutôt qu'en maître sévère.

« Éprouvez-nous, Seigneur, et tentez-nous, ainsi que le Prophète le demande pour lui-même, comme s'il disait, en termes ouverts : Examinez d'abord mes forces et proportionnez à leur mesure le fardeau des tentations. C'est ce que saint Paul promet à vos fidèles en disant : « Dieu est puissant, et ne souffrira pas que vous soyez éprouvés au-delà de vos forces; mais dans l'épreuve même il retrempera votre cœur pour que vous puissiez la supporter. »

« Vous nous avez unis, Seigneur, et vous nous avez séparés au moment et de la manière qu'il vous a plu. Maintenant, Seigneur, ce que vous avez commencé dans votre miséricorde, daignez combler votre miséricorde pour l'achever. Et ceux que vous avez séparés une fois dans ce monde, réunissez-les à vous pour l'éternité dans le ciel, ô notre espérance, notre partage, notre attente, notre consolation, Seigneur, qui êtes béni dans tous les siècles! Ainsi soit-il. »

Salut en Jésus-Christ, épouse du Christ, salut en Jésus-Christ. et vivez pour lui. Ainsi soit-il.

LETTRE

D'HÉLOÏSE A ABAILARD

A son maître, sa servante.

Il ne sera pas dit que vous pourrez une fois m'accuser de désobéissance ; ma parole sera modérée, sinon ma douleur, et votre défense lui servira de frein. Je veux prendre sur moi de supprimer, du moins en vous écrivant, ces faiblesses contre lesquelles il est si difficile ou plutôt impossible de se prémunir dans un entretien. Rien n'est moins en notre pouvoir que les mouvements de notre cœur, et nous en sommes plus souvent les esclaves que les maîtres. Lorsque ses impressions nous agitent, personne ne peut en repousser les soudains entraînements ; il faut qu'elles se fassent jour, qu'elles éclatent, qu'elles se traduisent au dehors par le langage, ce miroir de l'âme émue, selon qu'il est écrit : « L'abondance du cœur fait parler la bouche. » J'empêcherai donc ma main d'écrire, si je ne puis empêcher ma langue de parler. Plût à Dieu que mon cœur malade fût aussi disposé que ma plume à m'obéir !

Vous pouvez toutefois apporter quelque soulagement à ma douleur, s'il ne vous est pas possible de la guérir tout-à-fait. Comme un clou chasse l'autre, une nouvelle pensée fait oublier l'ancienne ; et l'esprit, occupé ailleurs, est forcé d'abandonner ses souvenirs ou de les suspendre. Une pensée a d'autant plus de force pour s'emparer de notre esprit et le distraire de tout autre soin, que son objet est plus honnête et nous paraît plus essentiel.

Nous supplions donc, nous toutes, servantes de Jésus-Christ, et vos filles aussi en Jésus-Christ, nous supplions votre bonté paternelle de nous accorder deux choses qui nous paraissent absolument nécessaires : la première, de nous apprendre l'origine de l'ordre des religieuses, le rang et l'autorité de notre profession ; l'autre, d'établir vous-même et de nous envoyer une règle, appropriée à notre sexe, qui fixera d'une manière complète et détaillée nos usages et nos habits, ce dont les saints Pères ne se sont jamais occupés. C'est à défaut d'institutions spéciales que les religieux et les religieuses sont soumis à la même règle, et qu'on impose aux deux sexes le même joug, quoiqu'ils aient un degré de force bien différent. Jusqu'à présent dans l'Église latine les hommes et les femmes ont suivi également la règle de saint Benoît ; cependant, pour peu qu'on la considère et dans les obligations des supérieurs et dans celles des subordonnés, il est facile de reconnaître qu'elle n'a pu être écrite que pour des hommes, et que des hommes seuls peuvent l'observer. Sans m'arrêter à tous les capitulaires de cette règle, les femmes ont-elles besoin de capuchons, de hauts-de-chausses et de scapulaires ? Enfin peuvent-elles s'accommoder de ces tuniques et de ces chemises de laine portées sur la chair, tandis que le flux périodique rend impossible pour elles l'usage de semblables vêtements ? Que leur importe la loi qui ordonne à l'abbé de lire lui-même l'Évangile, et de commencer l'hymne après cette lecture? celle qui lui assigne une place séparée des moines à la table des hôtes et des pèlerins? Cette alternative est-elle bien dans l'esprit de notre état, s'il faut, ou ne jamais donner l'hospitalité à des hommes, ou que l'abbesse mange avec ceux qu'elle aurait accueillis? Oh! que la ruine des âmes est facile pour des hommes et des femmes ainsi mêlés! surtout à table, où règnent l'intempérance et l'ivresse, où la luxure descend dans la coupe avec le vin!

Saint Jérôme voulait prévenir ce danger, lorsque, dans la lettre qu'il adresse à la mère et à la fille, il le signale par ces paroles : « Il est difficile de conserver la chasteté dans les festins. » Ovide lui-même, ce professeur de débauche et de luxure, n'oublie pas dans son Art d'aimer de représenter les banquets comme une occasion de chute pour l'innocence, et comme le tombeau de la pudeur :

« Lorsque l'Amour est mouillé par les libations de Bacchus, il ferme ses ailes appesanties et reste immobile. Alors viennent les ris; alors le pauvre se couronne du diadème. La douleur et les soucis s'enfuient; les fronts se dérident. C'est là que les jeunes filles ont souvent ravi le cœur des adolescents. Vénus bout dans leurs veines..... du feu dans du feu! »

Et, quand les religieuses n'admettraient à leur table que les femmes auxquelles l'hospitalité serait accordée, cette précaution même ne laisserait-elle subsister aucun danger? Certainement, pour perdre une femme, il n'est pas d'arme plus sûre que les cajoleries féminines. Et la corruption rampe jusqu'à son cœur sous des caresses plus insinuantes. C'est pourquoi saint Jérôme exhorte les femmes de profession religieuse à n'avoir aucun commerce avec celles qui vivent dans le monde.

Enfin, si, à l'exclusion des hommes, nous n'accordons l'hospitalité qu'aux femmes, combien n'irriterons-nous pas contre nous les premiers, à qui la faiblesse de notre sexe nous force si souvent d'avoir recours, surtout si nous paraissons avoir moins de reconnaissance pour eux, de qui nous recevons davantage, et même ne répondre à leurs bienfaits que par une ingratitude absolue?

Si nous ne pouvons remplir dans sa teneur la règle prescrite, je crains que les paroles de l'apôtre saint Jacques ne servent à notre condamnation. « Quiconque, dit-il, ayant gardé tout le reste de la loi, la viole en un seul point, est coupable comme l'ayant violée tout entière; » ce qui revient à dire : Celui qui accomplit plusieurs préceptes est coupable par cela même qu'il n'a pas tout accompli. Et pour un seul point violé, il devient transgresseur de la loi; car elle ne peut être accomplie que par l'observation de tous les commandements. L'apôtre saint Jacques, pour faire sentir cette vérité, ajoute : « Celui qui a dit : Vous ne commettrez pas d'adultère, a dit aussi : Vous ne tuerez point. Mais, quoique vous ne commettiez point d'adultère, si vous avez tué, vous êtes transgresseur de la loi. » C'est comme s'il disait : Une condamnation entière est donc réservée au transgresseur d'un seul commandement, parce que le Seigneur, qui défend une chose, défend aussi l'autre. Et la violation d'un précepte, quel qu'il soit, est un outrage au divin Législateur, qui n'a pas fait consister la loi dans un seul point, mais dans tous les commandements à la fois.

Mais, sans vous citer les dispositions de la règle dont l'observation est impossible ou au moins dangereuse pour nous, convient-il que des religieuses sortent de leur couvent pour aller aux moissons et travailler aux champs? Une année de noviciat peut-elle suffisamment prouver la vocation d'une femme? et la lecture de la règle, trois fois répétée selon l'ordonnance, peut-elle suffisamment l'instruire? Quoi de plus insensé d'ailleurs que de s'engager dans une route inconnue, et qui n'est pas même frayée? Quoi de plus présomptueux que de se choisir un genre de vie dont on ignore les difficultés, et que de faire des vœux qu'on ne saurait remplir? Si la prudence est la mère de toutes les vertus, et la raison la médiatrice de tous les biens, on ne peut regarder ni comme une vertu ni comme un bien ce qui s'éloigne de ces deux qualités. En effet, selon saint Jérôme, les vertus qui dépassent la borne et la mesure doivent être mises au rang des vices. N'est-ce donc pas s'écarter de la prudence et de la raison que de ne pas consulter les forces de ceux à qui on impose des fardeaux, et de forcer la nature dans sa constitution? Un âne peut-il porter la charge d'un éléphant? Un enfant, un vieillard, ont-ils la même vigueur qu'un homme? Impose-t-on les mêmes charges à la force et à la faiblesse? les mêmes devoirs aux malades et aux gens qui se portent bien? Peut-on enfin exiger autant d'une femme que d'un homme, du sexe faible que du sexe fort?

Le pape saint Grégoire, dans le quatorzième chapitre de son Instruction pastorale, établit une distinction au sujet des avis et des commandements : « Il faut, dit-il, avertir les hommes d'une manière, et les femmes d'une autre, parce qu'on doit enjoindre à ceux-là des choses plus difficiles qu'à celles-ci ; et, s'il faut de grandes épreuves pour exercer les premiers, il en faut de légères pour attirer doucement les autres à la religion ».

Il est certain que ceux qui ont écrit des règles pour les moines n'ont point parlé des femmes. Et même, en rédigeant ces statuts, ils savaient bien qu'ils ne pourraient jamais convenir aux femmes. Ils ont assez prouvé par là qu'il ne fallait pas imposer le même joug au taureau et à la génisse, et condamner aux mêmes travaux ceux que la nature avait créés si différents. Saint Benoît posséda cette prudence : plein de l'esprit de tous les justes, il a égard aux individus et aux temps ; sa règle est sagement disposée en vue que toutes choses soient faites avec mesure. Commençant d'abord par l'abbé, il lui recommande de veiller à ses moines de manière à se mettre à la portée de chacun d'eux, de les ménager, chacun suivant ses qualités ou son intelligence, afin que le troupeau qui lui est confié ne dépérisse pas entre ses mains, mais qu'il ait la joie de le voir augmenter. Il lui enjoint de se défier toujours de sa propre fragilité, et de se souvenir qu'il ne faut pas fouler aux pieds le roseau qui chancelle. Qu'il fasse acception des circonstances, et se rappelle la prudence du saint homme Jacob, disant : « Si je lasse mes troupeaux en les faisant marcher trop vite, ils mourront tous en un même jour ; » enfin, que les exemples et les témoignages de cette prudence, mère des vertus, toujours présents à son esprit, lui fassent apporter en toutes ses prescriptions un tel tempérament, que les faibles ne soient point découragés, et que les forts puissent désirer de faire quelque chose de plus.

C'est dans cet esprit de modération et de convenance distributive, qu'il favorise d'une dispense les enfants, les vieillards et les infirmes ; qu'il ordonne de faire manger avant les autres le lecteur ou les semainiers et ceux qui sont employés au service de la cuisine, et que même à la table commune il a réglé la qualité et la quantité des aliments et des boissons suivant les individus. Il a traité avec beaucoup de soin chacun de ces objets.

Dans la question des jeûnes il relâche aussi quelque chose de la rigueur des statuts, selon la saison, la quantité de travail et la faiblesse des constitutions.

Or dites-moi, je vous prie, quelle serait la règle qu'aurait imposée à des femmes celui qui, dans celle qu'il a établie pour les hommes, proportionne tout aux temps et aux tempéraments, pour qu'elle n'excite jamais le murmure, et qui la rend également supportable à tous? Si, en effet, il a adouci la rigueur de sa règle en faveur des enfants, des vieillards et des infirmes, suivant la nature de chacun, que n'eût-il pas fait en faveur de notre sexe, dont la faiblesse est si connue? Examinez donc combien il est déraisonnable d'obliger les femmes à suivre la même règle que les hommes, et d'imposer aux forts et aux faibles une charge uniforme.

Je pense qu'il suffit à notre faiblesse d'égaler en vertus de continence et d'abstinence les chefs de l'Église et ceux qui sont dans les ordres sacrés, puisque Jésus-Christ dit lui-même : « C'est être parfait que de ressembler à son maître. » Je croirais même que nous ferions beaucoup si nous pouvions égaler les pieux laïques qui vivent dans le monde; car nous admirons dans les faibles ce qui nous paraît peu de chose de la part des forts ; et, selon l'Apôtre : « C'est dans la faiblesse que la vertu brille. »

Mais ne croyons pas que la religion des laïques, celle d'Abraham, de David, de Job, même dans l'état du mariage, ne croyons pas, dis-je, que cette religion soit peu de chose. Lisons plutôt saint Chrysostôme, dans son septième sermon sur l'Épître aux Hébreux : « Nous avons, dit-il, plusieurs charmes puissants pour endormir la bête infernale. Quels sont-ils ? le travail, la lecture, les veilles. Mais que nous importe à nous qui ne sommes pas moines ? Si vous me faites cette réponse, faites-la plutôt à saint Paul lorsqu'il dit : « Veillez dans la patience et la prière »; et « Ne prenez point souci de la chair dans les concupiscences. »

« Or ce n'était pas seulement pour des moines qu'il parlait ainsi, mais pour tous ceux qui habitent les villes. En effet, un homme du siècle n'a de plus qu'un moine que la liberté de vivre avec une femme. La loi lui en donne la permission sans le dispenser des autres devoirs ; et sa vie est soumise dans tout le reste aux obligations de l'état monastique. Car les béatitudes qui sont annoncées par le Christ n'ont pas été annoncées pour les moines seulement ; autrement, Jésus-Christ aurait borné la vertu aux limites du cloître, et condamné le reste du monde à périr. Alors, comment pourrait-on considérer le mariage comme un état honorable, puisqu'il nous priverait de l'espérance du salut ? »

Ces paroles prouvent assez clairement que celui qui ajoutera la continence aux préceptes de l'Évangile égalera la perfection monastique. Et plût à Dieu que notre profession nous obligeât seulement à suivre la perfection évangélique sans vouloir nous forcer à paraître plus que chrétiennes !

C'est assurément, si je ne me trompe, ce qui a engagé les saints Pères à ne pas établir pour nous, comme ils l'ont fait pour les hommes, une règle générale ; ils ont craint de nous imposer une loi nouvelle et des vœux trop lourds pour notre faiblesse, suivant le passage de l'Apôtre : « La loi produit la colère ; en effet, où il n'y a point de loi, il n'y a point aussi de prévarication. » Et ailleurs : « La loi est survenue pour donner lieu à l'abondance du péché. »

Ce grand prédicateur de la continence, persuadé de notre faiblesse, oblige pour ainsi dire les jeunes veuves à de secondes noces : « Je veux, dit-il, que les jeunes veuves se remarient, qu'elles aient des enfants, qu'elles gouvernent leur ménage et qu'elles ne donnent aucune occasion à l'ennemi de notre religion de nous faire des reproches. »

Saint Jérôme, persuadé de l'excellence de ces paroles, met en garde Eustochium contre les vœux inconsidérés des femmes : « Si celles, dit-il, qui sont demeurées vierges ne sont pourtant pas complétement justifiées à cause de leurs autres fautes, que fera-t-on à celles qui ont prostitué les membres du Christ, et qui ont changé le temple de l'Esprit saint en un lieu de débauche ? Il eût été plus convenable qu'elles se fussent mariées, qu'elles se fussent contentées de marcher terre à terre, plutôt que d'avoir voulu s'élever trop haut, pour être précipitées dans le fond de l'enfer. »

C'est aussi pour prévenir ces vœux téméraires que saint Augustin, dans son livre de la Continence des veuves, écrit à Julien : « Que celle qui n'a pas encore embrassé l'état réfléchisse, que celle qui l'a choisi persévère, afin que nulle occasion ne soit donnée à l'ennemi, et que nulle oblation ne soit dérobée au Seigneur. » Les conciles même ont décidé, en faveur de notre faiblesse, de ne pas ordonner les diaconesses avant l'âge de quarante ans, et si ce n'est après les plus grandes épreuves ; tandis que les hommes peuvent être ordonnés diacres à vingt ans.

Il est des maisons désignées sous le nom de chanoines réguliers de saint Augustin, qui prétendent avoir une règle particulière, et ne se croient inférieurs en rien aux moines, quoiqu'ils fassent publiquement usage de linge et de viande. Si notre faiblesse pouvait égaler seulement la vertu de ces religieux, ne serait-ce pas beaucoup de notre part?

On pourrait sans danger nous laisser plus de liberté sur notre nourriture, car la nature prévoyante a doué notre sexe d'une plus grande vertu de sobriété. Il est reconnu que les femmes vivent de très-peu de chose, et qu'elles n'ont pas besoin, comme les hommes, d'une alimentation substantielle : la physique nous enseigne aussi qu'elles s'enivrent plus difficilement.

Voici un passage de Théodose Macrobe, dans le septième livre des Saturnales : « Aristote dit que les femmes s'enivrent rarement, les vieillards souvent. La femme a le corps très-humide, comme l'annoncent le poli et l'éclat de sa peau, et cette purgation périodique qui la débarrasse d'une humeur superflue. Le vin qu'elle boit rencontre donc dans l'estomac une si grande humidité, qu'il perd sa force et ne peut plus envoyer ses vapeurs au cerveau. » Et ailleurs : « Le corps de la femme s'épure par de fréquentes purgations, il est semblable à un crible. De nombreux canaux viennent s'épanouir à la surface et fournir des ouvertures et des issues à toute cette abondance d'humeurs qu'elle doit rejeter. La dilatation des pores permet aux vapeurs du vin de se dissiper en un instant. Le corps des vieillards, au contraire, est sec; aussi ont-ils la peau extrêmement terne et rude au toucher. »

Vous jugerez, d'après cela, qu'il n'y a point d'inconvénient à nous accorder toute liberté sur le boire et le manger, et que cette faveur est due à notre faiblesse, puisqu'il nous est difficile d'appesantir nos cœurs par l'intempérance ou par l'ivresse. Notre frugalité naturelle nous préserve du premier excès, notre constitution même nous garantit du second. Ce serait donc obtenir de notre faiblesse une vertu suffisante, et même une grande vertu, si, vivant dans la continence, sans aucune propriété mondaine, et seulement occupées du service divin, nous pouvions égaler dans notre manière de vivre les chefs de l'Église, les religieux laïques eux-mêmes, ou enfin ceux qui s'appellent chanoines réguliers, et qui se flattent surtout de suivre l'exemple des apôtres.

Enfin il me semble que c'est un trait de sagesse et de prudence, dans les personnes qui se consacrent à Dieu, de faire des vœux moins étendus, afin de pouvoir exécuter plus qu'ils n'ont promis, et de joindre des œuvres surérogatoires aux obligations de leur piété. Le Verbe de vérité a dit lui-même : « Lorsque vous aurez accompli tout ce qui est ordonné, dites : Nous sommes des serviteurs inutiles, sans mérite et sans valeur ; ce que nous avons fait, nous étions obligés de le faire. » C'est comme s'il disait : Vous êtes des gens inutiles, sans mérite et sans valeur, puisque, contents seulement d'acquitter ce que vous devez, vous n'ajoutez rien de votre propre mouvement.

Ailleurs encore, parlant en parabole, le Seigneur fait allusion à ces surérogations volontaires, lorsqu'il dit : « Si vous mettez quelque chose du vôtre, lorsque je reviendrai, je vous le rendrai. »

Si beaucoup de ces téméraires épouseurs de la vie monastique faisaient plus d'attention à l'état qu'ils vont embrasser, et qu'ils examinassent plus scrupuleusement la règle à laquelle ils vont se soumettre, ils l'enfreindraient moins par ignorance, et pécheraient moins par négligence. Mais aujourd'hui qu'une foule de gens courent presque aussi aveuglément les uns que les autres se jeter dans les cloîtres, ils y vivent comme ils y sont entrés, c'est-à-dire sans ordre et sans règle ; facilement ils ont accepté une règle inconnue, facilement ils la bravent, et ne reconnaissent pour loi que les usages qui leur plaisent. Les femmes doivent donc bien prendre garde de se charger d'un fardeau sous lequel on voit faiblir et même succomber presque tous les hommes. Déjà, nous nous en apercevons, le monde a vieilli, les hommes et les autres créatures ont perdu l'ancienne vigueur naturelle ; et suivant Jésus-Christ, c'est moins la charité d'un grand nombre que celle de tous les fidèles qui s'est refroidie. Puisque les hommes ont dégénéré, il faut donc absolument changer ou adoucir en leur faveur des règles établies pour eux.

Saint Benoît, convaincu de cet affaissement et des modifications qu'il rendait nécessaires, avoue lui-même qu'il a tellement tempéré l'austérité de la vie monastique, que sa règle, comparée à celle des premiers moines, n'est autre chose qu'une institution d'honnêteté, une simple ébauche de société religieuse ; car il dit : « Nous avons fait cette règle, afin de montrer de quelque manière, en l'observant, que nous possédons l'honnêteté des mœurs et le germe des vertus de notre profession. Celui qui vise à une perfection plus haute de l'état religieux pourra consulter et observer la doctrine des saints Pères, dont la pratique conduit les hommes aux sommets élevés de la perfection. » Ensuite : « Vous donc, hommes impatients d'arriver à la céleste patrie, efforcez-vous d'accomplir, par l'aide de Jésus-Christ, ces préludes de vie chrétienne et régulière, et passant, avec la protection du Seigneur, à de plus rigides observances, vous poserez enfin votre pied triomphant sur les hauteurs sublimes de la vertu. »

Les saints Pères, dit-il, lisaient chaque jour tout le Psautier; mais la tiédeur du siècle l'a contraint à distribuer cette lecture dans le courant d'une semaine entière, en sorte que la tâche de ses religieux est inférieure à celle des clercs.

Qu'y a-t-il de plus contraire à la profession religieuse et à la mortification monacale, que ce qui fomente la luxure, excite les troubles, et détruit en nous cette image même de Dieu qui nous élève au-dessus de tous les autres êtres ? Je veux parler du vin. L'Écriture le présente comme le plus dangereux des aliments, et défend de s'y livrer. Et le grand Salomon, dans ses Proverbes, dit : « Dans le vin est la luxure, et dans l'ivresse sont les troubles. Quiconque y fait consister son plaisir ne deviendra point sage. A qui malheur? au père de qui malheur? à qui les querelles? à qui les précipices? à qui les blessures sans sujet? à qui les yeux rouges et meurtris, sinon à ceux qui passent le temps à boire du vin et qui mettent leur plaisir à vider les coupes? Ne regardez pas le vin lorsqu'il paraît clair, et que sa couleur brille dans le verre. Il entre agréablement; mais à la fin il mordra comme la couleuvre, et répandra son venin comme le basilic. Vos yeux alors verront les étrangères, et votre cœur dira des choses déréglées. Vous serez comme un homme qui dort au milieu de la mer, comme un pilote assoupi qui a perdu le gouvernail, et vous direz : Ils m'ont battu, mais je ne l'ai pas senti ; ils m'ont entraîné, et je ne m'en suis pas aperçu. Quand me réveillerai-je et trouverai-je encore du vin? » Et plus loin : « O Lamuel, ne donnez point de vin aux rois, car il n'y a point de prudence là où règne l'ivresse; craignez que le vin ne leur fasse oublier la justice et ne nuise à la cause des enfants du pauvre. » Il est dit dans l'Ecclésiastique : « Le vin et les femmes font apostasier les sages, et jettent dans l'opprobre les gens sensés.»

Saint Jérôme, écrivant à Népotien sur la conduite du clergé, s'indigne de ce que les prêtres de l'ancienne Loi, évitant avec soin tout ce qui peut enivrer, surpassent dans ce genre d'abstinence ceux de la nouvelle. « Ne sentez jamais le vin, dit-il, de peur que l'on ne vous dise avec le philosophe : Ce n'est pas offrir un baiser, mais présenter du vin. » L'Apôtre condamne les prêtres qui aiment le vin, et l'ancienne Loi leur en défend l'usage : « Que ceux qui servent l'autel ne boivent ni vin ni bière. » Par la bière, les Hébreux entendaient toute espèce de boisson fermentée, distillée ou filtrée, soit de moût et de levure, soit de jus de pomme ou de suc de miel; soit encore les infusions d'herbes, de graines, la liqueur de palmier, les sirops, enfin tout ce qui pouvait enivrer : « Tout ce qui peut enivrer et obscurcir la raison, fuyez-le comme du vin. »

Voilà donc le vin retranché des délices des rois, absolument interdit aux prêtres, regardé comme le plus dangereux des aliments. Cependant saint Benoît, ce souffle de l'Esprit-Saint, en permit l'usage à ses moines, à cause du relâchement du siècle : « Sans doute, dit-il, nous voyons que le vin ne convient nullement aux moines ; mais comme dans notre siècle il n'est pas possible de leur persuader cela, etc. »

Il avait sans doute lu ce qui est écrit dans la vie des Pères : « Quelqu'un rapporta un jour à l'abbé Pasteur qu'un certain moine ne buvait pas de vin ; il répondit : Les moines doivent s'en abstenir. » Et plus loin : « Un jour on célébrait des messes dans le monastère de l'abbé Antoine : il s'y trouva un vase rempli de vin ; un des vieillards en versa dans une coupe, et le présenta à l'abbé Sisoï. Celui-ci l'accepta, et en but jusqu'à deux fois ; mais à la troisième fois qu'on lui en offrit : Assez, mon frère, répondit-il ; ignorez-vous que c'est le démon ? »—Le saint abbé nous fournit encore un trait de cette morale, lorsque ses disciples lui demandèrent : « Si le jour du sabbat ou du dimanche l'on vient à boire trois verres de vin, est-ce trop ? —Ce ne serait pas trop, répondit le sage vieillard, si le démon n'était pas dedans. »

Dites-moi, je vous prie, en quel endroit les viandes ont jamais été condamnées par le Seigneur ou interdites aux moines. Remarquez bien à quelle nécessité saint Benoît dut sacrifier, en tolérant, par une disposition adoucie de la règle, le vin, qui est incontestablement la chose la plus dangereuse pour les moines, et qu'il avoue lui-même ne point leur convenir. Mais il a reconnu qu'il était impossible de persuader l'abstinence de cette liqueur aux moines de son temps.

Il serait à souhaiter que de semblables concessions

fussent faites à notre époque, relativement à toutes les choses qui n'étant ni bonnes ni mauvaises par elles-mêmes, sont indifférentes. Ainsi les austérités, qui ne sont plus dans l'esprit du siècle, cesseraient d'être obligatoires; ainsi les religieux conserveraient pleine et entière liberté dans les choses indifférentes qui ne peuvent produire le scandale, et la prohibition se bornerait à ce qui est véritablement péché. A l'égard de la nourriture et des vêtements, le couvent devrait se contenter de ce qu'il y a de plus simple et de moins cher : en toutes choses le strict nécessaire, point de superflu.

En effet, il ne faut pas s'occuper beaucoup de ce qui ne nous prépare point au royaume de Dieu, ou qui ne nous élève point en grâce auprès de lui : telles sont les pratiques extérieures que les réprouvés partagent avec les élus, et les hypocrites avec les vrais dévots. La ligne profonde de démarcation qui sépare les juifs et les chrétiens n'est autre chose que la distinction de ces faux dehors avec les mouvements intérieurs d'une piété sincère. C'est pourquoi, entre les fils de Dieu et ceux du démon, la distinction ne peut être faite que par la charité, la charité, qui, selon la parole de l'Apôtre, est la plénitude de la loi et la fin des commandements. Aussi, rabaissant le mérite des œuvres pour mettre au-dessus d'elles la justice de la foi, saint Paul apostrophe ainsi le Juif : « Où est donc le sujet de te glorifier? il est exclu. Par quelle loi? Est-ce par la loi des œuvres? non, mais par la loi de la foi. » Nous concluons donc que le patriarche est justifié par la foi sans les œuvres de la loi. Il dit encore : « Certes, si Abraham a été justifié par les œuvres, il a de quoi se glorifier, mais non pas envers Dieu. Car que dit l'Écriture? Abraham a cru à Dieu, et cela lui a été imputé à justice. » Et, continuant : « A celui, dit-il, qui ne fait pas les œuvres, mais qui croit en celui qui justifie le méchant, sa foi lui est imputée à justice, » selon le décret de la grâce de Dieu.

Saint Paul encore, permettant aux chrétiens l'usage de toute espèce de nourriture, et distinguant de ces choses celles qui nous justifient devant Dieu, disait : « Le royaume de Dieu n'est point viande ni breuvage ; mais il est justice, paix et joie dans le Saint-Esprit. Il est vrai que toutes choses sont pures ; mais celui-là fait mal qui mange en donnant du scandale. Il est bon de ne point manger de viande, de ne point boire de vin, et de ne faire aucune autre chose qui puisse faire broncher ton frère, ou dont il soit scandalisé, ou dont il soit blessé. » Ces paroles n'interdisent l'usage d'aucun aliment, mais seulement le scandale qui pourrait être provoqué par cet usage. En effet, quelques Juifs nouvellement convertis se scandalisaient de voir les disciples manger des mets défendus par la loi. Mais, pour avoir voulu éviter ce scandale, l'apôtre Pierre fut gravement réprimandé, et salutairement averti. Saint Paul lui-même, dans son épître aux Galates, raconte cette circonstance.

Il dit encore à ce sujet, dans son épître aux Corinthiens : « Ce n'est pas ce que nous mangeons qui nous recommande devant Dieu. » Et de plus : « Mangez de tout ce qui se vend à la boucherie. La terre est au Seigneur avec tout ce qu'elle contient. » Et aux Colossiens : « Que personne donc ne vous condamne pour le manger ou pour le boire. » Et un peu plus bas : » Si vous êtes morts avec le Christ aux éléments de ce monde, pourquoi toutes ces ordonnances, comme si vous viviez encore au monde, savoir : Ne mangez, ne goûtez, ne touchez point toutes ces choses dont l'usage donne la mort à notre âme, si l'on en croit les préceptes et les doctrines des hommes ? »

Il appelle les éléments de ce monde les premiers rudiments de la Loi, c'est-à-dire les observances charnelles, et cet alphabet élémentaire par lequel le monde naissant, c'est-à-dire un peuple encore enfoncé dans la chair, s'exerçait à l'étude de la religion. Par le Christ et par eux-mêmes, les chrétiens sont morts à ces éléments, c'est-à-dire à ces observances charnelles ; ils ne leur doivent rien, ne vivant déjà plus en ce monde, c'est-à-dire parmi ces hommes charnels, qui s'attachent à la matière et qui font des ordonnances, et établissent des distinctions entre les aliments, entre telles et telles choses, et qui disent : « Ne touchez point ceci ou cela » ; toutes choses, à les entendre, qu'il suffit de toucher ou de goûter, ou de tenir dans nos mains, pour donner la mort à notre âme par leur usage, même lorsque nous nous en servons pour notre utilité. Ils parlent, je le répète, selon les préceptes et les doctrines des hommes charnels, et selon la loi de ceux qui comprennent avec le sens de leur chair, et non pas selon la loi de Jésus-Christ et des siens.

En effet, lorsque le Seigneur envoya les apôtres prêcher son Évangile, il devait sans doute prévenir de leur part tout sujet de scandale. Cependant il leur permit d'user de tous les aliments sans restriction, puisqu'il leur ordonna, partout où ils seraient accueillis, de vivre absolument comme les autres, de manger et de boire ce qu'ils trouveraient sur la table. L'Apôtre, qui, par les lumières de l'esprit de prophétie dont il était éclairé, prévoyait que dans la suite on s'écarterait de cette céleste doctrine, qui est aussi la sienne, avertit son disciple Timothée d'y prendre garde ; voici ses paroles : « Or l'Esprit dit expressément qu'aux derniers temps quelques-uns déserteront la foi, s'adonnant aux esprits séducteurs et aux doctrines des démons, enseignant des mensonges par hypocrisie, défendant de se marier, commandant de s'abstenir des aliments que Dieu a créés pour que les fidèles et ceux qui ont connu la vérité en usent avec actions de grâces. Car toute créature de Dieu est bonne, et il n'y en a point qui soit à rejeter étant prise avec actions de grâces, parce qu'elle est sanctifiée par la parole de Dieu et par la prière. Si tu proposes ces choses aux frères, tu seras bon ministre de Jésus-Christ, nourri dans les paroles de la foi et de la bonne doctrine que tu as soigneusement suivie. »

Enfin, si l'on s'en rapporte aux apparences, qui n'aurait pas mis au-dessus de Jésus-Christ et de ses apôtres saint Jean et ses disciples, qui poussaient jusqu'à l'excès l'abstinence et les macérations? Ceux-ci, qui, à l'exemple des Juifs, s'attachaient à l'extérieur, murmuraient contre le Christ et ses disciples, et lui disaient : « Pourquoi vos disciples ne jeûnent-ils jamais, tandis que nous et les pharisiens jeûnons si souvent? »

Saint Augustin met une bien grande différence entre les apparences de la vertu et la vertu même, car il estime que les œuvres n'ajoutent rien à nos mérites. Voici ce qu'il dit dans son traité sur le Bien conjugal : « La chasteté est plutôt une vertu de l'âme que du corps. Quelquefois les vertus sont extérieurement manifestées, quelquefois elles restent dans notre âme, à l'état potentiel. C'est ainsi que les confesseurs de la foi possédaient la vertu de patience qu'ils ont déployée dans leur martyre. Quant à Job, la patience était déjà en lui, et le Seigneur le savait; mais elle ne fut connue des hommes que par l'épreuve de la tentation. » Le saint Père dit encore : « Mais, pour faire comprendre plus clairement comment la vertu réside potentiellement dans notre âme sans se formuler au dehors par des œuvres, j'invoquerai un exemple qui peut lever les doutes de tout catholique.

» Que le Seigneur Jésus-Christ ait été sujet dans la réalité de la chair à la faim et à la soif, qu'il ait mangé et qu'il ait bu, personne n'en doute de ceux qui ont puisé la foi dans son Évangile. Sa vertu d'abstinence dans le boire et le manger n'était donc pas aussi grande que celle de Jean-Baptiste? Car Jean est venu, ne mangeant ni ne buvant, et ils ont dit : « Il est possédé du démon. » Le Fils de l'homme est venu, mangeant et buvant, et ils ont dit : « Voilà un mangeur et un buveur, un ami des publicains et des gens de mauvaise vie. » Après avoir ainsi parlé de Jean, l'Évangéliste ajoute : « La Sagesse a été justifiée par ses enfants. » Ils voient que la vertu de continence doit toujours résider virtuellement dans le cœur, mais que sa manifestation par les œuvres est subordonnée aux circonstances et à l'opportunité des temps, comme la vertu de patience des saints martyrs. Ainsi donc, de même que Pierre martyrisé et Jean non martyrisé ont à nos yeux un égal mérite de patience, de même aussi nous trouvons un mérite égal de continence chez Jean, qui ne connut point le mariage, et chez Abraham, qui engendra des fils. Car le célibat de l'un et le mariage de l'autre ont, chacun dans leur temps, milité pour la cause du Christ. Mais Jean avait aussi la continence dans les œuvres; Abraham l'avait seulement d'une manière virtuelle et comme habitude de cœur. »

Ainsi à l'époque qui suivit les jours des patriarches, la loi porta une sentence de malédiction contre quiconque ne produirait point de postérité en Israël; celui qui ne le pouvait pas n'en produisait point, mais il obéissait virtuellement à la loi. Depuis, les temps se sont accomplis, et il a été dit : « Que celui qui peut comprendre ceci le comprenne; que celui qui possède la vertu d'intention fasse les œuvres; que celui qui ne veut pas faire les œuvres ne mente pas en disant que la puissance des œuvres n'est point en lui. » Il résulte clairement de ces paroles que les vertus seules sont méritoires devant Dieu, et que tous ceux qui sont semblables en vertus, bien qu'ils diffèrent par les œuvres, sont également aimés du Seigneur. Ainsi les vrais chrétiens, tout occupés de l'homme intérieur, et s'étudiant sans cesse à l'orner de vertus nouvelles, à le purifier de ses vices, négligent l'homme extérieur ou le laissent tout-à-fait dans l'abandon. Les apôtres eux-mêmes furent si insouciants à cet égard, qu'ils marchaient sans tenue et sans dignité à la suite du Seigneur, et comme oubliant le respect qu'ils devaient à sa présence : on les voyait, lorsqu'ils passaient dans les campagnes, arracher des épis de blé, et ne pas rougir de les froisser dans leurs mains, et de les manger comme auraient fait des enfants. Ils négligeaient même de laver leurs mains au moment des repas, ce qui les fit accuser de malpropreté ; mais le Seigneur les excusa en disant : « De manger sans avoir les mains lavées, ce n'est pas cela qui souille l'homme. » Et il ajouta aussitôt, comme une formule générale, que l'âme ne peut jamais être souillée par les choses extérieures, mais seulement par les choses qui viennent du cœur, et qui sont, dit-il, les mauvaises pensées, les adultères, les homicides, etc... Car si le cœur n'est point corrompu d'avance par une volonté dépravée, le péché ne s'introduira point dans les œuvres de la chair à l'extérieur. Aussi a-t-il eu raison de dire que les adultères et les homicides viennent du cœur, puisqu'ils peuvent être commis sans l'intervention du corps, selon cette parole : « Quiconque regarde une femme avec convoitise a déjà commis dans son cœur un adultère. » Et : « Quiconque hait son frère est un homicide. » Car une femme qui succombe à la violence n'est pas plus coupable d'adultère qu'un juge ne l'est d'homicide en condamnant un coupable à la mort, lorsque la loi l'y contraint. « Tout homicide, ainsi qu'il est écrit, n'aura point de part au royaume de Dieu. »

C'est donc moins nos actions que l'esprit dans lequel nous les faisons que nous devons examiner, si nous voulons plaire à celui qui sonde les cœurs et les reins, qui voit dans les ténèbres, et qui jugera les plus secrètes pensées de l'homme. Voilà, dit saint Paul, ce qu'enseigne mon Évangile, c'est-à-dire la doctrine de ma prédication. La modique offrande de la veuve qui ne donna que deux oboles, c'est-à-dire un quatrain, fut préférée à celles des riches qui étaient beaucoup plus abondantes par celui à qui nous disons : « Seigneur, vous n'avez pas besoin de nos biens; » par celui qui aime l'offrande pour les mains dont elle sort, et non les mains pour leur offrande, ainsi qu'il est écrit : « L'Éternel eut égard à Abel et à son oblation; » c'est-à-dire qu'il examina d'abord la piété du sacrificateur, et que cet examen lui rendit l'offrande agréable. Enfin la dévotion du cœur est d'autant plus agréable à Dieu que nous mettons moins de confiance dans ses manifestations extérieures.

C'est pourquoi l'Apôtre, après avoir permis l'usage de tous les aliments, ainsi que nous l'avons dit plus haut, écrit à Timothée, au sujet de l'exercice et du travail du corps : « Exerce-toi dans la piété. Car l'exercice corporel est utile à peu de chose; mais la piété est utile à toutes choses, ayant les promesses de la vie présente et de celle qui est à venir. » En effet, la dévotion et la piété de notre âme envers Dieu obtiennent de lui les choses nécessaires en ce monde, et la vie éternelle dans l'autre.

Que nous enseignent tous ces préceptes, sinon de vivre chrétiennement, et avec Jacob de préparer à notre père des animaux domestiques pour sa nourriture, au lieu d'aller, comme Ésaü, lui chercher des bêtes des forêts, et de judaïser dans les choses extérieures ? C'est ce qui faisait dire au Psalmiste : « Vos vœux, Seigneur, sont en moi, et je vous les rendrai en actions de grâces. » A cette parole ajoutez celle du poëte :

Ne vous cherchez point hors de vous-mêmes.

Nous ne manquons pas de témoignages, soit parmi les auteurs sacrés, soit parmi les profanes, qui nous apprennent que les actions extérieures sont indifférentes, et qu'il faut peu s'y attacher. Autrement les œuvres de la Loi, et l'insupportable joug de sa servitude, comme dit saint Pierre, seraient préférables à la liberté de l'Évangile et au joug aimable du Christ, et à son fardeau léger. Jésus-Christ lui-même, pour nous inviter à ce joug aimable et à ce fardeau léger, nous dit : « Venez à moi, vous tous qui êtes fatigués et qui êtes chargés. » C'est pourquoi saint Paul réprimandait avec force les Juifs nouvellement convertis qui voulaient encore suivre l'ancienne Loi, comme on le voit dans les Actes des Apôtres : « Hommes, mes frères, pourquoi tentez-vous Dieu en voulant imposer aux disciples un joug que ni nos pères ni nous n'avons pu porter? Mais nous croyons que nous serons sauvés par la grâce du Seigneur Jésus-Christ, comme eux aussi. »

Vous donc, qui êtes non-seulement un disciple de Jésus-Christ, mais encore un fidèle imitateur de l'Apôtre, et par le nom et par la sagesse, conformez votre règle à la faiblesse de notre sexe, afin que nous soyons principalement occupées à chanter les louanges du Seigneur. C'est ce qu'il recommande, après avoir rejeté tous les autres sacrifices extérieurs, lorsqu'il dit : « Si j'avais faim, je ne t'en dirais rien, car la terre habitable est à moi, et tout ce qui est en elle. Mangerai-je la chair des taureaux, et boirai-je le sang des boucs ? Immole à Dieu un sacrifice de louanges, et rends tes vœux au Très-Haut, et invoque-moi au jour de ta détresse ; je te délivrerai, et tu me glorifieras. »

Si je parle ainsi, ce n'est pas dans l'intention de rejeter tout travail corporel lorsque la nécessité l'exigera, mais afin de ne pas attacher trop d'importance aux travaux qui sont relatifs au corps seul, et nuisent à la célébration de l'office divin, puisque, d'après le témoignage même de l'autorité apostolique, on accorde aux femmes de religion le privilége d'être nourries et entretenues aux frais de l'Église plutôt que par les ressources de leur propre travail. Saint Paul écrivait à Timothée : « Que si quelque fidèle a des veuves, qu'il les assiste, et que l'Église n'en soit point chargée, afin qu'il y ait assez pour celles qui sont vraiment veuves. »

Il appelle vraiment veuves les femmes dévouées à Jésus-Christ, et qui non-seulement ont perdu leur mari, mais auxquelles le monde est crucifié, comme elles sont crucifiées au monde. Ce sont celles-là qu'il convient d'entretenir aux dépens de l'Église, comme du revenu de leur propre époux. C'est pourquoi le Seigneur confia le soin de sa mère à un apôtre plutôt que de le remettre à son mari ; et les apôtres eux-mêmes ont établi sept diacres, c'est-à-dire sept ministres de l'Église, pour veiller aux besoins des saintes femmes.

Nous n'ignorons pas que l'Apôtre, écrivant aux Thessaloniciens, condamne rudement la vie oisive et qui répugne à tout travail : « Celui, dit-il, qui ne veut pas travailler, ne doit pas manger. » Nous savons aussi que saint Benoît a ordonné le travail des mains pour éviter l'oisiveté. Mais Marie était-elle donc oisive lorsqu'elle se tenait assise aux pieds du Seigneur pour écouter ses paroles ? Cependant Marthe, qui s'occupait de tous les soins de la maison pour elle et pour Jésus-Christ, murmurait avec jalousie contre le repos de sa sœur, et se plaignait de porter seule le poids du jour et de la chaleur.

De même aujourd'hui nous voyons fréquemment murmurer ceux qui s'occupent des soins extérieurs, lorsqu'ils fournissent à ceux qui sont dans le travail des choses divines les biens de la terre. Et souvent ils se plaignent moins d'être pillés par des tyrans que de l'obligation où ils se trouvent de nourrir ces paresseux, comme ils les appellent, et ces oisifs qui ne sont bons à rien. Cependant ils les voient non-seulement écouter les paroles du Christ, mais encore s'appliquer à leur lecture assidue et à leur propagation. Ils ne font pas attention que ce n'est pas un grand dévouement, ainsi que le dit l'Apôtre, de donner les choses du corps à ceux dont ils attendent les choses de l'âme, et qu'il est tout-à-fait dans l'ordre que ceux qui s'adonnent aux soins de la terre servent ceux dont la pensée travaille pour le ciel. Aussi la Loi a-t-elle accordé aux ministres de l'Église cette salutaire liberté de loisir, en ordonnant que la tribu de Lévi ne posséderait aucun héritage terrestre, pour se consacrer, à l'exclusion de tout autre soin, au service du Seigneur; mais qu'elle prélèverait sur le travail des autres enfants d'Israël des dîmes et des oblations.

Relativement aussi à l'abstinence, qui est pour les chrétiens l'abstinence des vices plutôt que celle des aliments, voyez s'il est convenable d'ajouter quelque chose aux canons de l'Église, et occupez-vous des règlements qui nous conviennent le mieux.

Sur les offices et le rang à donner aux psaumes, veuillez nous dresser un programme détaillé. En cela du moins, si vous y consentez, notre faiblesse sera soulagée, si pour réciter entièrement le psautier pendant la semaine, nous n'avons pas besoin désormais de répéter les mêmes psaumes. Saint Benoît, après avoir distribué la semaine à son idée, laissa à ses successeurs la faculté d'agir à leur gré, en disant que si la règle ne leur paraissait pas bonne, ils pourraient la changer, faisant ainsi allusion aux accroissements que la succession des temps avait apportés à la beauté de l'Église, à ces fondements ébauchés sur lesquels s'est élevée depuis la merveilleuse harmonie de son édifice. Nous désirons, avant tout, que vous nous traciez précisément ce que nous devons faire à l'égard de la lecture évangélique à vigiles. Il me paraît dangereux d'admettre près de nous, aux heures de nuit, des prêtres ou des diacres pour faire cette lecture, car nous devons surtout éviter la présence des hommes, afin de donner plus sincèrement toutes nos pensées à Dieu, et d'être aussi moins exposées à la tentation.

Sur vous, maître, puisque vous vivez, sur vous repose le soin d'instituer la règle que nous devons suivre à perpétuité. Car, après Dieu, vous êtes le fondateur de ce lieu; par lui, vous êtes le planteur de notre congrégation; soyez avec lui le législateur de notre ordre. Peut-être un autre viendra après vous, qui édifierait sur des fondements étrangers; et pour cela même nous craignons qu'il soit moins zélé pour nous, ou qu'il obtienne de notre part moins de soumission; peut-être aussi avec la même volonté n'aurait-il pas le même pouvoir. Parlez, c'est vous que nous voulons écouter.

Adieu.

LETTRE

D'ABAILARD A HÉLOÏSE

Sur l'origine des Religieuses.

Très-chère sœur, votre divin zèle m'a interrogé, tant en votre nom qu'en celui de vos filles spirituelles, sur l'ordre religieux auquel vous appartenez : je vais donc vous retracer sommairement, si je puis, son origine.

C'est de Jésus-Christ même que l'ordre des moines ou des nonnes a reçu la forme parfaite de sa religion, quoique avant l'incarnation du Sauveur il y ait eu un germe de cet établissement dans les deux sexes. Saint Jérôme, en effet, écrit à Eustochium : « Les fils des prophètes que l'ancien Testament nous représente comme des moines... » Saint Luc rapporte qu'Anne étant veuve se consacra au temple et au service divin ; qu'elle mérita d'y recevoir le Seigneur conjointement avec Siméon, et de prophétiser.

Ainsi Jésus-Christ, qui est la fin de la justice et l'accomplissement de tous les biens, est venu dans la plénitude des temps pour perfectionner ce qui n'était qu'ébauché, et pour donner de nouvelles connaissances. De même qu'il était venu pour racheter les deux sexes, il les a rassemblés également sous sa discipline. Par là il a établi le principe de l'état religieux pour les hommes et pour les femmes, et il leur a proposé à tous le modèle d'une vie parfaite.

Nous voyons avec les apôtres et les disciples et la mère du Sauveur une réunion de saintes femmes renonçant au monde et se dépouillant de toute propriété pour ne posséder que Jésus-Christ seul, ainsi qu'il est écrit : « Le Seigneur est mon héritage. » Elles ont scrupuleusement accompli cette parole par laquelle, selon la règle même de Jésus, les convertis du siècle sont initiés à la communion de la vie religieuse : « Si quelqu'un n'a pas renoncé à tout ce qu'il possède, il ne peut être mon disciple. »

L'histoire sainte nous raconte fidèlement avec quelle dévotion ces saintes femmes, ces vraies moinesses, ont suivi Jésus-Christ, de quelle grâce ensuite il les a comblées, quel honneur il a rendu à leur dévouement, et après lui ses apôtres.

Nous lisons dans l'Évangile que le Seigneur reprit vivement le pharisien murmurant contre Madeleine, et qu'il fut moins touché des égards de son hôte que de l'hommage de cette femme pécheresse. Nous lisons que Lazare après sa résurrection mangeant avec le Seigneur, Marthe sa sœur était seule occupée à les servir ; et Marie répandit alors une huile précieuse sur les pieds de Jésus, et les essuya ensuite avec ses cheveux ; et l'odeur de cette huile précieuse remplit toute la maison ; et que, voyant une chose d'un si grand prix consumée en pure perte, Judas se sentit ému d'avarice, et les disciples eux-mêmes s'indignèrent. Ainsi, tandis que Marthe s'empressait à servir Jésus-Christ, Marie préparait des parfums ; l'une pourvut à ses besoins intérieurs, et l'autre soulagea extérieurement sa lassitude.

L'histoire évangélique nous montre les femmes seules en possession de servir le Seigneur ; elles avaient consacré tous leurs biens à lui fournir chaque jour les choses nécessaires à la vie. Lui-même, soit à table, soit dans l'ablution des pieds, se montrait envers ses disciples le plus humble des serviteurs, et nous ne voyons pas qu'il ait jamais reçu ni d'eux ni d'aucun homme les mêmes services. Les femmes seules, comme nous l'avons dit, furent admises à lui prêter leur ministère pour tous les besoins de l'humanité. Marthe et Marie servirent toutes deux le Seigneur, et celle-ci montra d'autant plus de dévotion que sa conduite avait été auparavant plus répréhensible.

De l'eau mise dans un bassin servit au Seigneur pour accomplir l'ablution ; mais Marie remplit envers lui cet office non avec une eau extérieure, mais avec les larmes d'une intime componction. Le Seigneur essuya avec un linge les pieds de ses apôtres ; elle essuya les pieds du Christ avec ses cheveux : elle les baigna en outre d'une huile de senteur, ce que Jésus-Christ ne fit en nulle occasion. Personne n'ignore que cette femme présuma si absolument de l'indulgence du Seigneur, qu'elle ne craignit pas de lui arroser aussi la tête avec son parfum. Elle ne le fit pas couler par l'orifice de la fiole, mais elle brisa la fiole elle-même pour le répandre tout à la fois, afin de mieux exprimer le pieux entraînement de son enthousiasme, qui ne pouvait consentir à réserver pour un usage ultérieur ce qui avait servi dans une si grande occasion.

Par cette action Marie accomplit la prophétie de Daniel, qui avait prédit ce qui devait arriver, après l'onction du Saint des saints. Or, cette femme en donnant l'onction au Saint des saints prouve par cet acte respectueux qu'elle le croit fermement celui que le prophète avait désigné. Quelle est donc, je vous prie, la bonté du Seigneur, ou quelle est donc la dignité des femmes, puisque c'est d'elles seulement qu'il veut recevoir l'onction sur sa tête et sur ses pieds? Quel est donc le privilége de ce faible sexe, pour qu'une femme vienne d'elle-même et de son propre mouvement oindre celui qui dès le moment de sa conception était l'oint du Saint-Esprit, et que par ce double sacre corporel elle ait marqué dans le Christ le Roi et le Pontife, en versant des aromates sur son corps mortel?

Nous lisons dans la Genèse que le patriarche Jacob oignit le premier une pierre en l'honneur du Seigneur, et ensuite qu'il ne fut permis qu'aux hommes de faire les onctions des rois et des prêtres, ou de conférer les autres sacrements, quoique les femmes puissent quelquefois donner le baptême. Autrefois le patriarche sanctifiait par l'huile la pierre, qui était l'image du temple; aujourd'hui le prêtre bénit l'autel. Les hommes impriment donc le caractère sacramentel à des corps figuratifs; mais la femme a opéré sur la Vérité elle-même, ainsi que le dit Jésus-Christ: « Elle a opéré sur moi une bonne œuvre. » Le Christ lui-même reçoit l'onction d'une femme, les chrétiens la reçoivent des hommes; la tête est sacrée par une femme, les membres le sont par des hommes.

Or, c'est par effusion et non goutte à goutte que Marie versa le parfum sur la tête du Seigneur, ainsi que l'épouse le chante dans le Cantique: « Votre nom est une huile répandue. » David a prophétisé mystérieusement cette abondance de parfum qui coula de la tête du Sauveur jusqu'à son vêtement, lorsqu'il dit: « Ainsi que le parfum répandu sur la tête d'Aaron, qui couvrit sa barbe, et qui descendit jusqu'au bord de son vêtement. »

Saint Jérôme écrivant sur le Psaume XXVI nous apprend

que David a reçu trois onctions, que Jésus-Christ en a également reçu trois, et que les chrétiens les reçoivent encore. D'abord les pieds du Seigneur, ensuite sa tête, ont été parfumés par une femme ; enfin Joseph d'Arimathie et Nicodème, ainsi que le rapporte saint Jean, ont enseveli son corps après l'avoir embaumé. Les trois onctions des chrétiens sont le baptême, la confirmation et l'extrême-onction. Considérez donc la dignité de la femme, des mains de laquelle le Christ vivant a été sacré deux fois sur les pieds et sur la tête, de laquelle enfin il reçut l'onction de Roi et de Prêtre. La myrrhe et l'aloès avec lesquels on embaume les corps pour les conserver figurent l'incorruptibilité future du corps de Jésus-Christ, dont tous les élus jouiront aussi à la résurrection.

Les premiers parfums de cette femme prouvent la prédestination de la Royauté de Jésus-Christ et de son Sacerdoce ; l'onction de la tête annonce la première, celle des pieds la seconde. Il reçut d'une femme le type de roi, tandis qu'il refusa la royauté que les hommes lui offraient, et qu'il s'enfuit même parce qu'ils voulaient le contraindre à l'accepter. Une femme l'a sacré roi du ciel, et non de la terre, suivant ce qu'il dit lui-même : « Mon royaume n'est pas de ce monde. »

Les évêques se glorifient lorsque, revêtus d'habits magnifiques et éclatants, aux acclamations des peuples, ils sacrent les rois de la terre, ou confèrent le sacerdoce à des mortels, et que souvent ils bénissent ceux que Dieu rejette. C'est une humble femme qui, sans changer d'habit, sans s'y être préparée, au milieu même de l'indignation que témoignèrent les apôtres, confère ces deux sacrements à Jésus-Christ, non par devoir d'état, mais par inspiration. O grande fermeté de la foi ! ô inestimable ferveur d'amour, qui croit tout, espère tout et souffre tout ! Le pharisien murmure de ce qu'une pécheresse oint les pieds du Seigneur ; les apôtres témoignent hautement leur indignation de sa hardiesse, qui la porte jusqu'à oindre sa tête. La foi de cette femme reste inébranlable ; elle espère tout de la bonté du Seigneur, qui l'approuve dans ces deux onctions ; car il témoigne lui-même combien ces parfums lui ont été agréables, lorsque, demandant qu'on lui en réservât, il dit à Judas, qui s'indignait : « Laissez-les lui conserver pour le jour de ma sépulture. » C'est comme s'il eût dit : « Ne la détournez pas de me donner ce témoignage d'amour pendant que je suis encore au monde, de peur que vous ne l'en empêchiez aussi après ma mort. »

Or, il est très-certain que ce sont les saintes femmes qui ont préparé les aromates pour embaumer son corps, et que Marie se serait moins empressée d'être du nombre, si elle eût alors éprouvé la honte d'un refus. Au contraire, il a réprimandé ses disciples, qui murmuraient de la hardiesse de cette femme, et qui en témoignaient hautement leur indignation ; après les avoir apaisés par des réponses pleines de douceur, il loua son action, ordonna à saint Marc de la citer dans son Évangile et de la prêcher avec lui, afin que la terre en fût instruite, et retentît des louanges de cette femme, qu'ils accusaient de présomption. Nous ne voyons pas que le Seigneur ait honoré de cette formelle recommandation aucun des hommages de différentes autres personnes. Il a encore témoigné combien il avait pour agréable la dévotion des femmes, par la préférence qu'il accorda à l'aumône de la pauvre veuve sur toutes celles qui furent offertes dans le temple.

Pierre osa se vanter d'avoir, avec ses coapôtres, abandonné tout pour le Christ. Zachée, ayant reçu le Seigneur suivant son désir, donna la moitié de son bien aux pauvres, et restitua le quadruple à ceux à qui il avait pu faire quelque tort. Beaucoup d'autres encore ont fait de grandes dépenses, ou pour Jésus-Christ, ou pour l'amour de lui, et lui ont sacrifié des choses infiniment plus précieuses; cependant il ne leur a pas accordé les mêmes louanges qu'aux femmes. En effet, leur conduite à sa mort prouve évidemment qu'elle avait toujours été la grandeur de leur dévotion. Dans ce moment où le prince de ses apôtres le renia, où son bien-aimé s'enfuit, où ses apôtres étaient dispersés, elles seules restèrent inébranlables; dans la passion et dans la mort, ni un moment de crainte ni un moment de désespoir ne put les éloigner de lui; en sorte qu'on peut leur appliquer ces paroles de saint Paul : « Qui nous séparera de l'amour du Seigneur? Sera-ce la persécution ou la douleur? » Saint Matthieu lui-même, après être convenu de sa fuite avec les autres, lorsqu'il dit : « Alors tous les disciples l'abandonnèrent et s'enfuirent, » parle ensuite de la constance des femmes, qui s'approchaient le plus qu'elles pouvaient de la croix du Sauveur : « Il y avait, dit-il, plusieurs femmes qui avaient suivi le Seigneur depuis la Galilée en lui rendant tous les secours possibles. » Le même évangéliste rapporte avec soin toute leur persévérance auprès du sépulcre, en disant : « Marie-Madeleine et l'autre Marie étaient assises près du sépulcre. » Saint Marc dit également, en parlant de ces femmes : « Il y avait aussi des femmes qui regardaient de loin, parmi lesquelles étaient Marie-Madeleine, et Marie, mère de Jacques et de Joseph, et Salomé, qui l'avaient suivi en Galilée et qui le servaient, et beaucoup d'autres encore qui étaient montées avec lui à Jérusalem. »

Jean, qui d'abord s'était enfui, raconte qu'il revint lui-même au pied de la croix et qu'il resta près du crucifié; mais il préfère la persévérance des femmes, comme ayant été animé et rappelé par leur exemple. « Au pied de la croix, dit-il, se tenaient la mère de Jésus, et la sœur de sa mère, Marie, femme de Cléophas, et Marie-Madeleine. Jésus voyant donc sa mère et son disciple qui était auprès d'elle, etc. »

Cette constance des saintes femmes et l'abandon des disciples avaient été prédits depuis long-temps par Job dans la personne du Seigneur, lorsqu'il disait : « Mon os s'est attaché à ma peau, mes chairs étant consumées, et il ne me reste que les lèvres autour des dents. » En effet, dans l'os qui porte et soutient la chair et la peau, réside la force du corps. Ainsi, dans le corps de Jésus-Christ, qui est l'Église, il entend par l'os le fondement durable de la loi chrétienne, ou cette ardeur d'amour dont il est dit dans le Cantique : « Des torrents d'eau ne pourront éteindre l'amour ; » et dont l'Apôtre dit aussi : « Il supporte tout, il croit tout, il espère tout et souffre tout. »

Or, la chair est dans le corps la partie intérieure, et la peau la partie extérieure. Les apôtres donc, occupés à prêcher la foi, qui est la nourriture de l'âme, et les femmes veillant aux besoins corporels, sont comparés à la chair et à la peau. Lorsque les chairs ont été consumées, l'os du Seigneur s'est attaché à la peau, parce que les apôtres étant scandalisés dans sa Passion, et désespérés de sa mort, la dévotion des saintes femmes resta inébranlable, et ne s'écarta point de l'os de Jésus-Christ ; elles ont persévéré dans la foi, l'espérance et la charité, au point qu'elles ne purent être séparées du trépassé ni de corps ni d'esprit. Les hommes ont naturellement l'esprit et le corps plus forts que les femmes ; d'où, avec raison, la chair, qui est plus voisine de l'os, figure la nature de l'homme, et la peau la faiblesse de la femme.

Les apôtres aussi, dont le devoir est de reprendre les hommes de leurs fautes, et pour ainsi dire de mordre les brebis qui s'égarent, sont appelés les dents du Seigneur, auxquelles il ne restait plus que les lèvres, c'est-à-dire des paroles plutôt que des actions, lorsque, désespérés, ils se contentaient de parler du Christ sans agir pour lui. Tels étaient certainement ces disciples qui allaient à Emmaüs, s'entretenant de tout ce qui était arrivé, et auxquels il apparut pour ranimer leur foi. Pierre lui-même et les autres disciples eurent-ils autre chose que des paroles, quand le moment de la Passion arriva, quoique le Seigneur leur eût prédit lui-même que ce moment serait pour eux une occasion de scandale? « Quand tous, dit Pierre, seraient scandalisés, moi je ne le serai jamais. » Et encore : « Quand il me faudrait mourir avec vous, je ne vous renierai pas. » Les autres disciples dirent la même chose. Ils le dirent, faites bien attention, plutôt qu'ils ne le firent; car le premier et le plus grand des apôtres, qui avait montré assez de fermeté dans ses paroles pour dire au Seigneur : « Je suis prêt à souffrir avec vous la prison et la mort; » à qui le Seigneur, en lui confiant spécialement la conduite de son Église, avait dit : « Et vous, enfin converti, confirmez vos frères, » n'a pas honte de le renier à la première parole d'une servante. Et non pas une fois seulement, mais jusqu'à trois fois il renie le Seigneur encore vivant : et de même les autres disciples en un clin-d'œil disparaissent et abandonnent le Seigneur encore vivant, tandis que les femmes ne purent en être séparées ni de corps ni d'esprit, même dans la mort.

Parmi elles cette bienheureuse pécheresse cherchant Jésus-Christ, et confessant qu'il est le Seigneur, dit : « Ils ont enlevé le Seigneur du tombeau. » Et encore : « Si vous l'avez enlevé, dites-moi où vous l'avez mis, afin que je l'emporte. » Les béliers, mieux que cela, les pasteurs du troupeau, prennent la fuite; et les brebis restent seules intrépidement. Le Seigneur nous montre en eux une chair sans force, car à l'article de sa Passion, ils ne purent pas même veiller une heure avec lui ; au contraire, les femmes en pleurs prolongèrent toute la nuit leur veille près du sépulcre, et ont mérité d'être les premiers témoins de sa résurrection. En restant fidèles à sa mort, elles ont prouvé, moins par des paroles que par des actions, combien elles l'avaient aimé de son vivant ; et c'est à leur pieuse sollicitude pour lui pendant sa Passion et après sa mort, qu'elles ont dû la faveur de participer les premières à la joie de sa résurrection.

En effet, tandis que, selon saint Jean, Joseph d'Arimathie et Nicodème entouraient de linges le corps du Christ, et l'ensevelissaient avec des aromates, Marie-Madeleine, et Marie, mère de Joseph, au témoignage de saint Marc qui signale leur zèle, remarquaient avec soin l'endroit où il serait déposé. Saint Luc en fait aussi mention lorsqu'il dit: «Les femmes qui avaient suivi, et qui étaient venues avec Jésus-Christ de la Galilée, virent le tombeau, et comment le corps était placé ; et s'en retournant, elles préparèrent des aromates. » Elles ne crurent pas ceux de Nicodème suffisants : elles voulurent y ajouter les leurs. Le jour du sabbat les empêcha d'exécuter leur dessein ; mais, selon saint Marc, après le sabbat, Marie-Madeleine, Marie, mère de Jacques, et Salomé, vinrent de très-grand matin au tombeau, le jour même de la résurrection.

Maintenant que nous avons montré leur dévotion, examinons quelle fut la récompense qu'elles méritèrent. D'abord la vision angélique les consola en leur apprenant que la résurrection du Seigneur était accomplie ; enfin elles le virent elles-mêmes avant tout le monde et le touchèrent, Marie-Madeleine la première, dont le zèle était plus ardent, et ensuite en même temps que les autres, desquelles il est écrit qu'après la vision angélique « elles sortirent du tombeau, courant annoncer aux disciples la résurrection du Seigneur. » Et Jésus vint au-devant d'elles et leur dit : « Je vous salue. » Or elles s'approchèrent de lui, elles touchèrent ses pieds et l'adorèrent. Alors il leur dit : « Allez annoncer à mes frères qu'ils aillent en Galilée ; là ils me verront. »

Saint Luc, poursuivant ce récit : « C'était Madeleine, dit-il, et Jeanne, et Marie, mère de Jacques, et les autres femmes qui étaient avec elles, qui disaient cela aux apôtres. » Saint Marc ne laisse pas ignorer que ce fut d'abord l'ange qui les envoya porter cette nouvelle aux apôtres, lorsqu'il leur dit : « Il est ressuscité, il n'est plus ici ; mais allez, dites à ses disciples et à Pierre qu'il les précèdera en Galilée. » Le Seigneur lui-même, apparaissant d'abord à Marie-Madeleine, lui dit : « Allez à mes frères, et dites-leur que je monte vers mon Père. » Ce qui nous donne à connaître que ces saintes femmes sont les apôtres des apôtres, puisque ce sont elles qui furent envoyées par le Seigneur ou par les anges pour annoncer aux disciples cette grande nouvelle de la résurrection que tout le monde attendait, afin que d'abord ils apprissent d'elles ce qu'ils devaient ensuite prêcher au monde entier.

L'évangéliste a raconté comment après sa résurrection le Seigneur s'offrit à leurs regards, et les salua, afin de leur donner dans cette apparition et dans ce salut des témoignages d'une sollicitude et d'une bienveillance extraordinaires. Nous ne voyons pas, en effet, qu'il ait employé vis-à-vis de qui que ce soit ce mot : Je vous salue ; il avait défendu, au contraire, à ses disciples de saluer personne, en leur disant : « Vous ne saluerez personne dans le chemin, » comme s'il eût réservé ce privilège aux saintes femmes, pour le leur accorder lui-même, lorsqu'il aurait reconquis la gloire de son immortalité.

Les Actes des Apôtres, lorsqu'ils rapportent qu'aussitôt après l'ascension du Seigneur ses disciples revinrent du mont des Oliviers à Jérusalem, et qu'ils décrivent la piété de leur sainte congrégation, ne passent point sous silence la persévérance de la dévotion des saintes femmes : « Ils étaient tous persévérant unanimement en prières avec les femmes et Marie, mère de Jésus. »

Mais pour ne plus rien dire des femmes juives qui, converties les premières à la foi, le Seigneur vivant encore dans la chair, et prêchant lui-même, ont jeté les fondements du genre de vie que vous avez embrassé, parlons des veuves grecques dont la conversion est due aux apôtres. Avec quelle attention ne les traitèrent-ils pas, puisqu'ils nommèrent pour veiller à leurs besoins le glorieux Enseigne de la milice chrétienne, Étienne, ce premier martyr, avec quelques autres saints personnages ! D'où il est écrit dans les mêmes Actes : « Le nombre des disciples se multipliant, il s'éleva un murmure des Grecs contre les Hébreux, parce que leurs veuves étaient méprisées dans la répartition des secours de chaque jour. C'est pourquoi les douze apôtres ayant convoqué tous leurs disciples, leur dirent : Il n'est pas juste que nous quittions la parole de Dieu pour veiller aux tables. Choisissez donc, mes frères, parmi vous, sept hommes d'une conduite irréprochable, remplis de sagesse et de l'Esprit saint, afin que nous les préposions à cette œuvre. Pour nous, nous devons nous livrer entièrement à la prière et à l'instruction. Ce discours plut à toute l'assemblée ; et ils choisirent Étienne, plein de foi et de l'Esprit saint, avec Philippe, et Prochore, et Nicanor, et Timon, et Parménas, et Nicolas d'Antioche, et ils les amenèrent devant les apôtres, qui leur imposèrent les mains en priant. »

La preuve de la continence d'Étienne, c'est le choix

qu'on fit de lui pour veiller aux besoins des saintes femmes et leur administrer des secours; la preuve de l'excellence de ce ministère devant Dieu, et de la faveur dont il jouit devant les apôtres eux-mêmes, c'est leur propre prière et l'imposition des mains; comme s'ils adjuraient ainsi ceux qu'ils commettaient à cette fonction de s'en acquitter avec fidélité, en cherchant à leur conférer par leurs prières et leur bénédiction le pouvoir qui leur était nécessaire. Saint Paul réclame cette même fonction comme la plénitude de son apostolat : « N'avons-nous pas, dit-il, comme les autres apôtres, le pouvoir de mener avec nous une femme qui soit notre sœur? » C'est comme s'il eût dit clairement : Est-ce qu'il ne nous est pas permis d'avoir et de mener avec nous, dans notre prédication, un cortége de saintes femmes, comme celles qui accompagnaient autrefois les apôtres, en pourvoyant de leurs propres biens à tous leurs besoins ? C'est ce qui a fait dire à saint Augustin dans son livre des Travaux des moines : « Pour cela ils avaient de saintes femmes, riches des biens de ce monde, qui les accompagnaient, et qui leur administraient les secours temporels, afin qu'ils ne manquassent d'aucune des choses nécessaires à cette vie. Quiconque, dit-il encore, pourrait penser que les apôtres ne permettaient point à ces saintes femmes, de partager leurs excursions pieuses, et de les suivre partout où ils prêchaient l'Évangile, peut s'assurer, en lisant l'Écriture, que les apôtres n'ont fait en cela qu'imiter l'exemple même du Sauveur. En effet, il est écrit dans l'Évangile : « Dès lors il allait par les cités et par
» les bourgades, annonçant le royaume de Dieu, et avec
» lui ses douze apôtres, et quelques femmes qui avaient
» été guéries d'esprits immondes et d'infirmités, Marie surnommée Madeleine, Jeanne, épouse de Cuza l'intendant
» d'Hérode, et plusieurs autres qui employaient leur propre

» fortune à le servir. » Ce qui prouve que le Seigneur lui-même, dans sa mission spirituelle, a été secouru pour le temporel par des femmes, et qu'elles s'attachaient à lui et aux apôtres comme des compagnes inséparables. »

Enfin, le nombre des femmes qui embrassèrent ce genre de vie s'étant multiplié comme celui des hommes, elles eurent comme eux des monastères particuliers dès la naissance de l'Église. L'Histoire ecclésiastique rapporte que Philon, ce Juif éloquent, après avoir fait un éloge magnifique de l'église d'Alexandrie sous la conduite de saint Marc, dit entre autres choses : « Il y a dans beaucoup de contrées des hommes de cette religion. En chaque endroit il se trouve une maison consacrée à la prière, et qu'on nomme Senivor, ou Monastère. » Et plus bas : « Non seulement ils comprennent les hymnes anciens les plus difficiles, mais ils en composent eux-mêmes de nouveaux en l'honneur de Dieu, et les chantent avec une mélodie grave et qui n'est pas sans charme. » Dans le même endroit, après avoir parlé fort au long de leurs austérités et des saints offices du culte, il ajoute : « Avec les hommes dont je fais mention il y a aussi des femmes, parmi lesquelles il se trouve déjà plusieurs vierges fort âgées qui ont conservé leur innocence et leur pureté, non par force, mais par dévotion ; qui, dans leur amour pour la sagesse, veulent que leur âme soit consacrée à Dieu aussi bien que leur corps, pensant qu'il est indigne et de livrer à l'esclavage des passions charnelles le vase préparé pour recevoir la sagesse, et d'enfanter pour la mort, lorsqu'elles aspirent aux immortels embrassements du Verbe divin, et à cette fécondité glorieuse dont les fruits ne sont point exposés à la corruption de la nature mortelle. Il dit encore, au sujet de ces congrégations, que les hommes et les femmes vivent séparément dans les monastères, et qu'ils célèbrent vigiles, comme nous avons coutume de le faire. »

L'éloge de la philosophie chrétienne, c'est-à-dire de la vie monastique également embrassée par les femmes et les hommes, se trouve consigné dans l'*Histoire Tripartite*, liv. 1er, chap. xi, en ces termes :

« C'est Élie, à ce que l'on croit, et Jean-Baptiste, qui les premiers ont embrassé cette philosophie supérieure. »

Philon le pythagoricien rapporte que, de son temps, des Hébreux de grand mérite étaient venus de toutes parts se réunir dans une maison de campagne située sur une colline, au bord d'un lac, pour se livrer à cette philosophie. Ce qu'il dit de leur demeure, de leur nourriture et de leurs entretiens, est absolument conforme à la vie des moines actuels d'Égypte : « Ils ne mangeaient jamais, suivant cet écrivain, avant le coucher du soleil ; ils s'abstenaient en tout temps de vin et de tout ce qui a du sang, ne vivant que de pain, de sel, d'hysope, et ne buvant que de l'eau. Des femmes vierges, déjà parvenues à la vieillesse, et qui avaient renoncé d'elles-mêmes au mariage par amour pour cette philosophie, vivaient avec eux. »

Saint Jérôme, dans le chapitre huitième de son livre des Hommes illustres, parle ainsi à la louange de saint Marc et de son église : « Marc, le premier qui annonça le Christ à Alexandrie, fonda une église qui, par la grandeur de sa doctrine et la pureté de ses mœurs, força tous les sectateurs du Christ à imiter son exemple. » Enfin Philon, le plus éloquent des Juifs, voyant la première église, celle d'Alexandrie, judaïser encore, composa un ouvrage à la louange de son pays sur la conversion des Juifs ; et de même que saint Luc raconte que les croyants de Jérusalem avaient tout en commun, Philon rapporte de son côté ce qui se passait sous ses yeux dans l'église d'Alexandrie, enseignée par saint Marc.

Saint Jérôme dit encore, chap. xi : « Nous avons mis au rang des écrivains ecclésiastiques le Juif Philon, natif d'Alexandrie, et du corps des prêtres, parce que dans le livre qu'il a composé sur la première église, fondée par l'évangéliste saint Marc à Alexandrie, il a fait l'éloge de nos frères, rappelant qu'il y avait encore beaucoup d'autres chrétiens répandus dans diverses provinces, et que leurs habitations s'appelaient monastères. »

Il est donc évident que les premiers chrétiens sont le modèle de nos moines, qui tâchent et qui désirent de les imiter, en évitant de rien posséder en propre, d'avoir parmi eux ni riches ni pauvres, en partageant leur patrimoine aux indigents, en se livrant à la prière, à la psalmodie, à l'instruction et à la continence. Tels furent, selon saint Luc, les premiers croyants de Jérusalem.

En parcourant l'ancien Testament, on y trouve que les femmes ne s'étaient point séparées des hommes dans tout ce qui concerne Dieu et les actes particuliers de religion, et que non seulement, ainsi qu'eux, elles ont chanté en son honneur les cantiques divins, mais qu'elles en ont composé elles-mêmes. Les hommes et les femmes ont d'abord chanté ensemble le cantique composé pour la délivrance d'Israël; et de ce moment elles ont acquis le droit de célébrer les offices divins dans l'Église, ainsi qu'il est écrit : « Marie la prophétesse, sœur d'Aaron, prit un tambour dans sa main, et toutes les femmes la suivirent avec des tambours et des chœurs, et à leur tête elle entonna ce cantique : Chantons en l'honneur du Seigneur, car sa grandeur a éclaté glorieusement. » Il n'est pas question dans cet endroit que Moïse ait prophétisé, ni chanté avec

Marie, ni même que les hommes aient eu un tambour ou un chœur ainsi que les femmes.

Lors donc que Marie, entonnant le cantique, est appelée prophétesse, il paraît que c'est moins pour avoir composé ou récité de mémoire ce cantique, que pour l'avoir produit en prophétisant. Elle est représentée chantant à leur tête, pour montrer l'ordre et l'accord qui régnaient dans leur concert. Elles accompagnèrent leur voix du son du tambour et en formant des chœurs ; ce qui est non seulement l'indice de leur grande dévotion, mais encore le mystique symbole du Cantique spirituel dans nos congrégations monastiques.

C'est ainsi que David nous exhorte à les imiter, lorsqu'il dit : « Louez le Seigneur avec des tambours et des chœurs, » c'est-à-dire dans la mortification de la chair et dans cet accord de charité qui a fait dire : « La multitude des fidèles n'avait qu'un cœur et qu'une âme. »

Leur sortie du camp pour chanter le Seigneur tient encore au mystère, car toute la vie contemplative est figurée par cette allégresse. En effet, l'âme suspendue aux choses du ciel quitte pour ainsi dire le camp du terrestre séjour, et, de l'intime douceur de sa contemplation, elle entonne triomphalement l'hymne spirituel à la gloire du Seigneur.

Nous voyons encore dans l'ancien Testament les cantiques de Débora, d'Anne et de la veuve Judith, comme dans l'Évangile celui de Marie, mère du Seigneur. Anne, offrant le petit Samuel, son fils, au temple du Seigneur, donne aux monastères, par cet exemple, l'autorisation de recevoir des enfants. C'est pourquoi saint Isidore, écrivant à ses frères établis dans le monastère d'Honorat, leur dit : « Quiconque sera présenté par ses propres parents dans un monastère, saura qu'il doit toujours y rester ; car Anne a présenté son fils Samuel au Seigneur, et il demeura au service du temple où sa mère l'avait consacré, et il s'y acquitta des fonctions qu'on lui avait destinées. »

Il est certain que les filles d'Aaron appartenaient absolument, ainsi que leurs frères, aux fonctions du sanctuaire, et qu'elles devaient hériter du sort de la tribu de Lévi, puisque le Seigneur assura leur entretien, ainsi qu'il le dit lui-même à Aaron, suivant le livre des Nombres : « Toutes les prémices du sanctuaire offertes au Seigneur par les enfants d'Israël, je vous les ai données, et à vos fils et à vos filles, pour toujours. » Il ne paraît donc pas que la religion des femmes soit distincte de celle des prêtres ; il est même constant qu'ils étaient unis dans un même nom, puisque nous avons des diaconesses comme des diacres. Ne pourrait-on reconnaître dans ces deux noms la tribu de Lévi et les lévites ?

Nous lisons aussi dans le même livre que le vœu rigoureux et la consécration des Nazaréens du Seigneur étaient également institués pour les deux sexes, selon les paroles que le Seigneur lui-même adresse à Moïse :

« Parle aux enfants d'Israël, et dis-leur : L'homme ou la femme qui aura fait vœu de sanctification, et qui aura voulu se consacrer au Seigneur, s'abstiendra de vin et de tout ce qui peut enivrer. Ils ne boiront ni l'un ni l'autre de vinaigre fait avec le vin, ni d'autre boisson que la vigne peut produire ; tout le temps de leur consécration ils ne mangeront ni raisins nouveaux ni raisins secs. Tout le temps de leur séparation ils ne feront aucun usage de tout ce qui sort de la vigne, depuis le grain jusqu'au pépin. »

C'étaient sans doute des Nazaréennes ces femmes qui veillaient à la porte du temple, et qui livrèrent à Moïse leurs miroirs d'airain, dont il fit un vase où Aaron et ses fils se purifiaient, ainsi qu'il est écrit : « Moïse fit placer un vase d'airain, dans lequel Aaron et ses fils se purifiaient ; et il était fait avec les miroirs d'airain des femmes qui veillaient à la porte du temple. » L'ardeur de la dévotion de ces saintes femmes n'est-elle pas bien peinte, lorsque, le temple fermé, elles restaient à la porte pour célébrer pieusement les vigiles, passant en prières le temps que les hommes donnaient au repos, et n'interrompant pas même la nuit le service de Dieu ? La porte du temple qui leur était fermée figure bien la vie des pénitents, qui sont séparés des autres pour pouvoir s'affliger plus durement des contritions de la pénitence. Cette vie certainement est l'image spéciale de la vie des moines, dont l'état n'est autre chose qu'un régime de pénitence amoindrie.

Le tabernacle, à la porte duquel veillaient les femmes, est le mystique tabernacle dont l'Apôtre a dit, parlant aux Hébreux : « Nous avons un autel qui ne nourrit point les desservants du tabernacle ; » c'est-à-dire, auquel ne sont pas dignes de participer ceux qui prennent un soin voluptueux de leur corps, dans lequel ils servent ici-bas comme dans un camp. La porte du tabernacle est la fin de la vie présente, lorsque l'âme sort du corps et entre dans la vie future. A cette porte veillent ceux qui sont inquiets de la sortie de ce monde et de l'entrée dans l'autre, et qui, par la pénitence, préparent la sortie de manière à mériter l'entrée.

Au sujet de cette entrée et de cette sortie journalières de la sainte Église, David faisait cette prière : « Que le Seigneur garde votre entrée et votre sortie. » En effet il garde également notre entrée et notre sortie, puisqu'au moment de cette sortie de la terre, si nous sommes déjà purifiés par la pénitence, il nous ouvre aussitôt l'entrée du ciel. C'est avec raison qu'il a nommé l'entrée avant la sortie, parce qu'il a plutôt en vue l'importance que l'ordre des choses ;

et la sortie de cette vie mortelle est une douleur, tandis que l'entrée dans la vie éternelle est une joie triomphante.

Les miroirs de ces femmes sont leurs œuvres extérieures, dans lesquelles on voit la turpitude ou la pureté de l'âme, comme dans un miroir corporel on voit la laideur ou la beauté du visage. De ces miroirs on fait un vase dans lequel Aaron et ses fils se purifient, car les œuvres des saintes femmes et la constance infatigable de ce sexe faible dans le service de Dieu condamnent la négligence des pontifes et des prêtres, et servent surtout à leur arracher des larmes de componction. Et, s'ils remplissent envers elles leur devoir de sollicitude, les bonnes œuvres de ces femmes préparent aux fautes qu'ils ont commises le pardon par lequel ils sont purifiés.

C'est de ces miroirs que saint Grégoire se préparait le vase de la componction, lorsque, admirant la force des saintes femmes et la victoire que ce faible sexe remportait dans le martyre, il s'écriait en soupirant : « Que diront ces barbares, en voyant tant de faiblesse supporter les plus affreux tourments pour Jésus-Christ, et tant de fragilité sortir victorieuse d'un si pénible combat ? car les femmes ont remporté souvent la double couronne du martyre et de la virginité. »

Au nombre de ces femmes qui veillaient à la porte du tabernacle, comme des Nazaréennes du Seigneur, et qui lui avaient consacré leur veuvage, il faut sans doute placer Anne, cette sainte femme qui mérita, conjointement avec saint Siméon, de recevoir dans le temple le véritable Nazaréen de Dieu, Jésus-Christ, d'être remplie d'un esprit plus que prophétique, de reconnaître ainsi le Sauveur à la même heure que saint Siméon, et d'annoncer publiquement qu'il était venu.

L'évangéliste s'étend avec une complaisance particulière

sur les louanges de cette femme : « Il y avait, dit-il, une prophétesse nommée Anne, fille de Phanuel, de la tribu d'Aser. Elle était fort avancée en âge, et avait vécu seulement sept ans avec son mari, depuis qu'elle l'avait épousé étant vierge. Elle était alors veuve, âgée de quatre-vingt-quatre ans, et elle ne s'éloignait jamais du temple, servant Dieu jour et nuit dans les jeûnes et dans les prières. Étant donc survenue en ce même instant, elle se mit à confesser la venue du Seigneur et à parler de lui à tous ceux qui attendaient la rédemption dans Jérusalem. »

Observez tout ce que dit l'évangéliste, l'attention qu'il apporte à louer cette veuve, et comment il exalte sa sainteté. Il parle d'abord du don de prophétie dont elle jouissait depuis longtemps, de son père, de sa tribu, des sept années qu'elle passa avec son mari, du temps de ce long veuvage qu'elle avait saintement consacré au Seigneur, de son assiduité au temple ; ensuite de ses jeûnes, de sa prière continuelle et de ses actions de grâces, et de cette inspiration divine qui lui fit annoncer publiquement la naissance du Sauveur promis ; et le même évangéliste, en parlant plus haut de la vertu de Siméon, ne dit pas qu'il eût le don de prophétie ; il ne met en balance ni sa pureté, ni ses jeûnes, ni son exactitude à servir le Seigneur, et il n'ajoute point qu'il annonça aussi le Seigneur.

Cette vie de sainteté et de perfection me paraît aussi partagée par ces véritables veuves dont parle l'Apôtre en écrivant à Timothée : « Honorez, dit-il, les veuves qui sont vraiment veuves. » Ensuite : « Mais que la veuve qui est vraiment veuve et abandonnée espère en Dieu et persévère jour et nuit dans les prières et les oraisons. Et cela principalement pour qu'elles soient irrépréhensibles. » Il ajoute : « Si quelqu'un des fidèles a des veuves qui lui soient proches, qu'il leur donne ce qui leur est nécessaire, et que l'Église n'en soit pas chargée, afin qu'elle puisse entretenir celles qui sont vraiment veuves. » Il appelle vraies veuves celles qui n'ont pas déshonoré leur veuvage par de secondes noces, et qui, persévérant dans cet état par dévotion et non par nécessité, se sont consacrées au Seigneur. Il les dit abandonnées, parce qu'elles ont renoncé à tout sans s'être réservé la moindre consolation sur la terre, ou parce qu'elles n'ont personne pour prendre soin d'elles. Ce sont celles-là qu'il ordonne d'honorer et d'entretenir aux dépens de l'Église, comme des propres revenus de Jésus-Christ leur époux.

Il indique soigneusement aussi celles d'entre ces veuves qu'il convient de choisir pour le ministère du diaconat, lorsqu'il dit : « Choisissez pour diaconesse une veuve qui n'ait pas moins de soixante ans ; qu'elle n'ait eu qu'un mari, et qu'on puisse rendre témoignage de ses bonnes œuvres ; si elle a bien élevé ses enfants ; si elle a exercé l'hospitalité ; si elle a lavé les pieds des saints ; si elle a secouru les affligés ; si elle s'est appliquée à toutes sortes de bonnes œuvres. Évitez de choisir pour cet emploi des veuves plus jeunes. »

Saint Jérôme dit à ce sujet : « N'admettez point au ministère du diaconat les veuves qui sont jeunes, de peur qu'elles ne donnent le mauvais exemple au lieu du bon. Leur âge est plus fragile et plus incliné vers la tentation ; et, faute de cette expérience qui s'acquiert par les années, elles pourraient devenir un sujet de scandale plutôt que d'édification. » Le mauvais exemple qu'il faut redouter de la part des jeunes veuves est clairement signalé par l'Apôtre. L'expérience ne lui laissait aucun doute à cet égard, et il veut prévenir par ses conseils un semblable danger. Après avoir dit : « N'admettez point les jeunes veuves, » il donne aussitôt la cause de son sentiment, et indique le remède préservatif qu'il faut employer : « Parce que, après leurs noces avec Jésus-Christ, voulant se remarier, elles ont leur condamnation en ce qu'elles ont faussé leur première foi. Et avec cela aussi étant oisives, elles apprennent à courir de maison en maison, et non-seulement elles sont oisives, mais encore causeuses et curieuses, s'entretenant de choses dont elles ne devraient point parler. J'aime donc mieux que les jeunes veuves se marient, qu'elles aient des enfants, qu'elles gouvernent leur ménage, et qu'elles ne donnent aucune occasion à l'adversaire de médire, car déjà quelques-unes se sont détournées pour suivre Satan. »

Adoptant la prudence de l'Apôtre dans le choix des diaconesses, saint Grégoire écrivait ainsi à Maxime, évêque de Syracuse : « Nous vous défendons très-expressément de nommer de jeunes abbesses ; que votre Fraternité ne permette point qu'aucun évêque donne le voile à une vierge sexagénaire, avant de s'être assuré que sa vie et ses mœurs sont irréprochables. »

Celles que nous appelons actuellement abbesses s'appelaient autrefois diaconesses, comme étant plus servantes que mères. Diacre signifie serviteur, et les diaconesses étaient ainsi nommées parce qu'elles doivent servir les autres, et non parce qu'elles leur commandent, selon que le Seigneur lui-même l'a institué, tant par ses exemples que par ses paroles : « Celui qui est le plus grand parmi vous sera votre serviteur. » Et une autre fois : « Quel est le plus grand de celui qui est à table ou de celui qui sert ? Pour moi, au milieu de vous je suis comme celui qui sert. » Et ailleurs : « Comme le Fils de l'homme n'est pas venu pour être servi, mais pour servir les autres. »

Fort de l'autorité du Seigneur, saint Jérôme osa blâmer

énergiquement le nom d'abbé, dont plusieurs se glorifiaient déjà de son temps. Dans son exposition de l'Épître aux Galates, il rencontre ces mots : « Clamantem abba pater », et raisonne ainsi :

« Puisque *abbé* veut dire *père* en langage hébraïque et syriaque, et que le Seigneur ordonne dans l'Évangile que nul ne soit appelé père, si ce n'est Dieu, j'ignore par quelle permission dans les monastères nous donnons ce nom à d'autres, ou nous souffrons qu'il nous soit donné. Certainement celui qui a ordonné cela est le même qui avait défendu de jurer. Si nous ne jurons pas, ne donnons donc aussi le nom de père à personne ; car si nous rejetons la défense de donner à tout autre qu'à Dieu le nom de père, nous serons forcés de rejeter également la défense de jurer. »

Il est certain que du nombre de ces diaconesses était Phœbé, que l'Apôtre recommande aux Romains en termes vifs et pressants : « Je vous recommande notre sœur Phœbé, qui est dans le ministère de l'église qui est à Cenchrée, afin que vous la receviez au nom du Seigneur comme on doit recevoir les saints, et que vous l'assistiez dans toutes les choses où elle pourrait avoir besoin de vous ; car elle en a assisté elle-même plusieurs, et moi en particulier. »

Cassiodore et Claude, exposant ce passage, pensent qu'elle était diaconesse de cette église. « L'Apôtre, dit Cassiodore, fait entendre qu'elle fut diaconesse de l'église-mère, selon l'espèce d'apprentissage militant qui est encore observé aujourd'hui chez les Grecs. L'Église ne leur refuse pas non plus le pouvoir de baptiser. »

« Ce passage, dit Claude, nous enseigne par l'autorité apostolique que les femmes peuvent aussi entrer dans le ministère de l'Église, et que ces fonctions dans l'église de

Cenchrée ont été conférées à Phœbé que l'Apôtre recommande par ses éloges. »

Le même saint Paul, dans sa lettre à Timothée, comprenant les femmes parmi les diacres, leur prescrit la même règle de conduite; car, en ordonnant les degrés du ministère ecclésiastique, il descend depuis l'évêque, et arrivant aux diacres : « Que les diacres également soient chastes et honnêtes; qu'ils ne soient point doubles dans leurs paroles, ni sujets à boire beaucoup de vin ; qu'ils ne cherchent point de gain honteux, mais qu'ils conservent le mystère de la foi dans une conscience pure. Ils doivent aussi être éprouvés auparavant, puis admis au sacré ministère, s'ils sont sans reproche. Que les femmes de même soient chastes, exemptes de médisance, sobres, fidèles en toutes choses. Qu'on prenne pour diacres ceux qui n'auront épousé qu'une femme, qui gouvernent bien leurs enfants et leur propre famille. Car ceux qui s'acquitteront bien de leur devoir s'élèveront et acquerront un grand affermissement dans la foi, qui est en Jésus-Christ. »

Or, ce que l'Apôtre dit des diacres, « qu'ils ne soient point doubles dans leurs paroles, » il le dit des diaconesses : « qu'elles soient exemptes de médisance. » Il demande de la sobriété dans celles-ci, lorsqu'il dit aux autres de n'être pas adonnés au vin; enfin il renferme les préceptes suivants en ce peu de mots : « Qu'elles soient fidèles en toutes choses. » Car, ainsi qu'il ne veut pas que les évêques et les diacres soient élus parmi ceux qui ont été mariés deux fois, de même il veut que les diaconesses soient soumises à la même loi, comme nous l'avons déjà dit plus haut. « Que celle, dit-il, qui sera choisie pour être diaconesse n'ait pas moins de soixante ans; qu'elle n'ait eu qu'un mari, et qu'on puisse rendre témoignage de ses bonnes œuvres; si elle a bien élevé ses enfants; si elle a exercé l'hospitalité; si elle a lavé les pieds des saints; si elle a secouru les affligés; si elle s'est appliquée à toutes sortes de bonnes œuvres. Évitez de choisir pour cet emploi des veuves plus jeunes. » Il est aisé de voir combien l'Apôtre recommande plus d'attention dans le choix des diaconesses que dans celui des évêques et des diacres, lorsqu'il dit : « Qu'on puisse rendre témoignage de leurs bonnes œuvres; qu'elles aient exercé l'hospitalité. » Il ne fait pas cette observation pour les diacres, et n'exige pas d'eux, non plus que des évêques, qu'ils aient lavé les pieds des saints, secouru les affligés, etc. Il se contente de dire que les évêques et les diacres soient sans reproche. Mais il veut non seulement que les femmes soient irrépréhensibles, mais encore qu'elles aient toujours fait de bonnes œuvres. Il fixe leur âge avec soin, pour qu'elles aient plus d'autorité, en disant : « Pas moins de soixante ans, » afin que les bonnes œuvres de leur vie, jointes à l'expérience de la vieillesse, inspirent plus de respect.

Aussi Jésus-Christ, malgré son amitié pour saint Jean, lui préféra-t-il saint Pierre, ainsi qu'aux autres, en raison de son âge; car on est moins offensé de céder le pas à un vieillard qu'à un jeune homme, et l'on se soumet plus volontiers à celui qu'une vie sainte et la nature et l'ordre des temps ont mis au-dessus de nous.

Saint Jérôme, dans son livre contre Jovinien, dit, en parlant de l'élection de saint Pierre : « Un seul est choisi, afin d'ôter l'occasion du schisme par l'établissement d'un chef. Mais pourquoi Jean ne fut-il pas élu? C'est que Jésus-Christ a déféré à l'âge, parce que Pierre était plus vieux, et pour ne pas donner à un jeune homme, encore presque enfant, la préférence sur des vieillards. En bon maître il devait ôter à ses disciples tout sujet de querelle et ne pas exciter de jalousie en choisissant son bien-aimé.

C'est par cette considération que l'abbé dont il est parlé dans la vie des Pères ôta la primatie à un frère plus ancien de profession, pour la donner à un autre qui vint après lui, par la seule raison que ce dernier était le plus âgé. Il craignait que ce frère, encore trop attaché au monde, ne supportât avec peine la préférence que l'on donnerait à un plus jeune. Il se souvenait de l'indignation des apôtres contre deux d'entre eux qui se servaient de l'intercession de leur mère pour obtenir de Jésus quelques prérogatives; car cette ambition paraissait surtout condamnable dans le plus jeune des apôtres, c'est-à-dire Jean lui-même dont nous venons de parler.

Le choix des diaconesses n'a pas seul excité la vigilance de l'Apôtre; mais généralement les veuves qui voudraient se consacrer à la profession religieuse sont l'objet de son attention particulière. On voit qu'il veut éloigner d'elles toutes les tentations. Après avoir dit : « Honorez les veuves qui sont véritablement veuves, » il ajoute aussitôt : « Si quelque veuve a des fils ou des petits-fils, qu'elle apprenne d'abord à conduire sa maison, et qu'elle fasse pour ses proches ce que ses parents ont fait pour elle. » « Si quelqu'un, dit-il plus loin, n'a pas soin des siens, et surtout de ceux de sa maison, il a renoncé à la foi, et il est pire qu'un infidèle. » Par ces paroles, il satisfait en même temps à la dette de l'humanité et aux devoirs de la religion. Il veut empêcher que, sous le prétexte de la religion, de pauvres orphelins ne soient abandonnés, et que la compassion humaine envers des malheureux ne trouble la sainte résolution des veuves, ne ramène leurs regards en arrière, quelquefois même ne les conduise au sacrilége, et ne les engage à donner à leurs proches ce qu'elles détourneraient de la communauté.

C'était donc un conseil nécessaire d'avertir celles qui sont encore chargées de famille, avant qu'elles passent à un véritable veuvage et se dévouent sans réserve au service de Dieu, de faire pour leurs proches ce que leurs parents ont fait pour elles, et de suivre la même loi, en élevant leurs enfants comme elles ont été élevées elles-mêmes par leurs parents.

Le même apôtre, pour augmenter encore la perfection religieuse des veuves, leur ordonne de persévérer jour et nuit dans les oraisons et les prières. Également inquiet sur leurs besoins, il dit : « Si quelque fidèle a des veuves qui lui soient proches, qu'il les secoure, et que l'Église ne soit chargée que de celles qui sont véritablement veuves. » C'est comme s'il disait : Si quelque veuve tient à une famille riche qui puisse subvenir à ses besoins, qu'elle en soit secourue, afin que les revenus de l'Église puissent subvenir aux autres. Cette doctrine prouve clairement que si quelqu'un refuse de secourir les veuves qui lui appartiennent, l'Église peut le contraindre, par l'autorité apostolique, à s'acquitter de cette dette. L'Apôtre ne s'est pas contenté de pourvoir à leurs besoins, il a songé à l'honneur qui leur était dû, en disant : « Honorez les veuves qui sont véritablement veuves. »

Telles furent, nous le croyons, ces deux femmes dont l'une est appelée « Mère » par l'Apôtre lui-même, et saint Jean l'évangéliste appelle l'autre « Dame », par respect pour la sainteté de sa profession. « Saluez, dit saint Paul écrivant aux Romains, saluez Rufus, qui est élu dans le Seigneur, et sa mère, qui est également la mienne. » Saint Jean commence ainsi sa seconde épître : « Le vieux Jean à Dame Électe et à ses enfants » ; et il ajoute plus bas en lui demandant son amitié : « Actuellement je vous prie, ma Dame, que nous nous aimions l'un l'autre. »

Appuyé aussi de cette autorité, saint Jérôme, dans sa lettre à la vierge Eustochium, qui avait embrassé votre profession, ne rougit pas de l'appeler sa Dame, et même il rend compte aussitôt de la raison qui l'y oblige : « Eustochium est ma Dame, parce que je dois appeler Dame celle qui est l'épouse de mon divin Maître. » Et dans la même lettre, élevant l'excellence de cet état au-dessus de toute la gloire humaine, il dit : « Je ne veux pas que vous communiquiez avec les femmes du monde, que vous fréquentiez les maisons des nobles, et que vous visitiez souvent ce que vous avez rejeté et méprisé en consacrant votre virginité au Seigneur. Si l'ambition pousse le flot des courtisans au lever de l'impératrice, pourquoi feriez-vous injure à votre époux ? Fiancée d'un Dieu, pourquoi rendriez-vous des devoirs à l'épouse d'un Homme ? Pénétrez-vous en ceci d'un saint orgueil, et sachez que vous êtes bien au-dessus d'elle. »

Le même, écrivant à une vierge consacrée à Dieu, sur le bonheur céleste qui attend ses vertueuses compagnes, et sur le respect qui leur est dû sur la terre, dit :

« Après le témoignage des saintes Écritures, la pratique inviolable de l'Église vient encore nous enseigner quelle est la béatitude réservée dans le ciel à cette virginité sacrée, et nous apprendre qu'un mérite particulier s'attache à cette consécration spirituelle. En effet, quoique tous les chrétiens participent d'une manière égale aux dons de la grâce, et se glorifient de recevoir les mêmes bénédictions par les sacrements, les vierges cependant l'emportent sur les autres fidèles, puisqu'elles sont choisies par l'Esprit saint dans cet immaculé troupeau de l'Église, comme des victimes plus saintes et plus pures que le grand-prêtre offre à Dieu pour le service de ses autels... La virginité a donc un mérite au-dessus des autres, puisqu'elle obtient spécialement la grâce, et qu'elle jouit du privilége d'une consécration qui lui est particulière; consécration si auguste qu'elle n'est point permise, excepté le cas de mort imminente, à d'autres époques que le jour de l'Épiphanie, l'octave de Pâques et les fêtes des Apôtres. Et même il n'appartient qu'au chef des prêtres, c'est-à-dire à l'évêque, de procéder à la bénédiction des vierges et du voile qui doit couvrir leurs têtes sanctifiées. »

Pour les moines, quoiqu'ils soient de même profession et de même ordre et d'un sexe plus noble, d'ailleurs à mérite égal de pureté, ils ne jouissent pas de ces distinctions honorables. Il est permis à leur abbé de recevoir leurs vœux chaque jour indifféremment, et de bénir leur personne et leur habit. Les prêtres et tous ceux qui sont admis dans les grades de la cléricature peuvent être ordonnés dans les Quatre-Temps, et les évêques chaque jour de dimanche ; mais la consécration des vierges, d'autant plus précieuse qu'elle est plus rare, est réservée comme une cérémonie d'allégresse pour les fêtes les plus solennelles.

Cette admirable vertu des vierges excite dans l'Église les tressaillements d'une joie extraordinaire, ainsi que David l'avait prédit par ces paroles : « Des vierges seront amenées au roi ; » et ensuite : « Elles lui seront présentées dans la joie et dans l'allégresse ; on les amènera dans le temple. » On croit que saint Matthieu, l'apôtre et l'évangéliste, a institué ou dicté le rituel de cette consécration, et c'est ce qui se trouve rapporté dans les actes de son martyre, car il mourut pour la défense de la virginité religieuse. Mais jamais les apôtres ne nous ont rien laissé par écrit touchant la consécration des clercs et des moines. C'est aussi du nom de la Sainteté que leur profession religieuse a tiré le sien, puisque du mot Sanctimonia, c'est-à-dire sainteté, dérive celui de Sanctimoniales ou moinesses.

En effet, le sexe des femmes étant plus faible, leur vertu est aussi plus agréable à Dieu et plus parfaite à ses yeux, ainsi qu'il le dit lui-même en exhortant son Apôtre à combattre pour la couronne de la gloire : « Ma grâce te suffit, car c'est dans la faiblesse que la vertu brille. »

C'est ainsi qu'en parlant, par la bouche de cet Apôtre, des membres de son corps, qui est l'Église, comme s'il eût principalement recommandé l'honneur aux membres les plus faibles, il lui fait dire dans cette même épître aux Corinthiens :

« Les membres de notre corps qui nous paraissent les plus faibles sont les plus nécessaires. Nous honorons même davantage par nos vêtements les parties du corps qui paraissent les moins honorables, et nous couvrons avec plus de soin et d'honnêteté celles qui sont les moins honnêtes ; car pour celles qui sont honnêtes elles n'en n'ont pas besoin. Mais Dieu a disposé le corps de manière qu'on rend plus d'honneur aux membres les plus faibles, afin qu'il n'y ait point de schisme dans le corps, mais que tous les membres conspirent mutuellement à s'aider les uns les autres. »

N'est-ce pas aux femmes qu'il a dispensé sans réserve les trésors de la grâce divine, quoique leur sexe fût le plus faible et le moins noble, tant par le péché originel que par sa nature ! Examinez-en les différents états, les vierges, les veuves, les femmes mariées, et même celles qui vivent dans les abominations du libertinage, et vous verrez en elles les plus grands effets de la grâce du Seigneur, selon les paroles de Jésus-Christ et de l'Apôtre : « Que les premiers soient les derniers, et les derniers soient les premiers ». Remarquez encore : « Là où il y a eu abondance de péché, qu'il y ait aussi surabondance de grâce. »

En effet, si nous remontons à l'origine du monde, nous

trouverons que la femme, dès sa création, a été favorisée des dons de la grâce divine, et d'un honneur particulier. Elle fut créée dans le paradis; l'homme fut créé hors du paradis; ce qui doit toujours rappeler aux femmes que le paradis est leur patrie naturelle, et que les pures régions du célibat les rapprochent de leur céleste demeure. C'est ce qui fait dire à saint Ambroise, dans son livre sur le paradis : « Dieu prit l'homme qu'il avait fait, et il le mit dans le paradis. » Or vous voyez qu'il a pris celui qui était déjà, et qu'il l'a placé dans le paradis. Observez que l'homme a été fait hors du paradis, la femme dans le paradis. L'homme, qui a été créé dans un lieu moins noble que la femme, se trouve meilleur qu'elle, et la femme, née dans le paradis, se trouve inférieure à l'homme.

Ève, l'origine de tous nos maux, a été rachetée par Marie, dans le Seigneur, avant que la faute d'Adam eût été effacée par Jésus-Christ. La faute ainsi que la grâce nous est venue par la femme, et les saintes prérogatives de la virginité ont refleuri. Déjà Anne et Marie avaient donné aux veuves et aux vierges le modèle de la profession religieuse, avant que Jean ou les apôtres montrassent aux hommes l'exemple de la vie monastique.

Si, après Ève, nous examinons la vertu de Débora, de Judith et d'Esther, nous conviendrons assurément qu'elle doit faire rougir la force de l'homme. En effet, Débora, en qualité de juge d'Israël, se mit à la tête de l'armée, qui n'avait plus de généraux, livra bataille, vainquit les ennemis, et délivra le peuple de Dieu par le plus éclatant des triomphes. Judith, sans armes, accompagnée d'une servante, attaqua une armée terrible, et seule, après avoir tranché la tête d'Holopherne avec sa propre épée, elle défit l'ennemi, et sauva la cause désespérée de son peuple. Esther, par une inspiration secrète de l'Esprit saint, quoique mariée contre la loi à un prince idolâtre, prévient la perfidie d'Aman et l'édit cruel qu'il avait surpris au roi, et en un instant fait retomber sur l'impie la terrible sentence.

On regarde comme un prodige de force et de vertu que David avec une fronde ait vaincu Goliath; et la veuve Judith, sans pierre et sans fronde, et sans le secours d'aucune arme, s'avança contre toute une armée ennemie. Esther par sa seule parole délivre son peuple, et tournant contre ses ennemis le décret de proscription, les précipite eux-mêmes dans le piége qu'ils avaient tendu. C'est en mémoire de cette action remarquable que les Juifs ont institué une fête annuelle, ce que jamais ils n'ont fait pour les actions d'aucun homme, même les plus héroïques.

Qui n'admirera pas l'incomparable courage de cette généreuse mère des Machabées, que l'impie roi Antiochus, selon l'histoire, fit saisir avec ses sept enfants, et cette constance contre laquelle échouèrent tous les efforts des bourreaux pour leur faire manger de la chair de porc, défendue par la loi? Cette femme, oubliant tous les sentiments de la nature et de l'humanité pour ne voir que Dieu seul, consomma par son propre martyre tous ceux qu'elle avait déjà soufferts dans la personne de chacun de ses fils, après les avoir envoyés devant elle, par ses exhortations, à la couronne céleste qui les attendait. Feuilletons tout l'ancien Testament : que trouverons-nous qui soit comparable à la fermeté de cette femme?

Le démon, après toutes ses vaines persécutions contre le saint homme Job, connaissant la faiblesse humaine aux approches de la mort, dit : « L'homme donnera la peau d'autrui pour conserver la sienne, et tout ce qu'il possède pour sauver sa vie. » En effet, l'horreur que nous inspire l'instant de la mort est si naturelle, que souvent nous opposons un membre pour la défense de l'autre, et que pour conserver notre vie nous n'appréhendons pas les plus grands maux. Cette héroïne chrétienne a préféré de perdre sa vie et celle de ses enfants, à la coupable pensée de transgresser la loi dans un seul point. Quelle est donc, je vous prie, cette transgression à laquelle on voulait la forcer? L'obligeait-on de renoncer à son Dieu et de sacrifier aux idoles? Non, on ne leur demandait à tous que de manger des viandes défendues par la loi. O mes frères, et vous tous qui avez embrassé la vie monastique, qui transgressez tous les jours notre règle d'une manière si audacieuse en mangeant des viandes qu'elle vous défend, que direz-vous, au spectacle d'une telle fermeté dans une femme? Êtes-vous assez insensibles pour n'être pas confondus par un pareil exemple? Sachez, mes frères, le reproche que le Seigneur fait aux incrédules en parlant de la reine du Midi : « La reine du Midi s'élèvera au jour du jugement contre cette génération et la condamnera. » La constance de cette femme déposera contre vous, d'autant plus gravement, que sans devoir autant que vous qui êtes moines, elle aura fait infiniment davantage. Aussi, en faveur du combat qu'elle a soutenu si courageusement, a-t-elle mérité que l'Église instituât une messe et des prières commémoratives de son martyre; honneur qui jusqu'alors n'avait été accordé à aucun des saints dont la mort avait précédé la venue du Seigneur. Cependant la même histoire des Machabées nous montre Éléazar, ce vieillard vénérable, l'un des premiers scribes de la loi, mourant dans les supplices pour la même cause. C'est, nous l'avons déjà dit, que le sexe de la femme étant plus faible, son courage est aussi plus agréable à Dieu et plus méritoire; et le martyre du pontife n'est point célébré par une solennité particulière, parce que l'on ne s'étonne point que le sexe le plus fort soit aussi le plus patient à souffrir. Aussi l'Écriture se répand en éloges sur cette même femme : « Cependant, dit-elle, cette mère admirable, et digne de l'éternel souvenir des fidèles, voyant succomber en un même jour ses sept enfants, supportait constamment leur mort, à cause de l'espérance qu'elle avait en Dieu ; remplie de sagesse, et mêlant à la tendresse d'une femme le courage le plus viril, elle exhortait fortement chacun d'eux. »

La fille unique de Jephté n'a pas fait moins d'honneur à son sexe parmi les vierges. Pour que son père ne fût pas même coupable de la violation d'un vœu imprudent, pour que la victime promise répondît à la grâce dont il venait d'être comblé, cette généreuse fille excitait elle-même son père vainqueur à consommer le fatal sacrifice. Qu'aurait-elle donc fait, si, dans cette arène sanglante des martyrs, les infidèles avaient voulu la forcer de renier son Dieu? Si elle eût été interrogée, comme le prince des apôtres de Jésus-Christ, aurait-elle dit : « Je ne connais point cet homme? » Son père l'abandonne à sa liberté pendant deux mois ; elle revient, à leur expiration, s'offrir au couteau paternel. Elle va au-devant de la mort, et la provoque au lieu de la craindre. Elle paie de son sang le vœu insensé de son père, et le dégage de sa parole aux dépens de sa vie. O glorieux amour de la vérité! Quelle horreur n'aurait pas eu pour un parjure personnel celle qui n'a pas permis celui de son père? L'amour de cette vierge pour son père charnel et pour son père spirituel n'est-il pas sans bornes? En même temps que par sa mort elle épargne au premier un mensonge, elle satisfait à la promesse faite à l'autre. Cette grandeur d'âme dans une jeune vierge a mérité que les filles d'Israël s'assemblassent chaque année dans un même lieu pour célébrer ses funérailles par des hymnes solennels, et pleurer, avec tous les témoignages d'une pieuse commisération, l'innocente vierge immolée[1].

Mais, pour ne pas nous arrêter davantage aux exemples, qu'y a-t-il eu de plus nécessaire à notre rédemption et au salut du monde entier que le sexe qui a engendré le Sauveur? Cette femme qui, la première, osa forcer la cellule de saint Hilarion, opposait à sa surprise la grandeur de cette prérogative, lorsqu'elle lui dit : « Pourquoi détourner les yeux? pourquoi fuir une suppliante? Ne songez pas que je suis femme, mais que je suis malheureuse! Ce sexe a engendré le Sauveur ! » Quelle gloire pourra être comparée à celle que ce sexe a acquise dans la mère de Jésus-Christ ?

Notre Rédempteur, qui a formé la femme du corps de l'homme, pouvait aussi bien naître d'un homme que d'une femme ; mais il a fait tourner à l'honneur du sexe le plus faible son humilité même, pour montrer combien elle lui était agréable. Il aurait pu choisir dans la femme une autre partie plus digne de présenter au monde un Dieu naissant, que celle qui met au jour les autres hommes, conçus et enfantés par la même voie impure; mais, à la gloire incomparable de ce sexe faible, il a bien plus ennobli l'organe générateur de la femme par sa naissance, qu'il n'a purifié celui de l'homme par la circoncision. Abandonnons un instant l'examen de cette gloire, qui est l'apanage des vierges, et parlons des autres femmes, ainsi que je vous l'ai annoncé.

Voyez la grandeur de la grâce que l'arrivée de Jésus-Christ a répandue aussitôt sur Élisabeth, qui était mariée, et sur Anne, qui était veuve. Zacharie, mari d'Élisabeth, et grand-prêtre du Seigneur, n'avait pas encore recouvré

---

[1] V. la *Complainte*, à la fin du volume.

la parole, que son incrédulité lui avait fait perdre, lorsque, à l'arrivée et à la salutation de Marie, Élisabeth, remplie de l'esprit de Dieu, sentit tressaillir son enfant dans son sein, et en prophétisant la première que Marie avait conçu, devint ainsi plus que prophète. Elle l'annonça sur-le-champ, et elle excita la mère du Seigneur à glorifier Dieu des grâces dont il la comblait. Le don de prophétie paraît plus accompli dans Élisabeth, qui a connu aussitôt la conception du Fils de Dieu, que dans saint Jean, qui ne l'annonça que longtemps après sa naissance. Ainsi que j'ai appelé Marie-Madeleine l'apôtre des apôtres, je ne crains pas d'appeler celle-ci prophétesse des prophètes, conjointement avec Anne, cette sainte veuve dont je vous ai longuement parlé.

Si nous examinons jusque chez les Gentils ce don de prophétie, que la Sibylle paraisse ici la première, et qu'elle nous dise ce qui lui a été révélé au sujet de Jésus-Christ. Si nous comparons avec elle tous les prophètes, et Isaïe lui-même, qui, suivant saint Jérôme, est moins un prophète qu'un évangéliste, nous verrons encore que cette grâce est bien plus éminente dans cette femme que dans tous les hommes. Saint Augustin, invoquant son témoignage contre les hérétiques, leur dit : « Écoutons la sibylle, leur devineresse, au sujet de Jésus-Christ :

« Le Seigneur, dit-elle, a donné aux hommes fidèles un autre Dieu à adorer ; reconnaissez-le pour son Fils. »

Dans un autre endroit, elle appelle le Fils de Dieu *Symbole*, c'est-à-dire conseiller. Et le prophète Isaïe dit : « Il sera appelé l'Admirable, le Conseiller. » Saint Augustin, dans le livre dix-huitième de la Cité de Dieu, dit encore : « Quelques-uns rapportent que dans ce temps-là la sibylle d'Érythrée avait fait cette prédiction ; d'autres affirment que c'est plutôt celle de Cumes. » Quelqu'un traduisit en vers latins les vingt-sept vers grecs dont la prédiction est composée. Voici les sens de quelques-uns :

« En signe du jugement, la terre se mouillera de sueur : un roi, qui doit vivre dans tous les siècles, descendra du ciel, revêtu d'un corps humain, pour juger l'univers. »

En réunissant les premières lettres de chaque vers grec, l'acrostiche donne : « Jésus-Christ, fils de Dieu, Sauveur. »

Lactance cite aussi plusieurs prophéties de la sibylle au sujet de Jésus-Christ :

« Il tombera ensuite, dit-elle, dans les mains des infidèles ; ils donneront à Dieu des soufflets avec leurs mains incestueuses, et de leur bouche impure ils vomiront contre lui des crachats empoisonnés. Mais il tendra humblement à leurs coups ses épaules sacrées, et il recevra leurs soufflets en silence, de peur qu'on ne reconnaisse le Verbe, et que l'enfer ne soit instruit de son arrivée. Ils le couronneront d'épines. Pour nourriture ils lui donneront du fiel, et pour breuvage du vinaigre : telle sera la table de leur hospitalité. Nation insensée ! tu n'as pas compris ton Dieu, que tous les mortels devaient adorer ; mais, au contraire, tu l'as couronné d'épines, et tu as mêlé le fiel dans sa coupe. Le voile du temple se déchirera, et au milieu du jour d'épaisses ténèbres couvriront la terre pendant trois heures ; il mourra, et après trois jours de sommeil, sortant des enfers, il reparaîtra à la lumière pour marquer le principe de la résurrection. »

Virgile, le plus grand de nos poëtes, connaissait sans doute cet oracle de la sibylle, puisqu'il y fait allusion dans sa quatrième églogue, où il prédit, sous le règne de César-Auguste et le consulat de Pollion, la naissance miraculeuse d'un enfant qui devait être envoyé du ciel sur la terre pour effacer les péchés du monde et créer une ère pleine de merveilles. Cet événement avait été révélé au poëte, comme il le dit lui-même, par les oracles sibyllins de l'antre de Cumes. Il semble convier tous les hommes à se féliciter, à chanter et à écrire sur la naissance future de cet enfant divin, en comparaison duquel il néglige toute autre pensée comme vile et méprisable :

« Muses de Sicile, cherchez plus haut le sujet de vos chants. Les arbrisseaux et l'humble bruyère ne peuvent plaire à tout le monde. Les derniers temps prédits par l'oracle de Cumes sont arrivés. Les siècles vont se dérouler dans un ordre nouveau. La vierge va revenir, le règne de Saturne va recommencer. Une race nouvelle est envoyée du haut des cieux, etc. »

Pesez toutes les paroles de la sibylle, et vous verrez qu'elles renferment clairement ce que la foi chrétienne doit croire de Jésus-Christ. Et dans sa prophétie, dans ses écrits, elle n'a oublié ni sa divinité, ni son humanité, ni son arrivée pour les deux jugements : le premier, dans lequel il a été injustement condamné aux tortures de sa Passion; l'autre, par lequel il jugera justement le monde dans la majesté. Et en faisant mention de sa descente aux enfers et de la gloire de sa résurrection, elle s'est élevée au-dessus des prophètes et même des évangélistes, qui n'ont rien dit de sa descente aux enfers.

Qui n'admirera pas l'entretien, aussi long que familier, auquel le Christ voulut bien s'abaisser avec cette femme païenne de Samarie? L'extrême condescendance avec laquelle il daignait l'instruire excita l'étonnement des apôtres eux-mêmes? Après l'avoir réprimandée sur son incrédulité et sur la multitude de ses amants, il voulut bien lui demander à boire, et nous savons qu'il ne demanda jamais d'autres aliments à personne. Ses apôtres surviennent, et lui offrent des aliments qu'ils venaient d'acheter, en disant : « Maître, mangez; » mais il les refuse, en disant, comme pour s'excuser : « J'ai une nourriture à manger que vous ne connaissez pas. » Il demande lui-même à boire à cette femme, qui, déclinant une telle faveur, lui dit : « Comment vous, qui êtes Juif, demandez-vous à boire à une Samaritaine ? les Juifs n'ont pas coutume de communiquer avec les Samaritains. » Et ensuite : « Vous n'avez pas de quoi puiser de l'eau, et le puits est profond. » Il demande donc lui-même de l'eau à une femme infidèle, qui lui en refuse, et il ne se soucie pas des aliments que ses apôtres lui présentent. Quelle est donc, je vous prie, cette prédilection qu'il accorde à la faiblesse de votre sexe, pour demander de l'eau à une telle femme, lui qui donne la vie à tout le monde, si ce n'est pour montrer ouvertement que la vertu des femmes lui est d'autant plus agréable que leur sexe est plus faible ; qu'il a soif de leur salut, et qu'il le désire avec d'autant plus d'ardeur qu'il est certain que leur courage est plus admirable ; et lorsqu'il demande à boire à une femme, il fait entendre qu'il veut qu'elle étanche sa soif par le salut de son sexe. Il appelle cette boisson nourriture : « J'ai, dit-il, une nourriture à manger que vous ignorez, » et il donne l'explication de cette nourriture, en disant : « Ma nourriture est de faire la volonté de mon Père, » désignant ainsi que la volonté particulière de son Père est qu'il travaille au salut du sexe le plus faible.

Nous lisons que le Seigneur eut un entretien familier avec Nicodème, chef des Juifs, qu'il le recevait même secrètement, et l'instruisit sur son salut ; mais Nicodème n'en retira pas alors un aussi grand fruit. La Samaritaine, au contraire, fut remplie du don de prophétie ; elle annonça la venue du Christ, non-seulement chez les Juifs, mais encore chez les Gentils, en disant : « Je sais que le Messie, qui s'appelle Christ, doit venir ; lorsqu'il sera arrivé, il nous annoncera tout ; » et plusieurs citoyens, croyant à ses paroles, se rendirent auprès de Jésus-Christ, crurent en lui, et le retinrent deux jours avec eux, lui qui cependant dit ailleurs à ses disciples : « Éloignez-vous de la voie des Gentils, et n'entrez pas dans la ville des Samaritains. »

Saint Jean rapporte bien que Philippe et André annoncèrent à Jésus-Christ que plusieurs Gentils, qui étaient venus à Jérusalem pour y célébrer un jour de fête, désiraient le voir ; mais il ne dit pas qu'ils furent admis, ni que sur leur demande la faveur de son entretien leur ait été accordée comme à la Samaritaine, qui ne l'avait point demandée. C'est par elle qu'il semble avoir commencé la prédication chez les Gentils ; non-seulement il la convertit, mais par son moyen il se fit beaucoup de prosélytes. Les mages, éclairés aussitôt par l'étoile et convertis à Jésus-Christ, attirèrent à lui un grand nombre d'hommes par leur doctrine et leurs exhortations, mais ils vinrent seuls à lui de leur propre mouvement : ce qui prouve clairement combien la Samaritaine obtint de confiance auprès des Gentils au nom de Jésus-Christ, puisque, le devançant, annonçant sa venue, et prêchant ce qu'elle avait entendu, elle gagna si promptement à la vérité une grande partie du peuple de son pays.

Si nous feuilletons l'ancien Testament ou l'Écriture évangélique, nous verrons que les grâces les plus éclatantes de résurrection ont été accordées principalement aux femmes pour leurs morts, et que ce n'est qu'à leur sollicitation, ou pour elles-mêmes, que ce miracle s'est opéré. D'abord Élie et Élisée ressuscitèrent des enfants à la prière de leurs mères ; et le Seigneur lui-même, en ressuscitant le fils d'une veuve, la fille du chef de la synagogue, et Lazare, à la prière de ses sœurs, a surtout privilégié les femmes du bienfait de ce grand miracle. Ce qui fait dire à l'Apôtre, dans son épître aux Hébreux : « Les femmes ont recouvré leurs morts par la résurrection ; » car cette jeune fille ressuscitée recouvra son propre corps, et les autres femmes eurent la consolation de voir revivre ceux dont elles pleuraient le trépas. Des preuves nombreuses nous attestent donc la constante faveur dont Jésus-Christ a honoré les femmes. Il voulut d'abord les combler de joie, en les rappelant elles-mêmes du sépulcre, ainsi que les personnes qui leur étaient chères : et n'ont-elles pas obtenu le plus glorieux des titres quand le Sauveur leur apparut, puisqu'elles furent choisies pour être les premiers témoins de sa résurrection ?

Votre sexe paraît s'être rendu digne de ces augustes témoignages par sa tendresse naturelle et sa pieuse compassion pour le Seigneur, au milieu de tout un peuple acharné. Car, selon saint Luc, lorsque les hommes le conduisaient au Calvaire pour le crucifier, leurs femmes suivaient en pleurant, et se désolaient. Jésus se retourna vers elles, et, tout ému des larmes de leur pitié, il leur fit entendre, à l'heure même de son supplice, les paroles de sa gratitude miséricordieuse, en leur prédisant les malheurs futurs, afin qu'elles pussent s'en garantir :

« Filles de Jérusalem, dit-il, ne pleurez pas sur moi, mais pleurez sur vous-mêmes et sur vos fils ; car le jour est proche où l'on dira : Heureuses les stériles et les entrailles qui n'ont point enfanté ! »

Saint Matthieu rapporte que la femme de ce juge inique avait travaillé avec zèle à la délivrance du Sauveur :

« Tandis qu'il était assis au siège judicial, sa femme envoya lui dire : Ne vous embarrassez point dans l'affaire de ce juste, car j'ai été aujourd'hui étrangement tourmentée dans un songe, à cause de lui. »

Quand il prêchait, c'est encore une femme qui seule éleva la voix, du milieu de la foule, pour lui adresser ce magnifique éloge : « Bienheureuses les entrailles qui vous ont porté, et les mamelles qui vous ont nourri ! » Mais au cri de son âme et de la vérité le Seigneur opposa une douce réprimande, en lui répondant : « Et moi je vous dis à mon tour : Heureux ceux qui écoutent la parole de Dieu, et qui l'accomplissent ! »

Seul entre tous les apôtres, saint Jean obtint de Jésus-Christ le privilége d'être appelé son bien-aimé. Ce même saint Jean dit de Marthe et de Marie : « Jésus aimait Marthe, Marie sa sœur, et Lazare. » Ce même apôtre, qui fut seul appelé le bien-aimé du Seigneur, ainsi qu'il l'atteste lui-même, accorda à son tour à des femmes le privilége d'une dénomination refusée à tous les autres apôtres ; et quoiqu'il associe au même honneur le frère de ces femmes, il les a cependant nommées avant lui, pour montrer qu'elles étaient les premières dans son amour.

Revenons aux femmes chrétiennes : publions avec admiration, et admirons en les publiant, les effets de la divine miséricorde à l'égard même de celles qui vivaient publiquement dans la prostitution. Quoi de plus vil que la conduite de Marie-Madeleine et de Marie l'Égyptienne dans les premiers temps de leur vie? Et cependant quelles femmes la grâce divine a-t-elle plus élevées en honneur et en mérite après leur conversion ? La première, ainsi que nous l'avons vu, reste constamment dans le collége des apôtres ; la seconde, ainsi qu'il est écrit, déploie une vertu surhumaine dans la lutte et l'austère pénitence des anachorètes. Ainsi le courage de ces deux femmes est au-dessus de celui de tous les différents solitaires, et ces paroles du Seigneur aux incrédules : « Les courtisanes vous précéderont dans le royaume de Dieu, » peuvent s'appliquer avec justice aux hommes fidèles ; et, suivant la différence et d'état et de sexe, les premiers deviendront les derniers, et les derniers deviendront les premiers.

Enfin, qui pourrait ignorer que les exhortations du Christ et le conseil de l'Apôtre ont allumé dans le cœur des femmes un tel amour de la chasteté, qu'elles s'offrirent elles-mêmes en holocauste au Seigneur, par la voie du martyre, pour conserver la pureté de la chair avec celle de l'âme, et qu'elles ont voulu, couronnées dans un double triomphe, suivre dans toutes ses voies l'Agneau, époux des vierges ? Cette vertu parfaite, si rare dans les hommes, s'est fréquemment manifestée dans les femmes. Il s'en est même trouvé parmi elles qui, dans leur zèle magnanime pour la pureté, n'ont pas craint de se défigurer elles-mêmes pour ne pas perdre cette innocence qu'elles avaient vouée à Dieu, et pour parvenir vierges à l'époux des vierges. Celui-ci a prouvé, par un mémorable événement, combien le pieux sacrifice de ces jeunes femmes lui était agréable. Dans une éruption de l'Etna, un peuple entier d'infidèles implora l'assistance de sainte Agathe, et opposa son voile aux flots de lave embrasée. Dieu permit que cette barrière fut suffisante, et la foi de ce peuple le sauva de l'incendie dans lequel il devait périr tout entier, corps et âme.

Nous ne voyons pas qu'un capuchon de moine ait jamais opéré un tel prodige. Nous savons bien qu'Élie divisa les eaux du Jourdain avec son manteau, et qu'Élisée s'en servit également pour s'ouvrir un passage dans le sein de la terre ; mais le voile de cette vierge a sauvé une foule de Gentils des dangers qu'ils couraient pour leurs âmes et pour leurs corps, et par leur conversion il leur a ouvert le chemin du ciel. Une chose encore relève la gloire de ces saintes femmes et la dignité de leur rang, c'est qu'elles se consacrent elles-mêmes par les paroles suivantes : « Il m'a engagée par son anneau, c'est à lui que je suis mariée. » Ce sont les paroles de sainte Agnès, et la formule de profession par laquelle les vierges sont mariées à Jésus-Christ.

Si l'on veut examiner, même chez les païens, quelle fut la constitution de votre Ordre et la vénération dont il fut l'objet; si l'on veut citer quelques exemples pour votre encouragement et votre instruction, l'on reconnaîtra sans peine divers établissements qui étaient l'ébauche et le prélude de l'état religieux, excepté en ce qui concerne la foi. L'Église même a conservé dans les pratiques et les usages des païens et des Juifs ce qu'elle a trouvé de meilleur, en faisant les modifications convenables. Qui peut ignorer qu'elle a tiré de la Synagogue tous les ordres ecclésiastiques, depuis le portier jusqu'à l'évêque, l'usage même de la tonsure qui caractérise le clerc, les jeûnes des Quatre-Temps, et le sacrifice des azymes, les ornements sacerdotaux, la dédicace des églises, et d'autres cérémonies? N'est-il pas notoire que, par une condescendance salutaire, elle a maintenu chez les Nations converties les dignités séculières, celles des rois et des autres princes, certaines lois pour le gouvernement, certains principes de philosophie morale? On n'ignore pas non plus que la religion a emprunté d'elles plusieurs grades de dignités ecclésiastiques, la pratique de la continence et le vœu de la pureté corporelle? Nos évêques, en effet, et nos archevêques actuels, représentent exactement leurs flamines et leurs archiflamines, et les temples qui étaient alors élevés aux démons ont été dans la suite consacrés à Dieu, et dédiés à la mémoire des saints.

Nous savons que les païens honoraient la virginité par d'éclatants honneurs, tandis que la malédiction de la Loi forçait les Juifs à se marier : et cette pureté de la chair était considérée chez eux comme une vertu si éminente, que leurs temples étaient remplis de femmes qui avaient voué leur vie au célibat. Saint Jérôme, dans son troisième livre sur l'épître aux Galates, dit : « Que ferons-nous donc, nous autres chrétiens, si, pour notre condamnation, nous voyons des moinesses-femmes se consacrer à Junon, des moinesses-vierges, à Vesta, et des gens qui gardent la continence à d'autres idoles ? Or, il appelle les unes moinesses-femmes et les autres moinesses-vierges, faisant ainsi comprendre que les premières avaient connu des hommes, et que les autres étaient réellement vierges, c'est-à-dire avaient vécu seules ; car de μόνος (seul) vient moine, c'est-à-dire solitaire. Le même, après avoir rapporté plusieurs exemples de la chasteté ou de la continence des femmes païennes, dans son livre contre Jovinien, dit encore : « J'ai multiplié les exemples dans cette nomenclature de femmes. C'est pour que les chrétiennes qui méprisent la pureté évangélique apprennent du moins la chasteté à l'école des païens. »

Pour prouver encore combien la chasteté est agréable à Dieu, et combien cette vertu lui a été chère chez les païens mêmes, saint Jérôme rappelle dans le même livre les grâces et les prodiges dont le Seigneur l'a récompensée parmi les infidèles. « Que dirai-je, continue-t-il, de la sibylle d'Érythrée, de celle de Cumes et des huit autres ? car, selon Varron, elles étaient dix. Leur vertu caractéristique était la virginité, et la récompense de cette virginité, le don de prophétie. » Ensuite : « On rapporte que Claudia, vierge vestale, soupçonnée d'avoir trahi son vœu, conduisit avec sa ceinture un vaisseau que des milliers d'hommes n'avaient pu traîner. » Sidoine, évêque de Clermont, dans son épître à son livre, fait allusion à cet événement :

« Telle ne fut point Tanaquil, ni celle dont tu fus le père, grand Tricipitin! ni cette vierge consacrée à Vesta Phrygienne, qui, sur les eaux gonflées du Tibre, conduisit un vaisseau avec une tresse de ses cheveux. »

Saint Augustin, dans son livre vingt-deuxième de la Cité de Dieu, dit : « Si nous en venons aux miracles qui ont été faits par leurs dieux, et qu'ils opposent à nos martyrs, ne trouverons-nous pas qu'ils militent pour nous, et qu'ils sont entièrement à notre avantage? Parmi les grands miracles de leurs dieux, le plus remarquable, assurément, est celui que Varron cite au sujet de cette vestale qui, accusée injustement de s'être laissé déshonorer, remplit un crible de l'eau du Tibre, et l'apporta devant ses juges sans qu'il en coulât une goutte. Qui a soutenu le poids de cette eau, malgré tant d'ouvertures? Dieu tout-puissant n'a-t-il pas pu ôter la pesanteur à un corps terrestre, et en faire un corps vivifié dans les mêmes conditions élémentaires, s'il l'a voulu, lui l'esprit vivifiant de toutes choses? »

Ne soyons point surpris si par ces miracles, et par d'autres encore, le Seigneur a glorifié la chasteté des infidèles eux-mêmes, ou s'il a permis que l'éclat en fût rehaussé par l'organe du démon; c'était pour amener les fidèles à pratiquer une vertu qu'ils voyaient si grandement honorée dans les païens mêmes. Nous savons que c'est à la dignité et non à la personne de Caïphe que le don de prophétie a été accordé, et que si quelquefois les faux apôtres ont fait des miracles, c'est plutôt à cause de leur dignité que de leur personne. Est-il donc surprenant que le Seigneur n'ait pas accordé cette faveur à la personne des femmes infidèles, mais à leur chasteté, pour détruire une fausse accusation intentée contre l'innocence d'une vierge? Il est certain, en effet, que l'amour de la chasteté est une vertu, même dans les infidèles, comme l'observation de la foi conjugale est un don de Dieu chez tous les hommes. Il ne faut donc pas s'étonner si Dieu honore ses dons, et non l'erreur du paganisme, par des prodiges accordés seulement aux infidèles, surtout quand il délivre par là l'innocence accusée, et qu'il confond la malice des méchants, et surtout s'il doit ainsi faire avancer les hommes dans cette vertu si magnifiquement couronnée, qui rapproche l'infidèle même de la perfection, à mesure qu'il s'éloigne des voluptés charnelles.

C'est de là que saint Jérôme et plusieurs autres docteurs ont conclu avec grande raison contre l'hérétique Jovinien, cet ennemi de la chasteté, qu'il devait rougir de la vertu des païens, puisqu'il n'admirait pas celle des chrétiens. Qui pourrait en effet méconnaître les dons du Seigneur dans la puissance des princes infidèles, quoiqu'ils en fassent mauvais usage, dans l'amour de la justice, la douceur qui leur est commandée par la loi naturelle, et les autres bonnes qualités qui conviennent aux princes ? Qui pourrait nier que ce soient là de bonnes choses, parce qu'elles sont mélangées de mal, surtout lorsque saint Augustin et la raison même assurent qu'il ne saurait y avoir de mal que dans une bonne nature ? Qui n'approuverait ce vers d'Horace : « Les gens de bien fuient le mal par amour pour la vertu. »

Ne fût-ce que pour encourager les souverains à pratiquer les vertus de Vespasien, qui n'acceptera point comme une vérité, au lieu de le contester, le miracle que, suivant le rapport de Suétone, il fit avant d'être empereur, en guérissant un aveugle et un boiteux ? Il en est de même de ce que saint Grégoire obtint, dit-on, pour l'âme de Trajan.

Si les hommes savent distinguer une perle dans un bourbier et séparer le grain de la paille, Dieu ne peut ignorer les grâces qu'il a accordées aux infidèles, et haïr en eux ses bienfaits. Plus les faveurs dont ils les comble sont éclatantes, plus il prouve qu'il en est l'auteur, et que la méchanceté des hommes ne saurait les altérer ; plus il nous enseigne quelles doivent être les espérances des fidèles, si les infidèles sont ainsi traités.

Rien ne prouve mieux la vénération des païens pour la chasteté des personnes consacrées au service de leurs temples, que la peine terrible dont ils punissaient la vestale infidèle à son vœu. Juvénal parlant de ce supplice dans sa quatrième satire, contre Crispinus, dit :

« Hier était étendue à ses côtés la prêtresse aux bandelettes sacrées, qui va entrer toute vivante aujourd'hui dans le sein de la terre. »

Saint Augustin, dans son livre troisième de la Cité de Dieu, s'exprime ainsi : « Les anciens Romains enterraient toutes vives les prêtresses de Vesta convaincues d'incontinence. Quant aux femmes adultères, ils se contentaient de leur infliger quelques peines, et ne les faisaient point mourir. » Ils établissaient une grande différence entre les deux crimes, et vengeaient plus cruellement la couche des dieux que celle des hommes.

Chez nous, les princes chrétiens ont pourvu à la conservation de la chasteté monastique avec des soins proportionnés à la sainteté reconnue de cet état. C'est ce que prouve la loi de l'empereur Justinien : « Si quelqu'un ose, non pas ravir, mais essayer seulement de séduire les vierges saintes, dans la vue de contracter mariage avec elles, qu'il soit puni de mort. »

La discipline ecclésiastique cherche plutôt le repentir du pécheur que sa perte ; on sait pourtant combien elle est attentive à prévenir vos chutes par la sévérité de ses décrets. Le pape Innocent écrivant à Victricius, évêque de

Rouen, lui disait à ce sujet : « Si celles qui épousent Jésus-Christ spirituellement, et qui reçoivent le voile de la main du prêtre, passent ensuite à des noces publiques, ou se livrent à un commerce secret, il ne faut les admettre à la pénitence qu'après la mort de l'homme avec qui elles auront vécu. Mais celles qui, n'ayant pas encore reçu le voile sacré, auraient cependant feint de vouloir vivre dans l'état de virginité, il faudra les soumettre quelque temps à la pénitence, parce qu'elles n'en avaient pas moins promis fidélité à Dieu, quoiqu'elles ne fussent pas voilées. »

En effet, s'il n'y a pas moyen de rompre un contrat de bonne foi passé entre les hommes, à plus forte raison ne peut-on violer impunément une promesse faite à Dieu. Car, si saint Paul dit que même les femmes qui rompent le veuvage qu'elles s'étaient promis de garder doivent être condamnées pour avoir manqué à leur premier engagement, combien plus criminelles sont les vierges qui n'ont pas gardé la foi qu'elles avaient jurée ? C'est ce qui fait dire au fameux Pélage, dans sa lettre à la fille de Maurice : « La femme qui se rend adultère à l'égard de Jésus-Christ est plus coupable que celle qui viole la foi jurée à son époux. C'est pourquoi l'Église romaine a prononcé depuis peu un jugement si rigoureux sur cette matière, qu'elle admet à peine au bienfait de la pénitence les femmes qui souillent par un commerce impur le corps qu'elles ont consacré à Dieu. »

Si nous voulons examiner les soins, l'attention, la charité que les saints Pères, à l'exemple du Seigneur lui-même et des Apôtres, ont toujours eus pour les femmes consacrés à Dieu, nous verrons qu'ils les ont soutenues et dirigées dans cet état, avec un zèle plein d'amour, par des instructions sans nombre et des exhortations multipliées. Sans parler des autres, il me suffira de citer les principaux docteurs de l'Église, Origène, saint Ambroise et saint Jérôme. Le premier, qui, sans contredit, est le plus grand philosophe des chrétiens, se dévoua si complétement aux femmes professes qu'il alla jusqu'à se mutiler lui-même, suivant ce que rapporte l'Histoire ecclésiastique, pour éloigner tout soupçon qui aurait pu l'empêcher de les instruire et de les exhorter. Saint Jérôme, à la prière de Paule et d'Eustochium, n'a-t-il pas laissé à l'Église une riche moisson de divins ouvrages, entre autres le sermon sur l'Assomption de la mère de Dieu, expressément composé à leur demande, ainsi qu'il l'avoue lui-même : « Puisque mon excessive tendresse pour vous ne me permet pas de rien refuser à vos désirs, j'essayerai ce que vous voulez. » Nous savons cependant que plusieurs grands docteurs, aussi éminents par leur dignité dans l'Église que par la sainteté de leur vie, lui ont souvent écrit de fort loin pour lui demander quelques lignes, sans pouvoir les obtenir. Saint Augustin dit, dans son second livre des Rétractations : « J'ai adressé au prêtre Jérôme, qui demeurait à Bethléhem, deux livres, l'un sur l'origine de l'âme, l'autre sur ces paroles de l'apôtre saint Jacques : « Celui qui observant la loi tout entière la viole sur un seul point, est coupable comme s'il l'avait toute violée. » Je voulais avoir son avis sur ces deux ouvrages ; dans le premier, moi-même je ne tranche pas la question ; dans le second j'ai donné ma solution, et je lui demandais s'il l'approuvait, le priant de m'éclairer. Il m'a répondu, tout en m'approuvant de demander conseil, qu'il n'avait pas le temps de me répondre. Ce n'est donc qu'après sa mort que j'ai publié ces ouvrages, car tant qu'il a vécu je n'ai pas voulu les faire paraître, pensant toujours qu'il finirait peut-être par satisfaire à ma demande, et que j'aurais l'avantage de publier en même temps sa réponse. »

Voilà donc saint Augustin, un si grand homme, qui attend longues années de saint Jérôme une simple et courte réponse, et qui ne l'obtient pas, tandis qu'à la prière de ces femmes pieuses, nous savons que celui-ci a passé les jours et les nuits soit à écrire de sa main, soit à dicter plusieurs ouvrages considérables, et témoigné en cela même plus d'égard pour elles que pour un évêque. S'il a soutenu leur vertu avec tant de zèle, s'il n'a voulu la contrister en rien, c'est peut-être parce qu'il connaissait la fragilité de leur nature. En effet, l'ardeur de sa charité vis-à-vis des femmes est quelquefois si grande, qu'il paraît passer les bornes de la vérité dans les louanges qu'il leur donne, comme s'il avait éprouvé lui-même ce qu'il dit ailleurs : « La charité n'a point de mesure. »

C'est ainsi qu'en commençant la vie de sainte Paule il s'écrie, comme pour captiver l'attention du lecteur : « Quand tous mes membres deviendraient des langues, quand toutes les parties de mon corps pourraient parler le langage des hommes, je ne dirais rien qui fût digne des vertus de la sainte et vénérable Paule. » Cependant il a écrit la vie de plusieurs saints Pères; qui est un tissu bien plus étonnant de miracles et de prodiges; mais il s'en faut qu'il leur donne les louanges dont il a comblé cette veuve. Il porte ces louanges à un tel excès, au commencement de la lettre qu'il écrit à la vierge Démétriade, qu'il semble tomber dans une flatterie immodérée :

« De tous les ouvrages, dit-il, que j'ai composés, depuis ma naissance jusqu'à ce jour, soit de ma main, soit par d'autres qui les écrivaient sous ma dictée, celui que j'entreprends aujourd'hui est le plus difficile, car il s'agit d'écrire à Démétriade, la vierge du Seigneur, la première dans Rome et par sa naissance et par ses richesses; et si je veux rendre justice à chacune de ses vertus, je passerai pour un flatteur. »

La plus chère mission pour ce saint docteur était d'amener le sexe faible à l'étude austère de la vertu ; et pour réussir il employait tous les artifices de la parole. Ses actions nous offrent même, à cet égard, des arguments plus forts que ses écrits : il cultiva les pieuses femmes avec une prédilection si marquée, que l'ardeur même de sa charité fit tache à sa réputation. Il nous en instruit lui-même dans sa lettre à Asella, en parlant des faux amis et de ses détracteurs :

« Quoique plusieurs me regardent comme un scélérat couvert de honte, vous faites bien pourtant de croire à la vertu de tels scélérats, en les jugeant d'après votre âme. Car il est difficile de juger le serviteur d'autrui, et la bouche qui calomnie le juste sera difficilement pardonnée. J'en ai vu qui me baisaient les mains, et qui, par derrière, me déchiraient avec une langue de vipère. Ils me plaignaient du bout des lèvres ; intérieurement ils se réjouissaient de mon mal. Qu'ils disent s'ils ont trouvé en moi autre chose que ce qui convient à un chrétien ? On ne me reproche que mon sexe, et l'on n'y songerait pas si Paule ne venait à Jérusalem. » Ensuite : « Avant que je connusse la maison de sainte Paule, c'était sur mon compte un concert de louanges dans toute la ville. On était unanime à me reconnaître digne du souverain pontificat. Mais du moment que, pénétré des mérites de sa sainteté, j'ai commencé à lui rendre hommage, à la fréquenter et à l'instruire, de ce moment toutes mes vertus m'ont abandonné. »

Et dans la même lettre : « Saluez, dit-il, Paule et Eustochium ; bon gré, mal gré, elles sont à moi en Jésus-Christ. »

Nous lisons que l'indulgente familiarité à laquelle le

Seigneur lui-même voulut bien descendre avec la bienheureuse pécheresse, donna de la défiance au pharisien qui l'avait invité, puisqu'il se disait en lui-même : « Si cet homme était prophète, il saurait bien qui est celle qui le touche, et que c'est une femme de mauvaise vie. » Il n'y a donc rien d'étonnant que, pour gagner de telles âmes, qui sont les membres mêmes du Christ, les saints, à son exemple, n'aient point reculé devant le sacrifice de leur réputation. N'est-ce pas pour éviter des soupçons semblables que le grand Origène eut le courage de faire subir à son corps une cruelle mutilation ?

L'instruction et l'encouragement du sexe faible n'ont pas seuls mis en relief la merveilleuse charité des saints Pères à l'égard des femmes ; le désir de les consoler leur a souvent fait déployer un inépuisable trésor de zèle, et pour adoucir leurs chagrins,—admirable excès de compassion ! —ils leur ont quelquefois promis des choses contraires à la foi. Telle est cette assurance que saint Ambroise osa donner aux sœurs de l'empereur Valentinien, que leur frère était sauvé, lui qui n'était que catéchumène lorsqu'il mourut ; assurance qui paraît être bien éloignée de la foi catholique et de la vérité de l'Évangile. Mais ces saints docteurs n'ignoraient pas combien la vertu du sexe faible a toujours été agréable à Dieu.

Nous voyons des vierges sans nombre imiter la chasteté de la mère du Sauveur, afin de pouvoir suivre l'Agneau dans toutes ses voies, tandis que nous connaissons peu d'hommes qui aient atteint cet état de perfection. Par amour pour la vertu, plusieurs se sont elles-mêmes donné la mort, pour conserver devant Dieu la pureté de cette chair qu'elles lui avaient consacrée ; et leur martyre volontaire, loin d'être repris, leur a mérité l'honneur de la canonisation et la dédicace de plusieurs églises.

Si les vierges mariées, avant d'être une seule chair avec leur mari, se décident à embrasser la vie monastique, et à renoncer à l'époux terrestre pour prendre l'époux céleste, la faculté leur en est accordée. Les hommes ne sont pas libres d'en faire autant.

Quelques femmes ont porté cet amour de la pureté au point de se revêtir, pour la protéger, des habits de l'autre sexe, malgré la défense de la loi, et de briller au milieu des moines par des vertus si éclatantes, qu'elles ont mérité de devenir abbés. C'est ainsi que sainte Eugénie, avec la pieuse complicité de l'évêque Hélénus, et même par son ordre, prit l'habit d'homme, et, baptisée par lui, fut admise dans un monastère de religieux.

Je pense, ma très-chère sœur en Jésus-Christ, avoir suffisamment répondu à la première question de votre lettre. Vous connaissez à présent l'autorité de votre Ordre, sa dignité, la considération dont il jouit; vous marcherez vers le divin but de votre profession avec ce zèle ardent et ce pas affermi que peut seule donner le sentiment de son excellence. Maintenant je répondrai à la seconde, si Dieu m'en fait la grâce : j'espère l'obtenir par vos mérites et par vos prières. Adieu.

LETTRE

D'ABAILARD A HÉLOÏSE

A HÉLOÏSE ABAILARD.

Déjà j'ai satisfait, selon mon pouvoir, à une de vos demandes ; il me reste à faire, Dieu aidant, le surplus de ce que vous désirez de moi, vous et vos filles spirituelles, c'est-à-dire à vous tracer un plan de vie religieuse qui soit comme la règle de votre sainte profession, afin que la parole écrite vous dirige plus sûrement que l'habitude dans la conduite que vous devez tenir.

Pour accomplir ce travail voici ce que je me propose : je prendrai les meilleures règles suivies dans les couvents, les instructions que présentent les saintes Écritures, et les conseils de la raison, pour en faire un corps de doctrine. Vous êtes le temple spirituel du Seigneur : chargé de l'embellir, je veux l'orner en quelque sorte de peintures excellentes qui résument dans une œuvre unique les perfections disséminées de plusieurs modèles.

Dans cet ouvrage nous imiterons le peintre Zeuxis; ce qu'il a cru devoir faire pour la décoration d'un temple de pierre, nous le ferons pour l'embellissement d'un édifice tout spirituel. Les Crotoniates, comme Cicéron le rapporte dans sa Rhétorique, l'avaient appelé pour enrichir des plus belles peintures un temple qui était pour eux l'objet d'une vénération particulière. Pour mieux remplir sa tâche, il choisit dans la ville cinq des plus belles vierges qu'il y put trouver, afin de les avoir sous ses yeux pendant son travail, et de reproduire toutes leurs beautés dans ses tableaux. On peut croire qu'il agissait ainsi pour deux raisons. D'abord, comme nous l'apprend le sage cité plus haut, Zeuxis avait une habileté merveilleuse à peindre les femmes; ensuite les formes féminines sont naturellement plus élégantes et plus exquises que celles de l'homme. Quant au choix qu'il fit de plusieurs vierges, c'est, dit le même philosophe, qu'il ne croyait pas trouver dans une seule l'ensemble de toutes les perfections : il savait que nulle femme n'est assez favorisée de la nature pour offrir la même beauté dans toutes les parties de son corps, la nature elle-même ne voulant rien produire de parfait en ce genre, pour ne pas épuiser ses dons sur un seul sujet, de manière à ne s'en réserver aucun pour les autres.

Ainsi, pour peindre la beauté de l'âme, pour décrire toutes les perfections d'une épouse du Christ, pour tracer le portrait d'une vierge consacrée à Dieu, qui soit comme un miroir que vous ayez sans cesse devant les yeux pour y voir votre laideur ou votre beauté, les nombreux enseignements des saints Pères, les plus sages règles des couvents, me serviront à tracer la règle de votre vie ; je prendrai la fleur de chaque détail, à mesure qu'il viendra s'offrir à mon esprit, et je réunirai comme en un faisceau tout ce qui me paraîtra convenir à la sainteté de votre profession.

Ce n'est pas seulement aux monastères de femmes que je ferai mes emprunts ; je mettrai aussi à contribution les couvents de religieux. Unies à nous par la communauté de nom et par la profession de continence, les mêmes pratiques vous conviennent, à peu d'exceptions près. Je tirerai donc de ces règles certaines fleurs pour embellir les lis de votre chasteté, m'attachant à bien peindre une épouse du Christ avec plus de zèle que Zeuxis n'en a mis à faire le simulacre d'une idole. Il a pensé que cinq vierges lui suffiraient pour modèles : avec cette mine si riche d'enseignements que m'offrent les écrits des Pères, soutenu par la grâce divine, je ne désespère pas de vous laisser un ouvrage plus parfait que le sien, de manière qu'il vous fasse atteindre jusqu'à l'excellence de ces cinq vierges sages que le Seigneur nous propose, dans son Évangile, comme le type de la sainteté virginale. Pour que l'effet réponde à mon zèle j'ai besoin de vos prières. Je vous salue en Jésus-Christ, épouses de Jésus-Christ.

SUIT LA RÈGLE DES RELIGIEUSES.

LETTRE

D'ABAILARD A HELOÏSE [1]

(FRAGMENT)

— ◇ —

. . . .

C'est sur vos instantes prières, Héloïse, ma sœur, qui me fûtes chère autrefois dans le siècle, et qui aujourd'hui m'êtes plus chère en Jésus-Christ, que j'ai composé ces chants nommés *Hymnes* par les Grecs, et par les Hébreux *Tchillim*. Lorsque vous me pressiez de les écrire, vous et les saintes femmes qui habitent avec vous, j'ai voulu connaître les motifs de votre demande ; car il me semblait superflu de vous composer de nouvelles hymnes, quand vous en possédiez tant d'anciennes ; je regardais d'ailleurs comme une espèce de sacrilége de préférer ou seulement d'égaler aux chants antiques des saints les chants nouveaux d'un pécheur.

---

[1] Le premier fragment de cette lettre a été découvert à Bruxelles dans un manuscrit de la Bibliothèque Royale, inscrit dans le catalogue sous le n° 10158, par M. Oehler, savant philologue allemand. Les deux autres fragments ont été signalés et publiés en 1844, par un Français, M. Alex. Lenoble, dont nous reproduisons la traduction.

Parmi les diverses réponses que j'ai reçues de plusieurs d'entre vous, je me rappelle que vous particulièrement vous mettiez en avant ces raisons :

« Nous savons, me disiez-vous, que pour le choix des psaumes et des hymnes, l'Église latine et surtout l'Église gallicane obéissent à l'empire de l'habitude plutôt qu'à celui de l'autorité, car nous ignorons encore de quel auteur est la traduction du psautier adopté par l'Église gallicane ; et même, s'il faut en croire sur ce point ceux qui nous ont fait connaître la diversité des traductions, celle-ci s'éloigne de toutes les autres, et ne mérite nullement, ce me semble, de faire autorité ; mais telle est la force de la coutume que, tandis que pour les autres livres de la Bible nous suivons la traduction correcte de saint Jérôme, pour le psautier, qui est de tous les livres le plus fréquemment lu, nous nous contentons d'une traduction apocryphe. Quant aux hymnes dont nous nous servons aujourd'hui, il y règne un tel désordre, que jamais, ou du moins bien rarement, l'intitulé ne nous apprend quelles elles sont, ni qui les a composées ; et si nous croyons connaître les auteurs de quelques-unes, comme Hilaire et Ambroise, les premiers compositeurs de ce genre de poëme, et après eux Prudence et d'autres encore, toutefois la mesure des syllabes y est souvent si mal observée que les paroles sont rebelles à la mesure du chant, sans laquelle il n'y a point d'hymne, car la définition de l'hymne est l'*Éloge chanté de la Divinité.*

« Vous ajoutiez que nous manquions d'hymnes spéciales pour le plus grand nombre des fêtes, telles que celles des Innocents, des Évangélistes et de ces saintes qui ne furent ni vierges ni martyres. Enfin, disiez-vous, il y a plusieurs de ces hymnes qui font mentir ceux qui les chantent, ou parce qu'elles ne s'appliquent pas au temps, ou parce que leur terme sont peu conformes à la vérité. Ainsi il arrive souvent que les fidèles, empêchés, soit par quelque circonstance fortuite, soit par la manière dont les offices sont distribués, devancent ou laissent passer l'heure prescrite ; si bien qu'ils sont forcés de mentir, au moins en ce qui concerne le temps, chantant le jour les hymnes de la nuit, ou la nuit les hymnes du jour. »

Il est certain, en effet, d'après l'autorité des prophètes et les institutions de l'Église, que la nuit même doit avoir des chants pour la Divinité, ainsi qu'il est écrit : *Memor fui nocte*, etc. ; et encore : *Mediá nocte surgebam ad confitendum tibi*, c'est-à-dire, pour te louer. Et les sept autres louanges dont parle le même prophète, *septies in die*, etc., ne peuvent se chanter que le jour ; car la première qui est appelée *Matutinæ laudes*, et dont il est dit dans le même prophète : *In matutinis*, etc., doit se chanter au point du jour, quand l'aurore ou lucifer commence à luire. Cette distinction est observée dans la plupart des hymnes ; et par exemple, quand le poëte dit : *Nocte surgentes*, etc., et encore : *Noctem canendo*, etc., ou *Ad confitendum surgimus, morasque*, etc.; et ailleurs : *Nox atra*, etc.; ou *Nàm lectulo consurgimus*, etc.; et encore : *Ut quique horas noctium*, etc.; et autres paroles semblables ; ces hymnes témoignent assez d'elles-mêmes qu'on doit les chanter pendant la nuit, et de même les hymnes du matin et les autres indiquent souvent à quelle heure du jour on les doit chanter ; par exemple, quand il est dit : *Eccè jàm noctis tenuatur umbra*, etc.; et encore : *Lux eccè*, etc. ; ou *Aurora spargit polum*, ou *Aurora lucis*, etc.; et ailleurs : *Ales diei nuntius*, etc.; ou *Ortum refulget lucifer*, etc.; ces passages, et d'autres semblables, nous apprennent à quelle heure ces hymnes doivent se chanter. Or, ne pas observer ces heures, c'est faire mentir les chants qui s'y rapportent. Et pourtant, ce qui le plus souvent nous empêche de nous conformer au temps précis, c'est moins la négligence que la nécessité ou la distribution des offices, comme cela se pratique journellement dans les églises paroissiales ou mineures, les occupations du peuple forçant de faire tous les offices de jour, et presque à la suite l'un de l'autre.

Et ce n'est pas seulement l'inobservation des heures qui nous fait mentir, mais encore quelques auteurs d'hymnes, lesquels, soit qu'ils aient jugé des autres cœurs par la perfection du leur, soit que, par un zèle d'imprévoyante piété, ils aient voulu exalter les saints, ont tellement dépassé les bornes, qu'ils nous font chanter dans ces hymnes contre notre conscience, et comme sous l'empire d'une autorité tout-à-fait étrangère. Il y a en effet bien peu de gens qui, pleurant et gémissant dans l'ardeur de la contemplation, ou dans la componction de leurs péchés, puissent véritablement dire : *Preces gementes*, etc. ; et encore : *Nostros pius*, etc. ; et tels autres passages qui ne conviennent qu'à des élus, c'est-à-dire au petit nombre. N'y a-t-il pas présomption à chanter chaque année : *Martine, par apostolis*, etc. ? ou à glorifier immodérément de leurs miracles quelques confesseurs, en chantant : *Ad sacrum cujus tumulum*, etc. ? Votre sagesse en décidera.

« Ce sont ces raisons et d'autres semblables, ainsi que le respect dû à votre sainteté, qui m'ont décidé à écrire des hymnes pour tout le cours de l'année; vous m'avez prié sur cet objet, épouses et servantes du Christ, et moi je vous prie à mon tour de soulever par l'effort de vos prières le fardeau que vous avez mis sur nos épaules, afin que, travaillant ensemble, celui qui sème et celui qui moissonne puissent ensemble se réjouir.

. . . .

LETTRE

D'ABAILARD A HÉLOÏSE

(FRAGMENT)

— · — · — · — · — · — · — · — · — · — · — · — · — ·

L'office du culte divin se compose de trois éléments. Le docteur des Gentils, dans l'Épître aux Éphésiens, l'établit ainsi quand il dit :

« Ne vous enivrez pas dans le vin, qui renferme la luxure; mais remplissez-vous de l'Esprit, vous entretenant de psaumes, d'hymnes et de cantiques spirituels, chantant et psalmodiant le nom du Seigneur dans vos cœurs. »

Et encore dans l'Épître aux Colossiens, il dit :

« Que la parole du Christ habite en vous abondamment et en toute sagesse; instruisez-vous et exhortez-vous les uns les autres par des psaumes, des hymnes et des cantiques spirituels, chantant de cœur et avec édification les louanges du Seigneur. »

Les psaumes et les cantiques, ayant été fournis de toute antiquité par des livres canoniques, n'ont besoin ni de nos efforts, ni des travaux de personne pour être composés aujourd'hui.

Quant aux hymnes, comme elles ne tiennent pas une place distincte dans les saintes Écritures, quoique certains psaumes portent le nom d'Hymnes ou de saints Cantiques, ce furent les Pères qui s'en occupèrent en divers passages de leurs écrits ; on fit des hymnes particulières appropriées aux temps, aux heures, aux fêtes diverses; et c'est ce qu'aujourd'hui nous nommons hymnes dans le sens propre du mot, quoique anciennement on nommât indifféremment hymnes ou psaumes tous les Cantiques sacrés composés suivant un rhythme ou un mètre régulier. C'est ainsi qu'Eusèbe de Césarée, au chap. 17 du livre IIe de son *Histoire ecclésiastique*, rappelant l'éloge que le savant juif Philon faisait de l'Église d'Alexandrie à l'époque de saint Marc, ajoute entre autres choses [1]..... Et un peu plus loin, au sujet des psaumes nouveaux qu'ils composent, il ajoute : « Et ainsi non-seulement ils comprennent les hymnes subtiles des anciens, mais ils en composent de nouvelles à la louange de Dieu, les modulant sur tous les mètres et sur tous les tons, avec une harmonie pure et suave. »

Sans doute il est permis de donner le nom d'hymnes à tous les psaumes composés en hébreu suivant certain rhythme et certaine mesure, et avec une douceur qui tient du miel. Ce nom rentre même dans la définition de l'hymne,

---

[1] Le copiste a passé les paroles d'Eusèbe, et rien dans le texte n'indique cette lacune. Abailard citait probablement le passage du chap. XVII, que traduit ainsi le président Cousin, dans sa traduction des *Historiens de l'Église*, tome Ier, pag. 69, in-4º, Paris, 1675 : « Il
» y a dans chaque habitation (des thérapeutes) un monastère où ils
» célèbrent seuls les saints mystères, sans y rien porter pour boire,
» pour manger, ni pour les autres nécessités du corps, mais seule-
» ment les livres de la loi, des prophètes, et des hymnes propres à
» entretenir et à accroître la science et la piété. »

telle que nous l'avons donnée dans notre première préface. Mais comme les psaumes, en passant de l'hébreu dans une autre langue, ont perdu leur rhythme et leur mesure, c'est avec raison que l'Apôtre, écrivant aux Éphésiens, qui sont des Grecs, a séparé des psaumes les hymnes et les cantiques.

C'est au sujet de ces hymnes, chères filles en Jésus-Christ, que vous avez souvent sollicité notre faible génie par vos prières, en ajoutant les causes qui nécessitaient votre demande; et nous, avec la grâce de Dieu, nous nous sommes rendus en partie à cette demande. En effet, dans le livre précédent, nous avons renfermé des hymnes quotidiennes de féries qui puissent suffire à toute la semaine.

Nous les avons composées, pour que vous le sachiez, de telle sorte qu'il y a double chant et double rhythme, une mélodie commune pour tous les nocturnes et une autre pour les chants diurnes.

Nous n'avons pas omis non plus l'hymne de grâces après le repas, suivant qu'il est écrit dans l'Évangile : « Et ils sortirent après l'hymne récitée. »

Et quant aux hymnes qui précèdent, en les composant nous avons été dirigés par cette pensée que les nocturnes doivent contenir les œuvres de leurs féries, et que les diurnes doivent contenir l'exposition allégorique ou morale de ces œuvres; si bien que l'obscurité de l'histoire soit réservée pour la nuit, et la lumière de l'exposition pour le jour.

Il vous reste maintenant à m'aider de vos prières pour que je puisse vous transmettre le petit présent que vous désirez.....

LETTRE
D'ABAILARD A HÉLOÏSE

(FRAGMENT)

— — — ◇ — — —

. . . .
Dans les deux livres précédents j'ai réuni les hymnes quotidiennes des féries et celles qui sont particulières aux solennités diverses ; reste maintenant, pour la gloire du Roi céleste et pour l'encouragement des fidèles, à exalter dans des hymnes, suivant la mesure de nos forces et par de justes louanges, la cour du suprême palais. Dans cette œuvre, mon principal soutien sera le mérite de ceux dont je célébrerai la glorieuse mémoire, suivant ce qui est écrit: « La mémoire du juste sera louée », et encore : « Louons les hommes glorieux, etc. »

Et vous, mes très-chères sœurs, vouées à Jésus-Christ, vous dont les sollicitations m'ont fait entreprendre cette œuvre, joignez à mes efforts la dévotion de vos prières, vous souvenant de ce bienheureux législateur qui a fait plus en priant qu'un peuple entier en combattant. Et pour que votre charité ne m'épargne pas vos prières, songez avec quelle prodigalité nous avons exaucé vos demandes.

En essayant de louer la grâce divine suivant notre faible génie, nous avons compensé par la multitude des hymnes ce qui pouvait nous manquer du côté de l'éloquence, composant des hymnes particulières pour chaque nocturne de chaque solennité, tandis que jusqu'à ce jour on ne chantait qu'une hymne aux nocturnes des fêtes et des féries. Nous avons fait quatre hymnes pour chaque fête, afin qu'on puisse chanter une hymne à chaque nocturne, et qu'il y en ait encore une pour les laudes. Nous avons en outre établi, à l'égard de ces quatre hymnes, que, pour la vigile, on joindrait deux hymnes en une, et que les autres seraient également réunies pour être chantées aux vêpres le jour même de la solennité; ou bien qu'en les distribuant ainsi deux à deux pour chaque vêpres, on chanterait une de ces hymnes avec les deux premiers psaumes, et l'autre avec les deux derniers. J'ai composé également, il m'en souvient, cinq hymnes pour la croix, dont la première convient à chaque heure, invitant le diacre à enlever la croix de l'autel, et à l'apporter au milieu du chœur pour l'offrir à l'adoration et au salut, afin que la solennité puisse, à chaque heure du jour, se passer en présence de la croix.......

LETTRE

D'ABAILARD A HÉLOÏSE

―――◦◇◦―――

A ma très-chère sœur Héloïse, respect et amour en Jésus-Christ.

Ayant achevé dernièrement, à l'aide de vos prières, le recueil d'Hymnes et d'Antiennes que vous m'avez demandé, je me suis mis aussitôt à composer quelques sermons pour vous et pour vos filles spirituelles du Paraclet. J'ai travaillé vite, contre mon habitude. Plus occupé de la leçon de l'Écriture que du sermon lui-même, je m'attache à exposer clairement la doctrine chrétienne, non pas à écrire avec éloquence; je recherche le sens de la lettre, non pas les ornements de la rhétorique. Et peut-être un style négligé aura-t-il cet avantage sur une diction plus élégante, que, par son abandon même, il s'accommodera plus facilement à l'intelligence de vos âmes simples, et leur rendra les vérités de la religion plus accessibles. Relativement à celles qu'ils doivent instruire, le naturel et la naïveté de ces sermons seront en quelque sorte un ornement, une délicatesse, et comme un assaisonnement qui sera aisément goûté par des petites servantes du Seigneur. Pour les écrire et pour les classer, j'ai suivi l'ordre des fêtes célébrées par l'Église, et j'ai commencé par le commencement même de notre rédemption.

Adieu en Jésus-Christ, servante du Christ, jadis chère à mon cœur dans le siècle, aujourd'hui plus chère à mon âme dans le Seigneur, mon épouse autrefois selon la chair, ma sœur maintenant selon l'esprit, et ma compagne dans la profession religieuse.

SUIVENT LES SERMONS.

LETTRE

D'ABAILARD A HÉLOÏSE

Héloïse, naguère mon épouse chérie dans le siècle, aujourd'hui ma sœur bien-aimée en Jésus-Christ, la logique m'a rendu odieux au monde. Des pervers qui pervertissent tout, et dont la sagesse est toute occupée à nuire, disent que je suis le maître de tous en logique, mais que dans mon commentaire sur saint Paul mon pied a bronché. Ils vantent la pénétration de mon génie, ils me refusent la pureté de ma foi chrétienne; c'est, à ce qu'il me semble, parce qu'ils ont été égarés dans leur jugement par l'opinion, et non point enseignés par l'expérience. Je renonce au titre de philosophe, si je dois être en désaccord avec saint Paul; je ne veux pas être un Aristote, pour être séparé du Christ; car il n'est point d'autre nom sous le ciel qui puisse me sauver. J'adore le Christ régnant à la droite du Père. Je l'embrasse des étreintes de la foi, dans la chair qu'il a empruntée au sein d'une vierge par l'opération du Saint-Esprit, et dans la gloire de ses divins-miracles. Pour que tout sentiment inquiet, toute incertitude, toute crainte soient chassés de ce cœur qui bat pour moi dans ta poitrine, retiens bien ceci : J'ai fondé ma conscience sur cette même pierre sur laquelle le Christ a bâti son Église. Je vais te dire en peu de mots ce qui est écrit sur cette pierre : Je crois en Dieu, Père, fils et Saint-Esprit, un et seul vrai, et qui admet la trinité dans les personnes, sans cesser jamais de conserver l'unité dans la substance. Je crois que le fils est égal au Père en toutes choses, savoir : l'éternité, la puissance, la volonté et les œuvres. Je repousse l'hérésie d'Arius, qui, excité par un mauvais génie, et même séduit par l'esprit de l'enfer, établit des degrés dans la Trinité, enseignant que le Père est le premier, le Fils le second, malgré le précepte de la loi qui dit : « Vous ne monterez point par des degrés à mon autel. » Or, celui-là monte par des degrés à l'autel de Dieu, qui place une personne de la Trinité avant ou après les deux autres. Je reconnais aussi que le Saint-Esprit est consubstantiel et égal en toutes choses au Père et au Fils, et je l'ai souvent désigné dans mes écrits sous le nom de la Bonté suprême.

Je condamne Sabellius, qui, faisant du Père et du Fils une seule personne, pense que le Père a aussi souffert la passion; ce qui a fait donner à ses sectaires le nom de patripassionnaires.

Je crois aussi que le fils de Dieu a été fait fils de l'homme, et que l'unité de sa personne réside dans deux personnes et dans deux natures. Je crois qu'après avoir accompli les jours de son humanité, il a souffert, il est mort, il est ressuscité, il est monté au ciel, et qu'il viendra juger les vivants et les morts.

Je crois fermement aussi que tous les péchés sont remis

dans le baptême; que nous avons besoin de la grâce pour commencer le bien et pour l'achever, et que nous pouvons nous relever de la chute par la pénitence.

Ai-je besoin de parler de la résurrection de la chair, puisque je n'aurais nul sujet de me glorifier d'être chrétien, si je ne croyais à ma future résurrection? Telle est la foi dans laquelle je suis assis, et d'où je contracte toute la fermeté de mon espérance. Dans cette retraite, je ne crains pas les aboiements de Scylla, je me ris du tourbillon homicide de Charybde, et je brave les sirènes et leurs accents qui mènent à la mort. Si l'ouragan tonne, je ne suis pas ébranlé; si les vents rugissent, je reste immobile; car je suis fondé sur une pierre invincible...

APOLOGETIQUE

DE L'ÉCOLATRE BÉRENGER

CONTRE SAINT BERNARD, ABBÉ DE CLAIRVAUX,

ET LES AUTRES PRÉLATS

QUI ONT CONDAMNÉ PIERRE ABAILARD.

Bernard, tes écrits courent le monde : la renommée les publie en tous lieux. Et il ne faut pas s'étonner de son zèle à les propager : quels qu'ils soient, ne voyons-nous pas qu'ils sont approuvés par les grands personnages de l'époque? On s'étonne de trouver dans un homme étranger comme toi aux arts libéraux, cette intarissable faconde dont les débordements ont déjà inondé toute la surface de la terre. A cela il faut répondre par un argument tiré du ciel : « Dieu est grand, ses œuvres sont merveilleuses ; et le doigt de l'Éternel est visible dans ce changement. » Mais je ne vois rien en ceci de bien surprenant. Ce qui serait en droit de nous surprendre, c'est que la parole, au contraire, fût tarie chez toi, quand nous savons que ta verve enfantine se déployait déjà en chansonnettes bouffonnes et en refrains de carrefours. Et certes nous ne parlons point ici dans les incertitudes de l'opinion : ton pays natal est garant de la vérité de notre discours. N'est-il pas aussi resté gravé dans tes souvenirs, que dans tes luttes poétiques avec tes frères, tu t'efforçais toujours de les surpasser par la finesse et la subtilité de l'invention? C'était une grave injure, et un cruel déboire pour toi de rencontrer un adversaire d'un esprit aussi alerte et aussi sémillant que le tien. Je pourrais insérer dans cet écrit quelques-uns de ces écarts aimables, dont l'authenticité serait affirmée par des témoins dignes de foi; mais je craindrais de tacher mes pages par de pareilles gravelures. D'ailleurs, ce qui est connu de tout le monde n'a pas besoin de témoignages.

Ce talent si bien cultivé de l'imagination et de la plaisanterie est un instrument que tu appliques souvent aux choses divines, et les ignorants prennent pour de la profondeur et de la sublimité la creuse abondance de tes paroles, et l'éloquence de tes futilités. Mais la raison prouve que les dogmes nécessaires peuvent se passer d'un vain appareil de mots. Souvent, en effet, la vérité se produit d'une manière complète, mais sans grâce, tandis que l'erreur se pare des séductions de la parole. La simplicité du langage et l'éloquence, dit saint Augustin, sont semblables à un vase grossier et à un vase artistement façonné : l'erreur et la vérité, à une liqueur vile et à une liqueur précieuse; mais l'une et l'autre liqueur peut être présentée dans l'un et l'autre vase. Ce que j'en dis n'est point pour t'accuser ou te rendre suspect : je veux constater seulement que la vérité n'est pas toujours au fond de l'éloquence. Assez sur ce sujet, passons à autre chose.

Depuis longtemps la renommée aux ailes rapides a répandu dans l'univers le parfum de ta sainteté, proclamé tes mérites, pompeusement prôné tes miracles. Nous vantions le bonheur des siècles modernes embellis de l'éclat d'un astre si brillant, et le monde prêt à s'écrouler dans la perdition nous paraissait raffermi par la puissance de ta vertu. Nos espérances soumettaient au commandement de ta voix la clémence du ciel, la température des saisons, la fertilité de la terre, la bénédiction des fruits. Ton front touchait les nuages ; tes rameaux, selon le proverbe, surpassaient les montagnes par l'amplitude de leurs ombres. Tu as long-temps vécu si saintement, tu as introduit la réforme dans l'Église par des institutions si belles, qu'il nous semblait voir les démons rugir autour de ta ceinture ; nous étions tout béatifiés de la gloire d'un si grand patronage.

Maintenant, ô douleur! le voile est déchiré, et la couleuvre endormie a enfin réveillé ses aiguillons. Laissant de côté tous les autres, tu as pris Abailard pour le point de mire de ta flèche, pour vomir contre lui le venin de ton aigreur, pour le balayer de la terre des vivants, pour le placer au rang des morts. Tu convoques les évêques de toutes parts, et dans le concile de Soissons tu le déclares hérétique, tu le retranches du sein de l'Église sa mère comme un avorton. Tandis qu'il marche dans les voies de Jésus-Christ, tu t'élances comme un brigand du sein des ombres, et tu le dépouilles de sa robe sans couture. Tu invitais le peuple, dans tes prédications, à répandre pour lui ses prières devant Dieu ; mais, au fond de ton âme, tu te disposais à le mettre au ban de l'univers chrétien. Qu'est-ce que le peuple avait à faire? Qu'est-ce que le peuple pouvait demander à Dieu dans sa prière, quand il ne savait même pas pour qui il fallait prier? C'est toi, l'homme de Dieu, qui avais fait des miracles, qui siégeais avec Marie aux pieds du Sauveur, et qui conservais dans ton cœur toutes ses paroles ; c'est toi qui aurais dû brûler sous les regards du Très-Haut le pur encens de ta prière sacrée, pour que ton coupable Pierre revînt à résipiscence, pour que la grâce le rendît tel que le soupçon ne pût l'entacher. Mais peut-être aimais-tu mieux lui voir un côté vulnérable, pour avoir occasion de le percer.

Enfin, après le dîner, on apporte le livre d'Abailard. Un des assistants reçoit l'ordre d'en donner lecture à voix haute et sonore. Animé d'une haine secrète contre Abailard, arrosé d'ailleurs du jus de la vigne, non de cette vigne céleste qui s'est rendu témoignage à elle-même par ces paroles : « Je suis la vigne véritable », mais de celle qui a couché le patriarche sur le sol, et découvert sa nudité, cet homme entame la lecture d'une voix plus élevée qu'on ne l'avait demandé. Quelques moments après, vous eussiez vu les prélats s'inquiéter sur leurs siéges, trépigner, rire, plaisanter, si bien qu'il semblait s'agir non pas des intérêts du Christ, mais plutôt d'une joyeuse fête à Bacchus. Cependant les coupes se heurtent, les libations se succèdent, on fait l'éloge des vins, les gosiers pontificaux sont arrosés à grands flots. On pourrait renouveler la piquante plaisanterie d'Horace :

« Nul arbre, ô Varus, ne sera planté avant la vigne sacrée ; »

car le bachique délire célébré par le même poëte :

« Buvons, buvons, que nos pieds bondissent en liberté sur le sol ! »

recevait une commémoration active. Oh ! qu'il vaudrait mieux écouter le poëte Gallus, et le sage avertissement renfermé dans ces vers :

« J'approuve le vin, si l'on en boit modérément, et il doit être approuvé. Si l'on en boit immodérément, je pense que le vin est un poison. »

Mais le fond de la coupe recelait les influences somnifères du Léthé. Déjà le vin avait enseveli le cœur des prélats. Alors, comme dit le satirique :

« Les pontifes repus cherchent à travers les fumées du vin ce que cette poésie du ciel leur raconte. »

Enfin, quand la voix du lecteur leur apporte quelque trait subtil et profond, nouveau pour leurs oreilles, il semble que leurs cœurs soient dépecés : ils grincent des dents; ils mâchent de stridentes menaces contre Abailard, et mesurant avec leurs yeux de taupes la doctrine du philosophe : Nous laisserions, disent-ils, vivre un pareil monstre ! Et branlant la tête, comme les Juifs : « Ah ! ah ! disent-ils, voilà celui qui détruit le temple de Dieu. » Ainsi les paroles de lumière sont jugées par les aveugles, ainsi la sobriété est condamnée par l'ivresse, ainsi déblatèrent contre l'organe de la Trinité les coupes éloquentes. Ainsi disputent contre l'homme simple de cœur les logiciens cornus. Les chiens dévorent le prophète, les perles sont broyées sous la dent des pourceaux. Le sel est outrageusement souillé de terre. Le canal de la loi est bouché et calfeutré. « Celui qui touche la poix, dit le Sage, sera souillé par la poix. » Nous pouvons changer la version, et dire : « Celui qui touche le vin sera souillé par le vin. » La sobriété épiscopale s'était abreuvée du pur sang de la vigne, sang vierge, et soigneusement préservé des atteintes d'une onde adultère, parce que, selon Martial,

« C'est un trop grand crime d'égorger le respectable Falerne, et Bacchus repousse l'alliance des Naïades. »

Chacun des pères du concile avait philosophiquement rempli son tonneau, et le vin n'était pas sans vertu. Ses chaudes vapeurs avaient tellement embarrassé leurs cerveaux, que tous les yeux se fermaient sous le poids d'un sommeil léthargique. Le lecteur s'époumone; l'auditeur ronfle. L'un s'accoude pour dormir à l'aise ; un autre se renverse sur le dossier moelleux de son siége, et clot mollement ses paupières. Un troisième laisse tomber sa tête sur ses genoux, et dort tout de bon. Et quand le lecteur, au milieu des riches moissons d'Abailard, se piquait à quelques épines, quand une apparence suspecte faisait cabrer sa foi ombrageuse, il élevait la voix, et criait aux sourdes oreilles des pontifes : DAMNATIS (condamnez-vous)? Éveillés en sursaut par la dernière syllabe, quelques-uns, d'une voix épaissie par le sommeil, et la tête pendante : DAMNAMUS (nous condamnons)! disaient-ils. D'autres, dans le tumulte de cette condamnation, se soulevaient à moitié, et décapitant le mot, murmuraient à peine... NAMUS (nous nageons). Oui, vous nagez; mais vous nagez dans la tourmente de l'ivresse, vous faites naufrage dans le vin.

C'est ainsi que les soldats endormis rendent témoignage en disant : « Tandis que nous dormions, les apôtres sont venus, et ont enlevé le corps. »

Celui qui avait veillé le jour et la nuit dans la loi du Seigneur, est condamné par les prêtres de Bacchus. Le malade veut guérir le médecin. L'homme qui se noie désespère du salut de celui qui est en sûreté sur le rivage. Ainsi accuse l'innocence celui qui marche au gibet pour être pendu.

Que faisons-nous, ô mon âme? où allons-nous? As-tu donc oublié les préceptes des rhéteurs? aveuglée par ta douleur, empêchée par tes sanglots, perds-tu le fil de ton discours? Penses-tu donc que le Fils de l'homme, venant parmi nous, trouvera la foi sur la terre? Les renards ont une tanière, les oiseaux du ciel ont un nid; mais Abailard n'a point où reposer sa tête. Ainsi les coupables siégent à la place du juge, et prononcent l'arrêt. L'oppresseur occupe le siége de celui qui venge l'innocence. Cette condamnation est déshonorée à la fois et par les juges et par les accusateurs :

> « L'un, gonflé par la bonne chère, s'alourdit dans un sommeil passager; l'autre fait la moue, et déclame emphatiquement. Tel parle trop, tel ne dit rien ; l'un se promène, l'autre se tient coi. Ici des pleurs, plus loin des éclats de rire. Tous ont perdu la tête, et, de diverses manières, se montrent également fous. »

Les vices de la procédure, l'ignorance des juges, et l'infamie de la sentence, tout est ici ; mais la lecture de l'Évangile nous console. « Les pontifes, est-il dit, et les pharisiens se sont réunis en concile, et ils ont dit : Que faire ? Cet homme dit des choses merveilleuses. Si nous le renvoyons ainsi, tout le monde croira en lui. » Un d'entre eux, nommé Bernard, abbé, présidait le concile. Le voilà qui se lève, et qui prophétise en disant : « Il est avantageux pour nous qu'un seul homme soit rejeté hors du peuple, et que la nation ne périsse pas entièrement. » Dès ce jour ils songèrent donc à le condamner, répétant cette parole de Salomon : « Tendons un piége à l'homme juste ; dérobons-lui la grâce de ses lèvres. Trouvons le germe d'une accusation contre le juste. » Vous l'avez fait, vous ne l'avez que trop fait, et vous avez dégaîné vos langues de vipère contre Abailard. Enfants perdus de l'Église, vous avez voulu perdre à votre tour, et vous vous êtes gorgés de vin, comme celui qui dévore le pauvre dans un lieu caché. Pendant ce temps-là Abailard priait : « Seigneur, délivrez mon âme des lèvres iniques et de la langue trompeuse. » Par intervalles il méditait cette parole du Psalmiste : « Les veaux sont autour de moi qui m'assiégent ; les taureaux engraissés m'environnent. Ils ont ouvert sur moi leurs gueules menaçantes. » — Oui , voilà bien les taureaux engraissés, les taureaux au col épais et charnu, aux muscles engorgés, et dont la graisse liquéfiée dégoutte avec la sueur. . . . .

. . . .

Dans ce concile de vanité siégeait, contre l'ordonnance contenue dans une parole du psaume, un évêque, de célèbre mémoire, qui ralliait l'assentiment général à l'autorité de sa parole. Tout ébranlé par l'orgie de la veille, il vient vomir, entre deux hoquets, le discours que voici :

« Mes frères, vous qui n'avez tous qu'une même religion, celle du Christ, c'est à vous de pourvoir au péril commun. Que votre foi ne se trouble point, que nulle taie n'obscurcisse l'œil simple de la colombe. Car la possession de toutes les autres vertus ne sert de rien quand la foi manque, suivant ce que dit l'Apôtre : « Quand je parlerais « toutes les langues des hommes et celle même des anges, « si je n'ai point la foi, tout cela ne me sert de rien. »

Merveilleuse élégance ! sel attique ! éloquence vraiment cicéronienne ! Assurément cette queue n'est point celle de notre âne ; cette fin ne répond pas à ce commencement. Aussi vit-on ses partisans même baisser la tête pour cacher leur rougeur. On veut, et avec raison, mettre cette ombre d'un grand nom dans la compagnie de ceux dont il a été dit : « Ils ont conçu le vent, ils ont tissé des toiles d'araignée. » Mais le susdit évêque ajoutant à ses prémisses : « Abailard, dit-il, ne fait que troubler l'Église ; il rêve sans cesse quelque nouveauté. » O temps ! ô mœurs ! voilà comme un aveugle juge du soleil, comme un manchot se mêle de peindre sur l'ivoire, comme un âne apprécie la ville, comme des évêques charnels jugent, comparent et discutent ! Ainsi s'élèvent contre lui les fils de sa mère ! Ainsi grognent les porcs immondes contre le juste qui garde un noble silence !

Dans cette position si pleine d'angoisses, c'est à l'examen de Rome qu'Abailard demande secours et protection. « Je suis fils de l'Église romaine, s'écrie-t-il ; je veux que ma cause soit jugée comme le serait celle de l'impie : j'en appelle à César. » Mais l'abbé Bernard, dans le bras duquel se confient tous ces évêques, ne répond pas comme le gouverneur romain qui tenait Paul en prison : Puisque tu as fait appel à César, tu iras devant César ; il dit, lui : Tu as fait appel à César, mais tu n'iras pas devant César. Il se hâte d'annoncer au légat apostolique ce qui a été fait, et aussitôt des lettres de condamnation contre Abailard partent du Saint-Siége, et volent par toute l'Église de France. Elle est ainsi condamnée cette bouche, organe de la raison, trompette de la foi, séjour de la sainte Trinité. On condamne Abailard, ô douleur ! on le condamne lui absent, lui qu'on n'a pas entendu, lui qu'on n'a pas convaincu ! Que dire ? Que ne pas dire ? Tiens, Bernard,

> « La guerre est inutile, nous demandons paix et merci, nous présentons à tes chaînes nos mains jointes. Tous les droits s'écroulent, la justice et les lois s'effacent, si tu le veux, si tu l'ordonnes, si tel est ton bon plaisir, toi, le maître souverain, l'arbitre de la pensée et de la parole. »

Juste ciel ! quel accusé eut jamais des juges assez aveugles pour ne pas peser et balancer entre eux les deux côtés de la question ? pour ne pas chercher à voir de quel côté pencherait la balance ? Ceux-ci vont les yeux fermés ; ils tâtent la chose, et les voilà, comme de fins connaisseurs, qui tendent leur arc d'iniquité et lancent la flèche empoisonnée. Que les haines et la fureur, qu'une jalousie odieuse, qu'une implacable folie aient couvé dans leurs entrailles infernales la ruine d'Abailard, et amoncelé l'orage contre lui, l'œil de la censure apostolique devrait-il cesser jamais de faire sentinelle ? Mais on s'écarte facilement de la justice quand on craint plus les hommes que Dieu dans le jugement des causes ; et rien ne prouve mieux la vérité de cette parole du prophète : « Toute tête est languissante; depuis les pieds jusqu'à la racine des cheveux, tout ce corps n'est que plaie et pourriture. »

Mais il voulait corriger Abailard, disent les partisans de l'abbé. Si tu avais réellement l'intention de le rappeler à la pureté de la foi, pourquoi donc alors, homme de bien, lui imprimer à la face du peuple le sceau éternel du blasphème? Ensuite, était-ce dans la vue de le corriger que tu lui ôtais l'affection du peuple? La conséquence à tirer de cette conduite, c'est que tu étais enflammé contre Abailard, non du zèle de la correction, mais du désir de ta propre vengeance. Le prophète a très-bien dit : « Le juste me reprendra avec amour ; car, où il n'y a point d'amour, il ne faut point voir la correction du juste, mais la barbarie d'un tyran brutal. »

Tout le fiel de son cœur se retrouve encore dans la lettre furibonde qu'il adresse au pape Innocent : « Celui-là, dit-il, ne doit pas trouver de refuge près du Siége de saint Pierre, qui attaque la foi de saint Pierre. » Là, là, guerrier fougueux ! est-ce ainsi qu'un moine doit combattre? Crois-en Salomon : « Ne pousse point la justice jusqu'à l'extrême, de peur que l'égarement de ton zèle ne te couvre de confusion. » Celui-là n'attaque pas la foi de saint Pierre, qui professe hautement la foi de saint Pierre. Il doit donc trouver un refuge près du Siége de saint Pierre. Souffre qu'Abailard soit avec toi chrétien ; et, si tu veux, il sera avec toi catholique. Et si tu ne veux pas, il n'en sera pas moins catholique. Car Dieu est pour tous, et non pour un seul. Mais si tu maintiens ton accusation, nous allons examiner comment Abailard fait brèche à la foi de saint Pierre. Il écrit à Héloïse, servante du Seigneur, profondément versée dans la connaissance des saintes Écritures, et tout le reste de cette lettre, où il épanche son cœur, respire l'orthodoxie des lignes suivantes[1] :

—Je n'étais pas fâché de reproduire textuellement cette partie de la lettre d'Abailard, pour démontrer aux plus incrédules de quelle manière il attaque la foi de saint Pierre. Maintenant, rigide censeur, approche, et pèse la foi d'Abailard dans la sincérité de tes jugements. Tu as dit : Celui-là ne doit pas trouver de refuge près du Siége de saint Pierre, qui attaque la foi de saint Pierre.—Cette parole, en elle-même, serait une vérité haute et générale. Mais puisque tu l'appliques personnellement à Abailard, je veux te convaincre que tu es en opposition avec la vérité. Abailard n'attaque pas la foi, puisqu'il lui emprunte la règle de sa vie ; il ne renonce pas à l'héritage du Christ, puisqu'il arbore, en toute humilité, les glorieuses enseignes de son nom. Il devait donc trouver un refuge auprès du Siége de saint Pierre, si les charmes de ton éloquence n'avaient resserré pour lui les entrailles de la miséricorde de l'Église romaine. Mais tandis que tu lui fermes les portes de la clémence, tes hideuses fureurs te trahissent, ta haine aveugle est reconnue.

Ici tu diras peut-être : Voilà de l'excès et de l'injustice dans les reproches. Je me suis senti dévoré du zèle de la maison du Seigneur, en voyant une doctrine sacrilége menacer de sa lèpre le corps de l'Église. J'ai voulu arracher l'ivraie dans sa racine, pour arrêter les progrès de la sève empoisonnée. N'ai-je pas agi avec prudence et avec sagesse, en écrasant sous un Index accusateur le dogme de la révolte et de l'impiété? N'ai-je pas épargné à tous les conservateurs de la foi une longue et difficile recherche, en faisant couler à leurs yeux, dans un seul lit, toutes les

---

[1] Voyez plus loin le Fragment conservé par Bérenger.

hérésies répandues dans les nombreux écrits d'Abailard ?

A cela je réponds : Je vous loue, mon père, dans votre projet; mais je ne vous loue pas dans l'exécution. Nous avons vu un Index qui n'est pas l'exact relevé des dogmes d'Abailard, et qui contient en outre les propositions du plus abominable délire, à savoir :

Que le Père est la toute-puissance, le Fils une certaine puissance, que le Saint-Esprit n'est point une puissance ;

Que l'Esprit saint, quoiqu'il procède du Père et du Fils, n'est point de la même substance ;

Que l'homme, sans le renouvellement de la grâce, peut faire le bien ;

Que Dieu ne peut faire plus qu'il ne fait, ni faire mieux qu'il ne fait, ni faire autrement qu'il ne fait ;

Que l'âme du Christ n'est pas descendue aux enfers.

Ces propositions sont contenues dans ton Index en compagnie de plusieurs autres, dont quelques-unes, je l'avoue, ont été avancées par Abailard, soit dans son enseignement oral, soit dans ses écrits; mais les autres ne sont sorties ni de sa bouche ni de sa plume. La distinction des choses qu'il a dites de celles qu'il n'a pas dites, et l'esprit profondément catholique de chacune des choses qu'il a dites, seront l'objet d'un second traité, qui suivra de près cet ouvrage. Notre discussion des vrais principes du christianisme fera jaillir, nous l'espérons, l'ardente lumière de la vérité. Car ce sont là des accusations qu'il faut purger et réfuter, et qui réclament à elles seules tout un volume : ma tâche aujourd'hui, celle que je dois remplir jusqu'au bout, sans la quitter, est de chercher pourquoi un homme qu'on place déjà au rang des saints, et dont le nom fatigue toutes les bouches de la renommée, après avoir consigné lui-même dans ses écrits des opinions qu'il faut ensevelir dans un silence éternel, a lancé contre Abailard la formidable accusation d'hérésie. De temps immémorial il est universellement reconnu, et la tradition est invariable sur ce point, qu'un homme ne peut en condamner un autre pour un délit semblable à celui qu'il a commis lui-même. C'est là pourtant ce que tu as fait, Bernard, et ta conduite est à la fois pleine d'imprudence et d'impudence.

Abailard s'était trompé, soit. Toi, pourquoi t'es-tu trompé? Tu t'es trompé sciemment ou sans le savoir. Si tu t'es trompé sciemment, tu es l'ennemi de l'Église, la chose est claire. Si tu t'es trompé sans le savoir, comment serais-tu le défenseur de l'Église, quand tes yeux ne savent point distinguer l'erreur? Or, tu t'es trompé, cela est hors de doute, en affirmant que les âmes tiraient leur origine du ciel. Comme il est utile et facile tout à la fois de connaître comment cette opinion se trouve échafaudée dans ton livre, je veux la prendre au point de départ, et la mettre toute entière sous les yeux des lecteurs intelligents.

Il y a un livre, en langue hébraïque Sir Hasirim, et que nous appelons Cantique des cantiques, dont la lettre, pour les esprits attentifs, exhale un sens mystérieux et divin. Bernard s'érige en commentateur de ce livre, et pour dégager des ronces du langage les fruits savoureux de cette exquise pensée, il emploie le style médiocre et tempéré. Mais je vous demande un peu pourquoi Bernard, après les labeurs de tant d'illustres hommes qui ont appliqué leur génie à l'interprétation de cet ouvrage, essaie d'ajouter son grain de sable à cet édifice de grandeur et de majesté? Car, s'il est vrai que nos pères ont suffisamment et pleinement éclairé toutes les ombres de ce tableau, j'admire de quel front hardi tu abordes un sujet si victorieusement traité, et quelle main téméraire tu étends vers lui. Si tu avais soulevé d'autres voiles, et reculé les horizons; si dans ces régions divines tes yeux avaient entrevu quelques lueurs inconnues, à la bonne heure ; et j'applaudirais de toute mon âme à ton travail. Mais lorsque j'interroge, de mes mains studieuses, et les commentaires de tes devanciers, et les élucubrations de tes veilles, je trouve, dans cette comparaison, la preuve que tu n'as rien dit de nouveau, et même que tu t'appropries les pensées qui te sont étrangères, en les habillant de tes expressions. Tes éclaircissements semblent donc tout-à-fait superflus. Et pour que personne ne se figure que je parle ici sans preuves, je citerai sur ce livre une pléiade de quatre commentateurs : le Grec Origène, Ambroise de Milan, Retius d'Autun, Bède d'Angleterre. Le premier, dit saint Jérôme, a surpassé tous les Pères dans ses autres ouvrages, mais dans le Cantique des cantiques il s'est surpassé lui-même. Le second, par une dissertation savante et riche en points de vue, a fait resplendir d'un nouvel éclat les amours de l'Époux et de l'Épouse. Le troisième a rétabli une magnifique ordonnance dans la confusion de ce poëme céleste. Le dernier en a expliqué les emblèmes et puissamment sondé les arcanes. Après ces nobles génies, ces grandes intelligences, Bernard, lui aussi, vient tracer son sillon, comme s'il lui était resté quelque chose à faire. Nous approuverions une semblable tentative de la part d'un si bel écrivain ; mais ne s'avise-t-il point d'introduire la tragédie dans le commentaire ! A peine a-t-il fait quelques pas, voici qu'il met en scène la mort de son frère, et qu'il consume près de quatre chapitres à suivre ses funérailles. Combien ce hors-d'œuvre est choquant et disparate, c'est ce qu'il me sera facile de démontrer en peu de mots.

Ce livre de Salomon, ce brillant épithalame composé dans l'atelier de l'Esprit saint, décrit, sous les amours allégoriques de l'Époux et de l'Épouse, la mystique union de Jésus-Christ et de l'Église. Or, l'hyménée aime à s'environner des images de la joie. Mais Bernard, vaincu par l'ennui de tant d'obscurités, ou négligeant le conseil de l'Apôtre, qui recommande de se réjouir avec ceux qui se réjouissent, amène son mort à la noce, quoiqu'il soit écrit : « Le Seigneur n'est pas le Dieu des morts, mais des vivants. » L'Époux et l'Épouse sont donc réunis au banquet nuptial, et les jeunes compagnons de l'Époux et les jeunes compagnes de l'Épouse applaudissent tour-à-tour à leur joie par des accents d'allégresse..... Tout-à-coup gémit la trompette lugubre. Le deuil envahit la salle du festin, le glas des morts succède aux voix joyeuses des harpes. Le masque tragique couvre le rire aimable de l'hyménée. Maladroit, malencontreux musicien, qui viens jeter ta funèbre complainte au milieu de la fête royale ! A-t-on jamais rêvé rien de si monstrueux ? Nous rions à la vue de ces peintures où le buste d'un homme est continué par la croupe d'un âne. Considère les monuments que le génie de nos pères nous a laissés sur ce divin livre ; tous, comme tu le verras, se sont bien gardés d'associer, en pareille circonstance, la tristesse avec la joie. Comment Retius d'Autun fait-il débuter sa muse d'or ?

« Le sujet est noble : il faut observer les convenances qu'il impose. Que les flûtes joyeuses animent la danse autour de l'Époux et de l'Épouse. Nulle pensée de mort ne doit attrister l'esprit dans un moment où la gaîté des convives n'appelle que des chants d'hyménée. Mais pour remplir avec délicatesse toutes les exigences de la matière, mon esprit sans doute ne saurait suffire : j'ai besoin d'appeler à mon aide la grâce de celui qui dit dans son Évangile : « Vous ne pouvez rien faire sans moi. » Et certes, le verbe dont j'ai besoin ne me manquera pas, puisque je crois au Verbe qui est avec Dieu dès le commencement. »

O parole digne d'un docteur catholique ! ô fidèle confesseur de la grâce! Il nous montre bien la rectitude de son jugement, cet homme sage qui sépare avec tant de soin les signes de l'affliction et ceux de la joie. Mais toi, tu brises le cadre que les Pères avaient respecté; sous tes mains malheureuses le Cantique avorte en élégie, l'épithalame en hurlements funèbres, la courtine nuptiale dégénère en linceul. Si tu ignorais la doctrine ecclésiastique à ce sujet, tu pouvais consulter les règles de la sagesse païenne. Quand Zeuxis, le grand peintre, voulut représenter Hélène, il ne lui fit point des bras de singe, ni un ventre de chimère, ni une queue de poisson ; mais il choisit pour la peindre les plus heureuses proportions du corps humain, et le tableau qu'il offrit aux regards des Crotoniates réalisait l'idéal des formes les plus harmonieuses. Affranchie de méthode, toute peinture serait inconvenante et ridicule. Écoute les premiers vers de l'Art poétique :

> « A une tête humaine si un peintre s'avisait de joindre un col de cheval, en y ajoutant les plumes de divers oiseaux, et de produire un burlesque assemblage dans lequel on verrait un corps surmonté d'une belle tête de femme se terminer honteusement par une horrible queue de poisson : à ce spectacle, amis, pourriez-vous jamais vous empêcher de rire? »

L'art te permet de commencer tel ouvrage que tu voudras, mais non pas de finir comme il te plaira ce que tu auras une fois commencé. C'est ce qui fait dire plus bas au même auteur :

> « Les peintres comme les poètes ont toujours eu le privilége de pouvoir tout oser ; mais cette liberté qu'on leur accorde a pourtant ses bornes : il ne faut pas qu'ils accouplent les animaux doux avec les animaux féroces, qu'ils fassent naître le serpent de l'oiseau, ni l'agneau du tigre. »

Les vaines idées de ton ouvrage sont comme les rêves d'un malade,

« De sorte que ni les pieds ni la tête ne conviennent à un même corps...... Par-ci, par-là, sont cousus quelques lambeaux de pourpre dont la vive couleur doit jeter un peu d'éclat sur l'ensemble. »

Et pour fermer la bouche à tes partisans, il est bon de te dire que

« Nous savons faire la différence d'une expression fine et d'un mot grossier. Notre oreille et nos doigts sont exercés à reconnaître la juste mesure d'un vers. »

Il est inutile de continuer. Tout l'Art poétique conjuré se range en bataille pour te faire la guerre. D'honneur, les couches de ton génie sont prématurées ; tu devrais, Horace te le dit encore à l'oreille, prolonger jusqu'à la neuvième année le temps de sa gestation. Au moins tu pourrais rendre à l'enclume tes œuvres mal forgées, et te préserver des fâcheuses influences de la lune. Que les douleurs, s'il est possible, ne te prennent pas si vite, et souviens-toi qu'il est écrit :

« Un mot lâché ne revient plus. »

Nous louons en vous, révérend père, la veine abondante du génie, mais nous blâmons l'ignorance de l'art. De là vient que les Anciens ont dit que le génie est mutilé s'il n'emprunte le secours de l'art. On reconnaît à Lucilius de la verve et du sel ; toutefois la critique déchire à belles dents son rhythme dur et inculte :

« Ennius compose des vers lourds et sans grâce. C'est un génie vigoureux, mais l'art lui manque. »

Voici un échantillon de sa poésie :

« *Omnes mortales sese laudari exoptant.* »
« Tous les mortels désirent la louange. »

Mais puisqu'il est clair, même pour des aveugles, que tu as eu tort de mêler tes doléances aux chants d'hymen, écoutons un peu les mugissements tragiques. Entre autres choses, si je ne me trompe, la muse larmoyante de notre orateur fait ainsi l'inventaire de ses chagrins :

« Il n'est plus, le frère que j'aimais ! il s'en est allé de la vie ! Que dis-je ? il a laissé la mort pour la vie véritable. Il n'est plus, mon frère bien-aimé, ce modèle de continence, ce miroir de pureté, cet anneau de religion ! Désormais qui m'animerait encore au travail ? qui adoucirait maintenant ma douleur ? » — Et un peu plus loin : « Le bœuf regrette le bœuf ; il sent qu'il est seul, et par de plaintifs mugissements il témoigne sa tendre affection. Le bœuf regrette le bœuf, son compagnon accoutumé de labour. »

Ce que dit Bernard a bonne façon et bruit agréablement ; mais il pourchasse les récompenses de la renommée avec des sueurs qui ne sont pas les siennes. Ces paroles appartiennent dans toutes leurs syllabes à Ambroise : elles sont tirées de l'élégie qu'il a composée sur la mort de son ami Satyrus, en style coquet, délicat, trois fois poli. Funeste emprunt pour Bernard ! L'explosion de sa douleur est trop passionnée, trop poignante, trop vive : le lecteur est de suite convaincu qu'il verse, non pas de vraies larmes, qui viennent du cœur, mais des mots qui expriment une douleur véritable. Il y a cependant des faibles d'esprit qui se laissent circonvenir aux enlacements de sa langue charmeresse, des gens amoureux du corps des paroles, mais indifférents pour l'âme du discours, la pensée : et ceux-là disent que la voix de ses lamentations porte une telle empreinte de grandeur, que toute l'éloquence moderne amène pavillon devant lui.

O mauvais juges de l'éloquence, que le vent de la voix balaie comme la poussière de la surface du sol ! Y a-t-il une pensée dans tout ce fatras ? Des boursouflures, du papillotage, rien de nerveux, rien de vrai. Il se noie dans le flot de sa parole, et « la mort » tourne perpétuellement dans le cercle d'un ridicule syllogisme. Aussi le poëte a-t-il dit :

« On se moque d'un musicien qui fait toujours vibrer la même corde. »

Les mots étouffent sous leurs gazons luxuriants tous les germes de la pensée. Peut-être aussi, en multipliant ses redites, voulait-il singer Ulysse; car, dit la fable en parlant d'Ulysse,

« Il aimait à se répéter. »

Mais les morts ne se relèvent point au son de pareils instruments; les morts ne sont point ranimés par les prestiges de l'éloquence. Quelqu'un a dit, et avec sagesse:

« Au lieu des psaumes gémissants, pourquoi ce vain étalage de vers pompeux? Trois *Miserere* lui seraient plus utiles. »

S'il ne voulait point bercer sa douleur au branle des harmonieux discours, ni verser sur elle le baume de poésie, pourquoi du moins ne la mettait-il pas à l'aise dans un livre séparé? D'autres l'avaient fait avant lui, dont l'exemple était beau à suivre. Socrate déplore le trépas de son Alcibiade avec une abondance pleine de vigueur philosophique. Platon, qui avait composé pour Alexis des chansonnettes amoureuses, illustre par un éloge mémorable la tombe de son jeune favori. Nommerai-je Pythagore, Démétrius, Carnéade, Posidonius, et tant d'autres dont la Grèce est justement fière, qui tous, selon le témoignage de Jérôme, en divers siècles et par divers écrits, se sont efforcés d'adoucir les chagrins de diverses personnes? Nous ne pouvons oublier non plus le mot toujours admiré d'Anaxagoras, au moment où il apprit la mort de son fils; dévorant ses larmes : Je savais, dit-il, que j'avais engendré un mortel. Et si nous voulons abandonner les étrangers pour ceux qui nous appartiennent, Cicéron, le père de l'éloquence romaine, composa un livre de consolation sur la mort de sa fille, et y sema les exemples sublimes des grands hommes comme autant de lumières sidérales. Jérôme cherche un remède à la douleur qu'il avait ressentie de la mort de Népotien, dans les accents de la consolation la plus persuasive. Ambroise, dont j'ai déjà parlé, consacre deux volumes à déplorer la mort de son cher Satyrus en style plein de charme. Ces esprits d'élite t'avaient tracé la règle à laquelle tu devais conformer l'expression de ton deuil, si tu avais voulu te souvenir du proverbe :

« Taille ta barbe à la manière de ton voisin. »

Mais nous avons déjà trop accordé d'attention à tes idées noires ; jetons un coup d'œil sur ce fameux chapitre du même ouvrage où tu nous contes que les âmes tirent leur origine du ciel.

Voici ce que tu as dit : « L'Apôtre a raison : notre berceau est dans les cieux. »

Analytiquement dégustées par le palais d'un esprit chrétien, ces paroles ont une saveur d'hérésie. En effet, si tu places dans les cieux l'origine de l'âme, parce qu'elle doit être heureuse un jour dans les cieux, par la même raison, c'est aussi dans les cieux que tu placeras l'origine du corps, parce qu'il doit être heureux un jour dans les cieux. Mais les termes dont tu te sers ne se prêtent point à cette interprétation. Ou, si tu assignes à l'âme une origine céleste, comme ayant commencé, c'est-à-dire comme ayant été créée dans le ciel, — et tel est le sens qui résulte de tes paroles, — tu tombes dans l'erreur d'Origène, qui, dans son livre « des Principes, » suivant le dogme de Pythagore et de Platon, dit qu'il est dans le ciel un endroit où naissent les âmes.

Puisque nous en sommes à parler de l'âme, il n'est peut-être pas hors de propos de rappeler combien de divers systèmes se sont élevés sur l'origine des âmes.

Les philosophes, et à leur tête Platon et Pythagore, dont tu acceptes les idées en grande partie, disent qu'au commencement des temps les âmes étaient faites et enfermées dans les trésors de Dieu ; que de là, pour expier des crimes commis dans une vie antérieure, elles sont tombées dans cette prison du corps, mais qu'elles doivent un jour, si elles le gouvernent bien, remonter à leur premier état de gloire, par la vertu de leurs mérites.

Les hérétiques prétendirent que l'âme est une partie de la substance divine, mettant cette fable sous la protection du texte de la Genèse : « Et Dieu souffla sur la face d'Adam un esprit ou souffle de vie. » Saint Augustin les pulvérise en quelques mots : « L'esprit qui anime l'homme est appelé souffle. Il a été fait par Dieu, non pas de Dieu ; car le souffle de l'homme n'est pas une partie de l'homme, et l'homme ne le fait pas de lui-même, mais de l'air qu'il reçoit en respirant et qu'il rend ensuite. »

D'autres, enveloppés dans les ténèbres de la plus crasse ignorance, poussaient la folie jusqu'à dire que les âmes naissent par voie de provignement. Les réfuter, c'est en quelque sorte donner de la consistance à leurs inepties. Ces trois opinions ont occupé le monde. Mais, avec son tranchant, le glaive de la vérité et de l'orthodoxie a vengé la raison de ces billevesées ; et c'est un article de foi chez les saints Pères, que chaque jour les corps nouvellement créés reçoivent des âmes nouvellement créées, selon cette parole de l'Évangile : « L'œuvre de mon Père est incessante, et la mienne aussi. » Il est donc évident, Bernard, que tu perds le sillage de la doctrine du salut, que tu es en dérive, et, que tu échoues contre les récifs des philosophes. O misère ! Tu veux rehausser la noblesse de l'âme, et ton éloquence, dans son chemin de fleurs, s'amuse à la doter d'une origine astrale. Quel cadeau ! — Si pareille absurdité s'était rencontrée dans les écrits d'Abailard, tu n'aurais pas manqué de l'ajouter au nombre de ces monstrueux chefs d'hérésie que tu as enfantés.

Examinons maintenant les autres productions de ton génie.

Un Romain se rengorge, et du haut de son goître te demande ce qu'il faut aimer, et dans quelle mesure il faut l'aimer. Tu lui réponds : « Autrefois, Aimeric, vous me demandiez des prières, vous ne m'adressiez pas de questions. » Et quelques lignes après : « Vous demandez ce qu'il faut aimer ; je vous réponds en un mot : Dieu. »

Un Romain, un grossier chameau, tout bossu d'arguments gaulois, saute par-dessus les Alpes pour s'enquérir de ce qu'il faut aimer, comme s'il n'avait auprès de lui personne qui puisse enseigner son ignorance. Notre philosophe lui recommande d'aimer, non pas la vertu, comme Chrysippe ; ni le plaisir, comme Aristippe ; mais Dieu, comme un chrétien. Ingénieuse réponse, n'est-ce pas, et bien digne d'un savant homme ! Mais la plus misérable femmelette, le dernier des idiots sait cela. Les vieilles filandières font de cette philosophie transcendante en tissant leurs chausses. Et c'est ainsi que Dagan nous amuse de ses truïsmes du haut de son tréteau. Je citerai pour exemple quelques-unes de ces malices :

« Je suis, dit-il, fils de ma mère. »

« On fait le pain avec de la pâte. »

« Ma tête est plus grosse que mon poing. »

« Quand il est midi, c'est le jour. »

Qui pourrait garder son sérieux à l'énonciation de ces vérités ridicules ? Concurremment, quand Bernard a dit qu'il fallait aimer Dieu, il a articulé une chose très-vraie, une vérité digne de tout notre respect ; mais en ouvrant sa bouche pour dire une telle chose, il a ouvert la bouche pour rien ; car personne ne doute de cela. Le Romain espérait entendre quelque chose d'extraordinaire, une révélation..., et notre archimandrite accouche d'une réponse que le premier rustaud pouvait faire comme lui. Toutefois, en déclarant que c'est Dieu qu'il faut aimer, il pousse sourdement la botte au Romain, qui, près du pape et du sacré collége, n'avait pas appris l'amour de Dieu, mais de l'or.

Vient ensuite la mesure de cet amour : « La mesure d'aimer Dieu, dit-il, c'est de l'aimer sans mesure. »

Tout-à-l'heure tu faisais sucer à Aimeric le lait de l'enfance en lui découvrant qu'il faut aimer Dieu. Mais le voici transporté subitement dans une sphère plus élevée, quand tu lui dis que « la mesure d'aimer Dieu, c'est de l'aimer sans mesure ». Un homme qui avait demandé ce qu'il faut aimer, chose sur laquelle le plus chétif chrétien ne peut hésiter un moment, comment cet homme pourra t-il comprendre une telle subtilité, que la mesure d'aimer Dieu, c'est de l'aimer sans mesure ? Il semble que tu promets une chose impossible. Comme il est de fait immuable et constant que la majesté divine est telle, que tout notre amour ne saurait jamais répondre dignement à sa grandeur, comment aimerons-nous sans mesure celui que nous ne pouvons pas seulement aimer dans la mesure suffisante ? Comment, dis-je, notre amour dépassera-t-il la mesure, quand il est condamné à rester éternellement en deçà de la mesure ? Ou, si tu entends par « aimer sans mesure », aimer sans pouvoir jamais atteindre la mesure convenable, c'est une rêverie absurde et ridicule. Ainsi, pendant que ta rhétorique s'évertue, le questionneur marche à tâtons dans les ténèbres : en deux mots tu lui fais présent d'une pauvreté et d'une impossibilité, quand tu lui enseignes qu'il faut aimer Dieu sans mesure.

« Combien j'aime mieux celui qui parle d'une manière naturelle, »

c'est-à-dire Jésus-Christ, qui, par son Évangile, nous enseigne comment il faut aimer Dieu : « Vous aimerez, dit-il, le Seigneur votre Dieu de tout votre cœur, de tout votre esprit et de toutes vos forces. » Ici nul fard d'éloquence, mais seulement la vérité pure, produite dans son expression simple et parfaite. Que le Romain prête ici l'oreille; que ce chameau dépose sa bosse d'orgueil; car Jésus n'ordonne ici rien d'impossible. Jésus, dis-je, n'a pas enveloppé la lumière de la pensée dans l'obscurité de la formule, comme Bernard, qui s'ingénie à gâter la majesté d'un sujet digne de toute notre vénération par le voile inconvenant de ses paroles. L'homme sage, dit Horace,

« Ne cherche point à produire de la fumée avec la flamme, mais à faire jaillir la flamme du sein de la fumée. »

Bernard observe mal ce précepte. Ce que Jésus a dit de la façon la plus claire et la plus transparente, lui le dérobe à notre intelligence par les nuages de son discours. Les jeux de mots de ce genre ne sont pas rares dans tes écrits, Bernard; ils en contiennent une assez bonne et confortable dose. Tout homme à qui la science a donné des yeux pourrait leur faire le procès, et je pourrais bien, moi, en dresser la liste. Mais la kyrielle, en vérité, serait trop longue : le lecteur le plus dévoué n'y tiendrait pas.

Chaque fois que tu ouvres la bouche, il en tombe des poutres : pourquoi veux-tu donc à toute force changer en poutres les pailles d'Abailard? Ce n'est pas l'affaire d'un homme miséricordieux d'augmenter la faute, mais de l'atténuer. Aussi le Psalmiste, lorsqu'il s'écrie : « Je chanterai, Seigneur, votre miséricorde et votre justice », place avec raison la miséricorde avant la justice, comme s'il disait : Grand Dieu ! je sais que tu es miséricordieux et juste ; mais dans l'un est mon salut, dans l'autre ma damnation ; c'est donc ta miséricorde que je veux chanter la première. Il est écrit dans le prophète Isaïe : « Ils convertiront les épées en socs de charrue. » En effet, les épées doivent être converties en socs, et non les socs en épées ; car les méchants doivent être attirés au bienfait de la tranquillité par la douceur de la correction, et les bons ne doivent pas être poussés à la discorde par l'âpreté de l'attaque.

Adouci par de semblables exemples, tu aurais dû, si Abailard était blessé par les chutes de l'erreur, le placer sur ton cheval, et le ramener ainsi au bercail de la foi universelle. Plusieurs catholiques ont dit des choses répréhensibles, et cependant n'ont pas été pour cela notés d'hérésie. Hilaire, ce fléau de l'erreur, cet athlète de l'Église, a émis deux opinions que la réserve de l'Église n'admet pas. Premièrement, il affirme que le Christ n'a ressenti aucune douleur dans sa passion. A l'encontre de cette opinion, Claudien, prêtre de Lyon, homme très-chrétien, aussi subtil raisonneur qu'élégant écrivain, s'exprime en ces termes : « Si le Christ n'a ressenti aucune douleur dans sa passion, il n'y a point eu réellement de passion ; et s'il n'y a point eu réellement de passion [1]. . . . . » Secondement, il dit que rien de ce qui est incorporel n'a été créé. « Ainsi donc, reprend Claudien, l'âme, puisqu'elle est incorporelle, n'a pas été créée. Et si elle n'a pas été créée, elle n'est pas une créature de Dieu. Malgré cela, dit le même

---

[1] Il y a ici une lacune dans le texte.

Claudien, la science du docteur en défaut n'a pas fait condamner dans Hilaire les mérites du confesseur de la foi, et l'Église, indulgente pour un de ses enfants de bonne volonté, lui a pardonné l'écart imprudent de sa discussion.»
— Sans doute si Abailard eût parlé comme Hilaire, ton rigorisme fanatique l'aurait jugé digne d'être lapidé.

Saint Jérôme dans son livre contre Jovinien parle aussi du mariage. Principalement dans ce passage où il cite l'opinion de l'Apôtre formulée en ces termes : « C'est un bien de ne pas toucher une femme; » Jérôme ajoute : « Si c'est un bien de ne pas toucher une femme, c'est donc un mal de la toucher : car nulle chose n'est contraire au bien, si ce n'est le mal. » Quiconque se flatte de savoir discuter une question, sentira la frivolité de cet argument. Car, semblablement, c'est un bien de ne pas manger de viande et de ne pas boire de vin; mais il ne s'ensuit pas rigoureusement que ce soit un mal de manger de la viande et de boire du vin. Et ceux qui en ont absolument condamné l'usage ont été mis au nombre des hérétiques. Mais accordons un moment que ce soit un mal, selon saint Jérôme, de toucher une femme. Les conséquences logiques de cette proposition en démontrent l'absurdité. En effet, si c'est un mal de toucher une femme, c'est nécessairement un mal de cohabiter avec elle : car il ne peut se faire que la cohabitation soit chose bonne, si le simple contact est chose mauvaise. Et si c'est un mal de cohabiter avec une femme, quiconque cohabite avec une femme fait un mal. Donc les maris légitimes sont coupables en faisant usage de la cohabitation conjugale; car ils touchent aussi leur femme en cohabitant avec elle. En conséquence, pour ne point pécher, les maris devront se séparer absolument de leurs épouses; ou, si la cohabitation est indispensable, qu'ils s'arrangent du moins de manière à cohabiter avec leur femme sans la toucher. Mais c'est une chose impossible. La conséquence nécessaire est donc la perte du bien conjugal, dans lequel la prévoyance divine a préparé un soulagement aux humaines faiblesses. Car, si le mariage n'excuse point la cohabitation, tous les maris n'ont plus qu'à fuir dans le désert, et à faire pénitence, pour avoir cohabité avec leurs femmes.

Dans un autre endroit du même livre, Jérôme parle du mariage d'une manière beaucoup plus intraitable, à propos de ce passage de saint Paul : « Il vaut mieux se marier que brûler. » Mais si le mariage est un bien, pourquoi le comparer à un mal? Car personne ne peut raisonnablement comparer un mal à un bien. Brûler est certainement un mal, et c'est en comparaison de ce mal que se marier est un bien. Or, ce qui n'est un bien que relativement à un mal, n'est point essentiellement un bien. De ces paroles de Jérôme, nous pouvons évidemment conclure que le mariage n'est pas absolument une bonne chose. Adieu donc le bien conjugal. Car le bien conjugal, selon Jérôme, ne serait pas un bien, si ce n'est parce que brûler est encore un mal plus grand. Plusieurs fidèles, et de ce nombre Pamachius le sénateur, furent scandalisés par une doctrine si austère et si farouche, et attestèrent l'impression douloureuse qu'ils en avaient reçue, en écrivant dans ce sens à Jérôme lui-même.—Si Abailard avait aussi cruellement déclamé contre le mariage, sans doute Bernard aurait armé pour sa mort l'innombrable bataillon des maris.

Augustin, ennemi de ses propres erreurs, compose exprès pour les redresser le livre des Rétractations. Lactance, qui, d'après le témoignage d'Augustin lui-même, est sorti d'Égypte avec sa charge d'or, quoiqu'il foudroie les Gentils en défendant le Christ, rêve ensuite des propositions qui ne s'accordent point avec les dogmes et le canon de l'Église. Il serait trop long de passer ici en revue le recueil de tous les anciens traités qui n'ont pas été si bien épurés au creuset de l'orthodoxie, qu'on ne puisse y découvrir plusieurs choses dignes de la verge de correction. L'apôtre Jacques dit avec vérité : « Nous faisons tous beaucoup de fautes ; et si quelqu'un ne fait point de faute en parlant, c'est un homme parfait. »

Si Abailard avait fait une faute en parlant, de la part de son juge il devait sentir les douces mains de la miséricorde plutôt que les tenailles brûlantes de la colère. Il était juste de te rappeler ce que le prophète Habacuc dit au Seigneur : « Au jour de la colère, souvenez-vous, Seigneur, de la miséricorde. » Vois quel immense abîme entre la colère de Dieu et la colère de l'homme. Quand l'homme se met en colère, le souvenir de la clémence s'exile de son cœur. Mais quand Dieu se met en colère, il se souvient de la miséricorde, à cause de la grandeur de la bonté qui lui est propre. Le souvenir de sa miséricorde ne va jamais sans un certain oubli de nos fautes, parce qu'il n'entre point de trouble dans sa colère.

Il est le Dieu souverain, qui règle les grandes choses sans négliger le soin des plus petites. Voilà le divin modèle que tu devais te proposer, la trace que tu devais suivre avec un noble enthousiasme, afin que le charbon enlevé de l'autel par les mains de l'ange te servît à purifier le vice des lèvres d'Abailard. Tu n'avais pas le droit non plus d'oublier que tu es un homme, que la pente glissante du péché pourrait entraîner dans les profondeurs du châtiment, et que le grand médecin pourrait relever par sa grâce jusqu'au pardon.

La moitié de la carrière est parcourue : la longueur de ce traité m'invite au silence, et ma voix fatiguée a besoin de repos. Pour faire trêve à l'ennui du lecteur, nous terminerons ici cette première partie : dans la seconde, nous aborderons avec un esprit plus dispos la discussion que nous avons promise.

CETTE SECONDE PARTIE N'EXISTE PAS, ET BÉRENGER RENONÇA A L'ÉCRIRE, COMME ON LE VERRA DANS LA LETTRE SUIVANTE.

LETTRE DE BERENGER
ÉVÊQUE DE POITIERS,

A L'ÉVÊQUE DE MENDE.

En ce lieu barbare, mon corps est sain et sauf au milieu des brigands ; mais chez vous, dans un lieu de religion, mon esprit est en danger. Ainsi, à la face du monde entier, je vous présente le bâton de ma défense, afin que la dent des saints n'ose point mordre celui qui peut vivre encore sous l'éclair menaçant des poignards. Soyez donc l'Ulysse de ma cause, afin que Circé, quoique fille du Soleil, n'ose point, par ses imprécations magiques, métamorphoser mon droit ; afin que l'astre de ma conscience ne puisse être obscurci par l'envie. Certes, je me croirais moins à plaindre si le gosier des loups s'abreuvait de mon sang, que de me voir déchiré en lambeaux par la dent des brebis. Corrigez donc, excellent pasteur, corrigez ces brebis qui sont les vôtres. Qu'elles ne bêlent plus contre moi : je ne suis pas le loup ravisseur, mais le chien qui veille au troupeau. Fort de votre bienveillance, je lancerai enfin ma parole, toutes voiles dehors, et au milieu de ces Scyllas aboyantes, la main ferme de la raison dirigera mon gouvernail.

Quelques religieux jettent sur mes épaules un fardeau de damnation : sur ma tête innocente j'aperçois (périlleux honneur!) l'effrayant diadème de l'enfer. Ils disent, ces chers frères, que ma langue est un mal inquiet, et que l'envie seule a vomi mon livre contre l'abbé de Clairvaux. Car, ils l'attestent, c'est un homme d'une sainteté si grande, que, déjà voisin du ciel, il plane au-dessus des opinions humaines. Faiseurs d'apothéoses, vous êtes du saint bercail, et je vois bien vos blanches toisons : vous ne voulez pas être des serpents, mais des colombes ; toutefois votre langue est infectée de folie. L'abbé n'est-il pas homme? N'est-il pas avec nous naviguant dans cette vaste mer, et forçant de bras comme nous, au milieu de reptiles sans nombre? Son navire vogue mieux, sa marche est plus prospère, mais les flots peuvent s'irriter. L'Auster n'a point juré de respecter sa mâture; Borée ne lui a pas fait sa soumission ; l'Eurus et le Notus n'ont point abdiqué leurs menaces, et peuvent lui réserver d'autres assauts; enfin, il n'a point arraché à Éole, roi des vents, une trève d'hostilités. Quel vin peut séjourner dans la poix sans changer de saveur? Aussi l'apôtre saint Paul désirait-il que son vin fût séparé de son vase de poix, et versé dans le vase de gloire, lorsqu'il disait : « Malheureux homme que je suis! qui me délivrera de ce corps de mort? » N'est-ce pas comme s'il disait : Je suis le vin de Dieu, et je suis dans la poix ; mais si je reste encore en compagnie avec elle, je crains de rapporter l'odeur de la poix à celui qui m'y a renfermé. L'abbé peut donc et monter en haut comme la flamme, et tomber en bas comme le limon. Il n'a pas encore sa demeure fixe au firmament, ce n'est pas encore un soleil! Va pour une lune, si vous voulez. Que personne au moins n'aille penser que c'est pour lui faire injure que j'ai pris la plume. A mon avis, il est le saint Martin de notre époque. Je parle à vos cœurs candides dans la simplicité de mon âme, et sans arrière-pensée. Je pense de l'abbé que c'est une lampe qui brûle et qui brille; mais cependant elle est dans son vase de terre. Est-ce faire outrage à l'or, quand on lui donne des louanges, d'en dédaigner la scorie? Vous louez l'abbé, je le loue davantage.— Pourquoi donc écrire si amèrement contre un homme dont tu as si bonne opinion?—Ouvrez, ouvrez vos oreilles, afin qu'elles boivent la raison.

Il avait condamné Abailard, mon précepteur, la trompette de la foi, le champion de la loi divine, un homme qui marchait d'un pied royal dans les sentiers évangéliques. Il avait, dis-je, condamné Abailard sans l'entendre : il avait étouffé sa voix. J'étais à cette époque un jeune homme; mes joues impubères ne s'ombrageaient encore que d'un léger duvet, et le désir de figurer dans les tournois scholastiques m'échauffait vivement la cervelle. Un combat véritable était une bonne fortune : je me mis en tête de justifier Abailard et de confondre l'audace de l'abbé. —Mais, disent mes adversaires, tu ne devais pas te mesurer avec un si grand théologien ; tu es la bête condamnée à la plaine, et qui ne doit pas toucher à la montagne.— Tout beau, frères! c'est à un homme que vous parlez; faut-il que je vous le rappelle ? Où l'abbé adresse-t-il des prétentions? A la science? moi aussi. A la théologie? moi aussi. A la foi? moi aussi. A la sainteté? ici je me retire. Est-ce donc un crime que le fidèle se prenne au fidèle, le petit au grand, le laïque au religieux, pour le réfuter? J'ai mordu, je l'avoue; mais ce n'est point le béat contemplatif, c'est le philosophe; ce n'est point le confesseur, mais l'écrivain : j'ai attaqué, non pas l'intention, mais la langue; non pas le cœur, mais la plume; non les méditations de l'homme, mais son rêve. Que les gens instruits lisent l'Apologétique qui est mon œuvre, et si j'ai parlé à tort contre le seigneur abbé, qu'on me réfute hardiment. Parcourez, de l'Orient à l'Occident, toute la série des monuments de l'esprit humain, et vous verrez que dans le champ de la philosophie, toujours ce fut chose permise de se reprendre mutuellement toutes les fois que l'occasion est juste. Colotès, ce babillard éternel, reproche durement à Platon, le prince de la philosophie, d'avoir mêlé aux questions divines des fables ridicules. Et certes, Colotès, comparé à Platon, est comme un rat devant un éléphant. Lucilius fait à Ennius un mauvais parti, Horace à Lucilius. J'abandonne ces fumées païennes; je veux orner mon parchemin des lumières de l'Église. Augustin et Jérôme, l'un prêtre, l'autre évêque, mettent en jeu bec et ongles l'un contre l'autre. Fulgence note d'hérésie un roi d'Afrique, et brave la puissance royale par amour pour la vérité. Julien entame Augustin jusqu'au vif : « Nulle herbe à foulon, lui dit-il audacieusement, ne te nettoiera de la tache d'hérésie. » Ambroise seul échappe à la suspicion et au dénigrement; Pélage, bien qu'hérétique, lui a décerné une glorieuse couronne, en disant : « Ambroise est comme la fleur brillante des écrivains latins. » Son interprétation des livres saints est si pure, qu'un ennemi même n'ose point l'attaquer.—Si donc l'abbé a décrit longuement des choses qu'il aurait fallu taire, la vérité peut-elle être coupable dans ma bouche d'avoir désigné ce qu'il devait retrancher? Non, car la justice ne doit point trembler en face du glaive, ni la vérité revêtir la chlamyde de l'adulation devant la puissance. Aussi Sénèque parlant à César : « César, dit-il, ceux qui osent parler contre toi ignorent ta grandeur; ceux qui ne l'osent pas oublient que tu es homme. » Socrate, que l'oracle d'Apollon déclare le plus sage des hommes, était sans doute une autorité capitale ; et cependant Aristote osa noblement dire : « J'aime Socrate, mais j'aime encore mieux la vérité. »

Mais, après ton premier volume, disent-ils, pourquoi ne pas faire le second? tu l'avais promis.—Voici : le temps a marché, ma sagesse a grandi. Je n'ai pas voulu me faire l'avocat des chefs intentés contre Abailard, car si la doctrine en est bonne, elle est aussi mal sonnante.—Eh bien ! disent-ils, puisque ta main s'est engourdie au second volume, pourquoi n'as-tu pas détruit le premier?—Je l'aurais fait; mais n'était-ce pas un retour inutile? Tant d'exemplaires devaient survivre, qui ont déjà couru dans toute la France et l'Italie!—Si tu ne peux immoler cette Apologie, qu'elle vive donc ; mais au moins condamne-la. Imprime sur son front le signe des coupables, pour que tous ceux qui la liront sachent que tu as péché par inexpérience de jeunesse, et non par malice de cœur.—Je la condamnerai; c'est-à-dire, entendons-nous bien, si j'ai articulé quelque chose contre la personne de l'homme de Dieu, c'est une plaisanterie, ce n'est pas sérieux. J'accorde cela, rien de plus.

Nous ne réfutons point tes raisonnements, disent-ils, tu débarrasses ton âne assez adroitement. Mais les chartreux, la race choisie, le peuple d'acquisition, pourquoi les as-tu tourmentés? Pourquoi as-tu répandu sur eux l'amertume de tes invectives? Pourquoi les as-tu arrachés de leurs cellules?—Ici, écoutez tranquillement ma justification. Le prophète blâme avec sévérité ceux qui font provision de marchandises et qui les serrent dans un sac usé. Les saints anachorètes chartreux faisaient provision de marchandises de justice, mais ils avaient un sac usé. J'ai apporté tous mes soins à fermer les trous du sac, pour que le pur froment de la religion ne se perdît point par ses nombreuses fissures. J'ai voulu retrancher en eux l'immodérée licence de cette langue qui leur servait à mesurer, comme des géomètres, l'univers entier. Pourquoi ma pieuse intention est-elle accusée de cruauté? Pourquoi l'économe attentif est-il appelé dissipateur?—Ici, disent-ils, tu es solidement appuyé sur la colonne de la raison. Mais ce moine de Marseille, pourquoi l'as-tu blessé jusqu'à l'âme?—Parce qu'il blessait l'anneau de l'épouse du Christ, et qu'il menaçait du naufrage la pureté de notre antique foi. N'insinuait-il pas qu'après Dieu il y avait encore un autre créateur? Il le déclare nettement dans une lettre à moi adressée.—Mais il est donc impossible de te prendre au dépourvu? tu fais face de tous côtés. Réponds : pourquoi as-tu lancé le venin de ta langue sur l'évêque?—Ayez pitié de moi, ayez pitié de moi, vous, au moins, mes amis, car mon humilité est grande et profonde. Quand vous ai-je blessés? Quand donc ai-je porté atteinte à votre majesté?

—Comment, disent-ils, n'est-ce pas là une grave atteinte, quand tu dis : « Chez les religieux, le Psaume est une marmite, et l'Alleluia un menu succulent? » Soyez indulgents, frères, je ne vous ai nullement blessés. J'ai parlé dans l'incertitude; j'ai causé vaguement : je n'ai spécialement flagellé personne. Comme Apollon, j'ai rendu un vain oracle qui ne frappe que l'air. Mais, comme je le vois, tout ce que je dirai portera ou ne portera pas. Pourquoi vous adjugez-vous un fardeau étranger? Mon javelot ne vous était pas destiné. Pourquoi en faites-vous une plaie à votre pureté? J'ai dit : « Chez les religieux le Psaume est une marmite, et l'Alleluia est un menu succulent. » Cela vous regardait-il? Ceux de Maguelonne sont aussi des religieux; et les chanoines de Saint-Rufe aussi sont des religieux. Apollon a lancé en l'air son javelot, et pour qu'il ne retombe pas en vain, vous vous offrez volontairement à la blessure. Qui jamais a-t-on vu ouvrir la bouche pour recevoir une flèche? Quant à moi, mes frères, mon arc était dirigé contre un autre but; mais vous avez saisi le fer au passage. J'ai nié toute mauvaise intention, je voulais retirer le trait de votre blessure; mais, dans le dévouement de votre charité, vous voulez à toute force ramener la plaie sur votre corps en santé. Croyez-moi, je n'étais pas rempli d'une manie furieuse, pour aller lancer contre vous la fille de mon carquois. Pardonnez donc à un homme qui n'a pas voulu vous nuire. Ils disent encore autre chose : Cela est-il bien à moi d'avoir loué des Cyclopes pour forger des foudres contre votre tête?—Qu'est-ce là, je vous prie?—Oui, tu as dit : «Votre évêque n'est pas l'évêque des Mendais, mais des mendiants. »—Je veux m'écrier avec le prophète Jérémie : « Malheur à toi, ma mère! Pourquoi m'as-tu mis au monde pour être l'homme de la querelle et de la douleur dans toute la terre? » Où donc, et à quelle époque, s'il vous plaît, me suis-je rendu coupable? A quelles saturnales, dans quel monde fantastique ai-je attaqué votre évêque? Car, en vérité, nulle part ailleurs je n'ai pu proférer contre lui de telles injures.—Ce n'est pas tout, disent-ils, et tu boiras encore de notre vinaigre.—Qu'est-ce?—Tu as dit de nous : « Le peuple est un troupeau qui vous appartient. »—Vous m'épouvantez, frères, par vos nouveautés, et contre vos maléfices je veux faire sur mon front le signe de la croix. Au nom du Père, et du Fils, et du Saint-Esprit. Qu'est-ce que vous dites là?

« Je veux fuir plus loin que les steppes de la Sarmatie, plus loin que la mer Glaciale; »

car assurément elle est vraie, cette prophétie :

« La fiction enverra la vérité en exil. »

Le mot que vous me reprochez est une de vos fictions,

frères; mais, pour mieux les accréditer dans le public, vous me faites l'inventeur de ces belles choses. Nierai-je avec serment? mais vous rirez comme si une montagne accouchait d'une souris. Avouerai-je? mais la vertu de la croix me serait bientôt connue par expérience. Qu'ai-je donc à faire? Je vous demande pardon, pourtant je suis innocent; et, si vous l'aimez mieux, j'implore mon pardon, et je suis coupable. Pour combler la mesure de votre satisfaction, je vous offre encore une palette de mon sang.

Grâce donc, mes frères, encore une fois grâce : et ne permettez pas que votre bouche se dégrade par l'incrimination de notre chétive personne; car ma langue milite pour votre louange, et partout je suis un pieux prédicateur de votre Église. Absent, je vous envoie par cette lettre l'expression de mon humilité; si Dieu me prête vie, je vous la renouvellerai de vive voix, et ma présence vous la confirmera.

A SON PÈRE ET A SON MAÎTRE
G….. ÉVÊQUE DE MENDE, PLEIN DE JOURS,
QUE SA JEUNESSE SE RENOUVELLE COMME CELLE DE L'AIGLE !
BÉRENGER.

LETTRE
DE PIERRE LE VÉNÉRABLE
AU PAPE INNOCENT II
EN FAVEUR DE PIERRE ABAILARD.

Au souverain Pontife, notre Père spécial, notre seigneur Pape Innocent,
son humble frère Pierre, abbé de Cluny,
obéissance et amour.

Pierre Abailard, le Maître, bien connu, je pense, à votre sagesse, revenait dernièrement de France, et passa par Cluny. Nous lui demandâmes le but de son voyage : il répondit que, persécuté par la haine de ses ennemis, et chargé du nom d'hérétique, dont il avait horreur, il en avait appelé à la majesté apostolique, et qu'il voulait se réfugier sous sa protection. Nous avons approuvé son dessein, et nous l'avons engagé à s'adresser au refuge toujours ouvert. Nous lui avons dit que la justice apostolique, qui n'a jamais manqué ni à l'étranger ni au pèlerin, ne lui manquerait pas non plus. Nous lui avons promis que la Miséricorde elle-même, s'il le fallait, viendrait au-devant de lui. Pendant son séjour au couvent, monseigneur l'abbé de Cîteaux arriva, et tous trois ensemble nous traitâmes de sa réconciliation avec monseigneur l'abbé de Clairvaux, du jugement duquel Abailard avait appelé. Nous donnâmes nos soins à opérer cette réconciliation ; nous l'exhortâmes à aller trouver Bernard, accompagné de l'abbé de Cîteaux. Nous avons ajouté à nos avertissements, que s'il avait écrit ou énoncé quelque chose qui pût choquer les oreilles catholiques, il cédât aux exhortations de l'abbé et à celles des autres personnes sages et fidèles, en écartant de son discours de pareilles sentences et en les rayant de ses livres. Et les choses se passèrent ainsi. Il alla, il revint, et nous apprit à son retour qu'il avait vu l'abbé de Clairvaux, et qu'avec la médiation de l'abbé de Cîteaux, ils avaient assoupi leurs anciennes querelles, et fait la paix. Nos conseils, et l'inspiration du ciel, plus puissante que nos conseils, le déterminèrent encore à renoncer aux agitations de l'école et de l'enseignement, et à faire choix de votre abbaye de Cluny pour son séjour perpétuel. Son grand âge, sa faiblesse, sa religion profonde, justifiant à nos yeux sa résolution, et l'étendue de sa science, que vous ne pouvez entièrement ignorer, nous paraissant devoir être très-profitable à la multitude de nos frères, nous nous rendîmes à sa volonté ; et, sauf le bon plaisir de votre Bienveillance, nous lui avons accordé, dans la pieuse pitié et dans la joie de notre âme, de rester avec nous, qui sommes vos serviteurs en toutes choses, comme vous le savez. Ainsi, très-saint Père, je vous supplie, moi le plus humble de vos serviteurs, votre serviteur cependant, tout le monastère de Cluny, qui vous est si entièrement dévoué, vous supplie, Abailard lui-même vous supplie, par lui-même, par nous, par les porteurs des présentes, vos fils, par cette lettre même qu'il m'a prié de vous écrire, qu'il vous plaise ordonner qu'il coule en paix dans votre abbaye de Cluny le reste des jours de sa vie et de sa vieillesse : ces jours peut-être ne sont pas nombreux. Puisque le passereau a trouvé une maison, puisque le ramier a trouvé un nid, que nulle violence au moins ne puisse désormais l'en arracher, ni troubler son repos ; il réclame de cette paternelle bonté dont vous étendez les effets à tous les cœurs purs, et de cet amour dont vous l'avez honoré lui-même, la grâce d'être protégé par vous, avec le bouclier de la défense apostolique.

LETTRE

D'HÉLOÏSE A ABAILARD

Quand saint Jérôme admirait dans sainte Marcelle l'ardeur dont elle était enflammée pour les divines Écritures, par quel magnifique éloge n'a-t-il point relevé cette passion pour de semblables études? Votre science le sait mieux que ma simplicité. Voici en quels termes il parle d'elle dans le livre premier de ses commentaires sur l'Épître de saint Paul aux Galates :

« Je sais que son ardeur, sa foi, la flamme qui brûle dans sa poitrine, sont au-dessus de son sexe; qu'elle oublie les hommes, et que les retentissements de la Jérusalem céleste arrivent seuls jusqu'à elle ; je sais enfin qu'elle traverse par un chemin miraculeux la mer Rouge du siècle. Certainement, lorsque j'étais à Rome, jamais elle ne mit plus d'empressement à me voir que lorsqu'elle voulait m'interroger sur quelque passage de l'Écriture. Elle n'était pas disposée, comme les Pythagoriciens, à une obéissance passive pour les paroles du maître. Sa haute raison,

son esprit méditatif, ne s'accommodaient point d'une foi aveugle dans l'infaillibilité de mes jugements ; elle contrôlait l'autorité par le raisonnement, elle examinait l'ensemble et les détails ; et je sentais que j'avais moins une élève qu'un juge. »

Elle avait fait dans cette étude de si grands progrès, que Jérôme la proposait pour modèle à toutes les femmes qui se sentaient animées du même désir de s'instruire dans la religion. Écrivant à la vierge Principia, entre autres conseils, il ajoute : « Vous avez, où vous êtes, pour l'étude des Écritures et la sanctification du corps et de l'âme, deux modèles accomplis : Marcelle et Asella ; l'une, par les prairies verdoyantes et les fleurs variées des saints livres, vous mènera vers celui qui dit dans le Cantique : « Je suis la fleur des champs et le lis des vallées » ; l'autre, elle-même fleur du Seigneur, mérite avec vous qu'on lui dise : « Comme un lis au milieu des épines, telle est, parmi les filles des hommes, celle qui repose à mes côtés. » Où tendent ces paroles, maître que tout le monde aime ici ? (Mais qui pourrait vous aimer comme moi !) Ce ne sont pas là de vains récits, mais des avertissements. Je veux vous faire souvenir de ce que vous devez à vos filles, afin que vous ne mettiez aucun retard à vous acquitter envers elles. Vous avez rassemblé dans votre Oratoire les servantes du Seigneur, vous en avez fait vos filles spirituelles, et vous les avez inféodées au service divin ; vous nous avez toujours exhortées à nous appliquer avec ardeur à la méditation des divines paroles du Sauveur, à nous pénétrer sans cesse des saintes lectures. Maintes fois vous nous avez recommandé l'étude approfondie des Écritures sacrées, et vous avez insisté sur cette recommandation, disant qu'elles étaient pour l'âme un miroir qui reflète facilement sa beauté ou sa laideur. Nulle épouse du Christ, disiez-vous, ne doit être privée de ce miroir, si elle veut plaire à celui auquel elle s'est dévouée. Vous ajoutiez encore, pour stimuler notre zèle, que le texte sacré lorsqu'il n'est pas compris, est comme un miroir devant les yeux d'un aveugle. Vos conseils n'ont été perdus ni pour mes sœurs, ni pour moi ; nous avons voulu vous obéir en cela comme en toutes choses, de toutes nos forces, et nous nous sommes livrées à cette étude avec cette religieuse ferveur pour les Écritures dont le saint docteur Jérôme dit en quelques endroits : « Aimez la science des Écritures, et vous n'aimerez point les vices de la chair. » Mais plusieurs passages nous embarrassent, et notre lecture en souffre : nous avons nécessairement moins d'amour pour des vérités qui nous échappent, quand nous sentons l'inutilité de nos efforts. Aussi vos disciples ont recours à leur professeur, vos filles à leur père : nous vous adressons quelques petites questions ; nous vous supplions et nous vous prions, nous vous prions et nous vous supplions de ne point dédaigner de nous les éclaircir, puisque c'est par vos conseils, et même par votre ordre que nous avons spécialement entrepris cette étude. Dans ces questions nous ne suivons nullement l'ordre de l'Écriture, mais nous les posons indistinctement au fur et à mesure qu'elles se présentent, et nous vous les envoyons pour les résoudre.

SUIVENT LES QUESTIONS D'HÉLOÏSE, AU NOMBRE DE QUARANTE-DEUX,
ET LES SOLUTIONS D'ABAILARD.

LETTRE
DE PIERRE LE VÉNÉRABLE
A HÉLOÏSE

———◦—◇—◦———

A sa respectable et très-chère sœur en Jésus-Christ, HÉLOÏSE, abbesse,
son humble frère PIERRE, abbé de Cluny ;
Le salut que Dieu a promis à ceux qui l'aiment.

La lettre de votre Charité, que vous m'avez dernièrement envoyée par mon fils Thibault, m'est parvenue : je l'ai reçue avec joie, et je dirai, en considération de la personne qui l'avait écrite, avec le transport d'une pieuse amitié. J'ai voulu vous répondre aussitôt pour vous dire ce que j'avais dans le cœur ; mais les soins importuns et les exigences de mon administration, auxquelles je suis, la plupart du temps, et même presque toujours, obligé de céder, m'en ont empêché. Cependant, le premier jour qu'il m'a été permis de respirer au milieu de ce tracas, j'ai essayé d'exécuter mon projet. Je voulais au moins reconnaître par mon empressement cette affection dont votre lettre était le gage, quand déjà les présents de votre hospitalité m'en avaient donné précédemment l'assurance. Je voulais vous montrer combien de place j'avais réservé dans mon cœur pour la tendresse que je vous porte en Jésus-Christ. En effet, ce n'est pas d'aujourd'hui que date mon affection ; elle remonte au contraire fort loin dans mes souvenirs. Je n'avais point franchi les bornes de l'adolescence, je n'entrais point dans les années de la jeunesse, quand votre nom me parvint. Il ne s'agissait pas encore de votre profession religieuse ; mais la renommée provoquait déjà l'admiration générale pour vos études, si honnêtes et si louables dans une jeune personne. J'entendais dire alors qu'une femme, retenue encore dans les liens du siècle, se consacrait avec un zèle infatigable à la science des lettres—chose bien rare !—et à l'étude de la sagesse, bien qu'elle n'eût pas renoncé au monde ; et que ni les plaisirs de ce monde, ni ses frivolités, ni ses délices, ne pouvaient la détourner du noble projet de s'instruire dans tous les arts. Et quand le monde donne le spectacle d'une déplorable apathie pour ces exercices, quand la sagesse ne sait plus où poser son pied, je ne dirai pas chez le sexe féminin, d'où elle paraît entièrement bannie, mais dans l'esprit même des hommes, vous, par l'éclat et la profondeur de vos études, vous vous êtes élevée au-dessus de toutes les femmes, et à peine trouverait-on quelques hommes que vous n'ayez point surpassés.

Plus tard, selon les paroles de l'Apôtre, quand il plut à celui qui vous avait mise à part, dès le sein de votre mère, de vous appeler à lui par sa grâce, vous avez donné à vos études une direction bien préférable. Femme vraiment philosophe, vous avez laissé la logique pour l'Évangile, la physique pour l'Apôtre, Platon pour le Christ, l'Académie pour le Cloître.—Heureuse et complète transformation !—

Vous avez enlevé les dépouilles des ennemis vaincus, et avec les trésors de l'Égypte, en traversant le désert de ce pèlerinage, vous avez élevé à Dieu dans votre cœur un précieux tabernacle. Pharaon une fois englouti, vous avez chanté avec Marie le cantique de louanges, et, comme elle autrefois, portant dans vos mains le tambour de votre heureuse mortification, savante musicienne, vous avez envoyé jusqu'aux oreilles même de la Divinité les harmonies d'un hymne nouveau. Vous avez foulé dès les premiers pas, et, avec la grâce du Tout-Puissant, vous écraserez tout-à-fait, dans votre marche persévérante, la tête du serpent, l'antique et l'éternel ennemi de la femme : il sera tellement broyé qu'il n'osera plus désormais élever contre vous ses sifflements. Vous faites et vous ferez un objet d'horreur de ce superbe prince du monde : et celui que la parole divine appelle le roi des fils de l'orgueil, selon les paroles de Dieu même au saint homme Job, vous le forcerez de gémir, enchaîné à vous-même et aux servantes du Seigneur qui habitent avec vous. Miracle vraiment unique, et qu'il faut élever au-dessus des œuvres les plus merveilleuses ! Celui dont le prophète a dit, que les cèdres ne portaient pas si haut leur tête dans le paradis de l'Éternel, et que la cime des pins rampait sous son feuillage, est vaincu par le sexe fragile ; le terrible archange succombe sous une faible femme ! Votre duel et votre victoire renvoient au Créateur une gloire éclatante, et plongent en même temps le séducteur dans une ignominie profonde. Votre combat lui rappelle, à sa honte, qu'il fut non-seulement insensé, mais encore démesurément ridicule, d'aspirer au sublime niveau de l'éternelle majesté, lui, lutteur impuissant, qui ne sait pas même triompher de la faiblesse de la femme. Le front de la victorieuse, pour une telle victoire, reçoit du Roi des cieux une couronne de pierreries : ainsi, plus elle était faible par la chair dans le combat qu'elle a livré, plus elle apparaîtra glorieuse dans sa récompense éternelle.

Ceci, ma très-chère sœur en Jésus-Christ, n'est point une flatterie, mais une exhortation à envisager toute la grandeur de la carrière dont vous avez déjà glorieusement parcouru une partie, et un encouragement à persister jusqu'au bout dans cette voie salutaire : afin que votre zèle veille plus que jamais d'un œil jaloux à la conservation de ce trésor que vous amassez dans le ciel, afin que vous animiez de la parole et de l'exemple, selon la grâce que Dieu vous a départie, les saintes qui servent avec vous le Seigneur, et qu'elles soutiennent la même lutte avec un courage qui ne se démente jamais. Vous êtes un de ces animaux de la vision du prophète Ézéchiel : vous ne devez pas seulement brûler comme un charbon, mais comme une lampe, vous devez à la fois brûler et éclairer. Vous êtes disciple de la vérité, mais par votre dignité et vos fonctions relativement aux religieuses qui vous sont confiées, vous êtes aussi maîtresse d'humilité. Oui, l'enseignement de l'humilité et de toutes les célestes pratiques vous est imposé par Dieu; aussi devez-vous veiller avec soin non-seulement à vous-même, mais encore au troupeau qui vous est confié. Responsable de toutes vos filles spirituelles, vous avez droit à une récompense supérieure. Sans doute une palme vous est réservée pour toutes; car, vous le savez bien, toutes celles qui, sous votre direction, auront vaincu le monde et le prince du monde, vous prépareront autant de triomphes, autant de glorieux trophées auprès du Roi et du Juge éternel.

Il n'est pas non plus sans exemple dans l'humanité que des femmes aient commandé à des femmes; nous voyons même qu'elles ont quelquefois combattu et accompagné les hommes sur le champ de bataille. Car s'il est vrai, comme on le dit, que

 « Nous pouvons emprunter des enseignements à notre ennemi même »,

chez les Gentils, la reine des Amazones, Penthésilée, au rapport de l'histoire, combattit souvent avec son armée dans la guerre de Troie. Chez le peuple de Dieu, la prophétesse Débora nous est représentée, dans les livres saints, animant Barach le juge d'Israël contre les païens. Pourquoi donc les femmes qui marchent aux combats de la vertu contre le fort revêtu de ses armes, ne pourraient-elles conduire les armées du Seigneur, lorsque Penthésilée, s'élevant au-dessus des convenances ordinaires, combattit de sa propre main contre les ennemis, et lorsque notre Débora souleva les hommes eux-mêmes pour la cause de Dieu, leur fit prendre les armes, et enflamma leurs courages! Ensuite, après la défaite du roi Jabin, la destruction de l'armée des infidèles, et la mort de Sisara, leur général, elle chanta aussitôt un cantique, et le consacra dévotement aux louanges du Seigneur. Bien plus glorieuse sera la victoire que vous remporterez par la grâce de Dieu, vous et vos filles, sur des ennemis infiniment plus redoutables; bien plus glorieux aussi sera votre cantique, et vous le chanterez avec une joie si complète et si vive, que ni la joie ni le cantique ne cesseront plus jamais dans votre cœur. Vous serez pour les servantes de Dieu, c'est-à-dire pour l'armée céleste, ce que Débora fut pour le peuple juif. Et ce combat, dont le prix est inestimable, nul temps, nul événement ne viendra le ralentir : votre victoire seule y mettra un terme. Le nom de Débora, votre érudition le sait bien, signifie en langue hébraïque Abeille : vous serez encore en cela une Débora, c'est-à-dire une abeille. En effet, vous composerez un cher trésor de miel, mais non pas pour vous seule, car tous les sucs précieux que vous aurez recueillis en divers endroits et de différents calices, vous les reverserez par votre exemple, par vos paroles, par tous les moyens possibles, dans l'âme des sœurs de votre maison ou des autres femmes. Dans le court espace de cette vie mortelle, vous vous rassasierez vous-même de la secrète douceur des saintes Écritures, et votre prédication continuelle en rassasiera vos sœurs bienheureuses jusqu'à ce jour promis, où, selon la parole du prophète, les montagnes distilleront l'éternelle douceur, et les collines couleront le lait et le miel. En effet, bien que cela soit dit du temps de la grâce, rien n'empêche, et même il est plus doux de l'entendre du temps de la gloire.

Combien je me plairais à prolonger longtemps avec vous un semblable entretien ! Votre érudition si célèbre me charme, et les éloges que plusieurs personnes ont donnés à votre haute piété sont un attrait bien plus puissant encore. Plût à Dieu que notre abbaye de Cluny vous eût possédée ! Plût à Dieu que cette agréable prison de Marcigny vous eût renfermée avec les autres servantes du Christ qui attendaient dans les fers la céleste liberté ! J'aurais préféré les trésors de la religion et de la science aux richesses des rois les plus fastueux, et j'aurais vu avec ravissement le sublime collége de ces saintes sœurs emprunter à votre présence des clartés plus divines et plus rayonnantes. Vous auriez eu vous-même à vous féliciter de ce glorieux entourage, et vous auriez admiré la plus haute noblesse du monde et tout son orgueil foulés aux pieds. Vous auriez vu toutes les surabondances du luxe mondain échangées contre le dénument le plus complet, et les vases impurs du démon devenus tout-à-coup les temples sans tache du Saint-Esprit. Vous auriez vu ces jeunes filles du Seigneur, dérobées à Satan ou au monde comme par un larcin, élever sur les fondements de l'innocence les hautes murailles des vertus, et conduire jusqu'aux sommets du ciel la tour de leur divine architecture. Vous auriez tressailli de joie en voyant ces jeunes fleurs d'angélique virginité réunies aux plus chastes des veuves, toutes ensemble soutenant la gloire de cette heureuse et magnifique résurrection, et, sous l'étroite voûte de la geôle, déjà corporellement ensevelies dans le sépulcre de l'immortelle espérance. Toutes ces choses, et de plus grandes peut-être, vous sont données par le ciel, à vous et à vos compagnes, et il serait difficile, sans doute, de rien ajouter à votre zèle pour toutes les perfections chrétiennes ; mais notre communauté trouverait les avantages les plus désirables dans l'accession des grâces précieuses que vous possédez.

Toutefois, si la providence de Dieu, dispensatrice de toutes choses, nous a refusé les fruits de votre présence, du moins nous a-t-elle accordé celle de l'homme qui vous appartient ; de l'homme, dis-je, qu'il faut nommer souvent, et toujours avec honneur, le serviteur et le véritable philosophe du Christ, le Maître, Pierre Abailard, que la Providence divine a bien voulu nous envoyer à Cluny dans les dernières années de sa vie ; nous pouvons dire aussi qu'elle nous a fait dans sa personne et dans ses exemples un don mille fois plus précieux que l'or et les perles. Quant à la vie édifiante et pleine d'humilité et de dévotion qu'il a menée au milieu de nous, il n'y a qu'une voix dans toute la communauté pour lui rendre témoignage ; la louange de tant de vertus ne saurait tenir en quelques mots. Si je ne me trompe, je ne me rappelle pas avoir vu son pareil pour l'humilité dans la démarche et le vêtement. Tel était son abandon à ce sujet, qu'aux yeux les plus attentifs saint Germain n'aurait pu paraître plus négligé, ni saint Martin lui-même plus pauvre. Dans ce grand troupeau de nos frères, où je le forçais d'occuper le premier rang, il paraissait le dernier de tous par l'extrême misère de son vêtement. Je m'étonnais souvent, dans les processions, lorsqu'il marchait devant moi avec les autres frères, selon l'ordre cérémonial, et je ne revenais point de voir un homme d'un nom si fameux faire si peu de cas de lui-même, et se réduire à un tel abaissement. Bien différent de ces professeurs de religion que nous voyons rechercher jusque dans l'habit sacré, dont ils sont revêtus, les vanités d'un luxe mondain, pour lui rien n'était trop simple, il se contentait du plus strict nécessaire. Il apportait ce même esprit d'austérité et de privation dans sa nourriture, dans sa boisson, dans tous les soins du corps; tout ce qui est superflu, tout ce qui n'est pas absolument indispensable, il s'en refusait l'usage, et le condamnait sévèrement, par sa parole et son exemple, aussi bien pour lui-même que pour les autres. Sa lecture était assidue, sa prière incessante, son silence continuel, à moins qu'il ne fût questionné par les frères, ou que les conférences générales du couvent sur les choses divines ne le forçassent de parler. Il s'approchait des sacrements aussi souvent qu'il lui était possible, et depuis que ma lettre et mon entremise dévouée l'avaient fait rentrer en grâce auprès du Saint-Siége, il les fréquentait presque sans interruption. Que dirai-je de plus? Son esprit, sa bouche, sa conduite, méditait, enseignait, manifestait des choses toujours divines, toujours philosophiques, toujours savantes.

Ainsi vécut parmi nous cet homme simple et droit, craignant Dieu et se détournant du mal : ainsi nous l'avons vu consacrer à Dieu les derniers jours de sa vie. Comme il était tourmenté plus qu'à l'ordinaire par la psore et d'autres infirmités, je l'envoyai à Châlons pour y prendre du repos. La beauté du climat, qui en fait une des plus belles parties de notre Bourgogne, m'avait engagé à lui chercher une retraite près de cette ville, sur les bords de la Saône. Là, autant que sa santé pouvait le permettre, revenant à ses anciennes études, il pâlissait sur ses livres : semblable à Grégoire-le-Grand, il ne laissait passer aucun instant sans prier, ou lire, ou écrire, ou dicter. L'arrivée du Visiteur annoncé dans l'Évangile le trouva dans l'exercice de ces divines occupations ; elle le trouva, non pas endormi, comme bien d'autres, mais veillant et préparé ; elle le trouva veillant véritablement, et l'appela aux noces de l'éternité, non pas comme une vierge folle, mais comme une vierge prudente ; car il apportait avec lui sa lampe pleine d'huile, c'est-à-dire une conscience remplie du témoignage d'une sainte vie. Lorsqu'il fallut payer à la mort la dette commune de l'humanité, la maladie qui devait l'emporter empira promptement, et le réduisit bientôt à l'extrémité. Avec quelles dispositions saintes, pieuses et catholiques, il confessa d'abord la foi dans laquelle il mourait, ensuite ses péchés! Avec quel chaleureux élan, quelle puissante aspiration de cœur, il reçut le viatique du suprême voyage, le gage de la vie éternelle, c'est-à-dire le corps du divin Rédempteur! Avec quelle ferveur de fidèle il lui recommanda son âme et son corps, ici et dans l'éternité! Tous les frères religieux en furent témoins, avec la communauté entière du couvent où repose le corps de saint Marcel martyr.

Telle fut la fin qui couronna les jours du Maître, Pierre Abailard. Celui qui par la gloire de son enseignement avait rempli presque tout l'univers de sa parole et de son nom, rentra à l'école de celui qui a dit : « Apprenez de moi que je suis doux et humble de cœur »; et persévérant dans la douceur et l'humilité, il alla, nous devons le croire, rejoindre son divin Maître.

Aussi, vénérable et très-chère sœur en Jésus-Christ, celui auquel vous avez été unie d'abord par les liens de la chair, ensuite par les liens plus sacrés et par conséquent plus étroits encore de l'amour divin ; celui, dis-je, qui était votre compagnon et votre guide dans le service de Dieu, le Sauveur à présent le réchauffe dans son sein, au lieu de vous, ou comme un autre vous-même ; mais au jour de la venue du Seigneur, et de la voix de l'Archange, et de Dieu descendant du ciel aux sons éclatants de la trompette, il vous le réserve, et vous le rendra par sa grâce, n'en doutez pas.

Souvenez-vous donc de lui en Jésus-Christ, et recommandez-le avec sollicitude aux saintes sœurs qui servent avec vous le Seigneur, sans oublier dans vos prières les frères de notre congrégation, et les sœurs qui, par toute la terre, servent, selon leur pouvoir, le même Dieu que vous.

Adieu.

ÉPITAPHE DU MAITRE PIERRE ABAILARD

COMPOSÉE

PAR PIERRE LE VÉNÉRABLE

abbé de Cluny.

Le Socrate de la France, le Platon sublime de l'Occident, notre Aristote, l'égal ou le maître de tous les logiciens passés et présents ; le prince reconnu de la science, dans tout l'univers : génie varié, subtil, pénétrant ; vainqueur de tous les obstacles par la force de sa raison et la grâce de sa parole : tel était Abailard ; mais il a

remporté sa plus grande victoire lorsque, revêtant l'habit religieux
de Cluny et les mœurs monastiques, il passa, dans le camp du
Christ, à la véritable philosophie; c'est là qu'il a dignement terminé sa longue carrière, le onzième jour des calendes de mai, et
qu'il nous a laissé l'espérance de voir son nom figurer un jour
parmi ceux des philosophes chrétiens.

LETTRE D'HÉLOÏSE
A PIERRE LE VÉNÉRABLE
ABBÉ DE CLUNY

A Pierre, son très-révérend pasteur et père, vénérable abbé de Cluny,
Héloïse, humble servante de Dieu, et la sienne :
L'esprit de la grâce du salut.

La divine miséricorde, et avec elle votre condescendance, nous a visitées. Nous nous félicitons de ce que votre grandeur a daigné descendre jusqu'à notre petitesse, et nous en sommes fières, car votre visite est un grand honneur même pour les plus grands. Les autres savent combien la présence de votre Sublimité leur a apporté d'avantages ; pour moi, il m'est impossible, je ne dis pas seulement d'exprimer par des mots, mais d'embrasser dans ma pensée tout le bienfait et toute la douceur de votre visite. Vous, notre abbé, notre seigneur, vous avez franchi notre seuil, l'an dernier, le seizième jour des calendes de décembre, et vous avez célébré une messe spéciale pour nous recommander au Saint-Esprit. Dans le chapitre, vous nous avez nourries de la parole divine, et votre bouche a fait notre éloge : vous nous avez rendu le corps du Maître, et vous nous avez accordé le bénéfice de Cluny. Moi-même, qui ne suis pas digne du nom de votre servante, votre sublime humilité n'a point dédaigné de me donner dans votre lettre et dans votre entretien le nom de sœur : comme un gage particulier de votre sincère affection, vous m'avez donné un Tricenarium que le couvent de Cluny doit acquitter après ma mort au profit de mon âme, et vous avez ajouté que vous auriez soin de confirmer ce don par l'apposition de votre sceau. Ce que vous avez eu la bonté de promettre à votre sœur, je dirais mieux à votre servante, veuillez, mon frère, je dirais mieux, mon seigneur, veuillez l'accomplir.

Plaise à votre bonté de m'envoyer un autre sceau, dans lequel l'absolution du Maître soit contenue en termes clairs, afin qu'il soit suspendu à son tombeau.

Souvenez-vous aussi, pour l'amour de Dieu, de notre fils Astralabe, qui est aussi le vôtre, afin d'obtenir pour lui une prébende de l'évêque de Paris ou de tout autre diocèse.

Adieu ; que le Seigneur vous garde, et nous accorde quelquefois la faveur de votre présence.

LETTRE
DE PIERRE LE VÉNÉRABLE
ABBÉ DE CLUNY,
A HÉLOÏSE

A notre vénérable et très-chère sœur, servante de Dieu, HÉLOÏSE,
Supérieure et Maîtresse des servantes de Dieu,
son frère Pierre, humble Abbé de Cluny :
La plénitude du salut par le Seigneur, et celle de notre amour en Jésus-Christ.

C'est avec une joie bien vive que j'ai lu la lettre de votre sainteté, car j'ai reconnu que ma visite à votre couvent n'avait point glissé sans laisser de trace; non-seulement j'ai été avec vous, mais depuis ce temps je ne vous ai point quittées. L'hospitalité que vous m'avez donnée n'a pas été comme le souvenir de l'hôte d'une nuit, qui arrive la veille et part le lendemain ; je n'ai pas été chez vous l'étranger ni le pèlerin ; j'ai eu mon droit de cité dans la demeure des saintes, ma place au foyer du Seigneur. Toutes les circonstances de mon séjour se sont si bien fixées dans votre religieuse mémoire, vos cœurs bienveillants en ont si bien retenu les impressions, malgré sa brièveté, que vous n'avez laissé tomber aucune de mes paroles. Celles que j'ai prononcées pour votre instruction, celles même qui pouvaient paraître sans valeur, vous avez tout recueilli ; la sincérité de votre affection a tout gravé dans votre esprit, comme des mots puissants, comme des mots célestes et dignes de toute votre vénération, comme les paroles mêmes ou les actions du Christ. Peut-être cette attention extrême vous a-t-elle été inspirée par la recommandation contenue dans notre règle commune, celle qui appartient à la fois à Cluny et au Paraclet, et qui nous ordonne d'adorer le Christ dans nos hôtes, car nous le recevons avec eux. N'avez-vous pas aussi songé à cette parole relative aux supérieurs, quoique je ne sois pas votre supérieur : « Celui qui vous écoute m'écoute moi-même »? — Plaise au ciel que j'obtienne constamment auprès de vous la même faveur : daignez vous souvenir de moi, et implorer pour mon âme la miséricorde du Tout-Puissant, avec le saint troupeau qui vous est confié. De mon côté, je vous offre tout le retour d'affection qui m'est possible ; car longtemps avant de vous avoir vue, et surtout depuis que je vous connais, je vous ai réservé dans la profonde intimité de mon cœur la place d'un amour vrai, solide et digne de vous. Le don d'un Tricenarium que je vous ai fait quand j'étais chez vous, je vous le confirme, absent, par un écrit scellé de mon sceau, comme vous en avez témoigné le désir.

Je vous envoie aussi, comme vous l'avez demandé, l'absolution du Maître Abailard sur un parchemin, également écrite de ma main et scellée de mon sceau.

Par votre Astralabe, qui est aussi le nôtre, à cause de vous, dès que j'en trouverai le moyen, je m'efforcerai, et ce sera une grande satisfaction pour moi, de lui procurer une prébende dans quelqu'une de nos églises de premier ordre. La chose toutefois est difficile ; car, je l'ai déjà souvent éprouvé, lorsqu'il s'agit de donner des prébendes dans leurs églises, les évêques ne se montrent guère accommodants ; ils ont toujours des objections et des fins de non-recevoir. Je ferai cependant pour vous tout ce que je pourrai et dès que je le pourrai.

Adieu !

ABSOLUTION DE PIERRE ABAILARD

Moi, Pierre, abbé de Cluny, qui ai reçu Pierre Abailard comme moine de Cluny, et qui ai concédé son corps, transporté furtivement à Héloïse, abbesse, et aux religieuses du Paraclet,

—Par l'autorité de Dieu tout-puissant et de tous les saints, je l'absous d'office de tous ses péchés.

TESTIMONIA VETERUM

ou

TÉMOIGNAGES DES ANCIENS

CONCERNANT HÉLOÏSE ET ABAILARD

TESTIMONIA VETERUM

DE

PETRO ABÆLARDO ET HELOISSA[1].

OTHO EPISCOPUS FRISENGENSIS,

LIB. I, DE REBUS GESTIS FRIDERICI I, IMPER.—CAP. XLVII, XLVIII ET XLIX.

XIIe SIÈCLE.

Erat autem Bernardus Clarævallensis abbas, tàm ex christianæ religionis fervore zelotypus, quàm ex habitudinali mansuetudine, quodammodò credulus; ut et magistros, qui humanis rationibus, seculari sapientiâ confisi, nimiùm inhærebant, abhorreret, et si quicquam ei christianæ fidei absonum de talibus diceretur, facilè aurem præberet. Ex quo factum est ut, non multò antè hos dies, ipso auctore, primò ab episcopis Galliæ, post à Romano Pontifice *Petro Abælardo* silentium impositum fuerit. Petrus iste ex eâ Galliæ provinciâ, quæ nunc ab incolis

---

[1] Nous avons sous les yeux une liste de cent soixante quinze auteurs qui ont parlé d'Abailard. Nous en citerons seulement quelques-uns, sans observer scrupuleusement l'ordre chronologique.

Britannia dicitur, originem trahens (est enim prædicta terra clericorum acuta ingenia et artibus applicata habentium, sed ad alia negotia penè stolidorum, ferax), is, inquam, litterarum studiis, aliisque facetiis ab ineunte ætate deditus fuit, sed tàm arrogans, suoque tantùm ingenio confidens, ut vix ad audiendos magistros ab altitudine mentis suæ humiliatus descenderet. Habuit tamen primò præceptorem Rozelinum quemdam, qui primus nostris temporibus in Logicâ sententiam Vocum instituit : et post ad gravissimos viros Anselmum Laudunensem, Guilhelmum Campellensem Catalauni episcopum migrans, ipsorumque dictorum pondus, tanquàm subtilitatis acumine vacuum judicans, non diù sustinuit. Indè, magistrum induens, Parrhisios venit, plurimùm in inventionum subtilitate non solùm ad philosophiam necessariarum, sed et pro commovendis ad jocos animis hominum utilium valens. Ubi occasione quâdam satis notâ non benè tractatus, monachus in monasterio Sancti Dionysii effectus est. Ibi diu noctuque lectioni ac meditationi incubans, de acuto acutior, de litterato efficitur litteratior : in tantum ut, post aliquod tempus ab obedientiâ abbatis sui solutus, ad publicum prodiret, docendique rursùs officium assumeret. Sententiam ergo Vocum seu Nominum in naturali tenens facultate, non cautè theologiæ admiscuit. Quarè, de sanctâ Trinitate docens et scribens, tres personas quas sancta Ecclesia non vacua Nomina tantùm, sed Res distinctas, suisque proprietatibus discretas, hactenùs et piè credidit, et fideliter docuit, nimis attenuans, non bonis usus exemplis, inter cætera dixit : « Sicut eadem oratio est propositio, assumptio, et conclusio : itâ eadem essentia est Pater, et Filius, et Spiritus sanctus. » Oh hoc Suessionis provinciali contra eum synodo sub præsentiâ Romanæ Sedis Legati congregatâ, ab egregiis viris, et nominatis magistris, Alberico

Remense, et Leutaldo Novariense, Sabellianus hæreticus judicatus, libros quos ediderat, propriâ manu ab episcopis igni dare coactus est : *nullâ sibi respondendi facultate, eò quòd disceptandi in eo peritia ab omnibus suspecta haberetur, concessâ.* Hæc sub Lodovico seniore Francorum rege facta sunt.

Cap. XLVIII.—Post hæc, dùm rursùs pluribus diebus legeret, maximamque post se sociorum multitudinem traheret, sedente in urbe Româ Innocentio, in Franciâ vero Lodovico superioris Lodovici filio regnante, ab Episcopis abbateque Bernardo denuò ad audientiam apud Senonas evocatur, præsentibus Lodovico rege, Theobaldoque Palatino comite, et aliis nobilibus, de populoque innumeris. Ubi dùm de fide suâ discuteretur, seditionem populi timens, Apostolicæ Sedis præsentiam appellavit. Episcopi verò simul et abbas, missâ ad Romanam Ecclesiam legatione, ac eis pro quibus impetebatur capitulis, damnationis ejus sententiam in litteris reportaverunt.....

Cap. XLIX.—Petrus damnationem sui dogmatis à Romanâ Ecclesiâ confirmatam cognoscens, ad Cluniacense cœnobium se contulit, Apologeticum scribens, prædictorum capitulorum partìm verba, ex toto autem sensum negans qui sic incipit : « Ne juxtà Boetianum illud proœmiis nihil afferentibus tempus teratur, ad rem ipsam veniendum est, ut innocentiam meam ipsa rerum veritas potiùs quàm verborum excuset prolixitas. » Hæc autem pauca de multis contra eum posita sufficiant capitula :

« Quòd Pater sit plena potentia, Filius quædam potentia, Spiritus sanctus nulla potentia.

« Quòd Spiritus sanctus non sit de substantiâ Patris.

« Quòd Spiritus sanctus sit anima mundi.

« Quòd Christus non assumpsit carnem, ut nos à jugo diaboli liberaret.

« Quòd non peccaverunt qui Christum ignoranter crucifixerunt. »

Ipse verò non multis post diebus coràm fratribus suis fidem suam humiliter exponens, in eodem vitam finivit cœnobio.

TRADUCTION.

Bernard était alors abbé de Clairvaux. Sa douceur habituelle et son zèle ombrageux pour la religion le rendaient naturellement crédule. Il avait en horreur les maîtres qui croyaient à la sagesse du siècle, et qui étaient trop attachés à la raison humaine. Aussi prêtait-il facilement l'oreille à toutes les accusations dirigées contre eux au sujet de la foi chrétienne. Ce fut à son instigation que les évêques de France et le souverain Pontife imposèrent silence à *Pierre Abailard.* Ce Pierre était de la province de France que ses habitants nomment aujourd'hui Bretagne....... Dès son jeune âge, il s'appliqua tout entier à l'étude des lettres et aux exercices de l'esprit ; mais il était si présomptueux et si plein de confiance dans son génie, qu'il consentait à peine à descendre des hauteurs de son intelligence, pour écouter les leçons de ses maîtres. Il eut d'abord pour précepteur un nommé Rozelin, qui le premier, dans notre siècle, introduisit dans la logique le système nominaliste. Il visita ensuite les savants professeurs Anselme de Laon et Guillaume de Champeaux, évêque de Châlons, et se lassa bientôt de leurs graves enseignements, parce qu'ils manquaient à ses yeux de subtilité et de finesse. Maître lui-même, il vint à Paris, et déploya une grande sagacité dans toutes les matières de la philosophie, en amusant les esprits par les ruses et les détours de la scolastique. Maltraité dans une circonstance bien connue, il prit l'habit de moine dans le monastère de Saint-Denis. Là, courbé nuit et jour sur les livres, enfoncé dans la méditation, il aiguisa encore son esprit, déjà si pénétrant, il agrandit le trésor de sa science, et délivré bientôt de l'obéissance envers son abbé, il se présenta derechef en public, et reprit le cours de ses leçons.....

Dans le synode provincial qui fut réuni contre lui à Soissons, sous la présidence du Légat du Saint-Siége, il fut déclaré hérétique sabellien, et forcé par les évêques à jeter au feu de sa propre main le livre qu'il avait composé; *et la liberté de répondre et de se justifier lui fut refusée*, tant on avait peur de son habileté consommée dans la dialectique. Ces choses se passèrent sous Louis-le-Jeune, roi de France.

Chap. XLVIII.—Plus tard, le succès et l'influence extraordinaire de ses leçons provoquèrent la réunion d'un nouveau concile à Sens, auquel assistèrent le roi Louis, Thibault, comte palatin, et une foule de nobles. Pendant qu'on discutait ses principes, craignant une sédition du peuple, il fit appel au Saint-Siége. Mais les évêques et l'abbé de Clairvaux se hâtèrent d'envoyer à Rome des messagers porteurs des chefs intentés contre lui, et qui revinrent aussitôt avec une lettre d'Innocent, contenant la condamnation d'Abailard.

Chap. XLIX.—Celui-ci, connaissant que la sentence des évêques avait été confirmée par l'Église romaine, se retira dans le monastère de Cluny, et composa une Apologie, où il rejette en partie les textes hérétiques qu'on lui attribue, et proteste de son orthodoxie......

Peu de temps après, il mourut dans le même monastère, en présence de ses frères, et dans tous les sentiments de l'humilité et de la foi.

SANCTUS BERNARDUS.

EPISTOLA AD PAPAM INNOCENTIUM II.

..... Habetis in Franciâ novum de Magistro theologum, qui ab ineunte ætate suâ, in dialecticâ lusit : nunc in Scripturis sacris insanit. Qui, dùm omnium quæ sunt in cœlo sursùm, et quæ in terrâ deorsùm nihil præter se solum nescio quid nescire dignatur, ponit in cœlo os suum......

TRADUCTION.

...... Vous avez en France un théologien de fraîche date, naguère maître d'école, qui dès sa jeunesse s'est escrimé dans la dialectique, et déraisonne aujourd'hui sur les saintes Écritures. De toutes les choses qui sont au ciel et sur la terre, je ne sais ce qu'il daigne ignorer, si ce n'est lui-même. Aussi fait-il de sa voix l'écho du ciel......

GAUFRIDUS MONACHUS CISTERCIENSIS,

IN EPISTOLA AD HENRICUM ALBANENSEM EPISCOPUM.

Audivi etiam quòd super damnatione Petri Abælardi diligentia vestra desideret pleniùs nôsse similiter veritatem, cujus libellos piæ memoriæ dominus Innocentius Papa II, in urbe Româ, et in Ecclesiâ beati Petri incendio celebri concremavit, apostolicâ auctoritate hæreticum illum denuncians. Nàm et antè plures annos venerabilis quidam Cardinalis et Legatus Romanæ Ecclesiæ Cono nomine, regularis quondàm canonicus Ecclesiæ Sancti Nicolai de Corvasiâ, Theologiam ejus Suessione concilium celebrans similiter concremaverat, ipsum Petrum præsentem arguens et convictum de hæreticâ pravitate condemnans. Undè vestro si placuerit desiderio, per Libellum de vitâ sancti Bernardi et per ejus epistolas missas ad Curiam satisfiet. Inveni tamen in Claravâllê Libellum cujusdam abbatis nigrorum monachorum, quo errores ejusdem Petri notantur, quem et olim me vidisse recordor, sed à multis annis, ut custodes librorum asserunt, studiosè quæsitus, primus quaternio non potuit inveniri. Propter quod propositi nostri est, in Franciam destinare ad monasterium, cujus abbas extitit, qui eumdem Librum composuit, et si recuperare potero, transcribi facere codicem totum, et mittere vobis. Credo enim quòd vestræ inquisitioni sufficere debeat ut cognoscatis, quæ, quemadmodùm, quare sint condemnata.

―◆―

TEULFUS,

LIB. II ANNALIUM MORINIENSIS COENOBII.

Petrus Abælardus monachus et abbas, vir erat religiosus, excellentissimarum rector scholarum, ad quas penè de totà latinitate viri litterati confluebant.

―◆―

JOANNES CORNUBIENSIS,

IN EULOGIO.

Magister Petrus Abælardus in Theologiâ suâ sic disserit : Quid est dicere Deum fieri hominem, nisi divinam substantiam, quæ spiritualis est, humanam, quæ corporea est, sibi unire in personam unam ? Et paulò post : Eccè si sana est magistri Petri Abælardi doctrina, pravæ assertioni patrocinari non valet. Si prava est, catholicæ professioni præjudicare non debet. Quòd verò à magistro Petro Abælardo hanc opinionem suam magister Petrus Lombardus acceperit, eò magis suspicatus sum, quia librum illum frequenter præ manibus habebat ; et fortè minùs diligenter singula perscrutans, ut qui ex usu magis quàm ex arte disputandi peritiam haberet.

―◆―

ROBERTUS S. MARIANI APUD AUTISSIODORUM MONACHUS,

IN CHRONOLOGIA.

Anno Domini MCXL, Senonis, præsente rege Ludovico, episcoporum et abbatum religiosorum fit conventus contra Petrum Abailardum. Hic ingenio subtilissimus, mirabilisque philosophus, qui construxerat cœnobium in territorio Trecassino, in prato quodam ubi legere solitus fuerat. In quo sanctimoniales plurimas episcopali auctoritate congregavit, quod Paracletum nominavit. Quibus sanctimonialibus Heloissam quondàm uxorem suam religiosam feminam, et litteris tàm hebraïcis quàm latinis adprimè eruditam præfecit abbatissam. Quæ verè ipsius amica magnam ei post mortem in assiduis precibus fidem conservavit, corpusque ejus de loco ubi obierat, transtulit ad prædictum cœnobium.

ROBERTUS ABBAS SANCTI MICHAELIS DE MONTE,

IN APPENDICE AD SIGEBERTUM, SUB ANNUM MCXL.

Senonis præsente rege Ludovico, episcoporum et abbatum religiosorum fit conventus contra Petrum Abælardum, qui quâdam profanâ verborum vel sensuum novitate Ecclesiam scandalizabat, qui ab eis interpellatus, cùm esset responsurus, de justitiâ veritus, audientiam apostolicæ Sedis appellavit, et sic evadens non multò post Cabiloni, ad Sanctum Marcellum obiit.—« Eadem refert Bernardus Guido in fine Innocentii II papæ, nec non anonymus Chronici Lemovicensis scriptor. »

HENRICUS DE GANDAVO,

LIB. DE ILLUSTRIBUS ECCLES. SCRIPTORIBUS CAP. XVI.

Petrus dictus Abailardus, dialecticæ peritiæ, imò omnium liberalium artium insignis, theologicæ scholæ rector, scripsit librum quem vocavit Theologiam suam, et alium quem appellavit *Scito te ipsum*, et quædam alia. Sed à beato Bernardo Clarævallensi abbate hæretica aliqua in scriptis suis sensisse convictus est in concilio Senonensi.

―◇―

AUCTARIUM HENRICI DE GANDAVO,

CAP. III.

Petrus dialecticus, cognomento Abailardus, subtili abusus ingenio, aliqua conscripsit, inter quæ excellunt libri Theologiæ, et liber, cui titulus, *Scito te ipsum*. Composuit et metrico stylo Hymnos in monasterio, quod vocatur Paraclitum, decantandos.

―◇―

CANONICUS SANCTI MARTINI TURONENSIS,

IN CHRONICO AD ANNUM MCXL.

Tunc Senonis præsente rege Ludovico, episcoporum et abbas tum factus est conventus contra magistrum Petrum Abailardum, qui quâdam profanâ verborum et sensuum novitate Ecclesiam perturbârat. Qui ab eis interpellatus, et de justitiâ veritus, ad apostolicæ Sedis audientiam appellavit, et sic evadens non multò post Cabiloni, apud Sanctum Marcellum obiit. Construxerat enim cœnobium in territorio Trecacensi, in prato quodam ubi legere solitus fuerat, quod Paraclitum nominavit, in quo sanctimoniales plurimas congregavit, et quamdam religiosam feminam quondam uxorem suam, litteris latinis et hebraïcis eruditam, eis abbatissam præfecit. Quæ verè ipsius amica, magnam ei post mortem in assiduis precibus fidem servavit : corpusque ejus de loco ubi obierat, transtulit ad prædictum cœnobium, in cujus tumulo hoc epitaphium est insertum.

> Est satis in titulo : Petrus hic jacet Abailardus,
> Cui soli patuit scibile quicquid erat.

Hæc nàmque, sicut dicitur, in ægritudine ultimâ posita præcepit, ut mortua intrà mariti tumulum poneretur. Et sic eâdem defunctâ ad tumulum apertum deportatâ, maritus ejus, qui multis diebus antè eam defunctus fuerat, elevatis brachiis illam recepit, et ità eam amplexatus brachia sua strinxit.

TRADUCTION.

A cette époque, il se tint à Sens un concile auquel assista le roi Louis, et une foule d'évêques et d'abbés. Ce concile était réuni contre le maître Pierre Abaïlard, qui avait jeté le trouble dans l'Église par la nouveauté profane de ses paroles et son interprétation des dogmes religieux. Interrogé, mais se défiant de la justice de ses juges, il en appela au Saint-Siége, et se retira pour aller bientôt mourir à Châlons, dans le couvent de Saint-Marcel.

Il avait construit sur le territoire de Troyes, au milieu d'une plaine où il avait coutume de faire ses lectures, un ermitage qu'il nomma Paraclet. Il y rassembla un grand nombre de religieuses, et mit à leur tête, en qualité d'abbesse, une pieuse femme qui avait été autrefois son épouse, et remplie de la science des lettres latines et hébraïques. Elle fut bien véritablement son amie, car après sa mort elle lui conserva, au milieu de ses prières continuelles, la fidélité autrefois jurée, fit transporter son corps dans ce même couvent, et graver sur sa tombe l'épitaphe suivante :

> Un nom suffit à la gloire de ce tombeau : ci-gît Pierre Abailard
> Seul il a su tout ce qu'il est possible de savoir.

On rapporte que, touchant à sa dernière heure, elle ordonna que son corps fût déposé, après sa mort, dans le tombeau de son mari. Sa volonté fut exécutée. Mais quand elle fut portée dans le tombeau, et que le cercueil fut ouvert, Abailard, qui était mort longues années auparavant, étendit les bras vers elle pour la recevoir, et les referma dans cet embrassement.

GUILLELMUS ABBAS SANCTI THEODORICI,

EPISTOLA AD FRATRES DE MONTE DEI.

Sunt prætereà et alia opuscula nostra. Tractatus duo, primus de Contemplando Deo, alter de naturâ et dignitate amoris, libellus de Sacramento altaris, et super Cantica canticorum ad illum locum : « Paululùm cùm pertransissem eos, inveni quem diligit anima mea. » Nàm contra Petrum Abælardum, qui prædictum opus ne perficerem effecit, exindè scripsi. Neque enim integrum mihi fore arbitrabar tàm delicato intùs vacare otio, ipso foris fines fidei nostræ nudato, ut dicitur, gladio tàm crudeliter depopulante. Contra ipsum ergo quod scripsi, quia de fontibus sanctorum Patrum hausi, melius est, si ità vobis placuerit, ut suppresso nomine meo inter anonyma relinquatur.

INCERTUS AUCTOR, SED ANTIQUUS.

Anno MCXLII obiit Petrus Abælardus, peripateticus, etc.
Anno MCLXIII obiit Heloissa, Paraclitensis diaconissa.

VIEUX POÈTE FRANÇAIS.
1376.

Pierre Abalard en un chapitre
Où il parle de franc arbitre,
Nous dit ainsi en vérité,
Que c'est une habilité
D'une voulenté raisonnable,
Soit de bien ou de mal prenable,
Par grace est à bien faire encline
Et à mal quand elle descline.

JEAN DE MEUNG, dit CLOPINEL.
EXTRAIT DU ROMAN DE *la Rose*.

Pierre Abayelart or confesse
Que seur Heloys seur abesse
Du Paraclit qui fu sa mye
Acorder ne si uouloit mye
Pour riens qui la teinst a fame
Ains li faisoit la bonne dame
Bien entendant et bien lectree
Et bien amant et bien amee
Argumens pour li chastier
Quil se gardast de marier
Et li prouoit par escriptures
Et par raisons uiues et pures
Condicion de mariaige
Combien que li fame soit saige
Car les liures auoit bien leuz
Bien estudiez et bien ueuz
Et li murs femenins sauoit
Car trestous en lui les auoit
Et requeroit que il amast
Mes que nul droit ne reclamast
Fors que de grace et de franchise
Sans seignorie et sans mestrise

Et qui puet bien estudier
Tout seul tout franc sans soi lier
Et qu'il entendist a lestuide
Qui de science nest pas uuide
Et li redisoit toutesuoys
Que plus plaisans ierent les ioyes
Et li solas plus en cressoient
Quant plus atart sentreueoient
Mes il si com escript nous a
Qui tant lamoit, puis lespousa
Contre son amonnestement
Si li en mescheut malement.
Car puisque furent ce mensemble
A la cort dembedeus ensemble
Dargentoil nonnain revestue
. . . .
Feut la coille à Pierre tollue
A Paris en son lict de nuis
Dont moult ot travax et anuis
Et fu pour celle mescheance
Moines a Saint-Denis en France
Puis abbes dun autre abeie
Puis apres fonda en sa uie
Une abeie renommee
Qui est du Paraclit nommee
Dont Heloys si fu abesse
Qui deuant iert nonnain professe
Elle meismes nous le raconte
Et escript et nen ot pas honte
A son ami que tant amoit
Que pere et seignor le clamoit
Une merueilleuse parole
Que moult de gent tendront a fole
Et est escript en ces espitres
Qui cercheroit bien les chapitres
Et li manda par lettre expresse
Depuis ce quelle fu abesse
En celle forme gracieuse
Come fame bien amoureuse

Se lempereur qui est à Romme
Soubs qui doiuent estre tout homme
Me daignoit uouloir prendre a fame
Et faire moi du monde dame
Si uorroie ie miex ce dist elle
Et Dieu a tesmoing en apelle
Estre ta *maîtresse* apelee
Questre emperiere clamee
Mes je ne croi mie par mame
Conqs puis fu nule telle fame
Si aui ie que la letreure
Li mist a ce que sa nature
Uaincre et dautant miex ce sauoit
Les murs femenins cognoissoit
Car certes se Pierre la creust
Oncques espousee ne leust.

GUILLELMUS NANGIUS, MONACHUS SANCTI DIONYSII.

Jurisconsulti eum in salebris Juris Justinianæi exercuerunt, ità ut *Accursius* glossator ad legem *quinque pedum præscriptione*, quæ est imperatorum Valentiniani, Theodosii et Arcadii C. fin. regund. in verbo *præscriptione*, de eo sic scripserit : « Sed Petrus Bailardus qui se jactavit quòd ex quâlibet quantumcumquè difficili litterâ traheret sanum intellectum, hîc dixit : Nescio. » Quid mirum, si et *Azo* et ipse *Accursius*, qui rati sunt nihil videri in jure quod à se penitùs perspectum non fuerit, ità hallucinati sint ut magnus ille Andræas Alciatus, in illo quem de *quinque pedum præscriptione* scripsit tractatu, postquàm Petrum Baillardum celebrem suâ tempestate professorem laudavit, quòd ingenuè fassus esset eam legem à se non intelligi, ipse suorum doctorum interpretationem eludit et reprehendit, eorumque sequaces Baldum, Paulum et Salicetum, qui ex eâ hanc regulam elicere conantur, non reddi solitum olim judicium de quinque pedibus, id est de re levissimâ ; cùm variæ constitutæ sint actiones de modicâ glande, de pisce, de ovo, *l. I. ff. de glande leg.* § *Gallinarum instit. de rerum divis. l. Si proprietarius. ff. de damno infecto,* cùmque verior interpretatio sumi debuerit ex. l. xii. tab. quâ cautum ut inter vicinorum prædia constitutis finibus, quinque pedum spatium relinqueretur, quo ire, agere, uterque dominus posset, ejusque spatii usucapio lege Maniliâ prohibita est, ut apud Tullium l. de LL. et *Ag. Urbicum de limitibus.*

JACOBUS PHILIPPUS.

IN SUPPLEMENTO SUPPLEMENTI CHRONICORUM.

Baliardus, natus in Franciâ, peripateticus, et in omnibus scientiis doctissimus, floruit illis temporibus in civitate Parisiensi, composuitque multa opera lectu dignissima. Ille in quibusdam articulis fidei cùm videretur hæsitare, in præsentiâ Ludovici Junioris et congregatione prælatorum doctissimorum coactus est recantare. Itaque non solùm ab illis dubiis aut erroribus liberum sese præstitit, sed arctâ devotione in vero monachatu reliquo vitæ spatio permansit, cum aliquot discipulis in eremo permanens, vixitque et obiit in magnâ sanctitate.

FRANCISCUS PETRARCHA,

LIB. II DE VITA SOLITARIA.

XIVe SIÈCLE.

Jungam, inquit, tot veteribus philosophis unum recentiorem, nec valdè semotum ab ætate nostrâ ; quàm rectè nescio, sed apud quosdam, ut audio, suspectæ fidei, et profectò non humilis ingenii, Petrum illum cui Abælardi cognomen est, qui, ut in historiâ suarum calamitatum longâ oratione ipse meminit, invidiæ cedens, solitudinis Trecensis abdita penetravit : etsi non sinè magno undiquè studiosorum conventu, quos ex multis urbibus sibi solitario discipulos doctrinæ celebris fama contraxerat ; sinè requie tamen optatâ, quam sibi radicitùs tenax livor odiumque convulserat.

TRADUCTION.

A tous ces anciens philosophes j'en ajouterai un moderne, et qui vivait à une époque peu éloignée de la nôtre, un homme dont l'orthodoxie, à tort ou à raison, fut quelquefois révoquée en doute, mais dont le génie, à coup sûr, n'est point ordinaire ; je veux dire le fameux Pierre, surnommé Abailard. Ainsi qu'il le raconte lui-même dans la longue lettre qui contient l'histoire de ses malheurs, poursuivi par l'envie, il s'enfonça dans la solitude aux environs de Troyes : et ce ne fut pas sans entraîner après lui un immense concours d'hommes studieux, que sa grande réputation de science fit affluer de toutes les villes dans sa retraite. Il ne put cependant réussir à trouver le repos qu'il cherchait ; la jalousie tenace et la haine de ses ennemis en avaient à jamais ruiné les fondements.

TRITHÈME, ABBÉ DE SPANHEIM.

Petrus, dialecticus Parisiensis, dictus Abælardus, natione Gallus : vir in seculari philosophiâ eruditissimus, et in divinis Scripturis nobiliter doctus...... Claruit sub Conrado imperatore III, anno Domini MCXL.

TRADUCTION.

Pierre, dialecticien de Paris, connu sous le nom d'Abailard, originaire de France : homme profondément versé dans la philosophie séculière, et qui porta toute l'élévation de son génie dans l'interprétation des saintes Écritures..... Illustre sous l'empereur Conrad III, l'an du Seigneur 1140.

—◇—

AMBOESIUS.
PRÆFATIO APOLOGETICA PRO PETRO ABÆLARDO.
XVIe SIÈCLE.

Non solùm Polyhistor, et scientiarum omnium encyclopædiâ instructus, et omniscius; sed et philosophorum, et theologorum coryphæus et in suo genere princeps, primusque theologiæ scholasticæ seu disputatricis auctor creditus, undè illæ Nominalium et Realium sectæ. De quo Samson Rhemorum Archiepiscopus cum suis suffraganeis, dùm eum ad Papam deferrent, retulerunt nihil esse quod eum lateret, sive in profundo maris, sive in excelso suprà : qui in promptu de universâ philosophiâ, de mathematicis et etiam de quæstione quâlibet respondebat; qui invitatus à condiscipulis, ut in obscurissimæ Ezechielis prophetiæ interpretatione specimen ingenii ederet, impetrato brevis noctis spatio, toti academiæ se admirabilem præbuit. Quibus experimentis constare arbitror tantâ Abælardum fuisse ingenii pernicitate et dexteritate, ut potuerit in quâlibet scientiâ, præsertìm verò in eâ quæ aliarum regina dicitur, brevi tempore multùm profecisse, et ad metam pervenire... etc.

—◇—

Heloissa verò, ut altera Susanna aut Esthera, pulchra et Deum timens, vetustissimos illos Mommorantios legitimâ agnatione contingens, canonici Parisiensis non notha, sed neptis, Psalmos hebraïcè personare ab incunabulis docta, clarum sexûs sui sidus et ornamentum, tres illas linguas, necnon mathesin, philosophiam et theologiam à viro suo edocta, illo solo minor fuit : in quâ tantas ingenii dotes, prudentiæ, pietatis, patientiæ, humilitatis, virtutumque omnium, et pudicitiæ chorus illustrabat, quam religiosè coluit post brevem et furtivum aliquot mensium justi connubii usum, viri sui etiam immeritò exsecti et absentis amantissima : ut dubites, plusne exemplo matronis an virginibus profuerit, vel cùm Argentoliensibus, vel cùm Paracletensibus præfuit. Si ad matronale decus, ad linguarum aut Scripturarum cognitionem inspicias, alteram Paulam ; si ad custodiam perpetui pudoris, morumque asperitatem, Eustochium videre videberis : quam episcopi quasi filiam, abbates sororem, laici matrem diligebant; ità ab omnibus in cultu et admiratione habita, ut cùm vir ejus invidiæ et calumniæ telis premeretur, livor in eâ ejusque moribus non invenerit quod dente Theonino carpere posset. Ejus Epistolarum facundiam simul inspexi, ut Fidiæ signum simul probavi ; ingenii verò acumen, magnumque in sacræ Scripturæ, Patrumque lectione profectum satis indicant Problemata illa, sive Dubia, quæ domino suo præceptori, et conjugi in Scriptis proposuit discutienda : quæ qui attentè legerit, agnoscet esse verum quod ab Aristotele est vulgatum, non minùs esse difficile quæstionem benè ponere, quàm benè solvere. Prætereo quàm subtiliter hæc heroina divo Bernardo abbati in Paracleti cœnobio hospitanti, etsi ille parùm candidè de Abælardo sentiret, satisfecerit percontanti, cur in Orationis Dominicæ publicâ recitatione verba illa usurparet, *panem nostrum supersubstantialem*, cùm cæteræ Ecclesiæ vulgò *quotidianum* dictitent; illa contrà, Græcorum discretione fulta, quorum, ut ait Ambrosius, auctoritas major est, solum Matthæi textum adduxit, τὸν ἄρτον ἡμῶν τὸν ἐπιούσιον, maluitque translationem ex hebræo, quàm propriæ linguæ scripturam sequi, prout videre licet Epistolâ V secundi libri, quæ est ad eumdem D. Bernardum. Felix, ô nimium felix conjugum par, et benè concordans in dissimili fortunâ matrimonium, nec ipsâ in morte divulsum, si ille tàm benè livoris insultus, quàm illa in sequiore sexu declinare potuisset! O divina viri uxorisque ingenia, omnibus doctrinis excultissima, quibus nec præcedens ævum, nec sequens ulla alia protulit adæquanda! Etsi verò Heloissa tantâ fuerit mansuetudine ut nullus unquàm malevolentiæ jacula in eam ausus fuerit contorquere, nullus ejus mansuetudini obstrepere, tamen quàm multa dictu gravia, perpessu aspera in illam irruisse putamus : cùm illa per latus viri, quem toto amabat pectore, sæpiùs sit petita, icta, et quasi transfossa : in suo corde sæpè perpessa est quicquid in sponsi terrestris famam et corpus potuit lividorum et inimicorum malevolentia et crudelitas. Quæ spretis hujus mundi blandimentis, sese totam consecravit Jesu Sponso cœlesti, suâ sponte carnem propriam crucifigens; femina verè fortis et similis prudentibus, quas Evangelium memorat sibi multis operibus pietatis prospexisse, ne deficeret oleum in lampadibus. Batava Syren scripsit ad virgines Colonienses sub nomine Machabæorum consecratas, comparationem virginis et martyris, asseritque veram continentem minimùm abesse à martyre; quòd martyr patiatur à carnifice cædi carnem suam, virgo vel continens quotidiè mortificat carnem suam, ipsa sui quodammodò carnifex. Martyr tradit corpus suum, virgo vel vidua subigit, et in spiritûs servitutem redigit, domatque. Ea certè aptari possunt nostræ Heloissæ, quæ concupiscentiis, opibus, deliciis, fastui, luxui, gemmis, purpuræ, voluptatibus in hâc vitâ renunciavit, nihil amans in hoc sæculo, mortua mundo, soli vivens Christo, cujus ut stringeretur amplexibus, columbinos edebat gemitus, precibus, psalmodiis, sacrâ lectione, silentio, jejuniis, piis occupationibus corpus in servitutem redigens, quod in continente non minùs est laudabile quàm in virgine, cùm major sit virtus placitis abstinuisse bonis. Licèt contrà sentiat Hieronymus difficiliorem videri pudoris custodiam in virgine, quæ quod non est experta, majus et suavius esse suspicatur.

ÉTIENNE PASQUIER.
RECHERCHES DE LA FRANCE.
XVIe SIÈCLE.

Or, tout ainsi que la fortune d'Abelard se rendit admirable pour les diverses secousses qu'il receut, se trouvant tantost au-dessus du vent, tantost au-dessous, aussi suis-je bien empesché de sçavoir quel jugement de bien ou de mal je dois faire sur son Héloïse. Car combien qu'elle se fust grandement oubliée de son honneur avecques luy, toutesfois je me fais presque accroire que ce ne fut point tant par une passion desreiglée, que pour les bonnes et signalées parties d'esprit qui estoient en Abelard. Et qui me fait entrer en ce jugement, c'est quand elle quitta son espoux pour espouser une autre vie, aux yeux de toute la France, auparavant l'infortune de luy. J'ai veu une lettre qu'elle luy escrivit en latin, après qu'il se fust fait moine, c'est-à-dire lorsqu'elle se voyoit du tout forbannie de l'espérance de leurs attouchements mutuels, et néantmoins vous la verrez autant passionnée comme au plus chaud de leurs amours. Le dessus de la lettre est tel : *Domino suo, imò patri*, etc. Là elle dit avoir leu tout au long la lettre par luy escrite à un sien amy, dans laquelle il faisoit un ample discours de toute sa vie et de ses malheurs. Pour à quoy respondre elle proteste que tout ce qu'elle avoit fait avecques luy n'estoit pour contenter sa volonté, ou volupté, ains celle seulement d'Abelard : et que, combien que le nom d'espouse fust sans comparaison plus digne, toutesfois pour ne faire bresche à la dignité de luy : *dulcius mihi fuit amicæ vocabulum*, etc. : afin que plus je m'humiliois devant toy, plus je te fusse agréable. Et finalement elle adjouste que quand l'empereur Auguste reviendroit au monde pour la vouloir espouser, elle aimeroit mieux estre réputée la garce de ce grand Abelard, qu'impératrice de ce grand univers, et conclud en ces mots, qui me semblent très-beaux : *Non rei effectus, sed efficientis affectus in crimine est : nec quæ fiunt, sed quo animo fiunt, æquitas pensat.*

Voilà une résolution d'amour paradoxe. Car lorsqu'elle escrivit cette lettre, les monastères où l'un et l'autre s'estoient voüez, et l'infortune d'Abelard cognuë à tous, la garantissoient de toute opinion d'impudicité ; toutesfois, passant par-dessus toutes les hypocrisies que les femmes ont accoustumé d'apporter en telles affaires, elle recognoist franchement n'avoir autre idée en soy que celle qui dependoit de celuy qu'elle avoit tant aimé et honoré.

BERTRAND D'ARGENTRÉ.

HISTOIRE DE BRETAGNE, LIV. I, CHAP. XI.

XVIe SIÈCLE.

Quant aux lettres et cognoissance des disciplines et sciences, il ne se peut dire un plus lettré homme, ny plus versé és disciplines, qu'estoit Pierre Abaelard, natif du bourg de Pallais, au diocese de Nantes, yssu de noble maison, vivant au temps du roy Louys dit le Jeune, fils de Louys le Gros, en l'an 1144, du temps de Conan le Gros, lequel fut si bien institué en toutes lettres, qu'on l'appela Universel, comme ayant compris tous les arts : il est vrai que la grande confiance de son esprit, et l'entière cognoissance et pratique qu'il eut de la dialectique pour toutes demonstrations, le rendit si admirable, et lui engendra aussi une telle asseurance de parler, qu'il tomba trop hardiment en erreurs absurdes, pour vouloir sousmettre à la raison de la demonstration humaine ce qui est de foy et de croyance, et n'est subject ny comprehensible à la ratiocination de l'homme, pour advisé et bon juge qu'il soit; il le faut atteindre par la foy. Il se mesla d'entrer si avant aux hauts secrets, qu'il y perdit le fonds, et pour occasion de ce furent faictes contre sa doctrine assemblées et conciles de l'Église, et rencontra cest homme en teste, sainct Bernard, abbé de Clervaux, depuis canonizé entre les saincts hommes de grande doctrine et saincteté de vie, et Anselme, Geoffroy d'Auxerre, et Pierre Maurice, abbé de Clugny, tous hommes de religion et de grand nom en la théologie, lesquels contredirent vivement le dit Abaelard et sa doctrine, tellement qu'ils le contraignirent d'abjurer en plusieurs points, et outre plus bruslèrent ses livres, ayant usé d'une caution, qui fut de ne l'ouyr jamais parler de vive voix, teste à teste en dispute, ny en public, comme bien dit Othon de Frisingen, faisant en cela fort advisement, car quelque bon corps qu'ils eussent tous, le dit Abaelard estoit si exercé et prest de sa demonstration dialectique, que depuis qu'on venoit à la dispute, il envelopoit son homme en ses syllogismes et colections, si bien que de pas en autre d'une assumption une fois confessée, il lioit son contredisant, tellement qu'il ne pouvoit eschapper. C'est pourquoy il fallut qu'ils le condemnassent sur les livres et par examen de ses propositions, sans l'écouter de bouche à les défendre, pour ce qu'en disputation contre les hérétiques on n'y profite jamais guère, car c'est sans cesse qu'on réplique.

Jean Rozelin, ou Raucelin, du mesme pays, en l'an 1130, précepteur du susdit Abaelard, fut aussi un très grand philosophe, à qui l'on attribue l'invention de la nouvelle maniere de disputer des matieres philosophiques puisées de la doctrine d'Aristote, qui réduisoit toutes matieres en questions disputables et argumentations, dont elle a esté dicte questionnaire, et laquelle a esté trouvée si agréable, que les théologiens, légistes, médecins et grammairiens, l'ont receüe. Othon de Frisingen dit que Rozelin fut le premier qui inventa la science des *vocables* et *noms* qu'on dict *termes* en la logique, autres disent, que ce fut le dit Abaelard qui l'accommoda à la théologie. Tant y a, que de là s'engendrèrent deux sortes de factions entre les philosophes, lesquelles ont duré par les universitez de l'Europe l'espace de trois cents ans, les uns se disant Réaux, qui eurent pour leurs défenseurs Albert le Grand, sainct Thomas d'Aquin, Jean Duns dit Scotus. Quant aux Nominaux, ils furent introduicts par Guillaume Ockam Anglois.

LIV. QUATRIESME, CHAP. XLIX.

Cest aage portoit en Bretagne trois sçavants hommes, à sçavoir Pierre Abelard, qu'autres appellent Abaëlard, Marbode surnommé Évax, evesque de Rennes, et Baldric, archevesque de Dol.

Pierre Abaelard (tel estoit son surnom, pour avoir ainsi veu son seing en fort petite lettre au bas d'un acte en parchemin tiré des archives de l'abbaye des Romeraiz près

Angers) fut sçavant homme, lequel estoit natif du bourg du Palais, au diocese de Nantes, de parents nobles et mediocrement riches : son père, qui estoit chevalier, le fit estudier estant jeune enfant et apprendre ses premières lettres au pays : il estoit de grand esprit, délié, agu et appercevant, la mémoire grande, l'aprehension heureuse, le jugement solide, et avoit merveilleusement de grandes parties. Après ses premiers élém nts de la grammaire, il s'en alla à Paris. La façon d'instituer lors estoit, que si soudainement que les enfants estoient formez par la grammatique, on les mettoit à l'institution de la dialectique, comme estant cette discipline propre pour juger toutes les autres, et le vray d'avec le faux, pour resouldre toutes difficultez qui se trouvent, voire parmy les actions des hommes. Vray est, que celles qu'ils enseignoient lors par les escolles, approchoient fort de la sophistique, et s'amusoient à quelques livres communs escrits de cela, sans rechercher les fontaines des meilleurs autheurs. Il y avoit lors un precepteur grandement renommé en ceste discipline, qui s'appeloit Jean Rozelin, natif aussi de Bretagne, qui avoit une grande réputation entre les estudiants. Pour lors Abaelard l'alla ouyr, et avoit esté cest homme des premiers inventeurs de la secte des Nominaux et Réaux, qui a longuement duré depuis. Ces Nominaux tenoient des mots, et dictions, qu'ils forgeoient souvent pour indication, proprietez, qualitez, ou prédicaments de toutes choses, et de toutes matieres. Abaelard se donna à cette cognoissance, et fut des Nominaux, qui enseignoient (comme il disoit) *scientiam vocum et dictionum*, et aussi fût-ce la première partie de sa doctrine, que sainct Bernard print à combattre et exagiter, appellant ceste science *prophanas novitates verborum* : et ne voulant point recevoir en la théologie nul mot, qui ne fust receu et usité par les maistres de théologie, et par l'Escriture saincte. De là Abaelard entra aux autres disciplines, puis s'addonna en la théologie, et y acquist en bref telle reputation, et en toutes autres sciences, qu'on l'appela par épithète Universel, comme ayant apris tous les arts, et disciplines, et n'ignorant rien. Ce mot de vray passoit la vertu de tout homme ; car ce qu'on sçait n'est nulle proportion de ce qu'on ignore : toutesfois cela se disoit comme il est à croire, faisant comparaison aux autres hommes lors vivants. Mais comme il advient à tous, et que la science enfle, aussi prist cest homme telle confiance de son sçavoir, ayant conféré, luicté, et disputé avec tous les plus doctes du siècle, qui ne soustenoient point devant lui, que de pas en autre il essaya de plus en plus de sçavoir debatre et resouldre en toutes choses : et s'enfonça si avant, que curieusement il se voulut enquérir de ce qu'il ne faut pas sçavoir : et par ratiocination humaine, voulut resouldre ce qui est imperceptible au sens, qui estoit destruire le principal fonds et mérite de la croyance de l'homme, qui est de croire simplement : et lui cherchant sa croyance en la demonstration humaine, il ruinoit la foy.

Celuy lequel estant interrogé si Dieu est, respond qu'ouy ; interrogé pourquoy il croit, respond qu'il void et list manifestement en ses œuvres, en l'harmonie des cieux, aux plantes de la terre, aux animaux qui y sont, en l'ordre et consentement des choses qu'il ordonna, respond très mal, car de chercher le principe imperceptible des essences parmy les choses qui tombent soubs le sens, il n'y a ordre, c'est évacuer la foy. C'est un bon argument de recognoistre qu'il est, mais mauvais pour fonder qu'il est : celui qui dist, nul ne peut faire les choses que tu fais, s'il n'est envoyé de Dieu, arguoit probablement, mais non comme il falloit : car encore que l'envoyé n'eust rien fait de tel, il ne laissoit d'estre tel, qui est le poinct de la foy; quant aux œuvres, les mesmes se sont souvent faits tels par des hommes reprouvez et transformez en anges de lumière : l'on se pourroit aisement tromper aux sens. Voilà pourquoy il ne s'y faut fier, pour fonder ceste proposition (il est) : car demander preuve destruit la foy parlant de la Trinité, qui fut le subject d'Abaelard, il n'y avoit plus d'ordre d'enquérir ou ratiociner par les causes naturelles ni demonstrations logiciennes.

Abaelard fut depuis auditeur d'Anselme, evesque de Laon, qui depuis escrivit contre lui, comme aussi de l'evesque de Chaalons : mais pour ce qu'ils enseignoient le fonds de la théologie, et de la substance des choses, et qu'il désiroit tousiours quelque chose de plus subtil, il les laissa, et retourna à Paris. Il s'accointa d'une fille qui s'appelloit Heloyse, qu'il entreteint quelque temps, et depuis l'espousa : et pour ceste mesme cause fut contraint de se retirer de là, et s'en alla à Nogent le Roy, au diocese de Troyes, où il se mist à tenir auditoire ouvert : et de vray se rendit si admirable, que de toutes les parts du royaume, son auditoire fut remply d'auditeurs, et de bref si comblé, qu'il luy fallut laisser le couvert et lire en plain pré : et en ce temps il escrivit deux livres, l'un qu'il appela *Theologia*, l'autre *Scito te ipsum*, qui volèrent incontinent par tout le monde, et entrèrent aux esprits de plusieurs, et plus entre les hommes lettrez de France, Allemagne, Italie. L'on void que sainct Bernard escrit que les cardinaux de Rome les lisoient. Tandis qu'il leut, sainct Bernard se reposa; comme ses livres furent escrits, il rompit toute patience, et pensant qu'il y alloit du mal pour la foy catholique, il se rengea en teste partie formée dudict Abaelard : lequel, sur ces entrefaictes, se departit de son mariage, et de mutuel consentement persuada à sa femme de se rendre religieuse en l'abbaye d'Argentueil : et quant à luy, il fist profession de religion à Sainct Denys, où de jour en jour incessamment estudiant, il se rendoit plus consommé en doctrine et sçavoir, sobre et vigilant qu'il estoit : et passant les nuicts en estudes, lecture, et exercices de lettres, où il acquist telle reputation, qu'il fut abbé de Sainct Gildaz de Ruyz en Bretagne, qu'il tint quelque temps. Sa renommée courut par tout l'Occident : mais il rencontra en teste le bon homme sainct Bernard, homme veritablement spirituel et exercé en l'Escriture, et en tout exercice de pieté et religion : mais si vehement et zeleux, voyant les escrits de cest homme, qui lui furent apportez en sa solitude de Clervaux, qui esveilla les evesques et pasteurs de la province de Sens, avec lesquels ce bon homme procura un decret pour appeler à Soissons Abaelard, resolu au jour assigné de lui faire teste, et de le contredire à sa doctrine soubs Alberic, archevesque de Reims, et Lental, evesque de Novarre. Là vint Abaelard demander à estre ouy, et parler au concile, mais il ne fut point receu, parce qu'il avoit telle vigueur et presence d'esprit à la dispute, qu'il estoit bien à craindre que nul d'eux ne pust soustenir la violence de ses arguments, ni l'adresse de la ratiocination de cest homme, où il estoit infiniment versé; et falloit bien que quiconque s'avisoit de le contredire se tinst sur les pieds, comme il se monstra avec un evesque dudict concile, qu'il contraignit un jour de tomber en absurdité telle, qu'il fallut que ses compagnons le desavouassent : ce qui fut cause qu'ils le voulurent juger sur ses livres, et propositions recueillies d'iceux. Du jourd'hui il seroit trouvé estrange; car l'esprit est suject à l'intelligence du disant et escrivant : toutesfois il s'ensuyvit qu'il fut condemné sentir avec Sabellic hérétique, et fut ordonné qu'il brusleroit ses livres, avec abjuration de ses propositions.

Estant party de là, il ne reposa pas, escrivant un livre apologétique ou defensif de son livre et doctrine : qui fut cause que le bon homme sainct Bernard, relevé de plus belle et aydé par Pierre, dict le Venerable, abbé de Clugny, et par le moyen des evesques de la province, le fist de nouveau rappeller à un autre synode provincial à Sens, où se trouva le roy Loys en personne, et le comte Palatin, et très grande assistance d'infini nombre d'hommes, qui estoyent venus pour voir ceste jouste. Les uns escrivent qu'il ne s'y trouva pas : la vérité est qu'il s'y trouva ; mais craignant une sédition du commun peuple embu contre lui par les evesques, comme il estoit sur le bureau, il ne voulut entrer au concile, et appella des decrets contre luy donnez au pape Innocent II. Le concile déféra à son appellation : mais il escrivit au Pape, lui envoyant ses propositions avec sa censure par le rescript qu'on void rapporté entre les œuvres de sainct Bernard parmy ses epistres : et suggera le concile au Pape la condemnation d'Abaelard : sur laquelle le Pape apposa son decret, et le condemna avec ses propositions par un rescript qui se void au livre cy dessus allegué. Il estoit à desirer qu'il y eust esté gardé un peu plus de forme, encore que la cause fust très juste de condemnation. Entre les mesmes œuvres estant ainsi condemné, il fist une replique, par laquelle confessant les mots et propositions escrites de son livre, il se defaisoit du sens par une interpretation totalement autre que les mots ne portoient, et depuis la mist par escrit. Ce bon homme sainct Bernard, veritablement grand, sainct, et appris en la théologie et Escriture saincte, plein d'esprit et de zèle, estoit de son naturel fort colère, et croyoit aisement au rapport de ceux qui luy estoient rapportez de sentir en la foy quelque chose de sinistre, comme dit Othon de Frisingen, ou ce fust la constitution de son naturel bilieux, solitaire et mélancholique, ou du zèle qui le picquoit infiniement pour n'endurer nulle mauvaise doctrine. Et de vray, il escrivit avec amertume contre Abaelard, lequel, comme il appert par les mesmes paroles, ou doctrine refutée, se monstroit estre un sçavant homme : mais sainct Bernard l'emporta à bonne cause, comme il faut croire, non sans aigreur, passant la modestie et devotion religieuse, comme ses epistres sur ce subject faictes et escrites le témoignent. Quelques-uns se sont advisés d'escrire ses propositions non entenduës toutesfois par ceux qui les ont escrites : et eust mieux valu les avoir tenuës en l'histoire, que redites : elles sont par adventure tolerables aux livres, où elles sont refutees, car sans cela le subject ne s'entendroit pas, c'est-à-dire le remede avec le venin : mais en simple histoire telles choses ne servent de gueres. Sainct Bernard les conclud en sommaire, quand il dit en une epistre que quand Abaelard traite de la Trinité, il sent l'Arrian; quand il parle de la grâce, il sent le Pelagien; quand il parle de la personne de Jésus-Christ, il sent le Nestorien : cela dict en sommaire, condemne toutes les propositions qui estoient condemnées ès personnes d'Arius, Pelagius et Nestorius. Cela dict il en l'epistre 188 et suivante, et par le menu il le poursuit en l'epistre 189 et 190; et si ne satisfaict-il pas toutes fois ausdites propositions sans travail, comme monstrent ses lettres. Cela se fit pendant que Abaelard se fit religieux à Sainct Denis, du quel temps il estoit dispensé pour un temps de l'obedience de son abbé. Mais après il continua de tenir l'eschole, se faisant nommer par le monde pour un très sçavant homme; puis se voyant condemné et ayant abjuré, il repassa en sa créance catholique, et receut les censures de l'Église, et resolut de laisser le monde : et se trouvant de l'argent qu'il avoit gaigné en ceste célébrité de reputation, au mesme lieu où il avoit tenu l'eschole, il fit bâtir un monastère de filles religieuses qu'ils appellent encore aujourd'hui le Paraclet : en lequel il fist abbesse celle qui avoit esté autrefois sa femme, laquelle estoit lors religieuse à Argentueil, estant appellée par Pierre, abbé de Clugny, Eloïse, comme il se void entre ses epistres : depuis, pour quelque scandale advenu, le roy en retira les femmes, et y mist des religieux. Ceste femme venuë regit le dict monastere avec une grande religion et saincteté, et y finit sa vie, et de luy il continua en singulière devotion, et despendit tout le sien en sainctes œuvres, estant du tout reduict à la religion catholique. Il se trouve encore des epistres d'elle à luy, et de luy à elle, si pleines d'érudition, qu'il n'y a homme qui ne s'esmerveille de la doctrine de cette femme, traictant des subjects suffisants pour empescher les plus resolus : aussi avoit elle esté instruicte aux lettres par Abaelard son mary, le quel en la fin touché au cœur d'une grande repentance contre ses erreurs, se rendit moyne à Clugny, où devenu malade, il fut envoyé à Sainct Marcel près Chaalons, pour changer d'air, mais pour néant, car il mourut : au quel Pierre le Vénérable, abbé de Clugny, qui premier lui avoit donné l'habit monachal, et auparavant avoit esté grand oppugnateur de ses opinions, dressa cest epitaphe, le voyant mort en la foy catholique, en tesmoignage de sa doctrine :

> Gallorum Socrates, Plato maximus Hesperiarum,
> Noster Aristoteles, logicis, quicumque fuerunt,
> Aut par, aut melior; studiorum cognitus orbi
> Princeps, ingenio varius, subtilis et acer,
> Omnia vi superans rationis, et arte loquendi,
> Abælardus erat : sed tunc magis omnia vicit,
> Cùm Cluniacensem monachum moremque professus,
> Ad Christi veram transivit philosophiam.
> In quà longævæ benè complens ultima vitæ,

Philosophis quandòque bonis se connumerandum
Spem dedit, undenas maio, revocante calendas.

Rawlinson, d'après un manuscrit de la bibliothèque d'Oxonne, rapporte cette épitaphe d'Abailard, qu'il attribue au prieur Godfroi :

Occubuit Petrus, succumbit, eo moriente,
Omnis philosophus, perit omnis philosophia,
Scinditur in partes jàm vestis philosophiæ :
Gallia facta frequens studiis et philosophiâ,
Petrum defunctum deflet de philosophiâ,
Gemmâ subtractâ plangit solitaria facta ;
Plangit Aristotelem sibi Logica nuper ademptum,
Et plangit Socratem sibi mœrens Ethica demptum,
Physica Platonem, facundia sic Ciceronem :
Artes artificem deplorant occubuisse,
Quod quid sentirent senserunt exposuisse.
Petrus Aristoteles fuit ipse vel alter et hæres,
Solus Aristotelis metas qui repperit artes ;
Hic docuit voces cum rebus significare,
Et docuit voces res significando notare,
Errores generum correxit, ità specierum,
Hic genus et species in solâ voce locavit,
Et genus et species sermones esse notavit.
Significativum quid sit, quid significatum,
Significans quid sit prudens diversificavit ;
Hic quid res essent, quid voces significarent
Lucidius reliquis patefecit in arte peritis :
Sic animal nullumque animal genus esse probatur,
Sic et homo, sed nullus homo species vocitatur.
Ingenio fretus docuit subtilia Petrus
Dogmata doctores quæ non docuêre priores ;
Quantùm difficiles aliis sunt omnibus artes
Tàm Petro faciles, Petro reserante patentes.
Petrus laudandus, Petrus plangendus ab hoste
Occidit. Hunc subitâ rapuit sors invida morte :

Errorum nebulæ surgunt te, Petre, cadente;
Si stares caderent, et te surgente jacerent.

Gloria te celebrem fecit, tua fama perennem;
　Nec potuit titulos mors abolere tuos :
Invidit mors ipsa tibi qui causa fuisti
　Omnibus invidiæ : mors inimica tibi.
Jam tua vocalis sententia facta realis
　Mors argumentum, sic tibi tumba locus.
Hæc in voce docens, hæc in rebus didicisti,
　Et moriendo probas quod moriatur homo.

Pierre le Vénérable, outre l'épitaphe qu'il envoya à Héloïse, en composa une seconde pour Abailard. Les deux derniers vers furent seuls gravés sur la tombe.

Petrus in hâc petrâ latitat, quem mundus Homerum
　Clamabat, sed jam sidera sidus habent.
Sol erat hic Gallis, sed eum jam fata tulerunt,
　Ergo caret regio Gallica sole suo.
Ille sciens quicquid fuit ulli scibile, vicit
　Artifices, artes absque docente docens.
Undecimo maii Petrum rapuêre calendæ,
　Privantes logices atria rege suo.
Est satis in titulo : Petrus hic jacet Abailardus!
　Huic soli patuit scibile quicquid erat.

ÉPITAPHE D'HÉLOISE.

Hoc tumulo abbatissa jacet prudens Heloissa.
Paraclitum statuit, cum paraclito requiescit.
Gaudia sanctorum sua sunt super alta polorum.
Nos meritis precibusque suis exaltet ab imis.

CALENDARIUM ALIUD COENOBII PARACLITENSIS LATINUM.

Undecimo cal. maii, anniversarium M. Petri Abailardi hujus loci fundatoris, nostræque religionis institutoris.—*Et recentiore manu:* Anno Domini mccccxcvii, secundâ mensis maii, ossa hujusmodi Petri fundatoris, quæ per prius erant reposita in loco hujus monasterii dicto *le petit Moustier*, fuerunt delata et reposita in hâc ecclesiâ à parte dextrâ cancelli, prout constat per instrumentum super hoc confectum. Quiquidem fundare coenobium coepit anno Domini mcxxx approbarique fecit per Eugenium Papam [1] hujus nominis iii, electum anno mcxlv. Quam approbationem in scriptis dicti fundatoris vidimus.

Decimo sexto cal. junii, mater nostræ religionis Heloissa, prima abbatissa, documentis et religione clarissima, spem bonam ejus nobis vitâ donante feliciter, migravit ad Dominum.—*Et iterùm recentiore calamo:* Anno Domini mccccxcvii, die ii mensis maii, ossa hujusmodi Heloissæ, quæ per prius erant reposita in quodam loco hujus monasterii dicto *le petit Moustier*, fuerunt delata et reposita in hâc ecclesiâ à parte sinistrâ cancelli, prout constat per instrumentum super hoc confectum.

---

[1] Imò per Innocentium II anno 1131, ut ex ipsius Innocentii litteris patet. Anno enim 1145 jam obierat Abælardus.

HÉLOÏSE ET ABAILARD

AMOUR PASSIONNÉ.

Extrait du *Génie du Christianisme*.

———o—◇—◇—————

L'amour ne fait entendre chez la *dévote* Julie que de mélodieux soupirs : c'est une voix troublée qui sort du sanctuaire de paix, un cri d'amour que prolonge, en l'adoucissant, l'écho religieux des tabernacles.......

Julie a été ramenée à la religion par des malheurs ordinaires. Elle est restée dans le monde ; et, contrainte de lui cacher sa passion, elle se réfugie en secret auprès de Dieu, sûre qu'elle est de trouver dans ce père indulgent une pitié que lui refuseraient les hommes. Elle se plaît à se confesser au tribunal suprême, parce que lui seul la peut absoudre, et peut-être aussi (reste involontaire de faiblesse !) parce que c'est toujours parler de son amour.

Si nous trouvons tant de charmes à révéler nos peines à quelque homme supérieur, à quelque conscience tranquille, qui nous fortifie et nous fasse participer au calme dont elle jouit, quelles délices n'est-ce pas de parler de passions à l'Être impassible que nos confidences ne peuvent troubler, de faiblesse à l'Être tout-puissant qui peut nous donner un peu de sa force ! On conçoit les transports de ces hommes saints qui, retirés sur le sommet des montagnes, mettaient toute leur vie aux pieds de Dieu, perçaient à force d'amour les voûtes de l'éternité, et parvenaient à contempler la lumière primitive. Julie, sans le savoir, approche de sa fin, et les ombres du tombeau, qui commencent à s'entr'ouvrir pour elle, laissent éclater à ses yeux un rayon de l'excellence divine. La voix de cette femme mourante est douce et triste ; ce sont les derniers bruits du vent qui va quitter la forêt, les derniers murmures d'une mer qui déserte ses rivages.

La voix d'Héloïse a plus de force. Femme d'Abailard, elle vit pour Dieu ; ses malheurs ont été aussi imprévus que terribles : précipitée du monde au désert, elle est entrée soudaine et avec tous ses feux dans les glaces monastiques. La religion et l'amour exercent à la fois leur empire sur son cœur : c'est la nature rebelle saisie toute vivante par la grâce et qui se débat dans les embrassements du ciel.

Donnez Racine pour interprète à Héloïse, et le tableau de ses souffrances va mille fois effacer celui des malheurs de la reine de Carthage par l'effet tragique, le lieu de la scène, et je ne sais quoi de formidable que le christianisme imprime aux objets où il mêle sa grandeur.

> Hélas ! tels sont les lieux où, captive, enchaînée,
> Je traîne dans les pleurs ma vie infortunée.
> Cependant, Abailard, dans cet affreux séjour,
> Mon cœur s'enivre encor du poison de l'amour.

Je n'y dois mes vertus qu'à ta funeste absence ;
Et j'ai maudit cent fois ma pénible innocence.

. . . .

O funeste ascendant, ô joug impérieux !
Quels sont donc mes devoirs, et qui suis-je en ces lieux ?
Perfide ! de quel nom veux-tu que l'on te nomme ?
Toi, l'épouse d'un Dieu, tu brûles pour un homme !
Dieu cruel ! prends pitié du trouble où tu me vois ;
A mes sens mutinés ose imposer tes lois.

. . . .

Le pourras-tu ? grand Dieu ! Mon désespoir, mes larmes,
Contre un cher ennemi te demandent des armes ;
Et cependant, livrée à de contraires vœux,
Je crains plus tes bienfaits que l'excès de mes feux.

Il était impossible que l'Antiquité fournît une pareille scène, parce qu'elle n'avait pas une pareille religion. On aura beau prendre pour héroïne une vestale grecque ou romaine, jamais on n'établira ce combat entre la chair et l'esprit qui fait le merveilleux de la position d'Héloïse. Souvenez-vous que vous voyez ici réunies les plus fougueuses des passions et une religion menaçante qui n'entre jamais en traité avec nos penchants.

Héloïse aime, Héloïse brûle ; mais là s'élèvent des murs glacés ; là tout s'éteint sous des murs insensibles ; là des flammes éternelles ou des récompenses sans fin attendent sa chute ou son triomphe. Il n'y a point d'accommodement à espérer ; la créature et le Créateur ne peuvent habiter ensemble dans la même âme. Didon ne perd qu'un amant ingrat ; oh ! qu'Héloïse est travaillée d'un autre soin ! Il faut qu'elle choisisse entre Dieu et un amant fidèle dont elle a causé les malheurs. Et qu'elle ne croie pas pouvoir détourner secrètement au profit d'Abailard la moindre partie de son cœur ; le Dieu de Sinaï est un Dieu jaloux, un Dieu qui veut être aimé de préférence : il punit jusqu'à l'ombre d'une pensée, jusqu'au songe qui s'adresse à d'autres qu'à lui.

Nous nous permettrons de relever ici une erreur de Colardeau, parce qu'elle tient à l'esprit de son siècle, et qu'elle peut jeter quelque lumière sur le sujet que nous traitons. Son épître d'Héloïse a une teinte philosophique qui n'est point dans l'original de Pope. Après le morceau que nous avons cité, on lit ces vers :

> Chères sœurs, de mes fers compagnes innocentes,
> Sous ces portiques saints colombes gémissantes,
> Vous qui ne connaissez que ces *faibles* vertus
> Que la religion donne...... et que je n'ai plus ;
> Vous, qui dans les *langueurs d'un esprit monastique*
> Ignorez de l'amour l'empire tyrannique ;
> Vous enfin, qui n'ayant que Dieu seul pour amant,
> Aimez par *habitude*, et non par sentiment ;
> Que vos cœurs sont heureux, puisqu'ils sont insensibles !
> Tous vos jours sont sereins, toutes vos nuits paisibles :
> Le cri des passions n'en trouble point le cours :
> Ah ! qu'Héloïse envie et vos nuits et vos jours !

Ces vers, qui d'ailleurs ne manquent pas d'abandon et de mollesse, ne sont point de l'auteur anglais. On en découvre quelque trace dans ce passage, que nous traduisons mot à mot :

« — Heureuse la vierge sans tache qui oublie le monde et que le monde oublie ! L'éternelle joie de son âme est de sentir que toutes ses prières sont exaucées, tous ses vœux résignés. Le travail et le repos partagent également ses jours ; son sommeil facile cède sans effort aux pleurs et aux veilles ; ses désirs sont réglés ; ses goûts toujours les mêmes ; elle s'enchante par ses larmes, et ses soupirs sont pour le ciel. La grâce répand autour d'elle ses rayons les plus sereins ; des anges *lui soufflent* tout bas les plus beaux songes. Pour elle l'Époux prépare l'anneau nuptial ; pour elle de blanches vestales entonnent des chants d'hyménée ; c'est pour elle que fleurit la rose d'Éden, qui ne se fane jamais, et que les séraphins répandent les parfums de leurs ailes. Elle meurt enfin aux sons des harpes célestes, et s'évanouit dans les visions d'un jour éternel. »

Nous sommes encore à comprendre comment un poëte a pu se tromper au point de substituer à cette description un lieu commun sur les *langueurs monastiques.*

Qui ne sent combien elle est belle et dramatique, cette opposition que Pope a voulu faire entre les chagrins et l'amour d'Héloïse, et le calme et la chasteté de la vie religieuse ? Qui ne sent combien cette transition repose agréablement l'âme agitée par les passions, et quel nouveau prix elle donne ensuite aux mouvements renaissants de ces mêmes passions ? Si la philosophie est bonne à quelque chose, ce n'est pas sûrement à un tableau des troubles du cœur, puisqu'elle est directement inventée pour les apaiser. Héloïse, philosophant sur les *faibles* vertus de la religion, ne parle ni comme la vérité, ni comme son siècle, ni comme la femme, ni comme l'amour : on ne voit que le poëte, et, ce qui est pis encore, l'âge des sophistes et de la déclamation.

C'est ainsi que l'esprit irréligieux détruit la vérité et gâte les mouvements de la nature. Pope, qui touchait à de meilleurs temps, n'est point tombé dans la faute de Colardeau. Il conservait la bonne tradition du siècle de Louis XIV, dont le siècle de la reine Anne ne fut qu'une espèce de prolongement ou de reflet. Revenons aux idées religieuses, si nous attachons quelque prix aux œuvres du génie : la religion est la vraie philosophie des beaux-arts, parce qu'elle ne sépare point, comme la sagesse humaine, la poésie de la morale, et la tendresse de la vertu.

CHATEAUBRIAND, *Génie du Christianisme*,
IIe partie, livre III, chapitre v.

OUVRAGES INÉDITS D'ABÉLARD

POUR SERVIR

A L'HISTOIRE DE LA PHILOSOPHIE SCOLASTIQUE EN FRANCE,

PUBLIÉS PAR M. VICTOR COUSIN.

(Extrait de l'Introduction.)

La scolastique appartient à la France, qui produisit, forma ou attira les docteurs les plus illustres. L'Université de Paris est, au moyen-âge, la grande école de l'Europe. Or, l'homme qui par ses qualités et par ses défauts, par la hardiesse de ses opinions, l'éclat de sa vie, la passion innée de la polémique, et le plus rare talent d'enseignement, concourut le plus à accroître et à répandre le goût des études et ce mouvement intellectuel d'où est sortie, au treizième siècle, l'Université de Paris, cet homme est Pierre Abélard.

Ce nom est assurément un des noms les plus célèbres ; et la gloire n'a jamais tort : il ne s'agit que d'en retrouver les titres.

Abélard, de Palais, près Nantes, après avoir fait ses premières études en son pays, et parcouru les écoles de plusieurs provinces pour y augmenter son instruction, vint se perfectionner à Paris, où d'élève il devint bientôt le rival et le vainqueur de tout ce qu'il y avait de maîtres renommés : il régna en quelque sorte dans la dialectique. Plus tard, quand il mêla la théologie à la philosophie, il attira une si grande multitude d'auditeurs de toutes les parties de la France et même de l'Europe, que, comme il le dit lui-même, les hôtelleries ne suffisaient plus à les contenir, ni la terre à les nourrir. Partout où il allait, il semblait porter avec lui le bruit et la foule ; le désert où il se retirait devenait peu à peu un auditoire immense. En philosophie, il intervint dans la plus grande querelle du temps, celle du réalisme et du nominalisme, et il créa un système intermédiaire. En théologie, il mit de côté la vieille école d'Anselme de Laon, qui exposait sans expliquer, et fonda ce qu'on appelle aujourd'hui le rationalisme. Et il ne brilla pas seulement dans l'école ; il émut l'Église et l'État, il occupa deux grands conciles, il eut pour adversaire saint Bernard, et un de ses disciples et de ses amis fut Arnauld de Brescia. Enfin, pour que rien ne manquât à la singularité de sa vie et à la popularité de son nom, ce dialecticien qui avait éclipsé Guillaume de Champeaux, ce théologien contre lequel se leva le Bossuet du douzième siècle, était beau, poëte et musicien ; il faisait en langue vulgaire des chansons qui amusaient les écoliers et les dames ; et, chanoine de la cathédrale, professeur du cloître, il fut aimé jusqu'au plus absolu dévouement par cette noble créature qui aima comme sainte Thérèse, écrivit quelquefois comme Sénèque, et dont la grâce devait être irrésistible, puisqu'elle charma saint Bernard lui-même. Héros de roman dans l'Église, bel-esprit dans un temps barbare, chef d'école et presque martyr d'une opinion, tout concourut à faire d'Abélard un personnage extraordinaire. Mais de tous ses titres celui qui se rapporte à notre objet, et qui lui donne une place à part dans l'histoire de l'esprit humain, c'est l'invention d'un nouveau système philosophique, et l'application de ce système, et en général de la philosophie à la théologie. Sans doute avant Abélard on trouverait quelques rares exemples de cette application périlleuse, mais utile, dans ses écarts mêmes, aux progrès de la raison ; mais c'est Abélard qui l'érigea en principe ; c'est donc lui qui contribua le plus à fonder la scolastique, car la scolastique n'est pas autre chose. Depuis Charlemagne, et même auparavant, on enseignait dans beaucoup de lieux un peu de grammaire et de logique ; en même temps un enseignement religieux ne manquait pas ; mais cet enseignement se réduisait à une exposition plus ou moins régulière des dogmes sacrés : il pouvait suffire à la foi, il ne fécondait pas l'intelligence. L'introduction de la dialectique dans la théologie pouvait seule amener cet esprit de controverse qui est le vice et l'honneur de la scolastique. Abélard est le principal auteur de cette introduction ; il est donc le principal fondateur de la philosophie du moyen-âge : de sorte que la France a donné à la fois à l'Europe la scolastique au douzième siècle par Abélard, et, au commencement du dix-septième, dans Descartes, le destructeur de cette même scolastique et le père de la philosophie moderne. Et il n'y a point là d'inconséquence ; car le même esprit qui avait élevé l'enseignement religieux ordinaire à cette forme systématique et rationnelle qu'on appelle la scolastique, pouvait seul surpasser cette forme même et produire la philosophie proprement dite. Le même pays a donc très-bien pu porter, à quelques siècles de distance, Abélard et Descartes ; aussi remarque-t-on entre ces deux hommes une similitude frappante, à travers bien des différences. Abélard a essayé de se rendre compte de la seule chose qu'on pût étudier de son temps, la théologie ; Descartes s'est rendu compte de ce qu'il était enfin permis d'étudier du sien, l'homme et la nature. Celui-ci n'a reconnu d'autre autorité que celle de la raison ; celui-là a entrepris de transporter la raison dans l'autorité. Tous deux ils doutent et ils cherchent ; ils veulent comprendre le plus possible et ne se reposer que dans l'évidence : c'est là le trait commun qu'ils empruntent à l'esprit français, et ce trait fondamental de ressemblance en amène beaucoup d'autres ; par exemple cette clarté de langage qui naît spontanément de la netteté et de la précision des idées. Ajoutez qu'Abélard et Descartes ne sont pas seulement Français, mais qu'ils appartiennent à la même province, à cette Bretagne dont les sentiments se distingent par un si vif sentiment d'indépendance et une si forte personnalité. De là, dans les deux illustres compatriotes, avec leur originalité naturelle, une certaine disposition à médiocrement admirer ce qui s'était fait avant eux et ce qui se faisait de leur temps, l'indépendance poussée souvent jusqu'à l'esprit de querelle, la confiance dans leurs forces et le mépris de leurs adversaires [1], plus de conséquence que de solidité dans leurs opinions, plus de sagacité que d'étendue, plus de vigueur dans la trempe de

---

[1] Pour Descartes, voyez le Discours sur la méthode et toute sa Correspondance ; pour Abélard, la fameuse lettre, *Historia calamitatum*, où il s'accuse lui-même d'arrogance, et tous ses ouvrages. Othon de Freisingen, son contemporain, qui l'avait connu personnellement, s'en exprime ainsi, *De gestis Friderici*, lib. 1, cap. 47 : « Tam arrogans suoque tantùm ingenio confidens, ut vix ad audiendos magistros ab altitudine mentis suæ humiliatus descenderet. »
(*Petri Abœlardi opera*, in-4°, avec des notes de Duchesne.)

l'esprit et du caractère que d'élévation ou de profondeur dans la pensée, plus d'invention que de sens commun; abondant dans leur sens propre plutôt que s'élevant à la raison universelle, opiniâtres, aventureux, novateurs, révolutionnaires.

Abélard et Descartes sont incontestablement les deux plus grands philosophes qu'ait produits la France, l'un au moyen-âge, l'autre dans les temps modernes. . . . .
. . . .

(Après avoir fait connaître les doctrines d'Abélard « cet ardent génie, ce Descartes du douzième siècle » par une exposition qui est un modèle de clarté et de discussion philosophique, M. Cousin résume ainsi son opinion :)

Pierre Abélard est, avec saint Bernard, dans l'ordre intellectuel, le plus grand personnage du douzième siècle. Comme saint Bernard représente l'esprit conservateur et l'orthodoxie chrétienne, dans son admirable bon sens, sa profondeur sans subtilité, sa pathétique éloquence, mais aussi dans ses ombrages et dans ses limites parfois trop étroites, de même Abélard et son école représentent en quelque sorte le côté libéral et novateur du temps, avec ses promesses souvent trompeuses et le mélange inévitable de bien et de mal, de raison et d'extravagance. Il exerça sur son siècle une sorte de prestige. De 1108 à 1140, il obtint dans l'enseignement des succès inouïs jusqu'alors, et qui, s'ils n'étaient attestés par d'irrécusables témoins, ressembleraient à des inventions fabuleuses. Il avait trouvé à Paris deux écoles célèbres, celle du Cloître et celle de Saint-Victor, et il en suscita une foule d'autres pour soutenir ou pour combattre son système, et c'est de là qu'est née l'Université de Paris. Malgré ses erreurs et les anathèmes de deux conciles, sa périlleuse mais féconde méthode est devenue la méthode universelle de la théologie scolastique. Les erreurs s'effacèrent, et la méthode resta, comme une conquête de l'esprit d'indépendance.

. . . .

V. Cousin.

TRANSLATIONS SUCCESSIVES

DES CENDRES

D'HÉLOÏSE ET D'ABAILARD

Plus de trois siècles s'écoulèrent avant que personne songeât à séparer des époux que la mort et leur volonté dernière avaient étroitement réunis. Cependant, en 1497, par l'effet d'un scrupule ridicule, on plaça leurs ossements dans deux tombes différentes, qui furent transportées dans la grande église de l'abbaye, et placées aux deux côtés du chœur, où elles restèrent près de deux siècles. Marie de la Rochefoucauld les fit placer, en 1630, dans la chapelle de la Trinité.

Cent trente-six ans après, Marie de Roucy de la Rochefoucauld eut la pensée, à la fois pieuse et philosophique, de faire ériger un nouveau monument à la mémoire des deux amants, dont l'un avait été fondateur et l'autre première abbesse du Paraclet. En 1766, elle écrivit à l'Académie des Inscriptions, lui demandant une épitaphe pour orner la tombe d'Abailard et d'Héloïse. Madame de Roucy de la Rochefoucauld, nièce de la précédente, dernière abbesse du Paraclet, fit graver cette épitaphe :

HIC,
SUB EODEM MARMORE, JACENT,
HUJUS MONASTERII
CONDITOR, PETRUS ABÆLARDUS,
ET ABBATISSA PRIMA HELOISSA,
OLIM STUDIIS, INGENIO, AMORE, INFAUSTIS NUPTIIS,
ET POENITENTIA,
NUNC ÆTERNA, QUOD SPERAMUS, FELICITATE,
CONJUNCTI.
PETRUS OBIIT XX PRIMA APRILIS MCXLII,
HELOISSA, XVII MAII MCLXIII.

ICI,
SOUS LA MÊME PIERRE, REPOSENT
DE CE MONASTÈRE
LE FONDATEUR, PIERRE ABAILARD,
ET LA PREMIÈRE ABBESSE, HÉLOÏSE,
AUTREFOIS UNIS PAR L'ÉTUDE, LE GÉNIE, L'AMOUR, UN HYMEN MALHEUREUX,
ET LA PÉNITENCE :
MAINTENANT, NOUS L'ESPÉRONS, UNE ÉTERNELLE FÉLICITÉ
LES RÉUNIT.
PIERRE ABAILARD MOURUT LE XXI AVRIL MCXLII
HÉLOÏSE, LE XVII MAI MCLXIII.

Un décret de 1792 portait, comme on sait, la destruction des couvents. Le Paraclet se trouvait donc soumis à cette loi. Mais les autorités de Nogent firent en faveur des deux amants une exception bien méritée. Accompagnées du curé de la paroisse et des notables de la localité, elles présidèrent, avec la plus grande pompe, à l'extraction des ossements d'Abailard et d'Héloïse. La plus magnifique procession conduisit leurs restes inanimés à l'église de cette ville; un discours fut prononcé, des chants funèbres entonnés, et leur cercueil unique, mais séparé par une cloison en plomb, déposé dans un caveau de la chapelle Saint-Léger.

Sous le ministère de Lucien Bonaparte, il fut ordonné, en 1800, que les dépouilles mortelles des célèbres amants seraient transportées dans le jardin du Musée français, où M. Alexandre Lenoir, fondateur de cet établissement, leur fit construire une chapelle sépulcrale très-élégante, avec les plus beaux débris du Paraclet et de l'abbaye de Saint-Denis. Un procès-verbal constate que, lors de l'ouverture du double cercueil, le 23 avril de la même année, on trouva dans la portion qui contenait les restes d'Abailard, une grande partie du crâne et de la mâchoire inférieure, les côtes, les vertèbres et la presque totalité des femora et des tibia. Dans la partie qui renfermait les restes d'Héloïse, on remarqua une tête entière, la mâchoire inférieure distinguée en ses deux parties primitives, les os des bras, des cuisses et des jambes dans leur parfaite intégrité.

En 1815, le gouvernement concéda au Mont-de-Piété une grande partie du terrain d'abord assignée au Musée français, et, par suite de cette disposition, il fallut déplacer de nouveau le monument des célèbres époux. On le déposa dans la troisième cour de cet établissement national.

En 1817, on transporta les cendres d'Abailard et d'Héloïse au cimetière du Mont-Louis, dans une des salles de l'ancienne maison du Père-Lachaise, qui leur servit d'asile pendant environ cinq mois. Le 6 novembre de la même année elles furent placées, en présence du commissaire de police qui avait constaté l'état de leurs ossements, au cimetière du Père-Lachaise.

M. Lenoir dit en parlant d'Héloïse : « L'inspection des
« os de son corps, que nous avons examinés avec soin,
« nous a convaincus qu'elle fut, comme Abailard, de
« grande stature et de belles proportions. Ses restes pré-
« cieux, dont on n'a pas craint de violer l'asile, ont été
« déposés à Nogent-sur-Seine......

« J'ai fait la même remarque que M. Delaunay sur la
« stature d'Abailard : ses ossements sont forts et d'une
« grande dimension. La tête d'Héloïse est d'une belle pro-
« portion ; son front, d'une forme coulante, bien arron-
« die, et en harmonie avec les autres parties de la face,
« exprime encore la beauté parfaite. Cette tête, qui était
« si bien organisée, a été moulée sous mes yeux pour l'exé-
« cution du buste d'Héloïse, qui a été modelé par M. de
« Seine. »

M. Alex. Lenoir appelle le tombeau *la chapelle sépulcrale d'Héloïse et d'Abailard*. Cette chapelle, dit-il, construite avec les débris du cloître du Paraclet, nous montre le style d'une architecture arabe pratiquée en France dans le douzième siècle ; sa forme est celle d'un carré long, de quatorze pieds sur onze ; sa hauteur est de vingt-quatre pieds ; un clocher de douze pieds, percé à jour, selon le goût du temps, s'élève au-dessus de la toiture ; quatre clochers plus petits et d'un travail très-délicat, et quatre têtes chimériques, terminent les angles du monument ; quatorze colonnes de six pieds, ornées de chapiteaux très-variés dans leurs formes, supportent dix arcades en ogive, percées à jour et en trèfle ; des corniches chargées de fleurs des champs, ainsi que quatre grands frontons qui sont décorés de bas-reliefs, de rosaces et de médaillons d'Héloïse et d'Abailard, forment la totalité de la chapelle gothique où reposent les illustres restes de l'abbesse du Paraclet et de l'abbé de Saint-Gildas. (Voyez la *Notice historique,* etc., par M. Alex. Lenoir, imprimée à Paris en 1815, page 4 et suiv.)

COMPLAINTES

AVERTISSEMENT DU TRADUCTEUR.

Les Complaintes qui suivent ne se trouvent pas dans l'ancien Recueil des œuvres d'Abailard. Elles ont été découvertes à Rome, en 1838, dans un manuscrit du xiiie siècle, par un savant allemand, M. Papencord, qui les a insérées dans son *Spicilegium Vaticanum* (Glanes du Vatican).

Abailard, comme on sait, avait composé, en langue vulgaire, une foule de chants amoureux. Il ornait lui-même ses vers de « cette espèce de rhétorique sonore qui a, comme celle des paroles, ses grandes figures pour élever l'âme, ses grâces pour la toucher, ses ris et ses jeux pour la divertir ». Il exerçait aussi sur des sujets moins importants, mais qui paraissent plus graves, son double talent de poëte et de musicien, et employait alors, de préférence, l'idiome latin.

A cette seconde catégorie appartiennent les poëmes élégiaques qu'il a intitulés *Complaintes*, et qui se composent de stances écrites en prose mesurée, où reviennent, de temps en temps, des assonances en manière de rime. Quant à leur forme générale, les Mélodies hébraïques de lord Byron peuvent en donner une assez juste idée : la noblesse de l'inspiration poétique, et, quelquefois, la conformité même du sujet ajoutent encore à la ressemblance. La musique est perdue ; et c'est un malheur, si nous jugeons de sa beauté par celle des paroles, car un souffle puissant les porte et les maintient sans effort dans la haute région du lyrisme. Les passions qu'elles expriment, l'amour, l'ardeur héroïque, la pitié, la douleur paternelle y éclatent en traits vifs et profonds, et nous émeuvent par des accents toujours vrais.

Malgré le mérite de ces pièces, elles ne pouvaient figurer ici à moins de se rattacher suffisamment à l'objet de la présente publication. Mais elles concourent à compléter cette grande esquisse du cœur déjà si puissamment tracée dans les *Lettres*, et à nous montrer dans Abailard, pleurant avec Jacob et avec David, cette source vive et cet élan continuel de tendresse que d'illustres critiques lui ont refusé pour lui-même, et qui n'en suffit pas moins à l'expression de toutes les douleurs étrangères. Qu'est-ce que toutes ces complaintes, sinon le sang qui coule de l'incurable blessure, sinon le cri d'angoisse qui s'échappe à tout propos de ce cœur désespéré, sinon la douleur personnelle qui s'exhale sous le voile d'un nom emprunté? Abailard ne songeait-il pas à Héloïse, en parlant de la fille de Jephté? En apparence, il mène le deuil des autres : en réalité il ne mène que le sien. Et c'est là l'histoire du génie dans tous les temps : les vraies larmes ne se versent point par procuration.

L'une de ces complaintes nous découvre aussi une trace divine et jusqu'alors inaperçue du pied d'Héloïse. Au récit de la trahison de Dalida succède, dans la bouche d'Israël, une tirade fort riche en imprécations contre les femmes. De même, après la trahison du Philistin Fulbert, Héloïse déplore, dans sa 2ᵉ Lettre, l'attentat dont Abailard a été victime, et s'indigne d'en avoir été l'occasion ; puis, ne sachant comment s'humilier et se punir pour ce crime qui n'est pas le sien, et dont elle se croit pourtant responsable, elle finit par accuser en sa personne tout son sexe, « cet éternel fléau de l'homme ». Elle cite la malédiction du Livre des Proverbes et de l'Ecclésiaste ; elle accumule avec amertume les exemples d'Adam, de Job, de Samson, de David et de Salomon ; et la haine fiévreuse dont elle est animée contre la femme ne s'arrête pas avant d'avoir épuisé dans tous ses détails la diatribe qui envenime la seconde partie de la Complainte d'Israël.

Ce qu'il faut remarquer ici, c'est le soin scrupuleux qu'elle déploie à se servir exactement des mêmes idées et des mêmes mots qu'Abailard. En effet, tandis qu'elle écrit, elle écoute intérieurement et répète avec bonheur le retentissement de la voix adorée. Intention exquise ! Servilité touchante et admirable ! Le culte pour l'amant s'est étendu jusqu'aux conceptions de sa pensée, jusqu'aux formes de son style ; tout ce qu'il a touché est désormais consacré. Il semble que la plénitude de l'amour et du respect, chez cette noble femme, ait la puissance de la dépouiller à certains moments de sa personnalité. Les mouvements de son cœur, la marche de son esprit, elle n'a plus rien en propre ; elle ne connaît plus d'autres sentiers que ceux qu'Il a frayés ; elle sent, elle voit, elle se meut, elle parle en lui, par lui, comme lui : elle est véritablement devenue ce qu'elle a voulu être, dit-elle, en toutes choses, et par-dessus tout, *sa propriété*. C'est la transformation volontaire la plus absolue qui se puisse imaginer.

Cette incomparable délicatesse de sentiment, qu'il est impossible de reconnaître dans la deuxième Lettre d'Héloïse, si l'on n'a pas lu la Complainte d'Israël, devait être signalée à nos lecteurs.

Nous serions tentés d'ajouter ici une Complainte de notre façon, avec musique, sur la perte de cette partie principale de la pensée d'Abailard qui résonnait plus largement sous les doigts de la Muse à l'archet d'or. La parole est circonscrite dans un étroit domaine qu'elle ne peut franchir ; elle est pauvre dans les appareils de sa joie et de son deuil ; une loi inflexible écourte également la pourpre de ses manteaux de triomphe et le crêpe de ses robes douloureuses. Mais la musique peut s'élancer à plein vol dans l'infini ! La musique est l'interprète souverain des choses inénarrables et cachées dans le secret de la fibre. Écho de ces voix supérieures qui descendent du ciel, et qui chantent dans notre âme lorsque le dieu de la passion l'échauffe et l'agite, c'est à elle seule qu'il appartient de dérouler dans toute leur magnificence ces trésors que l'effort balbutiant du langage sait à peine nommer.

Si le temps jaloux, ou plutôt la négligence des hommes, a ravi aux Complaintes d'Abailard le précieux talisman dont la lyre les avait enrichies, ce n'est point que l'art de peindre les sons, et de donner une figure visible aux pensées musicales, ait été ignoré à cette époque ; seulement nous ne comprenons plus le sens des caractères qui les représentent : c'est aujourd'hui un chiffre muet qui nous dérobe le doux mystère de son âme, et qui couve silencieusement son rêve harmonieux.

Sur la demande d'un de nos amis, M. Louis Besozzi, pensionnaire de l'Académie de France à Rome, M. le Directeur de la Bibliothèque Ambrosienne a bien voulu nous envoyer, en 1838, un fac-simile du texte manuscrit, avec une dissertation, rédigée tout exprès, sur la notation musicale qui l'accompagne, et qui se compose de points et de signes placés au-dessus des paroles. Il résulte de ce mémoire très-savant, et peu consolant, que l'absence de la portée, qui n'était pas universellement en usage à cette époque, fait une lettre morte de ce système de notation ; que nous manquons de l'échelle nécessaire pour mesurer les tons et leurs intervalles; enfin que la valeur des points et des signes, relativement à la durée, est indéterminable dans l'état présent de la paléographie.

Ainsi, à présent même, les monuments écrits de la langue musicale ne remontent pas tous à Gui d'Arezzo. Au-delà, toute la tradition est rompue. Le XIIIe siècle n'a pas voulu recevoir des mains de ses devanciers l'une, et la plus brillante peut-être, de ces lampes de la vie, dont la disparition, si courte qu'elle soit, laisse les générations amoindries se heurter confusément dans les ténèbres.

Mais si la tradition a été rompue, elle se renouera, n'en doutons pas. Tout sphinx aura son Œdipe, tout hiéroglyphe son Champollion, tout grimoire son sorcier. Grâce aux merveilleuses orientations de la science, le génie de la découverte marche rapidement à la solution de tous les problèmes. L'anneau de Salomon est à son doigt : sa baguette magique entr'ouvre les horizons, soulève les voiles, et force de toutes parts le sceau de l'inconnu. A chacun de ses pas, un travail de vie et de lumière se déclare autour de lui. Les puissances inertes, les vérités mortes ou à naître, toutes les poussières du passé, tous les éléments des formes futures s'ébranlent, se rapprochent et se dégagent des froides prises de l'oubli ou du néant. On peut affirmer que l'homme entrera un jour en possession de tout son héritage. Et puisque la musique du XIIe siècle en fait partie, la musique du XIIe siècle revivra[1]. Nous

---

[1] L'espérance de l'écrivain n'a pas tardé à se réaliser. La conquête qu'il aimait à entrevoir dans l'avenir est, dès à-présent, un fait accompli dont la gloire revient à M. Jules Tardif.

Ce jeune érudit, déjà connu dans le monde savant par l'explication de la sténographie romaine, inventée, dit-on, par un affranchi de Cicéron, et qui fut très-usitée dans la période primitive du moyen-âge, sous le nom de

avons vu, sur ce sujet, des travaux dont les premiers résultats nous paraissent si heureux, qu'on est en droit de ne s'interdire de ce côté aucune espérance. Il est très-possible qu'on retrouve bientôt dans les ruines de Ninive (fort bien conservée d'ailleurs) les airs fossiles qui ont bercé Bélus et la première dynastie des Pharaons. Une fois arrivés là, nous n'aurons plus qu'un pas à faire pour reconstituer les fanfares antédiluviennes qui annonçaient aux peuples respectueux l'approche des sultans préadamites.

En attendant, voici la traduction française des complaintes d'Abailard.

Notes Tironiennes, vient de confirmer les brillantes promesses de son début, en nous donnant la clef des *Neumes*, ou anciennes notes musicales.

Laissons parler le *Moniteur* du jeudi 5 mai 1853 : « Dans un Mémoire plein d'intérêt, et d'une lucidité remarquable, M. Tardif expose d'abord l'historique de la question. Il ramène ensuite à deux éléments très-simples (un *point* et une *virgule*) l'ensemble fort compliqué, surtout en apparence, des signes qui sont employés dans les manuscrits les plus anciens, tracés en caractères neumatiques. Puis il démontre, par des preuves évidentes, l'emploi de chacun de ces signes et la valeur qui y est attachée. Cette explication est complétée par divers tableaux, où les principaux groupes de neumes, au nombre de soixante et un, ainsi qu'un fragment entier de mélodie neumatique, sont restitués en regard et comparativement, d'une part, à l'aide des figures anciennes, et, de l'autre, sous la forme actuellement employée. »

Puisse l'éclatant succès de M. Tardif appeler une protection efficace sur les travaux paléographiques ! Cette protection serait le gage des plus précieuses découvertes. (*Note de l'Éditeur.*)

COMPLAINTES

COMPLAINTE DE DINA, FILLE DE JACOB.

Moi, la fille d'Abraham, le rejeton d'Israël, moi, le sang glorieux des patriarches, enlevée par un homme incirconcis, je suis devenue la proie d'un impur Moabite. Opprobre d'une sainte race, j'ai été trompée par les jeux d'une nation ennemie.

Malheur à moi, infortunée! Je me suis perdue moi-même!

Pourquoi ai-je voulu voir les fêtes étrangères? C'est pour mon malheur que j'ai été connue, en voulant les connaître.

Malheur à moi, infortunée! Je me suis perdue moi-même!

Sichem, né pour la perte de ton peuple, nom taché d'une honte éternelle dans notre postérité!

Malheur à toi, infortuné! Tu t'es perdu toi-même!

En vain la circoncision a fait de toi un prosélyte, si elle n'a purifié ton infamie.

Malheur à toi, infortuné! Tu t'es perdu toi-même!

Forcé de me ravir, ravi toi-même par ma beauté,—quel juge aurait pu te trouver exempt de faute?

Ce n'est pas vous, Siméon et Lévi, pieux vengeurs, trop cruels toutefois!

Vous avez enveloppé les innocents dans le châtiment du coupable. Le père lui-même a eu le cœur déchiré,—et pour cela vous avez encouru l'exécration.

L'amour avait entraîné..... La faute avait été sanctifiée..... Le jugement ne devait-il pas tenir compte de la diminution de la faute?

La jeunesse est légère, elle a peu de discernement. La sévérité des hommes prudents a été trop grande envers elle.

La colère de mes frères aurait dû être adoucie par l'honneur que leur fit le prince du pays en épousant une étrangère.

Malheur à moi, malheur à toi, infortuné prince! L'holocauste sanglant de tout un peuple accompagne ta mort.

COMPLAINTE DE JACOB SUR SES FILS.

Malheureux fils, nés d'un père voué au malheur! Pour mon nouveau crime la vengeance était déjà prête.

De quel forfait un coup si cruel est-il l'expiation? Par quel péché ai-je mérité d'être frappé de ce glaive?

Joseph, l'honneur de ma maison, la gloire de ses frères, dévoré par les bêtes féroces, succombe à une mort affreuse.

Siméon, dans les fers, paye pour les fautes paternelles. Après leur mère et Benjamin, j'ai perdu ce qui me restait de joies.

Joseph, la faveur du ciel était sur toi, et tes frères en furent jaloux : quels présages, ô mon fils, fallait-il voir dans tes songes?

Le soleil, la lune, les étoiles, les gerbes, j'y ai long-temps réfléchi, qu'annonçaient-ils donc par leurs prophéties mystérieuses?

Et toi, le dernier de tes frères par l'âge, le premier de tous dans mon amour, toi que ta mère mourante appelait Bennoni, et que ton père dans la joie de son cœur nomma Benjamin;

Par tes caresses, tu relevais la vieillesse abattue de ton père; tu me rendais Joseph par la grâce de ton allure; tu me rendais ta mère par la beauté de ton visage.

Les vagissements de ton berceau, mieux que la mélodie de toutes les chansons, étaient doux au veuvage et à la tristesse du vieillard.

Tes lèvres balbutiantes, l'informe langage essayé par ta bouche débile, surpassaient en douceur tout le miel de l'éloquence.

La consolation de mes deux grandes pertes était toute en

toi, ô mon fils! Vivante image de ta mère et de ton frère, tu me rendais ainsi à moi-même.

Aussi avec toi je les ai perdus une seconde fois, et j'ai vécu trop long-temps. O mon fils, tu étais le plus petit par l'âge; mais, pour ton père comme pour ta mère, tu es le plus grand dans la douleur.

Dieu que je sers, fais que nous soyons réunis à nous-mêmes dans ton sein!

COMPLAINTE DES VIERGES D'ISRAËL

SUR LA FILLE DE JEPHTÉ DE GALAAD.

Rassemblez-vous, vierges d'Israël! formez les chœurs accoutumés! Que les hymnes lugubres se succèdent! Accomplissez le rite gémissant de vos cérémonies. Arrivez les cheveux épars, le front chargé de tristesse, avec des larmes et des cris.

Loin de vous les riches atours et les bijoux précieux. La fille de Jephté de Galaad, la vierge pure, immolée par son père, réclame aujourd'hui l'offrande anniversaire de vos élégies, et le rhythme de vos pieux concerts. Sa vertu a mérité ce funèbre hommage.

O vierge, plus digne encore d'admiration que de larmes! Où est l'homme qu'on pourrait lui comparer?

Pour que le vœu de son père ne reste point sans effet, pour que la victime promise ne soit point dérobée au Seigneur, c'est elle qui console le peuple, elle qui tend sa gorge au couteau.

Au moment où son père victorieux revient du combat, entouré de ses guerriers, poussée par la joie elle accourt à sa rencontre en faisant retentir le tympanon.

A sa vue le père troublé, gémissant, change son allégresse en sanglots; car il se souvient de son vœu. Son triomphe est devenu le deuil de sa maison :

« Tu as trompé mon espoir, ma fille, ô mon unique enfant, dit le capitaine. Ton erreur te fera payer cruellement notre joie, et cette victoire que le Seigneur nous a donnée sera ta perte ! »

Elle répond : « Je remercie le ciel que mon ignorance fournisse pour une si grande cause une victime résignée comme moi. Abraham, voulant immoler son fils, ne put obtenir de Dieu cette faveur que son enfant fût accepté de ses mains comme hostie.

Celui qui a repoussé le jeune garçon accepte par votre vœu la jeune fille. Voyez, mon père, la gloire de mon sexe ; voyez l'honneur insigne fait à votre sang, et sachez en être fier. Comme par le sexe, soyez homme par le courage, je vous en supplie. Ne vous opposez ni à ma gloire ni à la vôtre, en me préférant à votre âme, et en blessant Israël par un blâmable exemple.

Respectons le choix du ciel, et qu'il dispose de sa victime. Autrement vous offenseriez à la fois le Seigneur et le peuple ; vous perdriez la faveur de celui-ci en déplaisant à l'autre.

C'est ici un acte cruel, mais la piété le commande, car la victoire est le prix de la victime. Payez votre dette, ô mon père, et apaisez ainsi le Seigneur. Vous consentiriez plus tard à ce sacrifice, et peut-être ne serait-il plus accepté. Ce qu'une vierge tendre affronte sans trembler, que la main d'un homme ose l'accomplir. La promesse qui vous lie est un vœu sacré.

Mais vous m'accorderez un sursis de deux mois, pour que je puisse parcourir les vallées et les collines avec mes compagnes, et pleurer l'arrêt du Seigneur qui me prive de postérité, l'arrêt qui fait de ma mort la sanction nécessaire de la loi, et qui ne peut être racheté par la pureté d'une hostie qui ne connaît ni tache ni souillure. »

Ce temps écoulé, la fille unique de Jephté revint près de son père.

Elle se rend dans la partie réservée de ses appartements, elle dépose ses vêtements funèbres et ses voiles de deuil. Elle entre dans la salle du bain au milieu du cercle gracieux de ses compagnes. L'onde ranime son corps languissant, le purifie de la poussière du pèlerinage, et lui rend sa force et sa fraîcheur.

Les jeunes filles apportent en pleurant diverses pâtes précieuses contenues dans des coffrets d'or. Les unes parfument la victime; d'autres disposent ses cheveux d'une main habile, et l'ornent pour le fiancé qui l'attend, le tombeau.

Bientôt la jeune vierge sort du bain; elle envoie dire à son père de faire préparer l'autel et le bûcher, tandis qu'elle-même prépare avec soin la victime pour qu'elle plaise au Seigneur, et qu'elle soit digne du prince.

Oh! quelle explosion de douleur provoque de toutes parts ce sombre message, et par combien de lamentations il est accueilli! Le capitaine presse le peuple éploré de hâter ses préparatifs, et sa fille presse les vierges ses compagnes de lui apporter ses vêtements et de l'habiller pour la mort comme elles l'auraient fait pour ses noces.

L'une lui présente la tunique, une autre le mantelet de pourpre : des larmes ont mouillé la tunique; des larmes brillent sur le mantelet.

L'or, les pierreries, les perles étincellent dans le collier qui orne sa poitrine, et empruntent un nouvel éclat aux pendants d'oreilles, aux bracelets et aux cercles d'or qui chargent les membres délicats de la jeune vierge.

Mais déjà impatiente, elle se lève de son lit, et repousse les autres ornements : « Ce serait assez pour celle qui se marie ; c'est trop pour celle qui va mourir. »

Peu après, elle saisit l'épée nue, la présente à son père....

Qu'ajouterons-nous, que dirons-nous de plus? Faut-il ouvrir la source des larmes et des gémissements? Parcourons toute cette triste carrière puisque nous y sommes entrés.

Elle rassemble autour d'elle les plis de sa robe sur les degrés de l'autel enflammé, et reçoit à genoux la pointe du fer que sa main a présenté.

O juge insensé! ô zèle égaré du prince!—O père malheureux, destructeur de la postérité de sa fille unique qu'il anéantit par la mort.

Répétez, jeunes filles, les louanges de la vierge glorieuse, de la sublime vierge d'Israël. N'oubliez jamais celle qui est votre orgueil !

―◇―

COMPLAINTE D'ISRAËL SUR SAMSON.

Vos jugements, ô Dieu, sont un abîme. Plus ils sont cachés, plus ils sont redoutables : contre eux toute force est impuissante !

Le plus robuste des hommes, celui qui avait été annoncé par un ange, le fougueux Nazaréen, le bouclier d'Israël, quel est le cœur de rocher qui ne s'apitoierait sur son malheur?

Dalida le prive d'abord de sa chevelure sacrée. Ses ennemis ensuite lui ravissent les yeux.

Brisé dans sa vigueur, mutilé de la lumière, le noble athlète est attaché à la meule.

Enfermé dans une prison, privé de ses yeux, accablé sous une double nuit, il sue à la meule, il brise le ressort de ses membres mieux habitués aux travaux de la guerre.

Dalida, pourquoi l'attirais-tu pour ce but impie? Qu'as-tu fait? Quelle récompense veux-tu conquérir au prix de cet horrible forfait? Nulle faveur n'est longtemps conservée au traître.

Une nourriture grossière et semblable à celle des animaux, le plus rude travail, les coups et les injures, irritent une sourde fureur dans l'âme du prisonnier.

Ses forces sont revenues, la moelle est dans ses os. Au milieu de l'ivresse du banquet, il est introduit pour la ruine de ses ennemis. Par sa mort il va mettre un terme à toutes ses douleurs.

A vos moqueries, ô Philistins, répond déjà, dans son cœur

ulcéré, la pensée qui vous sera fatale! Il applique ses mains aux deux piliers de l'édifice, il confond son trépas dans celui de ses ennemis.

O femme, tu es l'éternel fléau des plus grands hommes : tu as été créée pour leur perte. La première a terrassé le père du genre humain et présenté la coupe de la mort à toute la race.

Qui était plus saint que David? Plus prudent que Salomon? A quel degré d'aveuglement et de folie la femme ne les a-t-elle pas conduits? Lequel, parmi les forts, a été énervé comme Samson le plus fort de tous?

Adam, ce noble ouvrage de la main divine, la femme l'a aussitôt renversé. Il l'avait reçue pour son propre secours; il a trouvé en elle un ennemi.

Dès lors la femme a fabriqué les plus grandes flèches qui font périr les hommes.

Ouvre ton sein à l'aspic, ta poitrine au feu, si tu es sage, plutôt que de te confier aux attraits de la femme; autrement tu cours à la perte certaine de ceux que j'ai cités en exemple.

COMPLAINTE DE DAVID SUR ABNER,

FILS DE NER, TUÉ PAR JOAB.

O mon fidèle Abner, le plus brave des guerriers, l'amour et les délices de l'honneur militaire!

Ce que n'a pu la force, la ruse l'a donc exécuté.

Périsse comme toi celui qui t'a frappé! Sa mort sera indigne des larmes que la tienne fait couler de tous les yeux.

Une trahison si exécrable, un trépas si funeste, arrachent à ton ennemi même des pleurs continuels, et la pitié fond les cœurs de diamant.

Tant que tu as été l'adversaire déclaré de mon règne, sans cesse tu t'élevais par l'éclat de nouveaux triomphes. Tu nous infligeais des pertes nombreuses. Nul revers n'a pu t'atteindre dans ta puissance!

Puissant par la sagesse, homme parfait, forte muraille d'Israël, même lorsque ton glaive était tiré contre moi, tu m'aimais encore tendrement.

Enfin, cédant à nos vœux, tu consens à un traité; dans l'espoir de la paix tu déposes tes armes, ta seule garantie!

Aussi longtemps que tu as pu craindre des périls, tu t'en es préservé par ta prudence; tu as péri pour t'être confié à notre foi. Homme loyal, tu la jugeais par la tienne!

Celui qu'Abner armé glaçait de terreur a prévalu sur Abner sans armes : et n'osant point te faire face sur le chemin, il a souillé d'un crime les portes de la ville.

Guerriers de l'armée, frappez vos poitrines, pleurez le grand Capitaine ainsi abattu. Que les princes de la justice étendent leurs mains sur l'exécrable meurtrier.

―◆―

COMPLAINTE DE DAVID SUR SAÜL ET JONATHAS.

Soulagement de mes douleurs, consolation de mes peines, ô ma lyre, c'est aujourd'hui que tu m'es nécessaire. Jamais je n'ai eu de plus poignante douleur, jamais de plus juste chagrin.

Le carnage a dévoré nos guerriers, le Roi et son fils sont morts, l'ennemi est vainqueur, les chefs sont désolés, le peuple se désespère, le deuil est partout.

L'orgueil d'Amaleck s'exalte sur les ruines d'Israël. La jubilation est dans le camp du Philistin, tandis que la Judée se dessèche dans les sanglots.

Les fidèles sont insultés par la nation infidèle. Ceux qui s'élevaient contre la gloire du peuple de Dieu nous écrasent maintenant de leurs mépris.

Le premier roi d'Israël est égorgé.

Il a été vaincu par les Amalécites.

L'élection du Seigneur est tombée dans l'outrage : l'outrage s'est attaqué au sacre du Prophète.

Ils insultent à nos douleurs : « Voilà celui qui faisait leur assurance ! Le Dieu puissant les a perdus en terrassant leur capitaine ! »

Saül, le plus courageux des Rois ! valeur invaincue de Jonathas ! Celui qui ne pouvait vous vaincre a eu la permission de vous immoler.

Comme s'il n'avait pas été consacré au Seigneur par l'huile sainte, il est égorgé dans le combat par le fer d'une main scélérate.

Tu étais pour moi plus qu'un frère, ô Jonathas ! Ensemble nous n'avions qu'une âme : quels péchés, quels forfaits ont déchiré nos entrailles !

Montagnes de Gelboé, loin de vous la rosée et la pluie ! Que les prémices de la campagne soient refusées à votre habitant !

Malheur, malheur à toi, terre gluante du sang royal, sur laquelle un bras impie t'a renversé, toi mon Jonathas !

Où l'oint du Seigneur et les fameux d'Israël ont péri misérablement, eux et leurs compagnons !

Ta perte, ô Jonathas, domine pour moi toutes choses ! Audessus de toutes mes joies, ruissellera un pleur continuel.

Livrez-vous aux gémissements, filles de Sion. Saül n'est plus, dont les mains libérales vous ornaient de la pourpre !

Hélas, voix fatale qui m'a dissuadé ! Que n'étais-je près de toi dans le combat, pour te défendre ou pour tomber sous les mêmes coups !

Du moins je serais mort avec joie, puisque l'amour n'a pas de plus grand témoignage que la mort.

Vivre après Jonathas c'est pour David une mort de chaque instant ! Pour une vie la moitié d'une âme ne suffit point.

Je devais un retour à ton amitié au moment du péril suprême ; il fallait participer à ton triomphe ou à ta ruine, t'arracher à la mort ou mourir avec toi ! Terminer pour toi une vie que tu as sauvée tant de fois ! C'est ma vie maintenant qui nous sépare; une mort commune nous aurait unis.

Funeste victoire que la mienne! Quelle vaine et courte joie j'en ai ressentie!

Qu'il vint rapidement le cruel message que l'orgueil attendait! Qu'elle fut vite accomplie la parole que l'orgueil avait prononcée contre son âme!

Le trépas réunit ceux qui ont succombé; mais moi je n'ai pour compagnon que ma douleur.

Repose-toi, ma lyre, et puisse se reposer de même ma douleur gémissante! Mes doigts se sont fatigués sur les cordes, les sanglots ont altéré ma voix, mon haleine est épuisée!

FIN.

PARIS.—IMPRIMERIE BONAVENTURE ET DUCESSOIS, 55, QUAI DES AUGUSTINS.

www.ingramcontent.com/pod-product-compliance
Lightning Source LLC
Chambersburg PA
CBHW071620230426
43669CB00012B/2015